U0543512

The Pursuit of Fairness
A History of Affirmative Action

美国平权运动史

〔美〕特里·H.安德森 著
启蒙编译所 译

上海社会科学院出版社
Shanghai Academy of Social Sciences Press

1948年7月，A.菲利普·伦道夫等人在民主党全国代表大会外担任纠察。图片来源：贝特曼/考比斯（Bettman/CORBIS）

杜鲁门是第一位向NAACP演讲的总统，摄于林肯纪念堂台阶上。图片来源：哈里·S.杜鲁门总统图书馆

1961年3月，签署平权运动行政命令两天后，肯尼迪总统在一场记者招待会上谈论就业平等。他身后的是助理新闻秘书安德鲁·J.哈彻（Andrew J. Hatcher）。图片来源：波士顿市的约翰·F.肯尼迪图书馆，由白宫摄影师阿比·罗（Abbie Rowe）拍摄。

国会女议员玛莎·格里菲思把"性别"添入了1964年《民权法案》中。图片来源：美国国会图书馆图片与照片组，由沃伦·K. 莱弗勒（Warren K. Leffler）为《美国新闻与世界报道》拍摄

1965年6月，在霍华德大学发表了重要的平权运动演讲后，约翰逊总统走进人群中。图片来源：林登·B. 约翰逊图书馆，由冈本洋一（Yoichi Okamoto）拍摄

1968年1月，约翰逊总统会见公司领导，争取他们对平权运动雇用和职业培训的支持。图片来源：林登·B.约翰逊图书馆，迈克·盖辛格（Mike Geissinger）拍摄

1969年8月，匹斯堡市一处建筑工地附近，民权示威者为非裔美国人要求工会工作。图片来源：美联社环球图片（*AP/WIDE WORLD PHOTOS*）

1969年12月，阿瑟·弗莱彻和乔治·舒尔茨在一场记者招待会上辩护费城计划。图片来源：美国国家档案馆尼克松分馆第2672-22号（*National Archives/Nixon Library* 2672–22）

1978年9月，艾伦·巴基结束了加州大学戴维斯分校医学院的第一天课程，在便衣警察帮助下从一群记者中穿过。图片来源：贝特曼/考比斯

1977年，首位女性EEOC主席埃莉诺霍姆斯·诺顿，列席她的参议院确认听证会。图片来源：平等就业机会委员会的《历史图片集》

20世纪80年代的反平权运动团队。左起:约翰·斯瓦恩(John Svahn)、埃德温·米斯、里根总统、威廉·弗伦奇·史密斯、威廉·布拉德福·雷诺兹。图片经由罗纳德·里根图书馆提供

1985年,里根总统与EEOC主席克拉伦斯·托马斯。图片经由罗纳德·里根图书馆提供

布什总统称1990年《民权法案》为"定额法案",随后他签署了1991年《民权法案》。图片来源:乔治·布什总统图书馆

1996年4月,加州大学洛杉矶分校学生集会支持平权运动招生优待。图片来源:《洛杉矶时报》,保罗·莫尔斯(Paul Morse)拍摄于1995年

1995年7月,沃德·康纳利和皮特·威尔逊出席加州大学董事会会议,董事会取消了平权运动招生政策。照片由《纽约时报》的吉姆·威尔森(Jim Wilson)拍摄

《华盛顿邮报写作小组》(*The Washington Post*),已获得转载许可

2003年,芭芭拉·格鲁特尔和詹妮弗·格拉茨在密歇根大学校园,两位是密歇根大学案件的原告。图片来源:美联社环球图片

国民发生分歧。2003年6月,伯克利分校学生路易斯·阿尔贝托·巴罗乔—乌里韦(Louis Alberto Barocio-Uribe)和密歇根大学学生亚当·丹西(Adam Dancy),两人分别回应了最高法院在密歇根大学案件上的裁决。照片由盖帝图像公司的亚力克斯·王拍摄(Alex Wong/Getty Images)

献给艾米莉和霍华德

献给罗斯

目 录

前　言 / 1
致　谢 / 1

第一章　平权运动的起源 / 1
第二章　民权斗争与平权运动的兴起 / 65
第三章　平权运动的全盛时期 / 143
第四章　反弹 / 211
第五章　多样性时代中平权运动的消亡 / 285
结　语　追求公平 / 361

资料来源 / 373
注释说明 / 375
参考文献 / 376
索　引 / 390

前　言

2003年4月，当9名身着长袍的大法官听取起诉密歇根大学（University of Michigan）案件的辩论时，数千人聚集在美国最高法院大楼外的台阶上。他们来自多所大学，其中包括哈佛大学、宾州州立大学、加州大学伯克利分校、霍华德大学、乔治敦大学，当然还有密歇根大学。黑人占大多数，也有一些白人和拉美裔。众人高举标语，聆听阿尔·夏普顿（Al Sharpton）、马丁·路德·金三世（Martin Luther King III），以及杰西·杰克逊（Jesse Jackson）牧师的演说。杰克逊宣告："我们必须打这一仗！"然后人群同他一起高呼："斗争还没有结束！"

但其他人却盼着斗争结束，其中就有两位白人女性。詹妮弗·格拉茨（Jennifer Gratz）曾经申请就读密歇根大学的本科，芭芭拉·格鲁特尔（Barbara Grutter）也曾争取进入该校法学院。由于未被录取，两位女性分别提起诉讼，声称依据1964年《民权法案》（Civil Rights Act）和美国宪法第14条修正案的平等保护条款，该大学的政策侵犯了她们的权利。

那项政策就是平权运动①。密歇根大学已经把种族因素作为招生标准之一。

10周后，最高法院于同年6月进行了宣判，这是20世纪70年代末以来有关高等教育的若干最关键判决之一。凭5比4的勉强多数票，最高法院再一次使平权运动符合宪法。在替多数派撰写判词时，大法官桑德拉·戴·奥康纳（Sandra Day O'Connor）宣称："我们希望此后25年，种族优待将不再有使用的必要。"

随后的反应不出所料。密歇根大学前校长李·C.布林格（Lee C. Bollinger）宣称："对于美国高等教育和整个国家而言，法院的判决均是一场伟大的胜利。"但非洲裔保守派托马斯·索维尔（Thomas Sowell）却不以为然。他写道，主要意见书"使法律沦为笑柄。……这个判决不仅挑起了其他4位大法官的异议，而且惹来他们的嘲讽和厌恶——似乎本就如此"。

作为一项公共政策，平权运动已经持续了40年，也许还将存在25年之久。它总能引起情绪、争议性辩论，以及时常被冠以种族主义之名的指控。双方都拥有道德优势。支持者宣称自身是种族正义的卫士、马丁·路德·金梦想的守护者；反对者则视自身为考绩制度，及铭刻于美国宪法中无视肤色的权利平等条款的捍卫者。但有一点是可以肯定的：双方论证各执一词，也都合法，这本身就使得平权运动成了一个美国困境。

围绕平权运动的争斗没有越辩越明，反而引起了混乱。几十年来的民意调查已经显示，许多公民认为联邦政府已经授权所有

---

① 原文为affirmative action，还有"肯定性行动""平权行动""平权法案""平权政策""积极行动""扶持行动""纠偏行动""纠正歧视行动""维权行动"等译法。——译注

雇主设立帮助少数族裔和妇女的定额①。父亲们总是以为,他们的儿子之所以上不了名牌大学或者职业学校,是因为种族或者性别不对。白人则总觉得,平权运动不过意味着逆向歧视或者定额。

进入21世纪,权威、律师、记者和学者已经就平权运动写了数十本专著和数千篇文章。可惜,其中很多只是徒增混乱。著书者大多在写争论,还有些是"平权运动的婴儿们"的自白,而历史学家进行的研究要么只关注某主题的一个方面,比如巴基案(the Bakke case),要么只关注某个时代,比如20世纪60年代。

本书独一无二的地方在于它是关于平权运动的第一部历史,追溯了该制度从大萧条和第二次世界大战时期发生,到2003年密歇根大学案件的发展历程。它界定了不同总统执政期间的平权运动政策,还将说明其定义和理论基础在过去半个世纪内是如何发生巨大改变的。本书考察了不同总统执政期间,为何以及如何建立、扩展,然后削减该政策;还有自1971年首次裁定平权运动以来,美国最高法院是如何改变它的。

平权运动持有在美国获得成功的钥匙——高等教育、就业、企业——通过考察该政策,本书将探讨对于民众来说至关重要的话题:平等、优待与公平。最好的大学和职业学校计划录取谁?哪位申请人应受到雇用或者提拔?什么企业应获得联邦合同?

基本上,平权运动关注的是公平:在美国,什么是公平?对历史记录的考察将显示,自富兰克林·D. 罗斯福(Franklin D. Roosevelt)总统的任期之后,此问题的答案已经发生戏剧性变化。

20世纪90年代期间,我一直在就20世纪60年代的社会运

---

① 原文为quotas,也译为"配额"。——译注

动进行写作，然而发现很难找到明确解释平权运动的文本。因此，这成了本书的写作目标。我将该政策的发展置于美国历史发展的大背景下。当然，一本这般大小的书不可能是一部关于联邦机构或者司法判例的历史，也不可能是一份关于少数族裔或者妇女地位演变的详细调查，更不可能是一篇关于平等观念或者社会科学理论的专题论文，又或是对学校融合、跨区校车接送，或者1972年《教育法修正案》第九条等其他民权问题的探究。当我告诉一位朋友我在写什么时，他脱口而出："太无聊了！"的确，关于这一主题的著作大多通篇行话、理论、法律术语，坦白地讲它们枯燥乏味。但本不该如此。毕竟，平权运动讲的是人，是人们的教育、工作，还有他们所认为的公平。

至于术语，我使用与历史时期相符的文字和称谓。为了保持中立，我尽量避免暗示性术语，比如当一位总统称其政策为"目标和时间表"（goals and timetables）时，避免冠之以"定额制"的说法。通过使用每个时代参与者们自己的表述，我允许他们自己去说明这场争论。

最后，附上一段个人说明：1979年，我被得州农工大学（Texas A & M University）聘为助理教授，经授权采访了参加过第二次世界大战、而后跻身美军将官的校友，这个专业岗位可能吸引不到妇女或者少数族裔申请者。此后，我一边享受着在得克萨斯州的生活，一边广泛地著述，级别也有所晋升。因此，据我所知，平权运动对我的职业生涯不存在影响。除却多年来对这一争议性政策如何发展和变迁的着迷之外，我别无私心和动机可言。

我们不需要另一场争论。正如有关密歇根大学案件的示威和争辩所揭示的那样，这个国家需要的是一部不偏不倚的平权运动的历史。但愿,该历史会把一种更加开明的讨论带给这个影响——乃至分裂了——那么多美国人的政策。

特里·安德森

得克萨斯州,卡城①

2003 年 11 月

---

① 卡城(College Station),又译"大学城",是得州农工大学主校区。——译注

致　谢

　　已有学者著有关于平权运动某个方面或某个时期的佳作，我从他们身上受益良多。他们藏于总统图书馆的研究成果为本书的研究铺平了道路，虽然我在注释和参考文献中对他们的著作有所提及，但在这里仍需特别提一下他们的名字：Gareth Davies，Paul D. Moreno，John David Skrentny，Dean Kotlowski，Nicholas Laham，尤其是已故的 Hugh Davis Graham。他们的研究正确指出了关键文献在不同总统博物馆的位置，让我能快速查询或直接得到相关的一手文献。

　　我要感谢这些乐于助人的档案保管员。他们分别是林登·B.约翰逊总统图书馆的 Allen Fisher，罗纳德·里根图书馆的 Kelly D. Barton，乔治·H. W. 布什图书馆的 Robert Holzweiss 和 Stephanie Orial。

　　我还要感谢读过书稿个别章节的朋友和学者：Dean Kotlowski 和 John David Skrentny。Hugh Gordon 让我了解到洛克希德公司（Lockheed Corporation）和其他企业的惯例。我的朋友兼同事 Al Broussard 阅读了整部书稿，他督促我追溯了非裔美国人的历史。我最好的批评者罗丝·埃德（Rose Eder）也一如既往地阅读了整部书稿。

为了这项工作,我聘用了历史专业最优秀的高年级学生跑遍图书馆,找到了数千篇文章。这些研究助理包括 Kristie Smedsrud、Trish Rohde、Mike Police,特别是 Steve Smith,当我以讲授美国历史的玛丽·鲍尔·华盛顿教授身份在爱尔兰教学的时候,他给我提供了很多重要文献。Steve 和 Mike 还阅读了整部书稿,使得修订稿更加清晰。

得州农工大学校友会慷慨地资助了一个学期的休假,这让我能够按时完成书稿。

牛津大学出版社的 Peter Ginna 在得知我的计划后给予了极大鼓励,并且寄来了一份完善的合同。此外还有 Catherine Humphries 和 Laura Stickney,他们保证了出版过程的高效进行。

我的兄弟 Steve 和 Jeff 以及他们的妻子 Ginny 和 Moey 也一如既往地给了我极大鼓舞。还有我的网球球友 David Ogden 和 Joe Golsan,在球场上观察到我不成熟的滑稽动作时,他们尽力让我守住自己称之为公平的那条线。

本书献给三个人。我已故的母亲 Emily,我的父亲 Howard,在我的成长过程中,他竭尽全力教导我公平的意义。最后是我的伴侣 Rose,虽然她不清楚自己在这场斗争中的成败,但她教给了我她的"平等权利"的定义。

第一章 平权运动的起源

1940年9月，战争阴云初现，A. 菲利普·伦道夫（A. Philip Randolph）仔细考虑着他与美国总统富兰克林·D. 罗斯福的会面。当这位卧车列车员兄弟会（Brotherhood of Sleeping Car Porters）的非裔美国人领袖踏入白宫时，伦道夫很清楚他的论点的力量。在欧洲，纳粹德国已视自己为"优等民族"，正对邻国发动残酷的战争。远东地区，日本帝国在中国境内烧杀掠夺，企图借此野蛮手段成为亚洲的统治者。

伦道夫对这场战争有着坚定的看法。作为一个社会党人，他曾反对美国加入第一次世界大战。但他在1940年退出该党，批评其中立政策，而且意识到了他所谓的"纳粹主义的暴怒和狂热、死亡以及毁灭"。

当然，罗斯福总统很清楚这种国际威胁，他在一次炉边谈话中谈到了独裁统治，称他们的目标是"奴役人类"，称他们是"最老旧、最糟糕的暴政。那里没有自由，没有信仰，更没有希望"。

于是，在6月初第三帝国大军压境侵入法国之后，这位总司令要求国会通过一项增兵法案。同年秋，国会建立了义务兵役制——第一个和平时期征兵草案。许多人自愿参军，1940—1941

年间，黑人占到了应征入伍人数的16%以上。

除了脱下工作服换上军服之外，非裔美国人通常被以劳工身份派遣到隔离部队。他们被军校拒之门外，在海军中会被派去做炊事兵或者军官膳宿管理士官。1940年，黑人甚至不被准许应征陆军航空队、陆军通信兵部队，或者海岸警卫队和海军陆战队。

那一年，总统和国会还大幅增加了国防工业的资金投入。大萧条的艰苦年月后，终于有工作可以做了，失业率也开始降低。但是，当人们在工厂外排队应聘时，很快就会发现所有国防工厂几乎只雇用白人。伏尔特联合飞机公司（Vultee Aircraft）的一位主管告诉国会的一个委员会，"我们认为，把有色人种加入到我们的常规劳动力中是不可取的"；北美航空公司（North American Aviation）总裁补充道，"雇他们做机械工和飞机制造工有违公司政策"。当黑人为了得到西雅图波音公司（Boeing Aircraft）的工作机会而请求加入工会时，劳工领导评价道，他们"响应号召为国防奉献了很多，这让他们很欣慰，但是这次要得太多了"。①

1940年美国的公平现状：歧视是传统惯例，在一些州甚至是法律。身为奴隶的孙子，伦道夫很清楚这些习俗，以及在他一生中建立的基于种族制度的法律——吉姆·克劳法（Jim Crow）②。

伦道夫于1889年出生在佛罗里达州，成长在世纪末的小伦道夫目睹了南部和边境诸州许多法律的通过。实际上，它们挑战

---

① J. Anderson, *Randolph*, 238–39; 飞机制造公司部分见 Kesselman, *Social Politics of FEPC*, 6; 劳工领导的话见 Ruchames, *Race, Jobs & Politics*, 12.1.

② 泛指1876—1965年间，美国南部及边境诸州对非裔美国人和其他有色人种实行的歧视性隔离法律。——译注

了各州在内战后的重建时期已经批准了的那些对宪法的修正案。第 14 条修正案（The Fourteenth Amendment）严禁各州对任何居民否认该法律的"平等保护"条款，如今这包括大量新黑人公民在内；第 15 条修正案已经赋予黑人投票权。可是，在 19 世纪 80 年代，各州不断通过限制这些权利的法律、基于种族的法律，以及由赞同《亚特兰大宪政报》（Atlanta Constitution）编辑亨利·W. 格雷迪（Henry W. Grady）的人们所支持的法律。19 世纪 80 年代，格雷迪宣称，"南方的白人至上必须永远保持下去，因为白种人是优等种族"。内战改变了美国宪法，但改变不了这种习俗和情绪。一位白人女性说："如果有什么事会让我杀掉我的孩子的话，那么可能就是黑鬼可以在同一张餐桌上吃饭，可以和他们平等交往那一天。"

如此一来，教育和教养最好的黑人也不及最没文化、最不礼貌的白人；为了确保这种状态，南方各州通过了吉姆·克劳法。世纪之交过后，17 个南部及边境州已经通过有关法律，建立了实行种族隔离的学校、医院、监狱，以及专给贫困家庭、老人、聋哑人——甚至盲人居住的住房。他们把黑人限制在有轨电车后排，并给他们安排了单独的火车车厢和候车室。各市颁布了地方法令，以使日落后整个社区可以成为黑人的"禁区"。在亚特兰大市，白人和黑人出庭作证不能用同一本圣经宣誓。在佛罗里达州和北卡罗来纳州的公立学校，白人和黑人学生所用的课本必须保持分离；路易斯安那州的一项法令规定，白人和黑人排队买票看马戏必须间距 25 英尺。在肯塔基州，白人和黑人必须分别住在街道两边；阿拉巴马州禁止他们一起下跳棋。在新奥尔良市，官方隔离了妓女和红灯区；亚特兰大市把她们限制在单独的街区，而纳什维尔市（Nashville）的妓院则把白种女孩放在楼上，把黑种女孩放在地下室。

1900年，里士满市《时报》(Times)要求严格的种族隔离"应该适用于南部生活的各种关系中"，因为"全能的上帝画的肤色界限不容涂抹"。酒店、公寓和餐厅等白人企业不招待黑人。标有"白人专用"或"有色人种"的牌子挂满了公共场所，比如出入口上方、售票窗口、等候室、饮用水供应处和厕所。至于图书馆、影剧院、体育场馆、公园和海滩等公共设施，黑人要么被限制使用，要么遭到隔离。一些娱乐场所挂有这样的标牌："黑人和狗不得入内。"

黑人为公共建筑和空间纳了税，却不能自由进出；这便是所谓的南方公正（Southern fairness）。在20世纪的第2个10年，汽车开始普及，一些社区甚至限制黑人在公共街道上驾车。虽然黑人缴税为政府官员支付工资，但南方却没有一个黑人警察或者法官。

自然，非裔美国人奋起还击了。1896年，霍默·普莱西（Homer Plessy）的案子送达最高法院。在普莱西诉弗格森市案（*Plessy v. Ferguson*）中，普莱西质疑了路易斯安那州的一项法律，它禁止铁路旅客进入"根据种族规定不属于他的车厢或者隔间"。普莱西认为，该法律侵犯了第14条修正案赋予他的正当程序和平等保护权利。法院以8比1票判普莱西败诉。唯一持不同意见的是大法官约翰·马歇尔·哈伦（John Marshall Harlan），此人所写声明颇有先见之明："我们的宪法是无视肤色的，它既不知道也不容忍公民之间的等级。关于公民权利，法律面前人人平等。"等到法院多数派认可哈伦的观点时，已经过去了60多年。因为在 1896 年，多数派赞成大法官亨利·布朗（Henry Brown）的观点，他说平等权利不需要"强制融合两个种族。……如果社会上的一个种族逊于其他种族，那么美国宪法就不能将他们放到同一水准上"。因此，人们在那一天所接受的概念是，人为的法律"无力根除社会本性或者废除基于身体差异的区别"。在这种情况下，法院允许两个种族在公共设施上"隔离但平等"，但往往是隔离而不平等：1910 年，南方 11 个州在每个公立学校白人学生身上花费 9 美元以上，而在黑人学生身上花费不足 3 美元。其他法院裁定一直继续否认由宪法保障的黑人权利。

南方诸州还限制了黑人的投票权，尽管第 15 条修正案已经在南方各州的重建时期（Reconstruction）赋予了黑人这项权利。对于南方腹地①的白人而言，这特别棘手。因为在 1880 年，非裔美国人占密西西比、南卡罗来纳、路易斯安那等州人口的大部分，而且构成了阿拉巴马、佛罗里达、佐治亚和弗吉尼亚等州人口的 40%。对于南方白人而言，黑人的投票权必须被推翻；否则当他们平等地站在投票站前时，白人至上的假设就会产生矛盾。此外，白人认为一旦黑人参与了投票，他们就会渴求社会平等。这另有一个更加讳莫如深的担忧。1904 年，一位白人小说家写道，"对于那些无知又野蛮的黑人青年而言"，社会平等"仅指一件事情：与白种男性平等地享受机会，即与白种女人同居的特权"。因此，如历史学家莱昂·利特瓦克（Leon Litwack）所说，"禁止黑人进入投票处就是禁止他们进入我们的卧室。如果黑人与白人平等地投票，那么他们就会要求与白人平等地住在一起、睡在一起，南

---

① Deep South 指美国最具南方特点、最保守的一片地区。——译注

方人无法想象这样的堕落"。①

一个南卡罗来纳州人说,南方的目标是要保证"白人至上永远常态化",是要夺回投票权。早在19世纪70年代,佐治亚州和弗吉尼亚州就批准通过了选举税;到下一个10年,密西西比、佛罗里达和南北卡罗来纳等州批准了令人困惑的选举规则,使得登记和投票更加复杂,而且减少了半文盲选民的人数,这群人大部分是黑人。弗吉尼亚等州多次擅自改划选区,基本上使黑人选区不起作用了。后来,各州开始修订州宪法。1890年,密西西比州率先实施,此后20年间,南方大部分州相继效仿。密西西比州人口一半以上是黑人,其制宪议会采用了一项不涉及种族的措施;于是,从技术层面而言它没有挑战第15条修正案的权威。但它要求选民能够阅读,或者能够对该州宪法的某个部分做出"合理解释"。不识字的白人在解释上有空子可钻,而黑人的难题是登记员为白人,他们会判定很少有黑人能够提供恰当的解释。继这些读写和理解能力的测试之后,"优良品格"条款、土地要求和白人预选基本上剥夺了南方各州大部分黑人的选举权。阿拉巴马州1901年制宪会议过去5年后,该州仅有2%的黑人被登记为选民;未来几年内,在南方许多县里,虽然黑人居民占大多数,却不见一位黑人选民。就像一名白人记录的密西西比州那样,美国黑人已被迫远离政治,"犹如黑人已被遣返回利比里亚"。②

---

① 种族部分引自 Litwack, *Trouble in Mind*, 218, 245, 234–36, 221 和 Woodward, *Strange Career of Jim Crow*, 96; 投票表决见 Cohen, *At Freedom's Edge*, Chapter 8, 和 Litwack, 224–26.

② Liberia,19世纪初,一些美国黑奴被解放之后有计划地移居到现在被称作利比里亚的地区。——译注

到世纪之交，种族关系已经跌入低谷。一位黑人小说家写道："在获得解放之后的35年间，黑人的权利比以往任何时候都更衰败，种族偏见也更加强烈和顽固。"

情况似乎确实如此。1901年就任总统后，西奥多·罗斯福（Theodore Roosevelt）决定在白宫宴请国内最温和的黑人领袖布克·T. 华盛顿（Booker T. Washington）。华盛顿是《亚特兰大种族和解声明》（Atlanta Compromise）的执笔人，该声明倡导黑人停止要求政治平等，用以换取白人对黑人的教育和经济进步的支持。华盛顿强调，给黑人以适当形式的教育，会使他们"谦逊、纯朴和服务于社会"。总统很自然地认为，他要通过这次宴请使华盛顿成为自己的种族事务发言人，而不是 W. E. B. 杜波依斯（W. E. B. Du Bois）那样的直言反对《亚特兰大种族和解声明》的更苛刻的非裔美国人。但罗斯福想错了。那次宴会过后，里士满市《时报》声称此事意味着罗斯福希望黑人"自由地融入社交圈——其中白人女性也许会接受来自黑人男性的关注"，孟菲斯市的一份报纸称总统此举"比任何美国公民的所作所为都更令人怒不可遏"。

这种情绪沦为了侮辱，它不仅常见于南方，在全国也很普遍。优越的盎格鲁—撒克逊社会似乎无法容忍任何不同：墨西哥人被唤作润滑工或者湿背人①；波多黎各人是在美国说西班牙语的人；意大利人是外国佬；亚洲人是中国佬；犹太人是犹太佬或者犹太仔。这种偏见超越种族，直抵阶级深处，因为精英们同时也给白人穷人冠以"垃圾"、"乡巴佬"或"穷酸白人"之名。

---

① 湿背人（wetbacks），非法入境的农业劳工，尤指非法入境的墨西哥劳工。——译注

这种憎恨造就了基于种族的各种限制。哈佛等众多私立大学用定额大幅限制犹太学生的数量，而且该制度对黑人更加严苛。罗莎·帕克斯（Rosa Parks）回忆说："我6岁时就发现我们实际上并不自由。"同样，阿尔邦·霍尔赛（Albon Holsey）15岁时也已觉察到他在这片自由之地的机遇："我知道我一败涂地。我当时就知道我绝对无望成为美国总统，我所在州的州长，甚至所在城市的市长。……我已经碰到肤色界限，我知道在白人眼里，我不过是又一个黑鬼。"①

　　如果黑人搞不清楚种族差异或者"他们的位置"，那么白人往往会放出强制措施。就种族问题而言，南方是法外之地。白人掌握了法律、警察、法院、新闻出版和政府。如果黑人控告白人，那就表示对上等种族不敬。1987年密西西比州的一起案件就是个典型，当时一位黑人女性控告一位白种男性用斧柄打她。治安官驳回了此案，说"没有惩罚打黑人女性的白种男性的法律规定"。大约20年后，在得克萨斯州，一位白人女性被指控杀害了一名墨西哥人。法官罗伊·比恩（Roy Bean）查遍法律典籍后报告称，他没发现有法律反对杀害墨西哥人：案件驳回！

　　也没有法律惩罚用私刑杀害黑人的行为。1892年，南卡罗来纳州州长本·蒂尔曼（Ben Tillman）声称他会"自愿带领一伙人用私刑处死一个动手袭击白人女性的黑人"。如这位州长所说，那个黑人"必须继续服从或者被消灭"。

　　多达数千人被消灭，通常死于私刑。1899年，一个名叫山

---

① 见 Perman, *Struggle for Mastery*, 91 和 Woodward, *Strange Career of Jim Crow*, 98; H.W. Brands, *TR: The Last Romantic*, 422–23; Brinkley, Rosa Parks, 24, 霍尔赛的话见 Litwack, *Trouble in Mind*, 16.

姆·侯斯（Sam Hose）的佐治亚州黑人农场工人向他的白人老板要工资，请求获准去探望生病的母亲。老板拒绝了，第二天还和侯斯吵了起来，他拔出枪威胁要打死他。出于自卫，侯斯扔出一把斧头，砸伤了老板。各报纸报道了一个与事实迥异的版本：侯斯在晚餐时偷偷靠近自己的老板，用斧头砍向他的头部，然后把他的妻子拖到奄奄一息的丈夫跟前，并多次强暴她。侯斯的命运已成定局。被捕后，大约两千名市民亲眼见他在佐治亚州纽曼市被以私刑处死。自封的死刑执行人扒光他，把他捆在树上，然后割掉了他的耳朵、手指、生殖器，甚至剥掉了他脸上的皮。他们把他浸在油里，然后扔了一个火把。当他的血管在高温中破裂，血液在火中嘶嘶作响时，侯斯临终还说"哦，上帝啊！哦，耶稣"。1916年，这种恐怖事件在得克萨斯州韦科市（Waco）重演了。一个叫杰西·华盛顿（Jesse Washington）的年轻黑人农场工人供认性侵并谋杀了一位白人女性。在后续的庭审中，陪审团讨论4分钟后，宣布执行死刑。突然之间，一名旁听的白人大喊："抓住黑鬼！"法官桌子的抽屉里有一把左轮手枪，但法官并没有采取行动阻止暴徒把华盛顿拖到大街上。在上万名群众的观望和欢呼声中，人们用刀乱砍挣扎中的华盛顿，切掉了他的耳朵、手指、生殖器，直到如一位记者所说，"他浑身上下满是鲜血"。他们用链子套住他的脖子把他吊在树上，然后把他丢进熊熊烈火之中。死刑过后，他们把他烧焦的残骸绑在马上游街示众。欢呼雀跃的男孩们拔掉他的牙齿做"纪念品"卖，每份5美元。市长和警察局长目睹了这一切，却没有动手制止这帮滥用私刑的人，州政府也视若无睹。

全国有色人种协进会（NAACP）的《危机》（Crisis）杂志

称这次私刑为"韦科恐怖"（The Waco Horror），其编辑 W. E. B. 杜波依斯写道："只要美利坚合众国有可能发生韦科式的私刑，那么任何有关基督教的胜利，或者人类文明的传播的谈论都是胡说八道。"极有可能是这样的。从伦道夫出生时的 19 世纪 80 年代到他于 1940 年会见富兰克林·D. 罗斯福，受到报道的私刑差不多有 3500 起——除了 100 多起，其余的全都发生在南方。没人知道还有多少尚未被统计在内。最坏的年代是 19 世纪 90 年代，这些死刑超过了 1100 起，最恐怖的记录是 1892 年有 161 位黑人遭暴徒杀害。①

请想一想这些谋杀的影响，身在南方的黑人所感受到的挥之不去的深深的恐怖，他们时刻谨记着多看白人一眼或许就意味着会暴尸街头。

联邦政府不仅没有介入各州阻止杀戮，相反，伍德罗·威尔逊（Woodrow Wilson）还在总统任期内完全抛弃了非裔美国人。有些讽刺意味的是，这位以推崇全世界所有殖民地人民"民族自决"而著称的民主党人对美国黑人公民的关心少之又少。威尔逊支持在联邦劳动力中实行隔离，他的行府②也开除了数百名黑人联邦员工。这位总统声称黑人地位无法改善，拒绝谴责私刑，还称在南方任命黑人官员是"最严重的社会错误"。

---

① Kantrowitz, *Ben Tillman*, 169; 侯斯事例见 Litwack, *Trouble in Mind*, 281; James M. SoRelle, "The 'Waco Horror': The Lynching of Jesse Washington," *Southwestern Historical Quarterly* 86 (April 1983): 517–36; 关于私刑的数据，见 Cohen, *At Freedom's Edge,* 211–13.

② 原文为"administration"，一般译为"政府"，但本书特指美国政府（government）的行政分支，有别于立法分支（国会）和司法分支（最高法院）。——译注

1917年，在威尔逊要求国会对德国宣战之后，他的行府仍在歧视美国黑人。行府征召黑人入伍，还有自愿参军的，但他们都被安排在隔离部队——通常充当少有甚至没有经过军事训练的劳工、填炮手或者装卸工。很少有人参加过战斗。当军队被要求解释这一政策时，将军们说非裔美国人缺乏勇敢战斗的天性。几年后，美国陆军军事学院有份报告赫然宣称："黑人的脑容量比白人的小"，"我们从黑人的心理中抽取不出领导天赋"。至于身体方面的勇气，黑人"远远落后于白人。……面对恐惧或者危险，他不能控制自己"。

在国内，黑人部队受到了刁难。由于休斯敦市的警察暴行，一支部队发生了暴动。军队审讯后以谋杀和暴动罪判处13名黑人绞刑，即便案件尚可复审，死刑却执行了。战后黑人部队被遣散了；当回到家乡时，迎接他们的往往是血腥的骚乱。正如历史学家哈佛·西特科夫（Harvard Sitkoff）所说，1919年"大约爆发了25起种族骚乱"，"至少有70名黑人被私刑处死，其中一些人仍身着军装"。

尽管私刑仍在继续，芝加哥、奥马哈、华盛顿特区等城市发生了种族骚乱，但20世纪20年代的共和党总统仍不关注少数族裔。在阿拉巴马州伯明翰市一座种族隔离公园演讲时，沃伦·G.哈丁（Warren G. Harding）总统揭示了他的观点，强调了种族划分的"根本、永恒和不可避免的差异"，号召市民要"坚决反对每一个关于社会平等的建议"。黑人大多也没从繁荣的20世纪30年代受益，因为南方黑人大多仍是佃农。那些从棉花田向北方逃离的黑人撞上了底特律、芝加哥、克利夫兰、匹兹堡和纽约等城市的种族主义，他们在此仅限于去往少数民族聚居区。不管个人的财富状况如何，地方法规几乎把所有少数族裔都限定在城市最差的区域。

20世纪20年代，少数族裔还受到了3K党（Ku Klux Klan）的迫害。黑人移民、战争带回来的"外来"影响，以及对源自俄国革命①的激进主义和共产主义的担忧刺激了3K党人。3K党的活动扩展到了北部和中西部，当它把攻击对象从黑人扩大到外国人、激进分子、天主教徒、犹太人，甚或不是"纯种美国人"的任何人时，取得了社会和政治上的认可。到1924年，3K党强大到了连民主党全国代表大会都不能通过一项审查该组织的决议的地步，而共和党总统候选人卡尔文·柯立芝（Calvin Coolidge）则决定完全避开种族议题。事实上，20世纪20年代的林肯党总统们似乎对少数族裔的需求一无所知。无论哈丁、柯立芝还是赫伯特·胡佛，都不会支持一个旨在禁止私刑的联邦法案。胡佛的总统执法委员除了拒绝调查那些谋杀事件，还无视剥夺公民权和公共膳宿处的歧视现象。当他离开白宫时，联邦政府请了大约4000名合同工到内华达沙漠里的米德湖修建巨大的博尔德水坝②。工人中没有黑人，经全国有色人种协进会抗议，十几名黑人受雇，却在工作中遭到了一些条例的羞辱，比如他们必须喝隔离水桶里的水等。

在共和党执政那些年，美国白人收益颇丰，很多人靠买股票押中牛市而发家致富。可是，伴随着1929年的股市大崩盘（Crash of 1929）及随后的大萧条（Great Depression），财运戛然而止。

---

① 指发生于1917年的二月革命或十月革命。——译注
② 博尔德水坝（Boulder Dam），胡佛水坝的旧称。——译注

这些事件导致了一项政治改革，1932年民主党候选人富兰克林·D. 罗斯福称之为"新政"。

当罗斯福总统推行新政时，大部分公民，尤其是大萧条时期收入微薄或者失业的那些人，都持乐观态度，但是黑人却更谨慎了。他们对这位新任民主党总统感到不安，担心会出现另一个威尔逊政府。此外，罗斯福从未做过任何支持民权的声明；他似乎更乐意回避该话题和保持"南方基地"的民主特色。南方民主党是国会的一股强大势力，他们控制了很多委员会。像得克萨斯州的萨姆·雷伯恩（Sam Rayburn）、南卡罗来纳州的詹姆斯·贝尔纳斯（James Byrnes）、密西西比州的拜伦·帕特·哈里森（Byron "Pat" Harrison）或者阿拉巴马州的威廉·班克黑德（William Bankhead）等人，都不希望任何总统过问他们所认可的地方事务，而且他们有这个能力。罗斯福总统告诉全国有色人种协进会的沃尔特·怀特（Walter White），由于他们资格老，"这群南方人……把持着国会"。"如果我现在声明支持反对私刑的议案，他们就会阻止我请求国会通过的防止美国崩溃的每一项议案。我真的不能冒这个险。"

罗斯福必须恢复经济，即使黑人无路可退也必须这么做。20世纪30年代，全体非裔美国人中四分之三生活在南方最贫穷的人所在的最贫困地区。每4人中有3人没读完高中，而且每10人中有1人根本没念过书。因此，男性黑人大多是佃农或者苦力，女性黑人大多是雇农或者佣人。全国范围内，黑人的收入不到白人的40%。一位黑人社会学家写道，每逢市面萧条，他们便成了"剩余的人"，"最后受雇的最先解雇"。经济衰退时，黑人面临的工作竞争比平常更激烈，在南方尤其如此。1930年，亚特兰大市的失业白人组织起来，其口号是"直到每一位白人找到工作才能轮到黑人找工作！"这起效了：5年后，该市黑人65%失业，诺福克市达到了80%左右。许多南方城市的慈善机构往往拒绝援助非裔美国人。城市联盟（Urban League）的领导人T.阿诺德·希尔（T. Arnold Hill）宣称，这是"奴隶制以后黑人从未有过的历史时期"，他们的"经济和社会前途看起来如此令人绝望"。到了1932年，南方城市一半的黑人都找不到工作，而在接下来的一年，全国失业人口中靠救济度日的黑人男性的比例是白人的两倍左右。在芝加哥市，三分之一的黑人靠福利救济生活，是白人人数的3倍以上，费城、巴尔的摩、底特律和圣路易斯等市也有类似情形。克利夫兰市和匹兹堡市的有关数据超过了40%，同时首都的白人与黑人失业比例为1比9。①

伴随着这种贫困，社会党、共和党等左派政党吸引到了新的拥护者，而且出现了产业工会联合会（Congress of Industrial Organizations, CIO）这个新式劳工组织。在大萧条时期的自由派大学校园和各大城市，这些组织尤其受人欢迎。不像美国劳工联合会（American Federation of Labor）等其他工会，产业工会联合会接受非白种人会员，因为它用"工会主义就是美国精神"这一口号促进劳工利益。共和党表示赞同。他们讨伐法西斯主义，要求合理的劳工工资，还是为了种族平等而让非盎格鲁—撒克逊新

---

① 美国陆军军事学院部分见 Daniels, *Not Like Us*, 127–28; Sitkoff, *A New Deal for Blacks*, 20–23; 关于1919年私刑的论述，也见于本书第二章关于20世纪20年代的论述；博尔德大坝见 Wolters, *Negroes and the Great Depression*, 199; Kirby, *Black Americans in the Roosevelt Era*, Chapter 4; 关于失业率的统计数据，见 Garfinkel, *When Negroes March*, 17–21.

教徒兴奋的一切主题活动的组织者，比如左倾天主教徒、犹太人、移民和非裔美国人。全国有色人种协进会官员查尔斯·休斯敦（Charles Houston）宣告："共产党人（communists）已经使任何有抱负的黑人领袖都没法倡导不完全的经济、政治和社会平等了。"

这条"人民阵线"——左派也被这样叫过——同样迫使民主党确保了其新政政策不分种族地帮助所有穷困美国人。这促成了各政党的重新结盟，随着市政工程计划开始雇用黑人，他们便开始脱离林肯党，转而拥护民主党。虽然过程缓慢，但也在罗斯福上台后开始了，国会通过了立法，其中包括1933年《失业救济法案》（1933 Unemployment Relief Act），该法案首次宣布了联邦雇用中的就业机会平等原则："不得因为种族、肤色或者信仰而实行歧视"，很多新政计划都出现过该条款。非裔美国人有所察觉，特别是在罗斯福在内阁任命了几位众所周知的同情民权的人士之际，其中最重要的就是出任内政部长的哈罗德·L. 伊克斯（Harold L. Ickes）。

来到华盛顿之前，伊克斯已参与过种族关系事务，而且身为一个白人，做过全国有色人种协进会芝加哥分会的临时主席。此外，伊克斯任命了黑人经济学家罗伯特·C. 韦弗（Robert C. Weaver）和自由派佐治亚白人克拉克·福尔曼（Clark Foreman）为黑人事务助理。到任后，这位部长废除了内政部在公共设施方面的种族隔离，此举激励了别的机构紧随其后。

不过，更重要的是伊克斯带领的市政工程署（Public Works Administration, PWA）所开展的活动。1933年9月，他颁布了一项令人瞩目的命令——似乎也是首个尝试建立一种平等机会形式的命令：该命令禁止市政工程署项目中的歧视。此后，市政工程署合同会包含一项非歧视条款。第二年，韦弗和福尔曼设计了平权运动的前身。根据1930年的人口普查，在那些有"相当可观黑人人口"的城市，其承包商被要求雇用固定百分比的黑人技工——基本上是一种定额制。公共住房被当成了"尝试培训技术以确保财政项目中黑人劳工就业率的小白鼠"。合同上会有一项条款指明，未能付给黑人工人工资总额一定百分比，这会被视为歧视证据；那个比例大约是当地劳动力中黑人百分比的一半。因此，在亚特兰大市，人口普查显示技工中大约24%是黑人，接受联邦拨款修建公共住房的承包商被要求至少把他们工资总额的12%支付给黑人技工。

伊克斯为什么会把这个前身发展成平权运动，这似乎是个谜。虽然这名已婚男子有一本记录详细的秘密日记，里面甚至披露了他在华盛顿特区时与一位女人长期的婚外情，但对于一项使联邦政府开始介入废除全国职场种族隔离的新政策，伊克斯却从未提及他制定政策的理由。他仅仅写道，内政部的种族隔离"已成为过去"；然后进一步写道，"国会准备让这个计划在没有歧视的情况下得以实施"。后一点很可疑，因为国会到处都是抱有偏见的人。伊克斯可能知道亨利·福特（Henry Ford）在第一次世界大战后推行的政策，那也许是在企业中首次尝试代表性就业："黑人应该占到与他们在底特律人口中比例相匹配的同样的工人比例。"这位部长大概知道，当地一些黑人组织准备在大萧条时期提倡这样的就业政策。虽然全国有色人种协进会不赞成定额，但也请求胡佛总统确保在黑人劳工身上投入"恰当比例"的市政工程资金。最有可能的是，伊克斯开创该政策的原因是，他对民权的长期关注和以前与全国有色人种协进会的从属关系。

但是，想要贯彻非歧视原则和按比例就业却很困难。由于所需工作岗位不多，联邦政府又控制了项目资金，一些承包商便遵照规定雇用了黑人。但该政策失败更为常见。市政工程署是项临时计划，它的执行力很弱，而且与黑人人口相比，市政工程署的按比例就业目标是极低的。例如，哈莱姆区（Harlem）有个项目只要求 3% 的黑人工人。此外，种族主义的雇主、手艺人工会和州市官员经常会不理会华盛顿特区宣布的非歧视规定。这在南方尤甚。在很多南方城市，雇用黑人木工仅仅是为了符合市政工程署条例，资金到位后他们就会被解雇。在别的城市，他们会被给予临时工会会员身份，但只对一份工作有效。在迈阿密市，市政工程署给某个项目的目标是 6% 的黑人技工，但它没有被满足，因为该市把黑人技工隔离在市里"他们的地区"，而项目却位于白人区域。这种歧视不仅出现在了市政工程署的项目中，而且在许多新政计划中也有，尽管它们都禁止歧视。在佐治亚州，州长拒绝遵照有关平等救济白人和黑人的联邦政策；亚特兰大市每月给白人分发价值 32 美元以上的支票，但给黑人接受者的只有 19 美元。韦弗承认他已经尽力为黑人开拓新的工作机会，但也承认"最不切实际的事情莫过于试图在普遍失业期间给少数群体弄到大量职业收益"。①

不过，黑人确实从一些新政项目中得到了好处。除了市政工程署之外，非裔美国人也被列入了其他计划，比如民间资源保护队（Civilian Conservation Corps）。他们同样领了农业补贴贷款

---

① 休斯敦的话见 E. Foner, *American Freedom*, 214; 韦弗和福尔曼的计划见 Wolters, *Negroes and the Great Depression*, 200–03; 福特的政策见 Myrdal, *American Dilemma*, 1121; 定额问题见 Moreno, *From Direct Action*, 62, Chapter 2.

和失业补贴，而且最终全民都被支付了相同的最低工资，也享受了平等的社会保障福利。内政部同时给白人和黑人提供公共住房资金，而且由于伊克斯的政策，一些白人劳工工会被迫高薪雇用男性黑人。此外，美国联邦住房管理局（U.S. Housing Authority）和联邦工程局（Federal Works Authority）负责人采用了伊克斯的计划，也施压承包商取消种族隔离。

新政时期，不仅伊克斯开始改变雇用惯例，哈里·霍普金斯（Harry Hopkins）也在这么做。霍普金斯的一位同事形容他有"剃刀般的头脑、剥皮刀般的口才、鞑靼人般的脾气，还有丰富到连赶骡人都嫉妒的适用于客厅的不敬词汇"。1935年公共事业振兴署（Works Progress Administration, WPA）建立之际，罗斯福任命他为负责人。公共事业振兴署被设计为政府全部公共事业项目中的核心机构，它最终包括了约40个联邦机构，持续运作了8年，雇用了900万名公民，其中100万是非裔美国人。公共事业振兴署的教育计划让100万黑人有了读书和认字机会，影剧院计划上演了关于奈特·特纳（Nat Turner）和哈丽雅特·塔布曼（Harriet Tubman）的戏剧，联邦作家计划还出版了拉尔夫·埃里森（Ralph Ellison）和理查德·赖特（Richard Wright）的首部作品。

在关于如何实施公共事业振兴署工作的第一次员工会议上，霍普金斯提出了一个有关妇女的重要问题。大萧条使几百万妇女失去了工作，而且1932年经国会通过及胡佛总统签署的一项法案规定，如果丈夫受雇于联邦工作，妻子则应被解雇。该法案为各州、市和企业采用类似政策开了先河，这被认为是公平的。在公司解雇所有在职已婚妇女时，一名单身的圣安东尼奥市女性文职人员说:"我并不感到惋惜,因为除非是不得已,我并不赞成已婚妇女工作;有好多未婚妇女还没工作呢。"对此,妇女大多表示同意。而且很多人会补充道,还有非常多失业男人要养家糊口。

1935年夏,霍普金斯问他的职员,公共事业振兴署是否应该给男人和女人支付一样的工资。按照传统,男性职员回答说不应该。但有位叫奥布里·威廉姆斯(Aubrey Williams)的职员不赞成,说二者应该得到同等的工资。霍普金斯问道:"是什么使你认为你能够做到这一点的?"威廉姆斯说他不在乎能否侥幸成功,但这是在做正确的事。霍普金斯反驳道:"知道谁会反对你吗?劳工部长——一个女人!"霍普金斯说的没错;首位女性内阁成员、"国务卿女士"弗朗西丝·珀金斯(Frances Perkins)推崇传统惯例。但威廉姆斯的回答仍然是:"同酬!"

霍普金斯这么做了。因为公共事业振兴署而走上工作岗位的妇女挣的工资跟男人一样多,但妇女的工作很少同样具有技术性或者专业性。通常,女人从事的工作旨在提升她们的家务技能,比如餐饮服务、缝纫或者总务后勤。此外,寻求公共事业振兴署就业认证的妇女,必须证明她们家没有体格健全的男人。

同样是在1935年,"平权运动"一词的早期形态得以凸显。纽约州民主党参议员罗伯特·瓦格纳(Robert Wagner)推动国会通过了《国家劳资关系法案》(National Labor Relations Act),更常见的称呼是"瓦格纳法案"(Wagner Act),它准许工人组织工会集体与老板议价。它禁止雇主使用"不正当劳动行为",比如拒绝议价或者解雇工会成员。如果经理对工人有任何歧视,那么老板要采取"平权行动"把受害者的工资等级或者职位提升到不受歧视时的本来水准。

无疑,平权行动的最初用途与日后所象征的有显著差异,但这个概念适用于新政。联邦政府正在加大对一些公民的保护力度,大萧条期间的工人就是这个群体的成员之一。

另一个群体是青年。1935年夏,总统夫人埃莉诺·罗斯福(Eleanor Roosevelt)接触了哈里·霍普金斯和奥布里·威廉姆斯。她提出了一个计划,其中在身体方面不具备民间资源保护队资格的年轻人——特别是16—25岁的妇女——将获得救济和就业。对此,霍普金斯和威廉姆斯犹豫了,认为政治对手也许会视该计划为一种组织青年的企图,像希特勒正在德国做的那样。某个深夜,埃莉诺把她的想法告诉了总统,罗斯福回答道:"我以为我们的青年不会受制于这种方式,也不会受制于其他任何方式。"几天后,他颁布了建立全国青年总署(National Youth Administration, NYA)的行政命令,奥布里·威廉姆斯负责该机构。

威廉姆斯把青年投放到全国各地去工作,基本上不论种族。例如,得克萨斯州的青年总署行政官、26岁的林登·贝恩斯·约翰逊(Lyndon Baines Johnson)不仅帮助了1.8万名大学生一边为35美分的时薪工作,一边继续完成学业,而且另外雇了1.2万名年轻人从事市政工程。纽约州的青年总署投入工作的年轻人差不多有10万,同时马萨诸塞州的孩子给鱼苗场补货,美洲原住民孩子在居留地内搭建营地,佐治亚黑人孩子接受了家务和农务训练,新奥尔良市黑人女孩则在当地医院做帮工。①

埃莉诺·罗斯福也帮助了非裔美国人。国内有位专栏作家把这名敢于发言的妇女列为"华盛顿十大最有影响力的人物"之一,称她是"没有部长职务的内阁成员"。在自己丈夫的第一个任期,罗斯福夫人见过很多极有影响力的黑人,私下还成了朋友,其中包括全国有色人种协进会的官员沃尔特·怀特和罗伊·威尔金斯(Roy Wilkins),以及全国黑人妇女协会(National Council of Negro Women)的主席玛莉·麦克里欧德·贝颂(Mary McLeod Bethune),此人后来被任命为全国青年总署黑人事务局局长。埃莉诺早在1934年就宣称:"不论种族、信仰或者肤色,我们所有人都必须学会合作共处。"到罗斯福的第二个任期,黑人社群视埃莉诺为新政力图实现种族正义和种族平等的象征。她谈论过废除人头税,公开发言支持一项联邦反私刑法律。该法律于1938年经北方的参议员们提出,但在参议院没有获得批准通过。第二年,当美国革命女儿会(Daughters of the American Revolution, DAR)不允许著名非洲裔歌手玛丽安·安德森(Marian Anderson)在他们的宪法大厅演出时,罗斯福夫人不仅公开退出革命女儿会,还安排内政部在复活节当天使林肯纪念堂可以举办一场户外音乐会。音乐会有第一夫人出席,并由伊克斯部长主持,当时不同种族的7.5万人一起聆听了这名歌手以一曲《美

---

① 对霍普金斯的描述见Sherwood, *Roosevelt and Hopkins*, 80;关于威廉姆斯与同等报酬、埃莉诺和罗斯福的论述,见Ellis, *A Nation in Torment*, 504, 523—26;妇女的评价和工作条件,见Blackwelder, *Now Hiring*, 99—106;平权运动一词见Graham, *Civil Rights Era*, 6; Rubio, *Affirmative Action* 第35页把平权运动的历史追溯到了重建时期。

国》(America)开场,又恰如其分地以一首《没人知道我的磨难》(Nobody Knows the Trouble I've Seen)结束。两个月后,罗斯福夫人在1940年全国有色人种协进会大会上给安德森佩戴了斯平加恩奖章(Spingarn medal)。那一年她说:"当民主不是对全体公民都安全时,它绝对不是安全的。"①

同年夏,国会辩论了义务兵役制这个和平时期的征兵草案。在讨论过程中,军队中的种族关系自然成了一个话题。没有一个黑人上过安纳波利斯海军学院(Annapolis),而整个美国陆军中只有5名黑人军官,其中3人是牧师。军方官员指出各基地处于隔离状态,这不仅在南方,在北方也很常见。在堪萨斯州利文沃斯堡,黑人士兵及其家人不能使用游泳池、俱乐部和餐厅;那些设施属白人专用。在营区剧场,黑人只能使用街对面的公共厕所。此外,陆军部让各州自行决定国民警卫队的种族构成。结果,陆军预备队和国民警卫队的储备力量只有不到2%的黑人。"在军队里,我们没法感到自豪,"纽约州的一位黑人诉苦道,"我们只不过是陆军里的男仆和海军里的伙夫。"也有人更激进。全国黑人大会(National Negro Congress)的约翰·P. 戴维斯(John P. Davis)宣称:"美国黑人不会到国外战斗;他会在祖国为自己的生存而战。"

这样的言论引起了黑人领袖的关注。伦道夫和他的卧车列车员兄弟会通过了一项决议,呼吁总统和国会"务必确保,不会因为种族或者信仰而对进入海陆空三军所有部门的美国公民实行差

---

① Kirby, *Black Americans in the Roosevelt Era*, Chapter 4; 也见于 Lash, *Eleanor and Franklin*, Chapter 53 和 Hareven, *Eleanor Roosevelt*, 112–29.

别对待"。玛莉·麦克里欧德·贝颂在与罗斯福夫人会面时给了她一份备忘录,称"黑人极度担忧""有色人种在武装部队中存在代表性和训练不够的情况"。为了保障公平对待,贝颂还敦促陆军部长亨利·L. 史汀生(Henry L. Stimson)任命一名杰出非裔美国人担任助手。①

1940年9月27日,伦道夫进入白宫去见罗斯福总统,他很清楚此行的目的。他和其他黑人领袖一起,要求同这位总司令和五角大楼的将军们开会商讨"黑人参与整个国防结构的权利,尤其是陆军和海军"。陪同伦道夫的有全国有色人种协进会的沃尔特·怀特、全国城市联盟的 T. 阿诺德·希尔。他们讨论了目前的形势,然后递交了一份备忘录,要求所有战备事项立即整合及"平等参与",增加训练黑人士兵的机会,包括让黑人加入地方征兵局、在陆军和海军各部任命非裔美国人顾问。虽然埃莉诺一直给予支持,而且伊克斯和霍普金斯等行政支持者一直都是争取平等的姿态,但总统通常回避就种族问题做出公开声明。不过伦道夫觉得时机已经成熟。

《纽约时报》和《华盛顿邮报》甚至没有提及会议的结果。在那个没有全国性报刊的时代,这并不反常;在吉姆·克劳法时期的美国,白人和黑人读他们各自的本地刊物。实际上,那些最具影响力的报纸不会报道有关少数族群的新闻,除非涉及一些轰动性事件,比如骇人听闻的私刑、破坏性种族暴动。在这种情况下,那些也许会关注少数族裔事务的自由派白人通常会不清楚黑

---

① Nalty, *Strength for the Fight,* 131–33; 纽约州黑人的话见 Polenberg, *War and Society,* 99; 戴维斯和贝颂的话见 Anderson, *Randolph,* 238, 243.

人的需要或者诉求。例如，在珍珠港事件之后，被罗斯福任命掌管田纳西河流域管理局（Tennessee Valley Authority）的戴维·E. 利连索尔（David E. Lilienthal）写下了自己关于新政和战争可能会带来的社会利益的想法。他谈了很多问题，比如向全部家庭和农场输送电力、劳资谈判、提高营养水平，甚至"保护牙齿"等。但他甚至都没提及少数族群的困境——就业歧视、种族主义和军队的种族隔离。对于大多数美国白人来说，黑人就是小说家拉尔夫·埃里森后来所说的"看不见的人"。

于是，在1940年10月9日，即伦道夫与罗斯福会谈过去两个星期后，新闻发言人史蒂芬·厄尔利（Stephen Early）声明，总统已经会晤了"沃尔特·怀特和另外两位我认可的黑人领袖"。他继续道，其结果是陆军部已经起草一份声明，肯定"平衡军队"原则：既然全国人口10%多一点儿由黑人组成，那就应该允许相同比例的黑人进入军队。在另外两个含糊的承诺之后，陆军部的声明继续说道，该政策"不宜与有色人种及现役白人士兵混同"，结果再次肯定了隔离政策。

黑人领袖被激怒了，因为他们原本对会议的理解是，总统就算不终止武装部队里的种族隔离，也会给予缓解。他们觉得有误传，尤其是在一些黑人报纸开始怀疑他们是否已经"变节"的时候。10月25日，总统在给这3位黑人领袖的私人信函中阐明了自己的立场。在对陆军部声明引起的"这么多误解"表示歉意后，他写道："我们全体一致达成的计划是，黑人将被投入到现役部队的所有分支，不仅包括后勤补给部队，还包括作战部队。安排给黑人的航空培训目前正在紧锣密鼓地进行之中。黑人预备役军官会被转为现役，并被授予适当的指挥权。黑人将被授予与其他人相同的按资格取得军官军衔和职务的机会。"

这一切都很好,但总统的信函未提及两个主要议题:取消武装部队隔离、结束国防工业中的就业歧视。大选之年,对于一位要竞选史无前例的三连任总统而言,这些议题太不稳妥。

两周后,罗斯福获得了连任,这次多亏了现身投票站的北方黑人。选举之前,全国有色人种协进会指出新政会解决黑人和白人的贫困问题,《危机》杂志进一步提到:"在美国由来已久的种族界限问题上,罗斯福行府所作的最重要贡献是其关于黑人是整个国家的一部分的原则。……黑人群体生命中第一次有政府赋予了他们意义,奠定了他们的基础。"黑人继而脱离共和党,转向拥护民主党。对 9 座北方城市的 15 个黑人选区的一项分析显示,罗斯福在 1932 年只得到了 4 个,但在 1936 年却取得了 9 个,在 1940 年竟获得了 14 个。

选举过去 1 个月后,A. 菲利普·伦道夫和同事米尔顿·韦伯斯特(Milton Webster)登上了一列火车。这两位工人领袖准备离开华盛顿前往南方去组织卧车列车员兄弟会。沉默良久,伦道夫转过身说:"你知道的,韦伯,呼吁总统召开那些会议不会起到多大作用的。"韦伯斯特没有作声,听着伦道夫继续说。"我们必须要做点儿什么。我想我们应该找 1 万名黑人到华盛顿进行抗议游行,就沿着宾夕法尼亚大道行进。你觉得怎么样?"韦伯斯特追问道:"你打算去哪儿找这 1 万黑人?"

第一站是佐治亚州萨凡纳市,两人召集会议宣布他们"要聚集 1 万名黑人向华盛顿进军,以争取国防工业的工作岗位"。这个想法唤起了南方黑人内心的恐惧。他们非常清楚挑战白人当局可能会有什么后果。在介绍完韦伯斯特后，当地的一位领袖便跑下讲台，然后离开了会议大厅。不过，伦道夫和韦伯斯特继续前往杰克逊维尔市、坦帕市（Tampa）、迈阿密市等地宣传这一讯息，黑人报刊也在宣传。等他们回到纽约州的时候，讯息已经在黑人社群内流传开来。

1941年1月15日，由于感到时机已经成熟，伦道夫发表了一份激动人心的声明：

> 为了争取自己在国防就业和国家武装部队中的权利，美国黑人必须拿出力量向联邦政府代表及下属机构施压。……我提议，1万名黑人向华盛顿特区进军……而口号就是：**我们这群忠诚的美国黑人公民有权要求为我们的国家工作和战斗**。

当时，伦道夫试过找全国城市联盟的莱斯特·格兰杰（Lester Granger）和全国有色人种协进会的沃尔特·怀特帮助。这些人更保守一些，不像他那么热衷于在华盛顿组织游行来对抗一位受人爱戴的连任总统。况且，黑人从未尝试过在国家首都游行——万一失败了会怎么样？万一一个人也没来呢，或者来了上万人却没有改变罗斯福的政策呢？规模最大的黑人报纸《匹兹堡信使》（*Pittsburgh Courier*）极尽挖苦，称这是个"不切实际的提议"；《芝加哥卫报》（*Chicago Defender*）提醒读者："让他们上街游行抗议私刑，抗议劳役偿债制和人头税，这是不可能的。……能让1万黑人汇集到一处……就会成为本世纪的奇迹。"虽然如此，但格兰杰和怀特赞成这场示威游行的目标，主要方式是提供资金支持,因为他们的成员非常敬重伦道夫。

伦道夫走上了街头。在纽约州,他往返于各大街道,进入酒吧、商店、发廊、游泳馆、餐馆。他在街角、公园和剧院大厅进行演讲。他向联合的工会组织募集资金,黑人工人和商人最终筹集了5万美元,以租用巴士和火车把他的游行大军运往华盛顿。他宣称,"民众的力量能够促使罗斯福总统颁布一项行政命令废除歧视",日期定在1941年7月1日。

1941年的头几个月,罗斯福在想其他事情。他正忙于国家的战备工作。他公告了包括言论和免于经济匮乏在内的"四大自由",又联合英国首相温斯顿·丘吉尔签发了一份新闻稿,即后来的《大西洋宪章》,其中含有各国人民有权选择自己的政府形式的内容。自由是关键,而且罗斯福在国情咨文中也向他的民主同盟国承诺:"我们正在付出我们的精力、资源和组织能力,以给予你们恢复和维护自由世界的力量。我们将向你们运送越来越多的舰艇、飞机、坦克和枪炮。这是我们的宗旨,也是我们的保证。"

国民开始逐渐找到工作了,但并不是所有国民。黑人报刊提到,国防工厂超过25万个工作岗位不向黑人开放,其中制造军用飞机的10万名工人中仅有240名黑人。堪萨斯城的标准钢铁公司(Standard Steel Company)总裁道出了大多数雇主的意见:"25年来我们从未雇用过一个黑人工人,现在也无此打算。"

罗斯福还谈到了国民团结问题。那年春天,他向公众发出呼吁,请他们"在这个时候以我们国家的需要为重,在我们获胜以前暂且撇开一切个人差异,不要有政党、地区、种族、民族或者宗教的不和。我们中没有人会不与我们正在为之奋斗的成果息息相关"。

但对于很多非裔美国人而言,罗斯福的声明就像是讽刺。《危机》杂志要其读者想想,"希特勒的黑人法典与美利坚合众国的黑人法典之间是否真有天壤之别"。罗伊·威尔金斯补充道,随着欧洲战争打响,"在柏林反对公园的长椅上打上'犹大'标记,这听着很愚蠢,但在塔拉哈西① 支持公园的长凳上打上'有色人种'标记却不然"。

5月,伦道夫全力以赴——提高了赌注:"当10万名黑人向华盛顿进军时,这不仅会唤醒美国黑人,还会唤醒美国白人。……让黑人民众走上街头!让黑人民众发出声音!"

这让罗斯福行府警惕了起来。埃莉诺致信伦道夫,称示威游行是个"非常严重的错误",它将致使新政"正在取得的进步遭受挫折"。政府要求伦道夫的私交好友、纽约市市长法瑞罗·拉嘎迪亚(Fiorello La Guardia)出面说服伦道夫停止游行。法瑞罗·拉嘎迪亚和罗斯福夫人一同会见了伦道夫。第一夫人提醒这位活动家,首都的警察是南方白人,可能会发生暴力冲突,然后又问道,在歧视黑人的华盛顿,示威者们到时候去哪里吃饭睡觉?伦道夫答道,这些都不是问题:"游行者们会直接昂首走进旅店和餐厅,然后点餐和休息。"除非她的丈夫"命令警察砍掉黑人的头",否则不会有任何暴力冲突。伦道夫不愿让步,埃莉诺又安排他与罗斯福会谈了一次。

1941年6月18日,伦道夫再次走进白宫。这次是与沃尔特·怀特一起,罗斯福总统和几名官员一起迎接,其中有拉嘎迪亚市长、陆军部长史汀生和海军部长弗兰克·诺克斯(Frank Knox)。像

---

① 塔拉哈西(Tallahassee),美国佛罗里达州首府。——译注

往常一样，罗斯福充满魅力地开场："你好，菲尔，你是哈佛大学哪一级的？"但这回碰壁了，当时伦道夫冷冷地答道："总统先生，我没上过哈佛。"罗斯福转移话题闲聊了些别的，几分钟后伦道夫打断他，"总统先生，时间在流逝"，并提醒他会议的主题是"黑人在国防工业中的工作"。总统说他会召集国防工厂负责人，请他们雇用黑人工人。"我们想请您做的还不止于此，"伦道夫说，"总统先生，我们想请您颁发一项行政命令，强制规定允许黑人到这些工厂工作。"罗斯福没有直接答复。如果他给黑人颁发了这种命令，那么其他群体也会无休止地要求这种命令。他接着说，无论如何，除非伦道夫取消游行，否则他什么也做不了。"像这样的问题没法用铁榔头解决。"

伦道夫回道："抱歉，总统先生，我不能取消游行。"罗斯福警告说："你不能把 10 万名黑人带到华盛顿来，会闹出人命的。"伦道夫答道，不会有人死亡，如果总统向人群致辞，就更不可能了。罗斯福要求道："取消游行！"伦道夫再次回绝，罗斯福又强调，即使有人拿枪指着他的头，他的政策也决不受威胁左右。拉嘎迪亚市长说："先生们，伦道夫先生显然不打算取消游行，我建议大家着手找个解决方案。"①

6月25日，令伦道夫满意的方案公布后，他才取消了游行。罗斯福最终签署了第 8802 号行政命令。该命令宣布"国防工业

---

① 利连索尔部分见 Polenberg, *America at War*, 76–80; *Crisis*, March 1941, 71; Anderson, *Randolph*, 第 243–59 页有关于伦道夫—罗斯福系列会议最富戏剧性的描述；Dalfiume, *Desegregation of the U.S. Armed Forces*, 第 115–23 页有最准确的描述，也见于 White, *A Man Called White*, Chapter 23; 标准钢材总裁的话见 Garfinkel, *When Negroes March*, 19, 也见于 Pfeffer, *Randolph*, Chapter 2 和 Kesselman, *The Social Politics of FEPC*, Chapter 1.

或政府不得因为种族、信仰、肤色或者原国籍原因而用工歧视"。政府机构、雇主和劳工组织有责任"为所有工人提供充分且平等的参与机会"。为了执行该命令，罗斯福建立了一个临时公平就业实践委员会（Fair Employment Practices Committee, FEPC），并在五人委员会里任命了两名黑人，其中一人是米尔顿·韦伯斯特。两年后，这位总司令动用战时权力扩大了他原先的命令，以消除包括"工会成员"在内的更宽泛的"军事工业"中的歧视，他还授权临时公平就业实践委员会在全国15个外地办事处增员120人"组织听证会"。

　　罗斯福的行政命令是美国历史上的一件大事，一些黑人称之为"第二份《奴隶解放宣言》"。自重建时期以后的70多年间，联邦政府已经抛弃了非洲裔公民，甚至不维护他们以宪法为保障的权利。现在，一个身负使命的男人通过威胁在国家备战时进行一场游行"说服了"一位顽强的自由派总统，运用他的权力去着手改变这座民主国家兵工厂的就业惯例。

　　就非裔美国人关心的问题而言，有项新国家政策的基本原理与美国独立战争一样古老——纳税却无代表权。当然，1776年黑人大多是奴隶，但在重建时期，根据第13条和14条修正案，他们获得了自由和公民身份。从那之后，他们被征税，但与白人不同，他们得不到大部分福利。尽管纳的税支援了公共设施，但他们却不被允许进入南方各地的公共设施。尽管纳的税支持了政府，但在当地和州政府机构，在联邦政府或者军队、国防工业之类靠税收维持的私营部门，他们得不到平等就业的机会。1940年军备建设期间，飞行员吉米·佩克（Jimmy Peck）这名1937年西班牙内战的黑人老兵提到，"美国有色人种……正在帮这轮空军扩张埋单",陆军航空队却禁止他们驾驶飞机。在黑人有权做航空队飞行员时,他宣称,"我们会……拿回我们作为纳税人该有的代表权"。《危机》在一篇文章中表示赞同,其标题恰好为"战斗机——美国黑人也许不会制造、修理或者驾驶它们,却不得不为它们埋单"。之后,该杂志就海军发表了社论,"我们纳的税帮着支援了安纳波利斯海军学院,但我们的小伙子却可能没法去那里上学。小伙子们帮忙维护的大量海军基地、海军船厂和海军航空基地也排挤我们"。海军的"医疗保健……旅游和教育——由纳税人承担费用的一切——只服务于白人"!

大多数白人都认为那是公平的。依照传统,不论谁为最终产品埋单,公共部门和私营部门雇主都有权在空缺职位上雇用他们所需的任何人。但在1941年6月,罗斯福行府开始改变规则——也逐渐奠定了平权运动的另一个基础。这位总司令命令所有联邦机构和国防工业在雇用工人时终止基于种族或者宗教的歧视。道理很简单:如果你是一个拿了政府合同的机构或者国防公司——由纳税人资助的——那么你就必须雇用所有纳税人,包括非裔美国人。

历史学家小莱罗内·本内特(Lerone Bennett Jr.)写道,在那一刻,非裔美国人面临的主要问题是人头税、私刑、种族隔离学校和白人预选。但在1941年的行政命令之后,"黑人策略"会对华盛顿施加"持续的压力",以确保"联邦政府的果断干预"。的确,联邦政府开始对所有工人敞开自己和国防承包商的大门了。

罗斯福颁布命令6个月后,即1941年12月,日本袭击了珍珠港，德国和意大利向美国宣战，美国同时在亚洲和欧洲作战。"你们的祖先搭乘'五月花号'来到美国，而我们的祖先坐着一艘贩奴船至此，"沃尔特·怀特宣告，"但如今我们所有人都坐在同一条船上！"

但是，从战争期间临时公平就业实践委员会复杂多变的记录来看，他们在大多数情况下都不在同一个国防工厂。这个时期的典型情况是，大部分白人报纸甚至不报道该行政命令，或者即使报道了，也只是把它塞在少有人看的中缝里；更少有人理解它的含义。临时公平就业实践委员会是个临时战时机构，没有获得多少民众或者国会的支持；其职员少，又缺乏执行力。因此，虽然有些政府机构和承包商服从监管，但大部分人在拖后腿。造船业的黑人比例翻了一番，占工人总数的 9% 以上；飞机制造业也雇用了少量黑人，但通常是做门卫。事实上，给黑人的工作大多缺乏技术含量，工会大多也保持了隔离。就像一位南方卡车司机领袖所宣称的："任何胆敢说他们想要社会平等和种族融合的黑人、白人、华人或者其他什么人……都将是在否定上帝的一切意旨。"由于临时公平就业实践委员会权力有限，执行成了一个常见问题。它可以［并且只可以］要求解除国防合同，但这样做似乎显得不爱国，也可能妨碍战备工作。因此，该机构在战争期间没有解除过一份合同。此外，那些使外交关系复杂化的情况属于禁区。当临时公平就业实践委员会预定在得克萨斯州厄尔巴索市就西南部墨西哥裔遭受种族歧视一事进行公众听证会时，国务院阻拦了有关调查，强调公开听证会会被敌人做宣传之用。

当然，南方人大都极力反对临时公平就业实践委员会。阿拉巴马州白人组建了维持白人至上联盟（League to Maintain White

Supremacy），该州州长宣称他不会签署任何一项会强迫他废弃种族隔离的协议；亚特兰大市议会也通过了一项决议，要求临时公平就业实践委员会负责人离开这座城市。路易斯安那州的一名国会议员声称，该机构预示着"共产主义独裁统治的开始。……他们想对你们发号施令，谁该安排在你们的工厂，谁该安排在你们的农场，谁该安排在你们的办公室，谁该上你们的学校，以及谁该坐在你们的餐桌上吃饭，或者跟你们的孩子通婚"。阿拉巴马州的一名国会议员补充道："我们的人民宁死也不会容忍黑人男人对我们的白人女人颐指气使。"①

经过1942年的系列听证会后，临时公平就业实践委员会主席声明西海岸的"公司一家又一家都承认，不论黑人或者出生在东方的人适不适合工作岗位，它们都不雇用他们。此时，在国家统一和全力以赴建设国防设备的持续不断的呼声中，我们发现不公平的就业实践与希特勒模式仅一步之遥"。事实上，该委员会发现一些国防承包商拒绝雇用犹太人、天主教徒、基督教复临教派教徒（Seventh-Day Adventists）、耶和华见证人教派教徒，当然还有墨西哥裔和美洲原住民。

就业歧视仍在全国持续着。在著于1943年的《人力资源

---

① 行政命令中用斜体表示强调（中文为楷体。——译注）；佩克的话见 *Crisis*, December 1940, 7；关于军用飞机和9月关于海军的文章见 Bennett, *Confrontation Black and White*, 179；怀特的话见 Garfinkel, *When Negroes March*, 77；FEPC 从未解除过国防合同见 Ruchames, *Race, Jobs, & Politics*, 142；卡车司机领袖和路易斯安那州国会议员说的定额，也见本书第30、94页；华人部分见 Polenberg, *War and Society*, 115；阿拉巴马州国会议员部分见 *America at War*, 114–15. 关于 FEPC 效率的争论见 Reed, *Seedtime for the Modern Civil Rights Movement*, 该书序言中有很好的总结。

的胜利》(Manpower for Victory)一书中,约翰·科森(John Corson)提到战时劳工短缺的原因很简单:1300万美国黑人"未被雇用,这相当于受雇白人的数量;他们经常被技术岗位拒绝……或者被禁止从事某些职业",同时"在他们全力为战争作贡献的道路上设有"重重障碍。南方的结果很荒谬。在军事工业中,管理者们不雇用当地充沛的黑人劳动力,反而从国家的其他地方招聘白人,这导致住房短缺,也加重了学校、交通和医疗卫生等设施的负担。万一"发生传染病",科森总结道,"后果将是灾难性的"。

当然,战时美国从未消除对黑人的歧视。在美国历史上最严重的一次基于种族的行动中,联邦政府直接命令西海岸的12万名日裔搬到远离家园和财产的拘留中心,这其中有三分之二的人是美国公民。在营区,"我们的基本课程之一就是美国历史",一个被拘留的人后来回忆,"他们无时无刻不在谈论自由"。尽管黑人和白人的血液在生物性上是完全相同的,但那些热切希望为红十字会献血计划作贡献的非裔美国人却被拒之门外。在考虑建造防空洞时,包括首都在内的南方城市公民甚至提议隔离白人与黑人的掩体。而且在战争期间,当黑人被诱离南方去找工作时,他们碰到了种族主义。在底特律市的一个以著名非裔美国人索杰纳·特鲁斯[①]的名字命名的联邦住房项目上,有条标语写道,"我们要白人邻居"。该市的紧张态势一直飙升,1943年7月,爆发了一场一战以后美国最严重的种族骚乱——34人死亡,700人受

---

① Sojourner Truth(1797—1883),美国著名非洲裔废奴主义者和妇女权利的倡导者。——译注

伤，1300 人被捕。无独有偶。当祖籍非墨西哥的美国白人与墨西哥裔美国人在洛杉矶市起冲突时，包括博蒙特市、得克萨斯州厄尔巴索市、马萨诸塞州斯普林菲尔德市和纽约市在内的其他城市也相继爆发了骚乱。①

不过，在国家的其他许多地方，战争开始慢慢改变了种族关系。自由派对种族骚乱深感震惊，指责骚乱只不过是令亲者痛而令仇者快："受法西斯主义精神荼毒的美国人在后方袭击了我们的战斗部队，"《国家》(*The Nation*)杂志发表社论称。"我们不可一边抗击国外法西斯主义，一边对国内的法西斯主义熟视无睹。"战时劳工短缺意味着有多余的工作，而且临时公平就业实践委员会也小有成绩，他们说服承包商们接受黑人工人，也让报纸不再刊登歧视性的招聘广告。产业工会联合会等工会组织和联邦政府携手取消自己劳动力中的种族隔离，有几次甚至还解雇了拒绝与非裔美国人在同一装配线上工作的白人工人。

黑人就业率大幅增加，主要是因为人力资源短缺。到 1944 年底，将近 200 万黑人受雇于国防工厂，占这类工人的 8% 以上。战争期间，为联邦政府工作的非裔美国人的数量增加了两倍多，几乎达到了华盛顿特区工作人员的 20%。

在装配线上，传统的种族观点稍微减弱了些，因为白人工人

---

① FEPC 主席的话见 *To Secure These Rights*, 54–55; 拒绝雇用其他少数族裔见 Reed, *Seedtime for the Modern Civil Rights Movement*, Chapter 8; 西海岸部分见 Broussard, *Black San Francisco*, Chapter 8; Corson, *Manpower*, 135–40; 关于被监禁的日裔见 E. Foner, *Freedom*, 241; 底特律市住房项目标语见 *Time*, 9 March 1942, 14.

大多从事技术性工作，而黑人通常是体力劳动者。1944年，民意研究公司调研了白人工人，提了一些问题："你介意你的雇主把黑人安排在你身边工作吗？"仅41%的人回答介意，刚好三分之一的人支持取消对工作场地的隔离。"你能接受黑人当你的工头或主管吗？"仅14%的人认为可以接受。另一个问题与公平有关："你认为黑人应该有与白人一样好的取得各种工作的机会，或者在各种工作上白人都应该有优先选择权吗？"只有44%的人认为黑人应该拥有平等的机会。

战时经济同样影响到了妇女。1942年，罗斯福宣告："在有些社区，雇主不喜欢雇用妇女。还有些社区，雇主不情愿要黑人。……我们再也不能纵容这种偏见或者惯例了。"那一年的劳工短缺引起了争取女性就业的"铆工露斯"（Rosie the Riveter）运动。虽然统计数据略有出入，但似乎有近300万妇女投身战时经济，其中大约有200万在国防工厂。由于战争，大多数美国人支持这番对传统的改变。珍珠港事件两个月后，一份民意调查报告显示，68%的公众和78%的妇女支持挑选21—35岁的单身妇女接受战时就业培训。该调查的关键词是"单身"，因为整个社会——男人和女人——都不赞成母亲们拿起铆钉枪或者焊接枪。虽然联邦政府和一些工厂修建了日托幼儿园，但大多数女工都刚离开高中且未订婚。在全国范围内，女工从未超过国防工厂雇员的10%，而且通常被快速培训成低技术含量的焊工或者秘书等办公室人员。当时的一份盖洛普（Gallup）民意调查也问过关于公平的问题："如果女人在工业中代替男人，那么她们应该得到跟男人一样的报酬吗？"70%多一点儿的男性说应该，85%的女性和罗斯福行府支持这种观点。战时劳工委员会（War Labor Board）也替那些"工作质量和数量堪比"男人的妇女要求同样的报酬。①

因此,罗斯福的行政命令逐渐改变职场,进而奠定了平权运动的基础。但对于伦道夫及其同仁而言,该命令只是阶段性胜利。它没有提及他们的其他担忧——取消武装部队中的种族隔离。

全面战争迫使非裔美国人谨慎行事。伦道夫和其他几位领袖决定,在武装部队种族隔离问题上,不能把联邦政府逼急了,因为他们不想引起这种情绪,即黑人不仅在损害战备工作,还在干一些更加厚颜无耻的勾当。1942年1月,《危机》杂志呼吁:"现在不是保持沉默的时候,在我国首都,美国黑人的地位只略高于柏林的犹太人,反抗希特勒主义的斗争要在华盛顿特区打响。"黑人领袖大多支持"胜利加倍"(Double V for Victory)活动——对外打击法西斯主义,对内抵抗种族主义——同时全国有色人种协进会提出了它的"两条战线"(two front)政策:"一支吉姆·克劳式的军队不可能为一个自由世界而战。"

但它迟早会沦为一支吉姆·克劳式的军队。1940年9月,国会通过了《义务兵役法案》,宣布禁止基于"种族或者肤色"的歧视,但是无济于事。大部分公民不支持废除种族隔离,而且大多数人本来就赞成陆军部长史汀生在当时日志中所写的:"迄今,黑人种族尚未融入领导层,若想让现役军官带领这群人——

---

① 关于《国家》等所做系列声明见 Peter J. Kellogg, "Civil Rights Consciousness in the 1940s," *The Historian* 42 (November 1979): 30–34; Joseph R. Goeke and Caroline S. Weymar, "Barriers to hiring the blacks," *Harvard Business Review* (September/October 1969): 148; 铆工露丝见 Kennedy, *Freedom From Fear*, 776–79, 民意测验见 Flynn, *Lewis B. Hershey*, 117; 盖洛普民意测验见 13 February 1942; 战时劳工委员会见 Harrison, *On Account of Sex*, 96.

有色人种——作战，只会给双方都带来不幸。"海军陆战队司令公开表示赞同，他当着一个国会委员会的面声明："若要问所选海军陆战队是由5000名白人组成还是由25万名黑人组成，那么我宁愿选5000名白人。"

虽然史汀生很恼火，在国家处在战争中时，"这些愚蠢的有色人种领袖"还在谋求"社会平等"，但是三军总司令更关心的是动员全体国民。为了安抚非裔美国人，他任命了威廉·H.黑斯蒂（William H. Hastie）这位前法学院院长、首位黑人联邦法官担任陆军部部长助理。黑斯蒂告诉史汀生陆军没用黑人士兵，恐怕一直采用的是"南方的传统风俗"。黑斯蒂督促黑人部队与白人部队合二为一，要求美国黑人能被派遣到所有新军营里。史汀生让陆军总参谋长乔治·马歇尔（George Marshall）作出回应。乔治·马歇尔指明，吉姆·克劳法存在，隔离是一种惯例，黑人的受教育水平低于白人，还说军队不应当解决一个"贯穿本国历史始终的困扰美国人民的社会难题。……陆军不是一间社会学实验室"。此外，"在陆军中实验社会难题的解决方案有危及效率、纪律和士气的风险"。

因而，这位高级军官拒绝拿军队做任何实验，其中包括义务征兵这个国民参军的方式。黑斯蒂等非裔美国人指控选拔过程中存在种族主义，但当局回应称征兵是地方事务，是"每个州州长的责任"。全国有色人种协进会要求田纳西州州长在该州征兵局任命一些黑人职员，得到的答复很有代表性："这是一个白人的国度。"因而没有任命一名黑人。开战3年内，只有3个南方边境州的征兵局雇用了一些非裔美国人；南方腹地一个也没有。事实上，关于黑人不能执行战斗的观点意味着，许多地方征兵局不会征募非裔美国人。到 1943 年初，黑人构成了总人口数的 10% 以上，但只占到军队人数的 5%。因此，虽然那个时候约有 30 万名单身黑人男性合格，但却得不到征募，当时征兵局选拔已婚白种男性走向战场。此举在南方引起了不满。密西西比州参议员西奥多·比尔博（Theodore Bilbo）激烈斥责军队是在"带走所有白人以满足定额，然后把大批黑人留在国内"。南方谣言四起。据说，黑人正在采购碎冰锥并储存枪支，等待战时灯火管制时期一到就可以屠杀白人。而且总有挥之不去的忧惧——白种男性出门参战之后，"每个黑人男人都将拥有一个白人姑娘"。①

战争期间头几年的美国公平是：美国正在用全面战争抗击地球上的两大种族主义国家，但是联邦当局让基于地域偏见选拔男人的州决定征兵，其结果往往是白人上了战场，黑人留在国内——这反过来又激怒了那些有种族偏见的白人。这个吉姆·克劳式征兵草案还有法律影响。在 1978 年关于平权运动或者"逆向歧视"的著名的巴基案以前 30 多年，战争人力资源委员会（War Manpower Commission）主席致信陆军和海军部长，当白人"丈夫和父亲"被召入伍，"然而身体条件合格的单身黑人登记者仍然不被招募"时，可能存在"重大影响，有关问题该不该被带进

---

① 《危机》的观点见 Garfinkel, *When Negroes March*, 32–33; 关于"两条前线"，见 Sitkoff, *A New Deal for Blacks*, 324; 征兵草案的相关问题见 Flynn, *Hershey*, 118–26; Lee, *Employment of Negro Troops*, 88–91, 以及 Dalfiume, *Desegregation of the Armed Forces*, Chapter 3; 司令官部分见 MacGregor, *Integrating the Armed Forces*, 100; 关于田纳西州州长的言论，见 Dalfiume, *Desegregation*, 107; 关于比尔博，见 Kennedy, *Freedom From Fear*, 634; 南部的忧惧见 Polenberg, *War and Society*, 109–10.

法庭受审，特别是白人登记者该不该这么做"。联邦政府很幸运，没有人这么做。

除了种族主义之外，海陆空三军不愿意招募非裔美国人的另一个原因在于吉姆·克劳式教育的遗留问题——黑人在教育成果测验上通常得分很低。被召入伍的黑人仅有17%高中毕业，同比白人有41%。陆军普通分类测试（Army General Classification Test, AGCT）分为5个等级，其中前3个等级用于培训军官、飞行员和技师，而两个较低等级的被认为适合做步兵、只需有限技术的工人或者劳工。陆军声称，AGCT不是一种智商测验，它只测试教育成果。白人考进了所有5个等级，其中三分之一在最低的两个等级，而84%的黑人士兵则在这两个垫底的类型中。在一些黑人部队里，三分之一的人没受过教育。军事效率需要有文化的士兵，所以到战争结束时，陆军已经教会了超过15万名黑人新兵读书写字。

战争期间头两年，海陆空三军依然歧视非裔美国人。陆军各部仍然处于隔离状态，几乎所有黑人都被指派为劳工。1943年春，海陆空三军的50万黑人中已被派往海外的不到8万。《匹兹堡信使》指责道，甚至那些受过战斗训练的黑人士兵也在被转去劳工部队，成了"清雪工"和"采棉工"。陆军第555号空降营是为了投身战斗而受训的，但却被派到了俄勒冈州，他们在那里的唯一战斗对象是森林火灾。此外，军法条例规定，任何部队的黑人军官都不得在级别上高于白人军官，或者指挥白人军官。一位司令官甚至不顾军事条款，称他手下的白人中尉比黑人上尉的地位高！领导黑人部队的军官大多是南方白人，他们对许多来自北方的黑人士兵特别苛刻。驻扎宾夕法尼亚州的一支部队的将领们下达了一项命令："如果有色人种士兵与白人妇女之间有任何交往，无论自愿与否，都将被认作强奸。"相关处罚为死刑。陆军医务队中11%的成员为黑人士兵，但实际上全都被派去做了卫生工作，压根儿没有白人卫生连队。陆军航空队只培训了一支黑人飞行中队——第99战斗机中队，海军陆战队也只培训了一支大队。直到战争结束，才任命了首位黑人海军陆战队军官。①

海军舰艇有黑人水兵，不过他们住在隔离的驻地，而且不论他们的受教育程度或者技术水平如何，基本上全在膳宿服务部门服役——担任厨师、炊事兵或者军官侍从。炊事兵多利·米勒（Dorie Miller）的事例揭示了这一点。1941年12月7日，日本士兵袭击了驻扎珍珠港的战舰"西弗吉尼亚号"战列舰（USS West Virginia）。米勒猛冲到桥上，将受伤的上尉拖下火线。在从未受训操作机枪的情况下，他在不得不放弃舰艇前至少击毁了4架来袭的敌机。但即便如此，海军也不准许米勒成为机枪手，他继续做炊事兵。直到1年后，海军上将才授予这位佃农的儿子海军十字勋章。

隔离不只针对男人。像一名黑人士兵所写，军队有"两种隔离类型——种族和性别"。最终，35万名妇女加入了陆军妇女队（Women's Army Corps, WACs）、海军妇女紧急志愿服务队（WAVES）、空军服务女飞行员队（WASPS），或者海岸警卫队妇女后备队（SPARS）。几乎所有人都是白人，而且这些项目一般不会送黑人女性去技校学习有技术要求的工作。跟黑人男性一样，

---

① "重大影响"这句见Dalfiume, *Desegregation*, 90，教育部分也见于该书第56–58页，此外还见于Kennedy, *Freedom From Fear*, 771–73，以及Fass, *Outside In*, 141；种族歧视部分见Dalfiume, 92–93, 66–69.

她们也被安置在炊事兵、面包师、洗衣房服务员、邮政人员等工作岗位上。陆军护士队限制了黑人护士的数量，仅共计1%；每1.1万名海军护士中只有4名黑人。除极少数情况外，黑人护士都被派往那些只服侍黑人士兵的医院。在战争后期，军队往英国派了一些黑人护士，而这套体系最终被证明是不可行的。因为能上战场并负伤的黑人士兵非常少，这群护士接到的命令只能是看护德国战俘，该政策引起了极大的不满，以至于外科主任医生命令这群护士要救助所有士兵。

吉姆·克劳式军队震惊了美国许多北方白人。白人和黑人新兵一到训练营就面临着种族隔离。一块告示牌划分了各种宗教服务的人员名单："天主教徒、犹太教徒、新教徒和黑人。"纽约州厄普顿营地的一名白人二等兵写道，军官命令大家不要"与黑人一起喝水或者握手"。他继续道："从踏入军营的那一刻起，黑人士兵就遭到了隔离。……整个画面非常下流，非常丑陋。它的样子、气味和味道无一不像法西斯主义。"

不过，大部分美国人认为这么对待黑人是公平的。战时新闻处（Office of War Information）做了民意调查，它在1942年发现，60%的白人觉得黑人对他们的地位很满意，也正在获得他们应得的一切机会。南方以外的大部分白人都认为应该设置隔离学校、餐馆和社区，也相信黑人之所以社会地位较低，是因为他们自己的种族缺陷，而非白人批准的法律和实践的传统惯例。军队的民意调查表明，大多数黑人士兵反对种族隔离军事部队，而白人士兵则几乎90%支持这些部队。他们似乎确证了军方的论点，即种族隔离对于鼓舞其90%的士兵的士气来说是必要的。历史学家理查德·达尔菲姆（Richard Dalfiume）写道："在战争头几年里，海陆空三军实现不了隔离但平等,因为军队政策背后的思想过度关注隔离,以至于按说是军队主要目标的效率也常常不得不从属于隔离这个目标。"①

然而在1943年,军队遭遇了严重的人员短缺;显然,黑斯蒂曾认为带有种族歧视的军队会严重妨碍效率,因而会成为战争胜利的障碍,这无疑是正确的。既然陆军部不愿结束种族隔离,黑斯蒂便挂冠而去。后来,政府命令陆军航空队增强对黑人部队的技术培训,要求军队提拔更多的黑人军官。

1944年,黑人部队的情况开始有了转机。当年正逢美国大选,共和党开始在北方拉黑人的选票,同时讨论着调查美国黑人在军队的处境问题。更重要的是,陆军准备进攻希特勒的欧洲要塞。行府反思了"黑人问题"。一个委员会宣称军队必须"更加积极地利用我们的黑人部队",他们建议"将有色人种部队在最早的可行时刻投入战斗"。虽然很不情愿,史汀生部长还是不得不赞同这个结论,"我们必须借助有色人种帮助我们在这场战争中取得胜利"。随后,部队命令第92和93分队分别投入欧洲和太平洋战场。海军将那些在其他级别岗位上受过训练的黑人水手(除伙食管理员以外)送到25艘辅助船上,并首次宣告接受黑人妇女当兵,黑人男性可以成为委员会军官。

正是全面战争对人员的需求沉重打击了种族隔离政策。1944

---

① 米勒、护士和法西斯主义等见 J. Foner, *Blacks and the Military*, 172–75, Chapter 7, 148; Dalfiume, *Desegregation*, 127, 78, 63; 其他民意测验见 Mershon and Schlossman, *Foxholes & Color Lines*, 88–89, 105 和 Schuman et al., *Racial Attitudes*, 10.

33 年12月，德国人在法国阿登地区发起反攻（即突出部战役）。这场闪电突袭战致使5万美国人在一周之内或死或伤，激烈的战斗再加上冬季的严寒，致使一个月内超过12.5万名人员伤亡。盟军统帅德怀特·D.艾森豪威尔将军十分震惊，下令允许被派到他那里的黑人自愿加入战争训练，而那些黑人也的确陆续加入；由于人数太多，艾克（即艾森豪威尔）甚至不得不把人数限制在2500名。经过6周训练，黑人组成的50多个排做好了与白人组成的排并肩作战的准备——这些临时凑起来的步兵团队进军德国，一举摧毁了第三帝国。

艾森豪威尔将军嘉奖了这些部队，更重要的是，军队民意调查显示，人们对黑人士兵有了新的看法。与黑人携手战斗之前，只有三分之一的白人士兵表达了对黑人士兵的积极看法，而战斗之后大约有80%的人说他们对美国黑人增加了好感。连陆军部也不例外，发表声明说黑人已将"自己塑造为战士，一点儿也不比他们的白人伙伴缺乏勇气"。

战争进入尾声时，已有超过100万黑人应召入伍，另有8万人自愿加入，这意味着部队中的黑人人数比例已与他们的人口比例相当——10%多一些。具有讽刺意味的是，这种"平衡力量"正是战争一开始国防部就提出的——合乎比例的种族目标。为了维持这种平衡，欧洲胜利日之后，军队立即着手进行招募活动。出人意料的是，数千名黑人士兵毛遂自荐，他们中要求延长服役时间的比白人还多。军队的反应再次将公平问题凸显出来：为了保持种族上的平衡，1946年的勤务分支部队只招募那些在陆军普通分类测验中达到99分或者更高分数的黑人，白人却只要70分便可被录用。很多在战争中保卫国家的黑人纳税人不被允许在和平年代继续守护国家。

考虑到美国黑人在军队中的遭遇,人们可能会奇怪他们为什么还要参军。一个记者回答了这个问题,他说黑人士兵"相对于有种族偏见的美国平民生活,更喜欢隔离的军旅生活",这对"美国人欢迎服役黑人士兵归国一事的评论可谓入木三分"。①

当黑人男人凯旋时,所谓欢迎可能是粗鲁、暴力甚至要命的。工业发达的北方存在种族问题,因为白人士兵回国后需要他们战前的工作,这会解雇黑人。在芝加哥市、纽约市和印第安纳州加里市,爆发了小规模骚乱。边境诸州又出现了3K党。在田纳西州哥伦比亚县,一个白种男人与黑人退伍海军詹姆斯·史蒂芬森(James Stephenson)之间的口角引发了长期不和。当地警方侵入黑人商业区,伤了4人。这招来高速公路巡警,他们进入该地区打人,还抓了100多位黑人公民。有两名黑人在等待释放时被杀害了。

南方的情况更糟糕。杰西·杰克逊的父亲是上过欧洲战场的光荣老兵,当他回南卡罗来纳州的家时,被要求坐在车的后排,比德国战俘还靠后。在密西西比州,一些黑人老兵试图登记投票,结果遭人殴打。参议员西奥多·比尔博召集所有"身强力壮的盎格鲁—撒克逊"男子用"各种方式"防止黑人获得投票权。在佐治亚州,白人种族主义者枪杀了退伍老兵马乔·斯奈普斯(Macio Snipes),他是自己选区唯一一个登记投票的黑人。在另一个镇,

---

① 黑人问题见 Dalfiume, *Desegregation*, 94–103; 陆军部见 Franklin and Moss, *Slavery to Freedom*, 485; 民意调查部分见 Mershon and Schlossman, *Foxholes & Color Lines*, 124–26; Nalty, *Strength for the Fight*, 178; 军队测验和种族隔离见 J. Foner, *Blacks and the Military*, 178.

一个白人暴徒将两名退伍黑人和他们的妻子拖出车,排成一排,朝他们开了 60 枪。这种可怕的事成了全国的新闻头条。

有些新闻认为,很多黑人军人服役期间的遭遇甚至更惊人,美国陆军中士艾萨克·伍达德(Isaac Woodard)的情况就是如此。在服役 3 年,又在南太平洋战区待过 15 个月后,伍达德收到了转业通知,便从佐治亚州哥登堡乘车回北卡罗来纳州的家。车开到南卡罗来纳州后,司机责骂伍达德,说他上"有色人种专用"厕所的时间太长,并喊警察以醉酒为名逮捕了这位中士,尽管伍达德没有喝酒。警察虐待他,用警棍捅他的眼睛,还把他锁进单人牢房。等到伍达德可以到军事医院就医,他已经永久失明。

这起暴行令全国关注。奥森·威尔斯(Orson Welles)等演员谴责了暴行,一个黑人学者也写信给新任美国总统哈里·S. 杜鲁门说,"将一个曾经用双眼保卫我们国家自由的男人的眼睛弄瞎,在世界上任何别的国家都不曾发生过如此残忍的事情,这绝对让我们蒙羞"。杜鲁门本人是一战老兵,他成立了民权委员会,调查暴力事件,并提议相应的联邦立法。一听说这事,他就转向了全国有色人种协进会主席沃尔特·怀特说:"天啦!这么可怕的事,简直匪夷所思。我们必须做点儿什么。"①

杜鲁门的话带有预言性。他将做不少事,但也很困难,这有战争临近结束时的两件事为证,一是挑战种族歧视,一是维护种族歧视。

先说第一起案例。联邦最高法院否决了罗斯福总统的 7 项任

---

① 田纳西州骚乱是 O'Brien, *Color of the Law* 的研究主题;比尔博部分见 Dalfiume, *Desegregation*, 133;斯奈普斯部分见 Nalty, *Strength for the Fight*, 204–5;伍达德和杜鲁门部分见 Donovan, *Conflict and Crisis*, 244–45.

命，就史密斯诉奥尔赖特案（*Smith v. Allwright*）做出裁决。跟南方很多州一样，得克萨斯州州议会颁布了一项确立"白人预选"的法律，这基本上宣告了民主党的私人组织可以自行决定谁入党，因此也就将得州黑人排除在外了。朗尼·史密斯博士（Dr. Lonnie Smith）是休斯敦的一个牙医，他要参加选举却被负责选举的官员 S. E. 奥尔赖特拒绝。在律师威廉·黑斯蒂和瑟古德·马歇尔（Thurgood Marshall）的帮助下，史密斯决定提起诉讼。1944 年，大法官斯坦利·里德（Stanley Reed）以 8 比 1 的判决结果在判决书上写道，民主党不是私人组织而是州的代理机构，得克萨斯州违反了宪法第 15 条修正案，因而"白人预选"原则也是违宪的。这项裁决意义重大，因为它表明最高法院对不公的选举实例有着越来越大的兴趣。但是南方的改变却微乎其微，白人还在通过控制选民来抵制黑人投票。他们继续用诸如人头税，特别是读写和理解能力测验这样的伎俩来限制选民登记。

新墨西哥州的民主党议员德尼斯·查维斯（Dennis Chavez）是首个当选为美国参议院议员的墨西哥裔人，他在 1945 年提出了一项议案，建议将公平就业实践委员会由战时临时机构变为联邦委员会的一个永久性机构。一个新的美国公平就业实践委员会将在和平年代的就业实践中发挥重大作用，但这也遭到了保守的亲商（pro-business）国会议员的强烈诅咒，尤其是来自南方的议员。来自密西西比州的参议员比尔博带头发起攻击。他说要是把公平就业实践委员会变为一个永久性机构，由联邦政府来告诉商人应该雇用什么人，那就无异于"地狱挣脱了束缚"，是个需要"一队人马"来解决的苦差事。他指责战时公平就业实践委员会带有歧视性质，因为里面只有少数白人，却有"66 个黑人、12 个犹太人、一些异教徒，还有2个日本人"。接下来是长时间的争论，期间比尔博坚持认为公平就业实践委员会的真正目的是打破肤色界限以方便在不同种族间的通婚和杂居；他无法理解他的同事怎么能够"牺牲自己的白人血统和种族"。那些支持"反美国、反宪法的立法怪物"都是些"激进的共产主义者，是杂牌少数族裔施压团体"。

就公平就业实践委员会进行的辩论引起了一场巨大的喧嚣。大部分南方人都力挺比尔博。一个佐治亚人写信给这位参议员说，假如公平就业实践委员会继续存在，美国人将不得不"承认黑人和共产主义者还有犹太人是引领美国未来的先锋"。与此同时，当地报纸就这项立法发表了狂妄的声明——公平就业实践委员会将告诉商业界、学校、教堂雇用黑人而解雇白人雇员；它会使所有工作都国有化，甚至会强迫可口可乐这样的私企公开他们产品的秘方。大量商人加入了反对行列，美国小型企业组织商会主席指责这项议案是"有史以来的法律中最邪恶的一部分"。

但是很多自由派人士、工会工人、教师，还有北方的新闻人也发起了反击。他们对参议员比尔博的言论感到极为震惊，认为他是在"鼓吹希特勒的法西斯主义和种族主义"。一些批评者给比尔博送去了几本希特勒的《我的奋斗》，4个退伍军人搞了个恶作剧，给他送了一个纳粹"杰出服务军工十字勋章"，勋章上还有伪造的希特勒签名。

一个永久的公平就业实践委员会变成了"一种象征"，历史学家罗伯特·贝利（Robert Bailey）写道，"成为政府的两种哲学理念和生活的象征"。参议员查维斯代表自由派人士，他们认为联邦政府可以也应该立法结束不平等，纠正社会不公平现象。比尔博代表的保守派则认为吉姆·克劳原则乃是生活的真相，联邦政府不应该用立法对抗地方传统。①

杜鲁门总统是支持建立一个永久的公平就业实践委员会机构的，但是早在1946年，比尔博就开始采取行动阻挠查维斯提案通过，一直持续了24天。这是自1938年以来历时最长的一次阻挠行为，前一次南方参议员讨论联邦取缔私刑议案，30天内胎死腹中。查维斯最后撤回了他的提案。如今公平就业实践委员会也夭折了。联邦政府不再试图为少数族裔纳税人甚至是联邦合同争取工作。

然而，一旦出现先例，斗争就得继续下去。因为1945年的美国与1941年的美国大为不同。从第二次世界大战战场归来的美国黑人怀揣一种强烈的自豪感，也更加渴望赢得双重胜利。"第二次世界大战前所未有地放大了美国就业与民主实践之间的不一致性，这一点美国黑人越来越感同身受。"全国有色人种协进会的沃尔特·怀特写道。黑人社会学家E. 富兰克林·弗雷泽（E. Franklin Frazier）也持这种看法，他写道："黑人再也不会毫无反抗就接受这种歧视了。"

战争给日后的民权运动铺平了道路，美国黑人的军事经历则使吉姆·克劳原则元气大伤。"优等民族"在战争中惨败，使种族优越论声名狼藉；尤其是当盟军士兵解放了德国纳粹集中营，

---

① Robert J. Bailey, "Theodore G. Bilbo and the Fair Employment Practices Controversy: A Southern Senator's Reaction to a Changing World," *Journal of Mississippi History* 42 (February 1980), 还见于 Reed, *Seedtime for the Modern Civil Rights Movement*, 155–72; 南方报纸的主张和企业的回应见 Kesselman, *Social Politics of FEPC*, 168–73.

人们在杂志上看到瘦弱的犹太人和其他囚犯之后，对种族优越论更加怀疑。关于大屠杀的电影胶片，以及随后的纽伦堡审判对大部分美国人都产生了深刻影响。为了避免此类罪行再次发生，也为了创造一个和平的未来，同盟国各成员国建立了联合国，并宣告"世界人权"的理念。此外，在亚洲，英国和法国没能"保护"他们的非白人殖民地免受日本侵犯。因此，接下来的10年，亚洲独立运动风起云涌，这股民族主义的浪潮也将席卷非洲殖民地。从政治的角度来看，战争刮起了一股美国黑人移民到工业发达的北方、西方、东方的风潮。这就意味着在那些重要的选举州——如纽约、宾夕法尼亚、密歇根、伊利诺伊、加利福尼亚等——获得投票的黑人可以影响选举结果了。在外交方面，自1947年起，美国一直致力于与共产主义威胁——苏联这个新敌人做斗争。杜鲁门宣称，国家必须承担起帮助"所有爱好自由的民族"抵抗"共产主义暴政风浪侵袭"的责任。华盛顿与莫斯科的较量吸引了来自全世界特别是亚洲和非洲民族的同盟，美国国内的"种族问题"也因而具有了国际意义。苏联则宣称，对于美国黑人来说，根本没有什么自由和民主可言；这一言论也为它吸引了不少非白人民族国家。杜鲁门政府深谙这种外交手腕，国务卿乔治·马歇尔声明："美国的道德影响已经削弱到了如此地步，我们的宪法所宣告的民权完全不能在实际经验中落实。"最后，一批自由派人士得出结论说，是时候让国家采取措施维护宪法保证的全体公民的平等权利了。哈里·S.杜鲁门便是其中的一位。

杜鲁门在密苏里州边上长大。这个"索证之州"也出台了一些吉姆·克劳法，但是允许黑人享有投票权。杜鲁门十分清楚,这个州的 13 万张黑人选票所具有的巨大潜力将帮助他在选举日获胜。他在 1940 年竞选参议员时宣告:"我们只不过是在根据真正的民主理念去给予黑人那些本就属于他们的权利。"但是杜鲁门对美国黑人的态度还是有些举棋不定。他憎恨 3K 党,也曾公开表示反对这个组织;但是,人们都知道他私下里常用"黑鬼"这个词去形容一个他不喜欢的人。他也不喜欢跟混有黑人的人群交往,尤其反对黑人与白人通婚;但是,他对那些在法律上或政治上对抗公民的禁令感到忧虑。战争期间,美国西海岸的日裔美国人被监禁一事让他吃惊不已;他称那件事是"不光彩的",并且写道,"我们很多美国人身上都展示了纳粹的影子"。而且,他直言不讳地提倡应该为全体美国人提供平等机会。杜鲁门成长于一个相当温和的环境中,通过努力工作成为一个重要的参议员;对于他这样的男人而言,机会就是个公平的问题。

1935 年,杜鲁门入主白宫。那个时候,他对种族关系的理解已经远远超越了那个时代。他在给一个朋友的信中谈到过南方发生的反对黑人老兵的暴力行为,并强烈谴责佐治亚州"一伙暴徒竟可以把 4 个人带走,然后朝着他们背后开枪",接着他还写道,南加利福尼亚的"一个市长和市法警可以随意将一个黑人中士从公交车上带走,毒打一顿,最后弄瞎了他的一只眼睛;对此联邦当局却无动于衷,这个国家系统彻底出了问题"。或许总统在艾萨克·伍达德事件的具体细节上记得并不太准确,但他知晓美国南部各州的问题所在:南方人"的生活落后于时代 80 年……我不是在要求社会平等,因为根本就不存在真正的社会平等;我所求的是对于所有人而言的机会平等,只要我还在这儿，就会为此奋斗下去"。①

总统支持联邦取缔私刑的法律，也支持建立永久的公平就业实践委员会组织；而且，战后发生的暴民暴力行为激怒了他，他决定成立一个负责民权事务的委员会。1947年，该委员会出版了题为"保障这些权利"（To Secure These Rights）的调查报告。这本书被广为传阅，产生了很大影响，在那时被视为一种理想："在这片土地上，人人皆平等而独特。正是人与人之间的这些不同之处才成就了伟大的人类，形成了美国强大的国力。"这项报告讨论了基本自由、教育、公共设施、个人安全以及就业机会等话题，并向读者阐明了其中存在的种族歧视问题。该委员会对当时的种族关系状况感到忧虑，包括战争期间的日裔美国人疏散事件，"未经任何审判和听证……我们国家的法律体系的全部基础就在于这样一种信仰：罪过只涉及个人，与祖先无关"。这些要求联邦制定结束种族歧视政策和法律的建议是很激进的，它呼吁实现平等："我们不能忍受针对个体的限制，这些限制往往源于一个人的种族、肤色、宗教信仰或者社会地位等无关紧要的因素。"《保障这些权利》促成了下一代美国人将自由的立法纳入议程，而这些最终将由林登·贝恩斯·约翰逊签署成为法律。

《保障这些权利》也呼吁军队取消种族隔离。"偏见在任何方面都是一种既邪恶又非民主的现象，在军队这样一个所有人都处在死亡边缘的地方，偏见尤其令人反感。"基本的原则是公

---

① 自豪感一说引自 Kennedy, *Freedom From Fear*, 776 和 Dalfiume, *Desegregation*, 106; 杜鲁门部分见 Donovan, *Conflict and Crisis*, 3, 31, 172, 信件见 Ferrell, *Off the Record*, 146–47.

平。"当一个人为这个国家服役时,他必然要放弃一些作为美国公民天然享有的权利和特权。"反过来,政府"应该承诺保护他作为一个个体的完整性"。但这在实行吉姆·克劳原则的军队里是不可能实现的,"任何歧视……都会妨碍少数族裔群体尽全力服兵役保卫自己的国家,所以这种歧视对于他们而言就是一个令人耻辱的作为下等人的标志"。因此,这份报告呼吁"在所有部队分支里都取消所有基于宗族、肤色、信仰、原国籍而来的歧视和隔离"。

对此杜鲁门表示支持。就在这一年,他也意识到需要一个强有力的战后军事队伍来对抗苏联。因此,1947年,杜鲁门和他的智囊团想出了一个加大军事支持的计划,即普遍军训制(Universal Military Training),并将其呈交国会。这个计划让人惊讶的地方在于,行政部门反对在战后组建的新军队中实行任何形式的隔离:"总是在一支队伍里强调等级和种族的不同,没有什么是比这更能损伤我们国家人民的心态和民族团结的悲剧了。"

6月,杜鲁门成为第一个加入全国有色人种协进会的总统。他的演讲与美国传统种族关系构成了重大分野。面对林肯纪念堂的1万名听众,总统坦诚地表示他支持民权:"在漫长的历史长河中,我们为保障所有公民的自由和平等做出了不懈的努力;如今,美国已经进入一个历史转折点。……我们要保障每个人都拥有平等的机会。"随后他又提出,黑人公民真正期待的是联邦当局而不是各州发挥一个更为重要的作用。"联邦政府友好而警觉地保卫全体美国公民的权利和平等。"演讲过后,总统转过身来,对全国有色人种协进会的怀特宣告:"我说到做到,我说的每句话都是真的——我也会用实际行动去证明这一点。"①

杜鲁门开始证明他并非只是说说而已。几个月后，杜鲁门行府提出废除所有州的人头税，建议联邦废止私刑条案和选举权利法案，取消军队里的隔离政策，扩大联邦政府队伍——这包括建立一个永久的公平就业实践委员会，在司法部设立一个分支机构专门处理民权事务，还要设立一个民权委员会。1948年2月，总统向国会提交了他的民权立法方案，但是一项盖洛普民意调查显示这遇到了强大的反对意见。大部分人都不清楚杜鲁门的提案，提案遭到了56%的反对，仅有6%支持。近三分之二的人认为应继续在军队里实行隔离。而杜鲁门总统的支持率则在选举年开年就下跌到了36%。

1948年的大选仍在继续，尽管有很多问题需要解决，但少数族裔未来的社会状况却一直是其中最重要的议题之一。共和党最终的候选人是纽约州州长托马斯·E. 杜威（Thomas E. Dewey），他在涉及民权的问题上有着良好的记录：曾签署过一项建立州公平就业实践委员会的法律，并禁止就业中的种族歧视。他想把北方黑人的选票拉回到林肯党，在他的竞选搭档——著名的加利福尼亚州州长厄尔·沃伦（Earl Warren）的帮助下，杜威势如破竹，在选票上取得了压倒性的优势。民主党内部则四分五裂。民主党前副主席亨利·A. 华莱士（Henry A. Wallace）表示将参加总统竞选。得知自己无法从现任总统手中争得民主党提名后，华莱士宣布他将以进步党人身份参与竞选。当然，这更刺激

---

① *To Secure These Rights*, 4, 30–31, 40–49, 162–63; 普遍军训制见 J. Foner, *Blacks and the Military*, 179–80; 杜鲁门部分见 Donovan, *Conflict and Crisis*, 334.

了杜鲁门通过公开支持民权让美国黑人成为民主党信徒的做法；不过这一举动自然得罪了南部民主党人。这些人提醒总统说，自重建时期以来，没有南方诸州作为坚强后盾，民主党就不可能在大选中获胜。杜鲁门在那场关于民权的演讲之后，一个弗吉尼亚政治家发来电报："我十分确信你已经毁了南部民主党。"另一个来自佛罗里达州的政治家补充道，如果杜鲁门的计划"得到执行，你就不会在1948年当选为捕狗员（dogcatcher）"。

南方政客当然也关心军队的未来，尤其是因为那么多军事基地都建在他们地盘上。国会没能出台普遍军训制，这让杜鲁门不得不提出重新恢复义务兵役制。当年春天，国会举行了听证会，参议院军事委员会召A. 菲利普·伦道夫来参会。"这次黑人不会再听任吉姆·克劳草案通过了，"伦道夫说，"我暗暗下决心，一定要给抵制吉姆·克劳征兵制度的黑人和白人年轻人提供支持、帮助和建议。……我会号召所有老兵加入这场公民不服从运动。"伦道夫威胁说一旦歧视性的草案通过，就会导致"更多的公民不服从"。他的话一石激起千层浪。《匹兹堡信使》称伦道夫的话未免太极端，并写道，"黑人里从未出过叛徒"；不过在黑人住宅区的一项民意调查显示，超过70%的黑人支持拒绝进入有种族歧视的军队。《新闻周刊》（Newsweek）报道称，"对伦道夫表示强烈同情和支持"，《芝加哥卫报》则要求"一支美国军队，而不是一支南部同盟军"。

艾森豪威尔将军代表了军方立场："这个国家本就存在种族偏见。你要是通过一项法律让一些人去喜欢另一些人，那就惹上麻烦了。"来自佐治亚州的参议员理查德·罗素（Richard Russel）支持一项修正案草案，该草案规定士兵可以要求在他们自己种族所属的部队里服役。一个南卡罗来纳的参议员说"这个国家的大多数战争都是靠白人士兵打赢的"。①

国会于6月通过了一项义务兵役法案。艾森豪威尔在这件事上发挥了重大影响，正是他的声明使得该项法案顺利通过。这项法案并没有提及军队里的种族融合。由于面临着与苏联对抗而亟须扩大军队规模的压力，杜鲁门最终签署了该法案并使之成为法律。

虽然保守派赢得胜利，却损失惨重。共和党人迫切希望能将美国黑人拉到他们的阵营，帮助他们获得1948年的大选；为此他们采取了一项政策反对军队里的种族隔离。华莱士的进步党强烈要求颁布一项"总统令，结束军队里的种族隔离和各种形式的歧视"。自由派的民主党人士召开会议做出回应。明尼阿波里斯市（Minneapolis）市长胡伯特·H. 汉弗莱（Hubert H. Humphrey）正为竞选参议员奔走，他称"民主党是时候从州权的阴影中走出来享受人权带来的阳光了"。民主党采纳了他提议的一项政策，即号召"国家国防和军队里的待遇平等"，至少是象征性的，民主党全国委员会现在支持民权了；但对于南部民主党人来说，这一步走得太远。一位阿拉巴马州的代表说"我们就此别过"，许多人从会场冲出来，组成了南部各州民主党党员联盟。他们提名南卡罗来纳州州长 J. 斯特罗姆·瑟蒙德（J. Strom Thurmond）作为他们的总统候选人，J. 斯特罗姆·瑟蒙德在竞选中喊出了"种族隔离"的口号，并且反对华盛顿特区的"极权政府"。

---

① "捕狗员"一说见 Donovan, *Conflict and Crisis*, 336；安德森部分见 Randolph, 278–79；白人士兵部分见 J. Foner, *Blacks and the Military*, 181.

杜鲁门赢得了民主党的总统候选人提名，不过他也面临着很多棘手的政治问题。南部各州民主党党员正在为他们自己的人拉票，华莱士呼吁融合，伦道夫正提倡黑人抵制草案通过；而这边共和党人已经提名两位鼎鼎大名的州长——纽约州州长杜威和加利福尼亚州州长沃伦参加竞选。

因此，会议过后，总统签署了两项意义重大的行政命令。7月26日，他下令强制废止联邦政府内存在的招聘和就业歧视，重申了1941年的罗斯福总统令。尽管有些部门之前已经实现了融合，但杜鲁门的命令意味着在所有联邦部门都取消种族隔离，在全国范围内，所有工作都必须向少数族裔开放。这项任务开始缓慢地展开了。其次，战争总指挥官强调要在军队里实现"待遇和机会平等"，而不管是何种族、肤色、宗教或者民族血统。杜鲁门设立了两个委员会研究如何在政府和军队中实施这些命令。他挑选查尔斯·费伊（Charles Fahy）——一个来自有着自由主义传统的佐治亚州新政拥护者——领导军队委员会，并给他配了两名黑人帮手，分别是城市联盟的莱斯特·格兰杰和《芝加哥卫报》的出版商约翰·森斯塔克（John Sengstacke）。

当总统开始他的"短暂停留"竞选活动时，A.菲利普·伦道夫取消了抵制草案行动计划，并向杜鲁门总统发去贺电，称赞他拥有"高超的政治才能和勇气"。火车穿行于全国的各个小镇，杜鲁门就站在后面的平台上向那些从没亲眼见过总统、只在广播里听过竞选演讲的普通老百姓发表演说。在讨论当前的国内外大事之前，杜鲁门先让民众放松下来，向他们介绍说他的妻子贝丝是他的"老板"，女儿玛格丽特是"老板的老板"。他是个坦言直率的人，滔滔不绝地向民众讲述民主党在大萧条和战争时期的各项成就。他提到了来自苏联的挑战,说对于国家来说他的民主党政治形式才是最好的选择,而不是共和党及其"特权毛头小子"。杜鲁门给共和党人冠以"贪婪的特权派"的名号,之后转而攻击他们控制的第80届国会,指责他们"一无是处"、"一事无成"。中西部的玉米价格一路走低,哈里遣责"共和党的国会把干草叉插在了农民背上"!由于通货膨胀造成工资水平降低,他又称"大企业的共和党人贪婪至极,已经开始要狠狠地惩罚美国消费者了"。哈里信口开河,激起群情,很快支持者们便开始大声呼喊"让他们见鬼去吧,哈里"!他十分激动,向观众保证他的政策将是新政的延续,而非毁灭;共和党要做的恰恰就是后者。人群越来越多,洛杉矶有8万人为他欢呼,黑人支持者为他做了标语牌,上面写着"感谢民权方案"。

这次大选远征使新政民主党重焕活力,杜威的竞选攻势明显黯淡无光、过于自负;他很少提及关于这个国家未来发展的细节问题,尽管所有民意测验组织都预测杜威会当选总统。大选当日,杜鲁门却能使原来支持罗斯福的那些老民主党工人、农民和少数族裔组织重新团结起来。到了午夜,杜鲁门以100万的票数遥遥领先;凌晨4点,票数达到了200万,到上午10点的时候,杜威承认竞选失败。南部以外的美国黑人投票破了记录,他们使杜鲁门在加利福尼亚州、伊利诺伊州、俄亥俄州以微弱优势取胜。而这3个州的投票是杜鲁门在大选中获胜的关键。玛格丽特·杜鲁门记得,在华盛顿特区,"不管是正式的还是即兴的,大街小巷中演奏的似乎都是《我只对哈里着迷》"。祝贺信纷至沓来,其中总统最欣赏的可能是来自艾森豪威尔将军的一封贺信,信上说在美国的政治历史上没有"哪一项成就能跟您今日取得的相提并论",还说"它深刻地描绘了一个男人勇于战斗的心灵和十足的勇气"。

竞选获胜后两个月的1949年1月,杜鲁门在白宫会见了费伊和陆海空三军以及国防部的部长。这位总司令是个典型的直性子,跟部长们说他想要武装部队废除种族隔离这事的"具体结果"。他命令道,"我要这事尘埃落定",还说希望不要逼他"敲掉人的耳朵",不过要是有必要,他会为了军队融合而那么做。

1949年的前半年,费伊委员会（Fahy Committee）一直在举行各种听证会和调查活动,并从新任国防部长路易斯·约翰逊（Louis Johnson）那里获得了帮助。委员会发现有很多因素阻碍融合。海军致力于融合,但三分之二的黑人水手仍在那些负责杂物的分队里。海军上将责令接收更多的黑人到军官预备学校,向黑人开放更多的职位,完善他们的基本训练。海军陆战队也在做着同样的事情,但他们任重而道远。军队里的这一分支有超过8000名军官,但里面只有两个黑人;现役陆战队水兵中只有2%的黑人,从事的还都是体力劳动或者服务岗位。现在从陆军分出来的新空军反应最为迅速,正在将他们各单位和飞行员整合到一个部队中。

南方传统根深蒂固的军队自然会竖起反抗的大旗。对白人开放的专业大概有500个,黑人却只能在180个岗位工作,这其中大部分还是没什么技术含量的岗位。而且,军校里的课程对黑人开放的不足20%。高级军官依然采取定额制度——黑人只占10%。陆军部长肯尼斯·罗亚尔（Kenneth Royall）再次发表声明说,他的部队"不是社会进化的工具";黑人没有能力打仗,但"特别能胜任"体力劳动。将军们写信给国防部长约翰逊抱怨"我们正将陆军部的作战效率削弱到一个十分危险的地步。这些军官熟悉黑人在战争中的作战性能，觉得我们将有色人种部队编排到白人作战部队有点儿太过了"。因此，总司令下达命令一年后，A. 菲利普·伦道夫在《纽约时报》（*New York Times*）上撰文指出："陆军部并不打算废除种族定额制度或者种族隔离制度。……军队里的种族歧视仍然阴魂不散，且更为严重，这是一个更加残酷的现实。"

不过这次总司令和他的国防部打算跟军队互掐起来。约翰逊部长4月份发表声明说，军队里的新政策将是实现待遇和机会平等的一部分，所有人员的入伍、任职、晋升、分配以及军事学校的录取都将"依照个人优势和能力"。他强调，新政策就是"只要合格，黑人就可以被分配到任何一个职位……不掺杂种族上的考量"。但将军们却怨声载道，气得跺脚。到了夏天，陆军部长罗亚尔因此而辞职，由戈登·格雷（Gordon Gray）接任。总统出面干涉，并再次公开宣告他的目标仍然是废除种族隔离。那年夏天，军队开始缓慢地执行命令，到1950年春季，将军们已经同意废除定额制。①

虽然军队同意取消隔离，但事实上种族隔离仍然存在。第二次世界大战期间的劳动力短缺使这个体系发生了变化；如今，当1950年朝鲜战争爆发时，就像第二次世界大战时期那样，类似的改变发生了。杜鲁门很快就为参战募集人员，这次是统一征

---

① 关于竞选见 Hamby, *Man of the People*, Chapters 25 and 26; Donovan, *Conflict and Crisis*, Chapters 41–42 和 Frederickson, *Dixiecrat Revolt*, Chapter 5; 军队部分见 Dalfiume, *Desegregation*, 179–84 和 J. Foner, *Blacks and the Military*, 187–88.

兵和分配，其他的则通过招募。由于不再实行定额制，战争才爆发一个月，军队的应征者就有四分之一是黑人。到了1951年底，所有投入朝鲜战场的美国军队集结完毕。其他部队取消隔离则花了更长时间。空军在1952年解散了最后一个黑人部队，海军也是如此。在朝鲜战争爆发之前，由大约7.5万兵力组成的军团里只有1000名黑人，这1000名里有一半是做勤务的；到1953年停战时，占总数6%的1.5万名黑人海军陆战队士兵被派去作战。部队里的黑人分队由1950年6月的385个削减到了1953年8月的88个；1954年，最后一个黑人分队被整合，同年国防部在整个南方范围内取消了陆军和海军民用设施的种族隔离。

1951年5月，赢得朝鲜战争中最好的指挥官之一称誉的陆军准将约翰·H.米凯利斯（John H. Michaelis）公布了废除种族隔离制度的执行结果。他证实，在战斗中，白人士兵听从黑人中士的指挥没有任何问题。讨论到他的司令部，他说"黑人被整合到最低一级（班）的作战单位,他们的能力被证明是令人满意的。有些被提升了，其他的则被授勋。我提到这些是要指出这一点：散兵坑里没有肤色界限"。一个海军排长赞同这个说法，他说在战争中"不关你是白的、红的、黑的、绿的还是青绿色，根本没有什么分别"；一个南方白人步兵补充说："假如一个人会开枪并且清楚他的工作和职责，他就是我的伙计。我才不管他的皮肤恰好是什么颜色的。"

从长远看，保守派和南方人在废除军队里的种族隔离这个问题上犯了大错误。他们说黑人的种族特性不具备战斗气质，但是朝鲜战争中七分之六的指挥官都觉得白人和黑人是并肩作战的。他们还曾预言在一个融合了的军队里会发生种族冲突，然而尽管有些不满情绪，但在新的部队里并没有发生任何冲突和暴动。他们曾叫嚣取消隔离会降低军队效率，但到朝鲜战争结束时，将军们说融合事实上还提高了作战效率。他们说虽然白人部队不会接受跟黑人士兵一起工作，但是融合作为美国军队的一个标准操作流程被接受了下来。如同《纽约时报》所写的，废除种族隔离是"20世纪最轰动的事件之一……竟然有说明书作根据"。①

平权运动产生于罗斯福和杜鲁门行府时期：1933年哈罗德·伊克斯发布一项命令禁止在公共工程管理项目中的歧视，第二年他的助手设计了一种按比例招聘的体系，意在雇用一定比例的黑人技术工人，平权运动由此开始了。这项命令和这个招聘系统遭到了大部分承包商和无一技之长之人的忽视，但是其他新政项目例如最低工资和社会保障福利则使各个种族和性别的人都因此而受惠，公共事业振兴署规定女性与男性同工同酬。更重要的是，罗斯福设立的临时公平就业实践委员会推动了这一理念的发展：接受联邦资金的公共和私人承包商应该不分种族地雇用所有纳税人。

到1941年，联邦政府又面临着一个新的问题：雇佣政策。之前，除极少数例外（如童工），政府已经放手将招聘事宜交给雇主们，不会强迫任何企业特别雇用某个种族。而到了罗斯福时期，这个传统开始被打破。在一场对抗种族主义敌人的战争中，

---

① 米凯利斯的话见Mershon and Schlossman, *Foxholes & Color Lines*, 225; 海军排长的话见Nalty, *Strength for the Fight*, 262; 步兵的话见White, *How Far the Promised Land?*, 93; 朝鲜战争部分见于Dalfiume, *Desegregation*, 213和Mershon and Schlossman, 230–40.

自由派人士逐渐认识到联邦政府应该在全国范围内推行没有歧视的就业制度。罗斯福的行政命令不仅为具有里程碑意义的1964年《民权法案》第7条的反歧视条款奠定了基础，而且对整个国家的进步产生了深远影响。到1945年，超过20个州通过法律禁止政府雇用中的歧视现象，这些法律中有一半提到了种族和宗教歧视；而且，私营企业的合同中写上反歧视条款的做法也变得越来越普遍。就在同一年，纽约通过了首个平等机会法律，建立了州级的公平就业实践委员会管制私人企业的雇用和晋升。到1964年，一半的州都已经建立起了他们自己的针对公共和私人就业的司法审查委员会。

哈里·杜鲁门签署取消军队里种族隔离的行政命令同样也是一项改变传统的举动。到了20世纪50年代早期，联邦官员和将军们都已经接受了这样一种观点，即所有纳税人都有权在那些依靠税款资助的机构里任职，不管是在政府还是军队里，他们都有权享有平等的机会，有权享有与其他公民一样的任职资格。

然而，跟其他情况一样，任职又带来了另一个问题：政府可以用其权力去改变社会关系吗？让我们回想一下1896年最高法院就普莱西案所做的裁决：人为的法律是"无力根除社会本性或者废除基于身体差异的区别"的。但是，第二次世界大战期间的战斗经历以及朝鲜战争中融合的散兵坑挑战了这个传统思想。也许，政府的法律和政策可以改变人的观念和社会行为，这是一种在20世纪60年代重新兴起的思想。

罗斯福和杜鲁门行府也向人们证明了，联邦政府可以在一些领域向全体公民敞开平等的大门。很多黑人开始在政府部门或者军队中开启自己的职业生涯，例如首个海军飞行员弗兰克·彼得森（Frank Peterson）曾在朝鲜战争的上空飞翔，后来成为该军团的首个黑人将官；还有很多例子，比如科林·鲍威尔（Colin Powell），他在杜鲁门的行政命令签署10年之后进入部队。"那是个历史转折点，"他写道，"在50年代初期，我们军事哨所里的歧视现象比任何一个南方市政厅和北方企业的都少，评价体系也更正当，运动场也更标准。"① 对于鲍威尔来说，杜鲁门的行动以及由此而给军队带来的变化"让我更加热爱这个仍然有很多缺点的祖国，也让我更加全心全意地效忠于它"。②

这个国家曾两度陷入危机，一次经济萧条，两次战争；正是在这些时候，平等的概念开始在美国生根发芽。很多公民开始意识到在上个时代占上风的吉姆·克劳思想已经与美国宪法的具体理念发生了冲突。很多人开始觉得所有纳税人都应该有机会去获得那些由他们的税款支撑的工作，这才是公平。这个观念最终为一项政策奠定了基础，这项政策后来发展成了广为人知的平权运动。

---

① 此处原书可能有误，50年代估计应为60年代，因为他在杜鲁门签署命令之后10年才入伍；下章开篇也提到了他在1958年的军校生活。——译注

② 州级 FEPC 部分见 Skrentny, *Ironies of Affirmative Action*, 28–29 和 Moreno, *From Direct Action to Affirmative Action*, Chapter 5; Powell, *My American Journey*, 60–61.

第二章　民权斗争与平权运动的兴起

1958年，科林·鲍威尔中校正在佐治亚州本宁堡（Fort Benning）游骑兵学校就读。每次从基地离开，他便"再度陷入南方旧社会"。

> 我可以在佐治亚州哥伦布市伍尔沃斯（Woolworth）商店购买我想要的一切，只要不在那儿吃。我也可以在百货商店里消费，只要不用男厕所。我还可以在街上逛，只要不看白种女人。

在北佐治亚山里训练期间，每到周日鲍威尔都要到教堂做礼拜。但为了满足这么一个简单的需求，他得坐车去几英里外的一座非裔美国人教堂。部队派了一名白人下士开车送这位黑人中校到最近的浸信会教堂。某个周日，下士告诉鲍威尔他也想做礼拜。鲍威尔问了问牧师，但慈祥的老牧师说他担心当地白人的反应。鲍威尔写道："我想要不予理睬的现实正在强行闯入我的生活，即那部判定两个人坐在同一座教堂，或在同一家餐厅吃饭，抑或共用洗手间是有错的疯狂法典。"

"种族主义不单单是个黑人问题,"鲍威尔继续写道,"它是美国的问题"。20 世纪 50 年代,南方诸州依旧在用一些噱头和各种测试限制黑人的投票权,因此截至 1958 年阿拉巴马州仅 9% 的黑人做了选民登记;密西西比州更低,仅 4%。几乎全部住宅区都被依法隔离;单看教育,南方人不愿意给那些大多是棚屋区的黑人学校花钱,那里的教师的收入约是白人同行的三分之一。在南卡罗来纳州克拉伦登县(Clarendon County),官方在 1950 年给白人学生人均花费 179 美元,黑人学生人均却仅 43 美元;此后 14 年,在密西西比州霍利崖(Holly Bluff),相应金额是白人学生人均 190 美元以上,而黑人学生则人均 1.26 美元。公立大学根本不存在"隔离但平等";在得克萨斯州,大约四分之三的联邦土地助学金(federal land grant funds)被给了白人学校得州农工大学,然后剩余的留给它的黑人"姊妹学校"普雷里维尤农工大学(Prairie View A & M)。南方种族主义可是会闹出人命的。1955 年,一个来自芝加哥的 14 岁大的黑人埃米特·齐尔(Emmett Till)初到密西西比州。由于不懂南方习俗,他想当然地对着一位白种妇女吹口哨。此后不久,这位妇女的丈夫伙同另一个人抓住齐尔割了他的睾丸,还用枪打爆了他的头,并把他那血肉模糊的尸首抛入当地一条河里。尽管凶手事后供认不讳,但白人陪审团仍然无罪释放了他们。北方非裔美国人享有相对更好的生活。他们可以上公立大学,部分公司和个别工会也已取消种族隔离,更多黑人正在自主创业,而且他们实实在在地拥有选举权。但也存在限制。市参议员们已确定了实际上的居住条例(de facto residential ordinances),这意味着少数族裔会被隔离在最差的社区,并且各区都遵循住房歧视惯例(discriminatory housing practices），即在城郊建白人学校，在城里贫民区建黑人学校，故而学生们通常会上种族隔离学校。其结果往往类似宾夕法尼亚州的莱维敦镇（Levittown）；1956年，大约6万人居住在该镇城郊，但没有一个黑人。

正如20世纪50年代的民意调查所显示的，美国白人认为那是公平的。四分之三的南方白人和一半的北方白人不想有黑人邻居，而97%的南方白人和90%的北方白人均反对不同种族间的约会。一份盖洛普民意测验提问，美国是否应该有一部要求雇主不凭肤色或种族雇人的国家法律，支持该想法的不足三分之一，同时近一半的人觉得此事应当留给各州定夺。

艾森豪威尔总统持相似观点。他当选后，行府支持通过了州而非国家的反歧视法，并将公平就业实践委员会标榜成了一个"联邦国家义务事项"（federally compulsory thing）。艾克一如既往地致力于废除海陆空三军和联邦政府中的种族隔离，成立了一个由副总统理查德·尼克松（Richard Nixon）主持的政府合同委员会（Government Contract Committee）。委员会调查了联邦雇员的种族结构和靠税金生存的承包商，但他们把实行种族隔离的主要责任归咎于承包商，故而收效甚微。7年内委员会仅促使两家承包商停止了歧视。政府取消了华盛顿的餐厅、旅店、公园、游泳池隔离，但其余国家公共基础设施尚无改观。总统坚信各州应该有权管控地方事务，而且这包括种族关系在内。

总统任命了一位名叫E.弗雷德里克·莫罗（E. Frederic Morrow）的黑人助理向他建言种族问题。莫罗试图捍卫艾森豪威尔行府的表现（the administration's record），但举步维艰；他用3年时间都没能说动艾克与非裔美国人领导层会晤。而总统通常又授权尼克松负责种族问题。在与艾森豪威尔共事多年后,莫罗总结道,艾克"关于民权的视角是南方式的。……在与之就该领域的多次交谈中,我发现于情于理他都不倾向于反对种族隔离"。①

但是最高法院准备质疑种族隔离了。在过去 60 多年间,法院曾一度不愿受理涉嫌歧视的案件,但由于富兰克林·德拉诺·罗斯福和杜鲁门任命自由派大法官以及支持黑人士兵参加第二次世界大战,也开始有所改变。那种冲突使问题变得清晰,即限制少数族裔的教育是个国家安全问题。美国需要受过教育的年轻人加入战斗;战时受过读写训练的 15 万名黑人士兵也证明少数族裔可以被教育去服从指挥并下达命令。随后的冷战时期,教育上排斥少数族裔的做法再也站不住脚了,而最高法院的回应则是受理更多案件,这逐渐削弱了吉姆·克劳法体系。到朝鲜战争期间,最高法院已否决了拒绝认可非裔美国人就读职业院校和研究院的那些州,并宣告弗吉尼亚州要求对跨州公共汽车进行隔离的条例无效。

1954 年的布朗诉教育委员会案（Brown v. Board of Education）判决具有里程碑式意义,它在朝鲜战争结束后仅一年便发生了。全国有色人种协进会申请代表黑人学生琳达·布朗（Linda Brown）。她被从自己所在的白人社区接出来,转送到堪萨斯州托皮卡市（Topeka, Kansas）的一所黑人学校去上学。首席法官厄尔·沃伦（Earl Warren）宣读了法院意见:"纵使物质设施和

---

① Powell, *My American Journey*, 41–42; 盖洛普民意测验见 16 August 1952 and 7 February 1953; 艾森豪威尔部分见 Burk, *Eisenhower Administration*, 16, 84–87; Morrow, *Way Down South*, 121.

其他有形要素大体相等,但完全根据种族原则对公立学校的孩子们进行隔离是否剥夺了少数群体孩子享受同等教育的机会？我们一致认为是的。"最高法院裁定分设教育设施是"内在的不平等",它违反了第14条修正案。第二年,法院便勒令种族隔离地区以"适宜的速度"取消隔离。

南部对此表示愤怒。佐治亚州州长谴责法院使宪法沦为"一纸空文",同时弗吉尼亚州参议员哈里·伯德（Senator Harry Byrd）称判决"妨碍了各州的权利,是迄今为止最为严重的事故"。密西西比州参议员詹姆斯·伊斯特兰（Senator James Eastland）预言,联邦政府废除南方学校隔离的举措将会引发"大规模的冲突和动荡"。

随后一年,冲突发生在阿拉巴马州蒙哥马利市（Montgomery, Alabama）。1955年12月1日,一位名叫罗莎·帕克斯（Rosa Parks）的非洲裔女裁缝——同时也是全国有色人种协进会成员——搭乘公交时坐了一个"空座",而车厢中部的几排座位得等到白人坐满前排后黑人才可以坐。最终,司机要求帕克斯给一名白人乘客让座。她拒绝了,因违反当地法律而被捕。作为回应,当地黑人领袖成立了蒙哥马利进步协会（Montgomery Improvement Association, MIA）,并委任26岁的小马丁·路德·金为主席。协会发起了一场持续了一年多的抵制公共交通运动,全国有色人种协进会则起诉公交公司。蒙哥马利进步协会建立起了黑人组织和教会的联盟,它从北方黑人和自由派白人那里获得经济援助,并最终促成了南方基督教领袖会议（Southern Christian Leadership Conference）这个更大规模的团体。另外,在晚间新闻这个面向全国播放时长15分钟的新节目报道抵制运动并向电视观众介绍金的时候,许多白人报纸也第一次将报道刊登在了首页。最重要的是,抵制胜利了:它证明普通人也可以组织金所说的非暴力直接活动。当公交公司收益流失时,联邦法院否决了那项地方性法规。通过挫伤蒙哥马利的吉姆·克劳法,公交系统取消了隔离。

在很大程度上,蒙哥马利巴士抵制运动只算地方性事件,但布朗案判决具有全国性影响。南方诸州誓不遵守布朗案的决议,并企图通过450多部法律和决议来防止或限制种族融合。路易斯安那、阿拉巴马和得克萨斯3州司法部长明令禁止全国有色人种协进会在本州运营,同时路易斯安那州举行了关于种族骚乱的听证会,并发布了他们的结论:"由约瑟夫·斯大林发起的共产主义阴谋……现在被公认为是隐藏在企图整合南方公立学校的举动背后的根源和引导力量。"民意调查还显示,超过80%的南方白人反对取消对学校的隔离,有四分之一的人觉得动用暴力来维持白人至上主义是正当的。

艾森豪威尔政府并不强迫各州废除对学校的隔离,因此直到1957年6月仅有些零星的种族融合发生在边境诸州,至于南北卡罗来纳、阿拉巴马、佛罗里达、路易斯安那以及密西西比诸州则未见半点儿迹象。尽管南方之外的政治压力升级到要求强制执行布朗案决议的地步,但总统在1957年7月声明:"我想象不出有哪种境况竟会促使我派遣联邦军队……进驻某个地区去强制执行联邦法院的命令。"

两个月后,艾森豪威尔总统派部队进驻阿肯色州小石城的中央高中(Central High School)。1957年,这座城市出台过一项遵守布朗案决议的计划。该地住着9名黑人学生,学校将于9月取消种族隔离。但公众压力不断升级，州长奥瓦尔·福伯斯（Orval Faubus）下令阿肯色州国民警卫队包围学校并防止隔离被废。当一个黑人女生现身中央高中时，她受到激愤的白人暴民的一顿咆哮："处死她！处死她！"州长的举动挑战了联邦政府。艾森豪威尔总统虽曾拒绝签署布朗案决议，但如今也极不情愿地置州国民警卫队合作于联邦政府的权力之下，下令1000美国陆军进驻小石城。

总统整改了一所实行种族隔离的高中，而这引起了南方的激烈反应。那时一名士兵用刺刀划伤了一名抗议者，福伯斯便在电视上宣称"爱国的美国公民的热血"染红了"军事占领"的那些"冰冷的、赤裸裸的、出鞘的大刀"。路易斯安那州的一份报纸公然宣称"艾克国王如是说"（"Thus Spake King Ike"），另一份报纸宣告艾森豪威尔已经终止了民主政治并且催生出了一只"可怕的怪兽——军事独裁"。

小石城事件说明，联邦政府整合南部学校的尝试将会遇到巨大阻力，甚或暴力。它还证明了联邦政府强迫各州维护宪法的潜在权力，特别是如果总统有此意愿的话。但艾森豪威尔的确无意于此。他的助理谢尔曼·亚当斯（Sherman Adams）认为小石城事件是"他入主白宫8年以来所有举措中最让他矛盾的一次宪法义务"。①

至于艾克，他对经济问题更感兴趣。在20世纪50年代的

---

① 南方对布朗案判决的反应引自 Kluger, *Simple Justice*, 897; 斯大林和军事独裁引自 T. Anderson, *The Movement*, 31 和 *The Sixties*, 15; 艾森豪威尔和福伯斯部分出自 Burk, *Eisenhower Administration*, 172–73. Adams, *First-Hand Report*, 355.

大部分时间里，经济一片繁荣。10 年内国民生产总值翻了一番，通货膨胀率持续走低，而在大规模的生育高峰期间，消费飙升。《时代周刊》宣称，"飞升的生育率是生意的富矿"，"1955 年展现了美国资本主义的繁荣"。

然而繁荣并未惠及少数族裔。绝大多数黑人男性是劳工，纽约市三分之一的黑人职业女性是佣人。据劳工部 1960 年报道称，平均下来黑人工人的收入不到白人同行的 60%。迈克尔·哈林顿（Michael Harrington）写道："身为黑人就意味着会置身于一种贫穷与恐惧的文化之中，这远比任何支持或反对歧视的法律条文要来得深刻。"因为不少墨西哥裔美国人以外来务工人员身份工作，所以多半生活贫困，平时工作一天也就挣 1 美元。音乐家布·迪德利（Bo Diddley）在回忆绝大多数少数族裔的经济状况时说："我们中有些人连分期付款购买一根棒冰的首付都没有。"

少数族裔落后的主要原因是许多雇主拒绝雇用他们。为改变这一局面，许多州、市通过反歧视法，还设立了公平就业实践委员会。1945 年纽约州第一个通过，其他地方相继效仿，因此截至 1964 年，几乎半个美国都有了防止工作场所中的歧视现象的法律或委员会。其中，纽约州委员会是典型。它有权举行公众听证会，还有权发布"停止及终止"令，而此令可在法律上迫使雇用者结束歧视。但是这项威慑罕有成效；头 20 年，州委员会接到了近 9000 起投诉，发现其中歧视的概率约等于 20%。于是，官方找雇主讨论了这个问题；至于对老板的命令，则不是为了要其聘用受过歧视的人或是赔偿损失，而是为了让其承诺不再歧视并且张贴一份委员会的海报。那 20 年内，该委员会仅举行过 30 多次听证会，只发布过 7 次停止及终止令。一位专家写道：进入

1966年，在当时的委员会看来，许多工商企业"在他们的第3个10年里仍有非法歧视……但可以合理地预期到本世纪末将会使企业不再冲撞反歧视委员会"，因此"一个人不必像遁世者那样对这次革命有目共睹的速度感到吃惊"。据此也可推测，99%的雇主改良了其做法，开始不分种族进行招聘。

平等就业实践委员会将规定和强加雇佣政策，颇有微词的商人实际上丝毫不惧怕大部分州和地方政府。这些州委员会全都有个共同特点：虽然可以举行一场听证会让一位雇主蒙羞，但它们通常影响不了雇佣政策。1961年关于13个州委员会的一份调查显示，它们收到了超过1.94万起投诉，令人惊讶的是其中"已解决"的99.7%均绕过了正式的听证会。那些州委员会仅发布了26次停止及终止令，并只将违反其法规的18家公司告上法庭。

20世纪50年代，公众压力的确可以说服个别雇主聘用少数族裔。在纽约州，银行和保险公司开始招聘更多的非裔美国人，特别是在哈莱姆区，百货商场也雇用了更多黑人和波多黎各女人来销售商品。州委员会还给航空公司施加压力，要求其整合劳动力，尤其是对那些做州际交通的运输公司。1956年，多萝西·富兰克林（Dorothy Franklin）称，"因为她是黑人"，所以环球航空公司（TWA）将不再雇用她担任空姐。环球航空公司回绝了该项指控，声称女人的"仪容"才是真正原因。无论如何，州委员会开始给18家飞往纽约州的航空公司施压，并由此慢慢敲开了那扇大门。1957年，纽约航空公司（New York Airways）招收了一名黑人驾驶员；莫霍克航空公司（Mohawk Airlines）聘用了露丝·卡萝尔·泰勒（Ruth Carol Taylor）这位据说"婀娜多姿"的护士，而她也成了"美国商用航空史上的首位黑人空姐"。

但是，各州公平就业实践委员会基本上难以左右普遍存在的就业歧视。非裔美国人极少被聘用，而且包括黑人大学毕业生在内。在全国范围内，黑人只占所有白领职位的1%左右；通常，他们只能找到体力活和服务性工作。1959年墨西哥湾岸区（the Gulf Coast）的30家炼油厂共有5.8万名工人，但非裔美国人不到6%；其中有5家连一个黑人工人也没有。在中西部地区，阿里斯—查尔摩斯公司（Allis-Chalmers）的两家农具厂和卡特彼勒（Caterpillar）装配厂也几乎没有黑人员工；在特拉华州（Delaware），国际乳胶公司（International Latex）的合成橡胶厂有1700名员工，但没有一个是非裔美国人。福特公司在对北部少数族裔的雇用上记录良好，但其巨大的亚特兰大工厂只雇了21名黑人，正如某位经理所承认的，"我们答应要遵守地方习俗，不雇用黑人从事生产性工作"。

大部分工会也拒绝培训黑人学徒。据全国城市联盟透露，非裔美国人近乎彻底被排挤出了印刷工会和管道工工会。在建筑业的学徒计划里，亚特兰大、巴尔的摩、密尔沃基（Milwaukee）、明尼阿波利斯和华盛顿等城市都没有黑人。据1963年《黑檀》（Ebony）杂志报道："在纽瓦克市（Newark）的各行各业，每3500名学徒中仅有2名黑人，而在三分之一人口都是黑人的芝加哥市，该比例不到1%。"颇具代表性的是纽约市的美国劳工联合会钣金工分会（Sheet Metal Workers of the American Federation of Labor）。要落户当地，委员会得通过他们的学徒培训计划，而这需要一位向来支持朋友或亲人的成员做担保。某位观察员说："就像因为是黑人的缘故，有时非意大利裔或非爱尔兰裔几乎也会被当做充足的排斥理由。"①

一直以来，联邦政府在基建计划上持续花着纳税人的钱。从 1941 年起，这些合同全都含有一个未加执行的非歧视条款。事实上，直到 1961 年，联邦政府也没有因承包商拒绝招聘少数族裔而终止过一份合同，而且即使杜鲁门总统早在 13 年前就已下令武装部队废除种族隔离，有些州预备役部队或国民警卫队里仍不见有黑人。

于是，1960 年的非裔美国人陷进了一种恶性循环。就业歧视减少工作机会，造成了低收入，而那又反过来限制了对教育和培训计划的获得，这就进一步维持了低端技术并且降低了工作机会和收入。其结果是，当年白人家庭的平均收入超过 5800 美元，但同比黑人家庭只刚过 3200 美元。黑人主要干体力活和其他杂务，而经济蓬勃发展的 20 世纪 50 年代的就业进展又慢得让人沮丧。1950—1960 年间从事自由职业的黑人数量实际上缩减了 1 万，黑人开的公司减少了三分之一，然而其失业率是白人的两倍。根据一份报告，如果 20 世纪 50 年代的就业趋势没有改观，那么不到特定年份，少数族裔就别指望就业比例与他们的人口百分比相

---

① Harrington, *Other America*, 4;"遁世者"一词见 Sovern, *Legal Restraints*, 48–53; 密歇根州的类似公平就业结果见于 Sugrue, *Urban Crisis*, 173–74; 有关纽约州委员会的更加全面的观点，参见 Moreno, *From Direct Action*, Chapter 5; 毫不担心一说见 Ruchames, *Race, Jobs & Politics*, 165; Arthur Earl Bonfield cites 99.7 percent, "The Origins and Development of American Fair Employment Legislation," *Iowa Law Review* (June 1967): 1077; 航空公司部分载于 *NYT*, 10 June and 23 December 1957, 地方习俗部分见 Burk, *Eisenhower Administration*, 102–8; *Ebony*, May 1963, 28, 另外非意大利裔这句引自 Moreno, *From Direct Action*, 151.

称——技术型行业要到 2005 年，专业领域要到 2017 年，销售行业要到 2114 年，而跻身企业管理层和所有者要到 2730 年。

共和党人和北方民主党人开始盘算黑人的政治支持，其代表人物是得克萨斯州民主党党员、参议院多数党领袖林登·约翰逊。他着手考虑参加总统竞选，为此必须向国民证明他在种族议题上已经放弃了老旧的南方观点。尽管 1948 年竞选议员时他已与南方同僚达成协议，并称公平就业实践委员会是"场闹剧和骗局——为的是建立一个警察国家"，但在之后的 10 年，他不再做这样的抨击指责，还以中间人的身份在国会通过了一项民权法案。此法案设立了民权委员会（Civil Rights Commission）和司法部民权司（Civil Rights Division in the Justice Department）。委员会被授权调查有关少数族裔权利受剥夺的指控，特别是选举权。约翰逊称"它可以……去伪存真，还可以反馈建议，这对那些讲道理的人会有所帮助"。出于他的性格，得克萨斯人自诩它是"史上最重要的民权法案"，但实际上它是一次软弱的妥协。委员会的确收集了一些事实，然而这没什么用；各州自己本就应该审讯那些禁止过黑人投票的白人官员。正如一位黑人批评家给约翰逊写信所说："在发现埃米特·齐尔被谋杀之后，如果一个南方陪审团不宣判已招认的绑匪有罪，那么为什么他们会愿意因为一名选举官员拒绝给黑人投票权而宣布他有罪呢？"这位批评家是对的；此法案确实没有增加南部非裔美国人的投票权。

然后在 1960 年 2 月 1 日，北卡罗来纳农业与技术学院（North Carolina A & T College）的 4 名非裔美国人学生走入了北卡罗来纳州格林斯博罗市（Greensboro, North Carolina）当地的伍尔沃斯商店，并坐到了就餐区。柜台上标明，"白人专用"。一位女服务员走过时，有一个人点餐，说"请给我一杯咖啡"。服务员回答道，"抱歉，我们这儿不招待黑人"，整个下午都拒绝提供服务。下午5点30分商店打烊时，学生离开，其中一人对服务员说，"我明天会带着整个A&T学院一起回来"。他们被称为格林斯博罗四人组，就在那晚他们将静坐示威一词传遍了整个校园。第二天早上，大约30名黑人男女学生走入伍尔沃斯商店并坐在就餐区。偶尔有一名学生会试着点餐，但不会被招待。第二天柜台前大概坐了50人。这次他们获得了3位白人学生的支持，到那周结束前，来自附近6所学校的黑人学生也露面了。

不同于20世纪50年代晚期为数不多的几次静坐示威，这次运动在南方迅速传播。在格林斯博罗后数周里，黑人学生在温斯顿-塞勒姆、达勒姆、罗利（Raleigh）及其他北卡罗来纳州的城市午餐柜台开展静坐示威，积极分子们在春季便将该策略用在了南方的大部分州，范围从纳什维尔到迈阿密，又从巴尔的摩到圣安东尼奥。黑人还在像图书馆这样的公共设施用地开始占座示威，在美术馆进行屋外油漆示威，在海滩进行涉水示威，还在白人教堂进行祈祷示威。到4月份，黑人学生在南卡罗来纳、佐治亚、路易斯安那和阿拉巴马诸州的议会大厦前和城里举行了示威游行。在整个1960年和随后的一年里，约7万人参加了13个州的各种抗议活动。历史学家莱罗内·本内特称："以前从未曾有这么多黑人走上街头"，"此前黑人也从未展示过这么大的激情和毅力"。罗利市的一份报纸提到："警戒线如今从小零售店延续到了美国最高法院，并进一步延伸到了国内舆论和世界舆论。"

示威静坐所产生的热情渐渐地开始浮现在另一项有意义的

运动里，即需求工作。在费城，积极分子开始展开抵制；400位牧师要求其会众别在那些不招聘非裔美国人的企业消费。在圣路易斯市，种族平等大会（CORE）分会在伍尔沃斯和麦克罗里（McCrory's）的午餐柜台举行静坐示威，而在成功废除隔离之后，他们迫使商店调整了其雇用惯例。麦克罗里同意晋升一名黑人洗碗工做柜台主管，晋升两名餐馆女杂工做服务员，并再预留两个销售部空缺；伍尔沃斯的几家当地商店也雇用了黑人。胜利促使种族平等大会官方开始向当地其他公司施压，而且年内的谈判给非裔美国人带来了20份白领工作，其中两份在圣路易斯银行，它是该市仅有的一家要终止种族隔离的金融机构。诚然，这些都是牛刀小试，但在20世纪60年代，通过给公司施压来改变其招聘模式将会成为民权运动的一根中流砥柱。

1960年5月《纽约时报》宣称，一股"黑人论战浪潮正在席卷南方"，而在接下来的第二年里，诸多因素的汇聚促成了一场轰轰烈烈的民权运动。现在，全国最大最具影响力的报纸报道了这些事件，这让全国黑人和白人都知情并受到了教育，而如今几乎每个美国人家里的电视都揭露了吉姆·克劳法专制又残暴的一面。非洲国家摆脱殖民者取得独立并加入了联合国。蒙哥马利巴士抵制运动已证明黑人个体能够在斗争中扮演积极角色，这一点被静坐示威表现得更加明显。到了20世纪60年代初期，布朗案的深远意义及南部拒绝接受法院关于废除种族隔离的禁令已然刺激了非裔美国人。小马丁·路德·金称，"举国上下都言辞凿凿地说种族隔离是错误的"；种族平等大会的詹姆斯·T. 麦凯恩（James T. McCain）补充道："解放黑人奴隶宣言解放了一位黑人的身体；最高法院判决解放了他的精神。"

正是在这轮活动期间，民主党参议员约翰·F. 肯尼迪（John F. Kennedy）参选了总统。肯尼迪支持静坐示威，然而他的共和党对手尼克松副总统对该话题保持沉默。纵使尼克松自诩他的政府在 1957 年就已发起了过去 80 多年内的首次民权运动，但他仍忠诚于艾森豪威尔，反对设立联邦公平就业实践委员会。而事实上，尼克松是全国有色人种协进会的成员，而且向来与非裔美国人关系融洽，但是自由派民主党人并不打算让黑人把他们的支持转移回"林肯之党"（Party of Lincoln）。当组织的静坐示威遍及全国各州市时，尼克松采用了一个包含着一种强硬民权政治纲领的平台，以便要求在"投票站、教室、工作、住房以及公共设施"设立平等通道。它查访所有南方学区，为的是在 1963 年提交种族歧视废除计划，此外，它还倡导设立了一个永久的公平就业实践委员会。候选人肯尼迪批评艾森豪威尔总统没有终止联邦政府扶持下的住房领域的歧视，并声称在他当选总统后，只需"大笔一挥"就可办到。大选两周前，肯尼迪还采取行动帮助了因在亚特兰大的一家百货商场组织静坐示威而被监禁的小马丁·路德·金。肯尼迪造访金先生并表达了他的同情，而其弟弟罗伯特则致电负责审理的佐治亚州法官请求释放金，仅隔一天金就获释。这则新闻被黑人报刊和黑人教会做了重度报道，就在这次美国历史上票数最为接近的大选当天，非裔美国选民把伊利诺伊州和密歇根州送给了肯尼迪，把他送上了总统宝座。

新一届行府向国会提交了 16 件优先事项，但没有一个涉及通过民权法案。随着民主党人丢了两个议员席位及众议院的 21 票，新国会比之前更加保守。肯尼迪意识到他没了进行民权立法的必要票数，并且只要一试，他所提议的新边疆（New Frontier）

国内议程便会失去南部的支持。这便意味着肯尼迪不会通过发布行政命令的方式创建联邦公平就业实践委员会，而且直到近两年后的1962年11月国会选举前，他都从未"大笔一挥"结束联邦政府廉租房中的歧视。由于担心民众的反应，他不得不在最终命令中涉及20%的联邦政府住房计划。

政治现实意味着肯尼迪会步前任总统的后尘——他回避了国会。1961年3月，在关于颁布第10925号行政命令的电视新闻发布会上，他宣称"我让本届行府专门治理了政府或其承包商雇用中的机会平等事项"。根据此命令成立了总统的平等就业机会委员会（President's Committee on Equal Employment Opportunity, PCEEO），由副总统林登·约翰逊担任主席。政府将要：

> 考虑和建议更多的肯定性步骤，而它们应该被各部门用来更加充分地落实非歧视性国策……承包商们必须制定平权运动计划，以确保求职者受雇用及雇员在职期间所受待遇与他们的种族、信仰、肤色或者原国籍无关。

这是术语"平权运动"第一次被用在种族问题上，几个月前它还见于约翰逊在得克萨斯州的就职舞会间。在迎宾队列与来宾握手时，新任副总统注意到了一位青年黑人律师，便请这名年轻人会见他的朋友阿瑟·戈德堡（Arthur Goldberg）和阿贝·福塔斯（Abe Fortas），然后一起撰写行政命令，第二天便写好了。这名年轻人是小霍巴特·泰勒（Hobart Taylor Jr.），约翰逊认识他的父亲，一位休斯敦商人。泰勒回忆说："我正在寻找某种会赋予那项行政命令的执行以肯定性意义的东西，并在'positive action'（肯定性行动）一词与'affirmative action'（平权运动）一词之间难以抉择……因为'affirmative'押头韵，我选用了它。"

那两个词听着一样，尽管其概念在当时模棱两可，不过民主党人和自由派都借该术语自我标榜，比起共和党人，他们为推动少数族裔的就业机会准备了一种更加积极主动的策略，其中包括更多的联邦工作，政府在这里还用了"主动的人才招聘"（active recruitment）这个术语，故而新一届民主党政府定义了20世纪60年代初期的民权运动，即民权运动就是呼吁雇主告别过去，"不分种族、肤色或信仰"进行招聘。

肯尼迪同他的自由派支持者们无意中开了先河，就连他们自己也不知道平权运动的未来走向。一方面他们要求雇主采取平权行动来雇用非裔美国人这个团体；另一方面却又如我们所见的那样，不为少数族裔争取任何特殊的优待和待遇或定额。这意味着什么？未来40年会被反复提及的正是这个困境。1961年，为了结束就业歧视，整个行府似乎都在倡导种族无涉的招聘。当时那似乎是种再简单不过的要求，但执行这项命令会带来一系列将从根本上改变美国职场的问题和议题。①

---

① 少数族裔就业比例见 Burk, *Eisenhower Administration*, 107–8；约翰逊说的"闹剧"引自 Graham, *Civil Rights Era*, 23；"讲道理的人"引自 Dulles, *Civil Rights Commission*, 14；齐尔部分见 Burk, *Eisenhower Administration*, 225；格林斯博罗四人组见 T. Anderson, *The Movement*, 43–44；20世纪50年代的静坐示威见于 Eick, *Dissent in Wichita*; Bennett, *Confrontation Black and White*, 255; Meier and Rudwick, *CORE*, 124；浪潮和麦凯恩部分引自 *NYT*, 14 May 1960; LBJ: Hobart Taylor Jr., oral history, 12–13；至于更多原文，可见 Graham, *Civil Rights Era*, 28–35；至于不同的解读，可见 Moreno, *From Direct Action*, 189–90 和 Belz, *Equality Transformed*, 18；主动的人才招聘载于 *NYT*, 6 March 1961.

不管总统怎么看待他在 1961 年的所作所为，有一件事是确定无疑的：他看起来特别有信心。"我可以肯定，这项命令的有力执行将意味着此类歧视的终结。"行府宣布会更加支持民权运动，因为关于商业活动的一项审核显示"亟需扩大和强化有关工作以促进就业机会的完全平等"。仅仅过了一年，便报道出了"就业机会平等"这个术语。和哈里·杜鲁门一样，肯尼迪把他的总统威望置于该命令之后，声称"促进和保障机会平等正是美国政府明显而直接的责任"。因此，在招工或招学徒广告、培训、晋升、工资、调任或解雇员工时，承包商会被勒令停止歧视。如果约翰逊总统的平等就业机会委员会发现了歧视，那么"合同可能就会被撤销"，公司就"可能会被宣告没资格竞标更多的政府合同"。

可想而知，行政命令也有些问题。平等就业机会委员会仅有权组织调查、受理投诉、举行听证以及给招聘员工和批准合同的联邦政府机构提建议；它的预算和人手很少，还未经国会授权。另外，约翰逊的委员会无权过问工会和联邦贷款或补助金。那些补助金相当重要，因为政府每年都会给州及地方政府提供 75 亿美元用于资助一些公立学校、福利诊所和大学研究，并且帮助支付高速公路、机场、公共住房、医院和城市更新项目等的建设。通过排除联邦补助和贷款，肯尼迪行府把行政命令范围限定在了几百个国防承包商身上，因而撤销了成千上万个可能会瓦解和改良全国或南方的雇用惯例的项目，因为肯尼迪在 1964 年竞选连任时需要南部选区。

联邦政府援助的地方性建设项目显示了行政命令的局限性。1946 年，杜鲁门总统签署了《希尔-波顿法案》(Hill-Burton Act)，它给医院及其他公共设施建设提供资助。虽然这次援助不带有任何附加条件，但结果呢？到 1963 年，边疆及南部诸州共收到 3700 万美元用于建造或改造 89 处医疗基础设施，但它们全都做了严格的种族隔离。非裔美国人可以得到治疗的仅有 13 所医院，而且黑人医生无权到余下的 76 所医院实习。民权委员会写道："证据有力地证明了全国的黑人没有享受到与白人同等条件的卫生设施，而且联邦政府自身正在直接促成这种歧视。"

同之前的公平就业命令如出一辙，肯尼迪命令的另一个问题是不打算定义歧视。在一般情况下，歧视被描述成因种族、肤色或信仰的原因而拒绝雇用某人，但是政府如何才能证明一位承包商故意拒绝了一个黑人、西班牙人或者犹太人的求职请求呢？在美国，一位公民在被证明为有罪之前是清白的，因此政府得掌握相关的歧视证据。即使政府声明承包商必须"遵守"最低限度的关于员工安全和工资的联邦标准，但肯尼迪的行政命令并没有规定符合机会平等标准的少数族裔的人数、百分比或者定额。当时，劳工部部长维拉德·沃茨（Willard Wirtz）建议，应该鼓励学徒计划中合格的少数族裔去求职，各个行业和公司也应该雇用"相当数量"的少数族裔，该数量所形成的"不只是个象征"。

全国有色人种协进会对象征性雇用不感兴趣；该组织需要实质性的工作，旋即展开攻击。命令生效后一天，全国有色人种协进会劳工秘书处书记赫伯特·希尔（Herbert Hill）对洛克希德飞机公司（Lockheed Aircraft Corporation）提起了多起投诉。在 1961 年头几个月，该公司正在跟国防部谈判国家的第一个单个项目价值 10 亿的合同，即一项给美国联邦空军制造喷气式运输机的 10 年协议。洛克希德严重依赖政府；纳税人投资了它 90% 左右的生意。20 世纪 50 年代，公司设在佐治亚州玛丽埃塔市

（Marietta）的计划制造运输机的工厂曾稍微有点儿进步。人事经理招聘过黑人，并把他们培养到行政岗位、专业岗位，特别是技术岗位；受雇的黑人占280个岗位中的50多个，这在当时的南方是不同寻常的。1961年，这个巨型工厂的工人总数是10500名，其中非裔美国人约450名。依照惯例，有些工会和厂区会被隔离；像自助食堂一样，公用洗手间、饮水机乃至上下班计时器也都贴上了"白种人"和"有色人种"的标签。

31名黑人工人控告洛克希德"公然歧视"，这在整个国防工业中敲响了警钟。最大的100家国防承包商和分包商雇用了100万人，并且这些国内公司和跨国公司在南方有很多工厂。例如，1960年联邦政府在南方10个州的军事合同上花了大约27亿美元；若当时强制执行行政命令便可能改变雇用惯例并破坏吉姆·克劳法。

洛克希德潜在的经济后果并非未引起集团总裁的注意，他从加利福尼亚总部飞往佐治亚视察工厂。此后不久，他找政府的少数族裔就业培训部门商讨了有关方案。1个月后，工厂和工会便已取消隔离，"白种人"和"有色人种"的标签也已撕掉，并且这位总裁还取道华盛顿同副总统约翰逊签署了一份协议，保证公司会"积极主动地挖掘更多有资格的少数群体候选人"来出任工程师工作、专技岗位以及行政管理职能。公司允诺会招募更多黑人进入培训计划和人才开发计划，还同意了关于进步的年度审核。

然而进步难以衡量，因为协议的最后一句是"不用刻意设定指标或目标的具体数字"。其本意是为了评估"受雇用、获晋升、进入培训，以及担任公司重要职位的少数族裔人数的增加额"。

总而言之，目标是要让黑人工人占有一个"体面的比例"，不管这是什么意思。

洛克希德协议是政府所谓"进步计划"（plan for progress）的典范，约翰逊及其助手开始向其他大型承包商施压，要求他们配合并签署自愿协议。7月，波音公司、道格拉斯飞机公司、西电公司、通用电气以及美国无线电公司等的总裁受邀进入白宫，在与肯尼迪、约翰逊合影后，他们签署了进步计划。11月，十几位公司总裁承诺，一当政府官方宣布了让国内50位大型承包商雇用工人总数20%的指标后，他们便会在1961年底签名。该官员还说："我们会帮助他们做该做的事，即采取平权运动。"

翻年到了1962年，民权积极分子继续采取他们自己的行动。静坐示威取得了显著成效，它消除了南方近200座城市的午餐柜台和剧院的种族隔离，其中包括休斯敦和亚特兰大这样的大都市。其他积极分子则在组织"自由之行"（"Freedom Rides"）以废除公共交通工具以及密西西比州和阿拉巴马州边境的种族歧视。有关反应十分恶劣。白人撞见公车并把搭便车的人打得不省人事，而那些暴力场面被报纸和晚间新闻报道了，其结果是肯尼迪行府被迫让联邦官方介入调停。

肯尼迪行事谨慎，命令州际商务委员会（Interstate Commerce Commission）出台条例禁止所有州际设施中的歧视，这导致一些南部边境废除了隔离；但其他地区仍无视命令。反过来政府和平等就业机会委员会的举动则更为大胆。就在这一年，副总统约翰逊施压让联邦政府各部及其承包商聘用少数族裔，这对民众尤其是联邦雇员产生了极大影响。1963年3月，《美国新闻与世界报道》(*U.S. News and World Report*) 组织的一次调查发现，联邦雇员中黑人有 28 万多名，占总数的 13%，而第二年增至 30 万多名。据该杂志报道，在一项有关"就业机会平等"的政策中，肯尼迪总统已经给非裔美国人争取到了更多更好的工作。调查还发现，邮局员工近 20% 是非裔美国人，总务管理局（General Services Administration）有近三分之一，而国防部"大概是黑人在世界上的最大雇主"。此外，与先前历届总统的行府相比，更多像大使和联邦法官这样的高级职位也正在得到开放。《美国新闻与世界报道》宣告，"目标是黑人进入内阁"。①

然而，文职工作方面的纪录欠佳。进步计划属于自愿协议。进步所依据的是各公司自己对集团员工所做的抽样调查。政府并未设定数值目标、定额和期限。虽然像洛克希德、美国无线电公司（RCA）、克莱斯勒（Chrysler）、福特、通用汽车以及美国国际商用机器公司（IBM）这些引人瞩目的公司确实招聘和培训了更多非裔美国人员工，其中包括白领职位，但绝大部分公司没有落实，在边境诸州和南部尤其如此。一份关于亚特兰大市 24 家国防承包商的调查显示，只有 7 家表现出了些许遵守的迹象。《商业周刊》（*Business Week*）写道，对于其余 17 家而言，"进步计划……基本上毫无意义"。另外，彗星大米加工厂（Comet Rice Mills）公然歧视黑人，虽然平等就业机会委员会给公司施加了压

---

① 肯尼迪部分载于 *U.S. News*, 5 March 1962, 83–85; 局限性部分见 **Dulles**, *Civil Rights Commission*, 203–4; 沃茨部分见 **Moreno**, *From Direct Action*, 193–94; 洛克希德部分来自作者与前人事经理 Hugh Gordon 的访谈和电子邮件联系，25–26 September 2003, 以及 *NYT*, 8 April and 14 May 1961; 计划载于 *Monthly Labor Review*, July 1961, 748–49; 官员载于 *NYT*, 25 November 1961.

力，但从未撤销一份合同。在得克萨斯州、阿肯色州和路易斯安那州的工厂里，彗星公司把设备分隔成白人、黑人和拉丁裔等3种用途。至于南部的石油公司，几乎全部保持种族隔离。路易斯安那州莱克查尔斯市（Lake Charles）的4座炼油厂雇工约3600名，其中黑人不到300名，而且它们把黑人排除在几乎所有技术性工种之外，甚至还隔离了停车场。

显然，对肯尼迪平权运动命令的执行是个无法靠自愿计划解决的问题。1962年经济运行良好，但黑人的失业率仍是白人的两倍。受雇于政府合同的公民有1500多万，其中只有很小一部分非裔美国人。亚特兰大的总人口近23%是黑人，但仅占了该地区政府合同雇用人数的12.5%左右，这个数字跟芝加哥、休斯敦、纽约等城市的相似。①

雇用传统很难打破，那无疑是对妇女的真实写照。这是另一个受到歧视的团体。1961年12月，总统成立了一个妇女地位委员会（Commission on the Status of Women），该委员会认为"偏见和旧俗"正在阻碍"妇女基本权利的全面实现"。肯尼迪让该委员会负责调查政府和承包商的雇佣政策和活动。

性别歧视司空见惯。在大萧条之后，许多男人所持观点是职业女性会从男人手中抢走工作，但在20世纪50年代的经济繁荣时期，那种观念被抛弃了。妇女从事着大多数男人不愿做的工作，

---

① *Business Week*, 13 April 1963, 90; LBJ: Hobart Taylor Jr. oral history, 17, 该杂志称大部分计划是"毫无意义的文件"；彗星公司和石油公司内容载于 *NYT*, 18 April and 27 July 1962; Sovern, *Legal Restraints on Racial Discrimination in Employment*, 116–20, 140–42; 承包商统计资料载于 *Congressional Record*, 27 June 1963, 1487–88.

要么是秘书、工厂工人,要么是销售。职场也受到性别的隔离。招聘广告将工作列为"招聘男性"和"招聘女性",其意思是管理和行政职位招男人,低薪酬的工作招女人。绝大部分公司不会让女员工申请管理岗位,而且很多公司要求女人在婚后辞职,这尤其适用于空姐。除了护士和教师之外,男人统治全部职业。在职业院校,院长有定额,通常只招收大约 5% 的女学生,这导致白种男性占到律师、内科医生和教授的约 95%。联邦政府也仍在做差别对待。1959 年,女性占了全部联邦雇员的四分之一,她们的公务员职务中值是 GS-4,而男人的则是 GS-9。

当然,肯尼迪时代早于妇女解放运动,而且即便绝大多数女性也认为这种差别对待是公平的。按照传统,男人得养家糊口,女人则为了"零花钱"、外快或者仅仅为在婚前养活自己而工作,因此企业曾认为它们可以给男人和女人支付不同的工资。此外,当理想女性是郊区主妇时,这便是一个婚姻、婴儿潮和郊区扩张的伟大时代。正如贝蒂·弗里丹(Betty Friedan)观察到的那样,她"是年轻的美国女人的梦想。她健康、美丽、有教养,并只关心她的丈夫、孩子和家庭。她已经获得女性的成就感"。民意调查支持了弗里丹的设想;1962 年的一份报告说,"很少有人像家庭主妇一样快乐"。调查共采访了 2300 位家庭主妇,大约 96% 表明她们非常非常快乐。她们认可传统角色:"顺从男人是变得有女人味的组成部分",而且"要求平等的妇女在和天性作对"。这样的观念在电影的黄金时段上演,通常由多丽丝·戴(Doris Day)领衔;至于电视,则是《天才小麻烦》(Leave It To Beaver)的琼·克莉佛(June Cleaver),或者《奥齐和哈丽特》(Ozzie and Harriet)的哈丽特·尼尔森(Harriet Nelson),后者从1952年一直播放到1966年。琼和哈丽特是快乐的家庭主妇、伟大的母亲，永远支持她们的丈夫。

此外，还有冷战这个意识形态的原因支持传统家庭模式。苏联妇女在工厂和公社同男人一起工作建设国家，因此大部分美国人同意劳工部副部长詹姆斯·奥康奈尔（James O'Connell）的意见："当一个女人首先被视作一种人力资源，其次才被视作一位母亲时……我们正在丢失太多按说会把我们与共产主义世界区分开的东西。一个女人的性别之最崇高事业就是其家庭。"

由于这种观点很流行，民主党候选人肯尼迪未曾置喙妇女议题，他也少有女性顾问。密歇根州的玛格丽特·普莱斯（Margaret Price）是民主党全国委员会的副主席，她观察到"肯尼迪周围各个职务的职业女性的缺乏已经给人留下了一个初步印象，即他的团队是全男人阵容"。事实上，肯尼迪从未向内阁提名过一位妇女，致使记者多丽丝·弗利森（Doris Fleeson）写道："对于妇女而言，新边界就是旧边界。"

但肯尼迪在妇女地位委员会任命了很多杰出女性，其中就有已近老年的埃莉诺·罗斯福。在1962年2月的第一次会议上，这位前第一夫人宣称同工不同酬与美国的"公平正义概念相冲突"。当然，她知道其丈夫的行府曾在公共事业振兴署中做到男女同酬，并曾要求战争项目承包商给在第二次世界大战期间表现出了"在工作质量和数量上都比得上"男工的"铆工露斯"以同等待遇。

肯尼迪总统在会议中声明，妇女的"首要义务"对应的是其家人和家庭，虽然三分之一的劳动力是女性，不过政府无意"在法律上或是别的方面含蓄地歧视"她们。然后劳工部长阿瑟·戈德堡上台提到数百万妇女时薪不到 1 美元,他还表示,"妇女对'弱势性别'(weaker sex)这个词的苦恼由来已久,它已经成了她们在外找工作的一个污点。……该是到我们单纯依据实力和适合性来衡量参加应聘的妇女的时候了"。

不久委员会便得到了文官委员会(Civil Service Commission)主席约翰·梅西(John Macy)的帮助。他宣布了一项调查,证实了政府机构填补管理岗位空缺的申请94%以上指明由男人担任的事实。梅西要求所有部门审核其雇佣政策并从即日起予以公示,部门负责人必须陈述他们要求男人而非女人的理由。

国会也产生了兴趣。俄勒冈州民主党人伊迪斯·格林(Edith Green)在众议院提交了《同酬法案》(Equal Pay Act),密歇根州的民主党人帕特里克·麦克纳马拉(Patrick McNamara)也在参议院跃跃欲试。通过援引"招聘妇女的额外成本",工商业团体反对该法案,然而工会支持,因为它能降低雇主用低于工会男人的工资招聘妇女的概率。大多数国会议员和公众都赞成法案,它于 1963 年顺利通过了。在"要求同等技术、成果和责任的工作"的工资支付上,《同酬法案》禁止差别对待。法案免除了根据资历、实力或"产品质量"的差别工资,也不允许雇主把男人的工资降到与妇女相等。

起初,《同酬法案》对大部分女职工没有多大影响。该法没有适用到所有职业,比如管理职位和带薪职位,或是家政和农业从业人员;再加上职场的性别隔离,得到"男人的工作"的少之又少,因此只有大约四分之一的女职工受益。一年后,《美国新闻与世界报道》调查工商业,发现很多雇主已经"修正了工作或者职位描述,以便男人和女人不再被指派同样的任务"。该杂志还报道了"规章漏洞太多，以至于那些研究了规章的公司能找到办法搪塞同酬理念"。①

由于未来的修正案加强了法案，并且尤其因为国家见证了接下来10年的妇女解放运动，《同酬法案》最终将变得非常重要。肯尼迪在法案上签名使支持差额工资的传统理由不再成立：从今往后联邦政府开始支持这样一种理念，即公司不应该因为性别差异而对工作做出差别对待。同工同酬将成为具有可比性的工作同酬，再加上政府支持，那将改变美国的职场。

非裔美国人没有等着政府来改变职场。1963年春，金和他的南方基督教领袖会议在阿拉巴马州伯明翰市发起了一场大规模示威游行。公共设施、工商业和几乎其他一切东西都被彻底隔离了，以至于官方曾从图书馆移除了一本有关黑白兔子主题的书。黑人没有投票权，身为纳税人的他们也得不到市政工作，没有一个黑人警察或消防员。这座城市如此暴力，以至于当地黑人称之为"Bombingham"（"暴明翰"）。警察局长"公牛"尤金·康纳（Eugene "Bull" Connor）发誓要"把黑鬼留在他们的住所"，而且他预言"在隔离消除以前，伯明翰街头会血流成河"。

1963年4月3日，黑人积极分子和平地开始静坐示威，并在饭店和工商企业设立纠察队。警察逮捕并拘留了他们。第二天，大约50名积极分子到市政厅游行示威，他们也被捕了。每天都有更多黑人市民加入，游行者的涓涓细流先汇聚成河，后终成滔

---

① 联邦员工普莱斯和弗利森部分见 Harrison, *On Account of Sex*, 144–45, 74–76; 民意调查和奥康奈尔部分见 Linden-Ward and Green, *Changing the Future*, x–xi, 5; Zelman, *Women, Work, and National Policy*, Chapter 2; 戈德堡和梅西部分载于 *WP* 和 *NYT*, 13 February 1962, 以及 *U.S. News*, 15 June 1964, 91.

天洪水。4月12日,金、拉尔夫·阿伯纳西(Ralph Abernathy)和许多示威者边游行边高呼"自由已来到伯明翰"!但事实上并没有,因为警察再次拘捕了游行人员。随后一个月游行继续,金称游行队伍为"童子军"(children's crusade)。5月3日,数以千计的黑人青少年游行到市政厅。这次"公牛"康纳对着如潮的电视摄像机嚷道,他已命令他的人控制了和平游行示威的相关人员。他们的确控制住了,仗着警犬的撕咬和警棍的抽打,将游行者打翻在地。消防队打开高压水龙猛攻人群,冲得人们人仰马翻。第二天,数千名黑人走上街头,野蛮的场面又一次见诸报纸和全国电视的头版头条。《时代周刊》报道称:"炮火、刀光、可怕的火光、仇恨的恸哭和夜间狂舞的恐怖——所有这一切便是阿拉巴马的伯明翰市。"

伯明翰事件推动了南部近200座城市的静坐示威和游行示威,也把金推到了最伟大黑人领袖的地位,而且还被证明是民权斗争的一个转折点。金的策略起效了,黑人积极分子再次向国民揭示了他们的处境,并迫使联邦有所行动。跟大多数美国人一样,肯尼迪总统和其弟弟司法部长罗伯特在电视上看到了骚乱,警察的暴行令他们"恶心"。在金被捕入狱时,肯尼迪兄弟致电伯明翰市官方,而且罗伯特派了司法部长助理伯克·马歇尔(Burke Marshall)去谈判解决问题。随着城市面临社会解体和经济崩溃,官方和商人同意了会谈,马歇尔制定了一个妥协方案,即最终整合公共设施并且给黑人提供工作。作为回应,伺机报复的白人炸了金的旅馆大本营和他兄弟的家。骚乱接踵而至,50人被捕入狱,肯尼迪宣布,其行府不会允许协议"受到任何一方少数极端分子的破坏"。

总统的决定远非阿拉巴马州州长乔治·华莱士（George Wallace）所期待。他曾反对过旨在整合阿拉巴马大学的联邦命令，时至5月，当联邦官方仍然坚持时，州长声明，"现在隔离，明天隔离，永远隔离"。但阿拉巴马州的"永远"略显偏短。两周后，肯尼迪置州国民警卫队的合作于联邦政府的权力之下；在电视上，州长退到一旁，让两名黑人学生入学了。

南方腹地的事件驱使肯尼迪总统发表了全国讲话。6月11日，他在白宫发表了一次具有里程碑意义的电视演讲。他提醒所有公民，美国建立"在人人生而平等的原则之上"，然后继续提到，国家现在面临的是一个道德问题。"问题的核心是所有美国人是否均被授予了平等权利和平等机会。"当时他言明，"自林肯总统解放奴隶以来，这一问题再三拖延已过百年，然而奴隶的子孙后代并不完全自由。……他们仍未被从社会和经济的压迫中解放出来。……现在他的国家履行自己承诺的时候已经到了。"

8天后，肯尼迪在国会发表演讲，要求议员们实现承诺，即通过美国历史上最全面的民权法案。总统的提案要求废除全部公立学校的种族隔离，给司法部长新的授权来提起对拒不配合的公共教育机构的法律诉讼，并给真的取消了隔离的学区提供财政资助。他还提倡在联邦选举中履行宪法所规定的选举权，并授予全体公民享受公共基础设施服务的权利。参加第二次世界大战的老兵说过，"没有人曾经因为其种族而被禁止为美国战斗或捐躯"。"无疑……《奴隶解放宣言》颁布后的一百年，任何美国公民都应该没有必要为了住宿旅店或在午餐柜台吃饭……或是为了与别的顾客平等地走进影院而上街示威。"此外，总统还倡导职业培训和公平就业。"如果一个黑人口袋里没钱，又没工作，那么他拥有被准许进入旅店和餐厅的权利便没有价值了。"于是，肯尼迪陈述了自第二次世界大战以来一直发展的平权运动的一个核心原则：

> 简单的正义、需要所有种族的全体纳税人贡献的公共基金不应该被花在任何鼓励、树立、资助或导致种族歧视的用途之上。

总统总结道，1963年民权运动应该受到支持，不仅因为它有利于经济、外交政策和国内安宁，"而且最重要的是它是正确的"。

肯尼迪激动人心的演讲和他的民权提案分裂了国家。金写信告诉总统说，演讲构成了"一个由总统为一切人的正义和自由所做的最雄辩、最深刻、最明确的辩护"。但是许多南方政客和保守派谴责它。密西西比州参议员詹姆斯·伊斯特兰（James Eastland）把提案称为"一个极权主义国家的完整蓝图"，同时得克萨斯州参议员约翰·托尔（John Tower）认为"它将用一个事实上的警察国家来强制执行"民权法案。路易斯安那州的参议员阿伦·艾伦德（Allen Ellender）采取了另一种做法，表明黑人正在"企图用他们的肤色来掩饰其能力的缺乏……在不能胜任一份工作时，他们便会争辩说，他们被歧视的原因是他们的肤色"。

两周后，肯尼迪再次回到平权运动。总统颁布了第11114号行政命令，取代了他在1961年发布的命令。通过表明"鼓励采取平权运动消除就业歧视正是美国的国策"，肯尼迪现在将此观念从由合同创造的工作拓展到了联邦基金所创造的全部工作，其中包括给州和地方政府的"拨款、贷款以及其他形式的财政支持"。

此外，接受了纳税人钱的工会和雇主也必须列出广告宣布"不论种族、信仰、肤色或原国籍，所有有资格的应聘人员均会被予以考虑"。承包商还得允许政府查看账目和财务记录以便检查有无遵守条例。倘若不遵守，联邦官方就可以解除合同，并宣告某公司没有资格竞标更多合同。

伴随着在伯明翰以暴力而告终的三年民权运动，肯尼迪的举措导致了一种关于非裔美国人处境的新型国家意识。民调机构首次就种族议题进行了实质性的全国普查，显然民权运动正在造成影响。回想第二次世界大战期间，绝大多数白种人都认为黑人是劣等种族，差不多70%的白种人赞成分隔学校，而且仅45%的白种人认为黑人应该享有平等的就业机会。虽然20世纪50年代的种族态度更宽容了些，但绝大部分白种人不关心婴儿潮阶段的民权，在20世纪60年代初期，大多数白种人仍然相信同时代有关非裔美国人的刻板印象，即他们不求上进、道德涣散、一直在笑、闻起来还不一样。但在伯明翰事件和肯尼迪演讲之后，民意调查者发现，如今人们把民权列为国家的头等要务，替代了外交政策这个冷战期间常见的领跑者。他们发现了在种族问题上的一个重大转变。关于公共基础设施："你认为有轨电车和公共汽车里应该有黑人专区吗？"对此问题的回答，持赞成和反对意见的比例从20世纪50年代的对半开分别变为21%和79%；对于一项"赋予包括黑人和白人在内的所有人在公共场所享受服务的权利"的法律，表示支持的北方白种人的百分比由1963年6月的55%上升至1964年1月的70%以上，此时正逢国会讨论《民权法案》。关于公平："你认为黑人应该与白人享有几乎一样的获得任何类型工作的机会吗？"令人惊讶的是，1963年夏季，85%的人回答"是"。民权运动还造成了新意识：黑人是否受到过歧视？超过 70% 的美国白人说"是"，在南方的测验中甚至也有 56% 的白人说"是"。他们是否真的"和你社区里的白人一样拥有获得他们足以胜任的任何类型工作的机会"？仅 43% 的人说"是"，但 48% 的人回答"不一样"。民意调查者在 1964 年写道："在大多数美国人心目中，给予种族平等待遇的原则似乎已然胜出了。"吉姆·克劳法行将就木。

《新闻周刊》发表社论称："历史将铭记这一年，1963 年夏是革命的时代，是 1900 万美国黑人要求那题为'奴隶解放宣言'的世纪本票兑现的时节。"依据关于非裔美国人的一次大规模哈里斯（Harris）调查，该杂志报告称："黑人要的正是结束一切形式的歧视。他想要更好的工作、更高的待遇、更美好的家园。想有权与白种男人同行——住在隔壁……与其一起工作，送孩子们一起上学，到其餐厅吃饭，住其旅店，在其教堂祷告。"①

为了宣扬那些目标，同时也为了支持肯尼迪的《民权法案》，小马丁·路德·金携其他黑人领袖宣布了他们"向华盛顿进军"的大游行。8 月 28 日，大约 20 万名黑人和白人一路高歌走过国会大厦，并持续行进到林肯纪念堂。民谣歌手用一首《我们要战胜一切》（We Shall Overcome）向他们致敬，马哈丽亚·杰克逊（Mahalia Jackson）用圣歌引导了大规模人群，随后全国有色人

---

① 伯明翰事件引自 T. Anderson, *The Movement*, 70–73；南方对肯尼迪演讲的回应载于 *NYT*, 7 July 1963；白人的刻板印象和意见引自 Brink and Harris, *Negro Revolution*, Chapter 9；大量的民意调查和民意调查者部分引自 Schuman et al., *Racial Attitudes*, 66–67, 27–28, 121, Chapter 3；哈里斯调查载于 *Newsweek*, 29 July 1963, 15ff.

种协进会、种族平等大会、南方基督教领袖会议、学生非暴力统筹委员会（SNCC）和城市联盟的领导们发表了简短演说。A. 菲利普·伦道夫这位政界元老告诉美国人，"我们不是暴民。我们是一场关于工作和自由的大规模道德革命的先锋"，然后团体的年轻人、学生非暴力统筹委员会的新任主席约翰·刘易斯（John Lewis）提醒美国，黑人"并不想要逐步的解放。我们想要我们的自由，立即自由"。金更胜一筹，他让人们回想起《奴隶解放宣言》和《独立宣言》所承诺的"神圣职责"，并且宣布了他对国家的满心期待，即"我有一个梦想"。

约翰·刘易斯承认："它看起来就像是美国的一个新时代的开始。"肯尼迪总统邀请黑人领袖到白宫，A. 菲利普·伦道夫借机对肯尼迪说："民权措施要想获准通过，其难度将不亚于一场远征……一场唯有你才能领导的远征。"

但肯尼迪永远无法领导远征了，因为1963年11月22日，他遇刺了。那场不幸之后不久，在发表全国讲话时，新任总统林登·B. 约翰逊宣布："这个国家对民权的谈论已经够久了。现在到了谱写下一篇章和将之记入法律条文的时候了。"他继续道，这才是"适宜的悼词"，我们必须以此"对肯尼迪总统表示纪念"。

此后不久，约翰逊提出了他的《民权法案》——比肯尼迪的法案更全面，因此也更具争议性。其中第2条旨在整合所有公共设施，还有面向公众营业的私人企业，比如旅店、餐厅、剧院、商店和加油站等。第4条要求废止所有公立学校、医院、图书馆、博物馆、运动场、公园，以及其他公共场所的种族隔离；通过在所有联邦政府资助项目中禁止歧视，通过授权政府否定与歧视性企业签订的合同，第 6 条把肯尼迪的第 11114 号行政命令写进了法律。值得注意的是，第 7 条旨在结束雇员 25 人及以上的全部公司里的就业歧视，保守派及许多商人对此提议颇具微词，以至于未被纳入肯尼迪的法案。另一项条款要求成立平等就业机会委员会（Equal Employment Opportunity Commission, EEOC），该委员会将成为负责结束国家职场歧视的机构。

1963—1964 年间应该通过哪类法案的听证和辩论引发了关于在美国被认作公平雇用惯例的激烈口角和启发性证据。国会听证会始于 1963 年夏季，一直持续到 1964 年初众议院开始辩论。为了拖延表决，以防其可能获得通过，国会议员对它提出了 120 多个修正案；有些修正案详细说明，该法案不会保护共产主义者和无神论者，同时还有些旨在禁止所谓白人新教徒遭受的歧视。2 月，众议院通过了其法案版本，同年春季，参议院对此加以讨论。其中反对派也试图修订该法案，以使其延迟通过。在一次发言中，弗吉尼亚州参议员 A. 威利斯·罗伯逊（A. Willis Robertson）讲了足足两个小时，他挥舞着小国旗，时不时中断致辞；还有一次，佐治亚州参议员理查德·罗素介绍了一项联邦政府斥资 15 亿美元的计划——平分给 50 个州的黑人。他们持续不断地争论，南方议员最终组织了一段冗长的辩论。纽约州参议员雅各布·贾维茨（Jacob Javits）宣称："当最大规模、最旷日持久的慢动作秀在华盛顿上演时，我们正在史无前例地给自己分派最独一无二的合适职务。"①

---

① 伦道夫部分见 J. Anderson, *Randolph*, 328–31, 肯尼迪部分见 Whalen, *Longest Debate*, 28；参议员对《民权法案》的声明，出处同上，146, 20.

但值得注意的是，这场作秀揭示并凸显了美国种族关系和平权运动的未来等关键议题。

首要议题之一是雇用优待（employment preference）。如果两位应聘者基本上难分伯仲，那么哪个人应该得到工作呢？

优先观念意指通过各种帮助某个团体的法规，它在美国虽然少见但并不新奇。1789年的美国联邦宪法给那些拥有财富和土地的绅士阶级以优待，他们中的绝大部分人拥有奴隶。在这层意义上，宪法对它所允许的基于种族的奴隶制绝非"无视肤色"。1789年的非洲奴隶大部分都生在美国，但是直到内战结束后第14条修正案被正式采用，他们也未被当做公民看待。随着奴隶得到解放，联邦官方不久便认识到绝大多数新自由民（被解放的奴隶）目不识丁，缺乏技能，而且没有土地。国会通过了《自由民局法》（Freedmen's Bureau Act），而且联邦政府试图连同其他计划一起来帮助从前的奴隶，比如提供部分土地和教育，给黑人军人一笔现金，授予老妇人、幼童或生活贫困的妇孺各种特许证等。但内战后的援助并不限于非裔美国人，因此相当多数额的补助被拨给了白人退伍军人，但是一般来说，联邦救助通常会给自由民"特惠待遇"，以弥补两个多世纪的奴隶制造成的困境；然而那项援助持续期短，并且不是特别成功。

20世纪，联邦政府通过了其他发放福利的特惠法案，且不论种族或性别。社会保障总署（Social Security）于1935年出台的退休计划准了一份可按月获得固定收入的退休金政策，但前提是年龄在65周岁以上；1944年的《退伍军人权利法案》（G.I. Bill of Rights）只帮助二战老兵，不帮助对战争有所贡献的平民。在全国大约1.4亿总人口中，1500万老兵得到了大学学费、联邦政府担保的低息住房贷款，以及其他可能给予公职人员的奖金。这些计划非常受欢迎，也被绝大多数公民认为是公平的。

但随着国家探讨《民权法案》，"什么是公平？"问题陷入辩论僵局。对于一些人而言——尤指少数族裔及其自由派盟友——公平是对过去的不公和歧视的某种特惠补偿；而对于另一些人而言——尤指许多白人及其保守派盟友——公平则是逆向歧视和不公。

种族平等大会在雇用优待上一马当先。1962年，该组织要求雇主招聘特定百分比的黑人，并正式通过了一套优先就业指导方针。该全国性组织催促地方分会给招聘制定"十分具体的要求，不能做表面文章"，还得强调工商企业有责任选拔和培训少数族裔。某官员写道，我们"习惯只谈择优录用。现在，全国的种族平等大会都在谈论'补偿性'雇用。我们正准备建议雇主，他们实际上已经把黑人排除在劳动大军之外很久了，他们目前有责任和义务弥补自己的过错"。纽约州的种族平等大会开始抵制西尔泰斯特乳品公司（Sealtest Dairy Company），它的1400名员工中只有1%是黑人。不到两个月，西尔泰斯特便同意雇用10名黑人，并在1963年把"所有空缺职位的最初唯一优先权"给予"黑人和西班牙裔美国人"。当年，种族平等大会继续抵制某些工商企业，还在丹佛、底特律、西雅图、巴尔的摩以及纽约州和加利福尼亚州的其他城市的部分雇主那里获得了让步。

与优先就业类似的议题有比例雇用、补偿和定额，它们出现在肯尼迪呼吁民权法案之后不久。有些南方黑人领袖已开始倡导对公交车司机等社会工作者的招聘要与所在社区的黑人百分比相称，一个纽约的民权组织要求获得市政合同中25%的建造工作。

这种观点引起了人们的兴趣。在1963年8月的一次新闻发布会上，一名记者向肯尼迪总统提问，是否应该给黑人颁发"某种针对次等公民痛苦的特许状"（special dispensation），以及他对"根据种族的工作定额"的看法。总统回答道，"会有一些对失落岁月的应有补偿，特别是在教育领域"，这暗示着专项计划都需要培训少数族裔就业。他继续道："我不认为定额是个好主意。我认为基于宗教、种族、肤色或是原国籍来设置定额是个错误。我想我们将会碰到一大堆麻烦。"至于员工招聘，总统倡导雇主应该给"每个人公平的机会。但是绝非硬性指标"。

这些议题在那年夏季的国会听证会上也出现过。新泽西州民主党人彼得·罗迪诺（Peter Rodino）向种族平等大会的詹姆斯·法默（James Farmer）提出了定额问题。法默回答道："我们不是一个主张定额制的组织。不过，我们的确主张采取积极行动保障少数族裔就业，但根据的不是定额制。"

罗迪诺继续道："这是可以的。"但他想知道法默是否觉得雇用应该以求职者的"文化程度和任职资格"为基础。

法默：应该，但如果两人同时申请一份工作，他们都合格且基本上具备相同的资格，而其中一位是黑人，另一位是白人，这是一家过去从未雇用过黑人的公司，那么我认为那家公司应该给这位黑人机会去克服过去的弱势。

罗迪诺：说的好，那这不正是特惠吗？

法默：是呀，你可以叫它特惠，也可以叫它补偿……

罗迪诺：但这时候不正在歧视一位无辜白人吗，他可能从未对任何人有过任何歧视？

法默：你明白我们没有人真正无辜，因为我们置身于一个社会，而社会体系已容忍了种族隔离。黑人已经受了一辈子的特别待遇。他们遭受特别待遇已经350年。我们的全部要求……是用目前的一些特殊处理去克服过去的影响。我不是在要求任何白人被解雇。我们并不希望黑人取代白人。

法默总结，由于现有就业制度，"特惠待遇正在被给予白人"。①

连同接下来几个月国会听证期间更多的类似辩论，罗迪诺与法默间的这次公开交锋打开了潘多拉魔盒——定额、优待、补偿、逆向歧视——这一切成了约翰逊剩下任期及此后几十年里媒体的热点和头条。

随着政客们聚焦第7条，打算结束就业歧视，定额制议题便在《民权法案》听证会中无数次地重复出现了，而且它在参议院受到过激烈辩论。保守派的论证简单直接。联邦政府无权参与规定工商业行为，包括命令一位雇主应该或者可以雇用谁。那是对劳动力的监管，是违反宪法的。

亚利桑那州参议员巴里·戈德华特（Barry Goldwater）等保守派依然认为，30年前的罗斯福新政时期（New Deal）童工法和集体谈判权的通过是违宪的，应该被废除。但民主党中的自由派、温和派，共和党的支持者对此表示不同意，他们同各工会一道，

---

① 对优待问题的考察见 Skrentny, *Ironies of Affirmative Action*, Chapter 3; Meier and Rudwick, *CORE*, 191–92, 235; 25%的比例载于 *NYT*, 7 July and 21 August 1963; 法默-罗迪诺辩论载于 Hearings before Subcommittee No.5 of the Committee on the Judiciary, House of Representatives, 88th Congress, 2238–41, 26 July 1963.

坚持认为《民权法案》跟定额没有关系。美国劳工总会与产业劳工组织（AFL-CIO）的说客安德鲁·比米勒（Andrew Biemiller）认为法案"并不在某个工作中要求'种族平衡'"，也没有"给任何种族特惠待遇的权利"，更不会"颠覆一位雇主已经获得的资历权"。他认为政府不会"通过犯新错误来纠正过去的错误"。

该法案的参议院竞选干事、明尼苏达州民主党人休伯特·H.汉弗莱（Hubert H. Humphrey）走得更远。他在参议院声明：

> 与某些反对这条的人的指控恰好相反，它不会给委员会或任何法院任何权力去为满足某个种族"定额"或实现某一种族平衡而要求雇用、解雇或晋升员工。
>
> 那种耸人听闻的原因已被提过十几遍；但终归是子虚乌有。事实上，其正对面却是真的。第7条禁止歧视。实际上，它说的是种族、宗教、原国籍皆不能被用作雇用和解雇的根据。第7条的目的是鼓励招聘依据能力和资格，而非种族或者宗教。

为了安抚工商界，汉弗莱稍后表明，第7条的适用前提必须是雇主"有意实行歧视"。

最后收录了一项非常重要的条款，它会在未来的法庭中得到辩论：

> 这应该是一项非法的雇用惯例……雇主可以因一个人的种族、肤色、宗教、性别或者原国籍就使用各种会剥夺或者趋向于剥夺个人就业机会的手段，或采用会给雇员地位造成

不利影响的方法，在雇用中限制、隔离或者区分他的雇员或者申请者。

最终，第 7 条规定雇主、职业介绍所和工会要结束歧视性惯例，它还授权法院执行该法案。有关"补偿"条款强调，法官可以裁定"这种平权运动可能是适当的"，其中有恢复就业、是否补发工资，或者除惩罚性赔偿之外的其他任何平等救济。同时，第 7 条给雇主提供了一些保护。它允许雇主按照资历或实力采用不同的标准或工资，用各种各样的教育或技能测试充当雇用和晋升的依据，而且在某些情况下，它还允许有些例外。印第安部落和非营利的私人会员组织（如乡村俱乐部）均不受该法规约束，雇员少于 25 人的小公司亦然。国防承包商不必雇用未通过忠诚调查的申请者，商人也不必雇用"共产党或者共产主义阵线组织的成员"。如果需要一种善意的（*bona fide*）职业资格，公司可以雇用特定民族、宗教或性别的员工；法国餐厅可以打广告招聘法国厨师，天主教学校可以规定其教师得是天主教徒，而女童子军（Girl Scouts）可以只招收女性夏令营辅导员。

自然而然，保守派反对第 7 条和整部《民权法案》。早在 1962 年，当副总统约翰逊试图在联邦政府中增加黑人就业的时候，弗吉尼亚州众议员 J. 沃恩·加里（J. Vaughan Gary）就在众议院宣称："我们现在快要到达转折点了，截至目前，我们正反过来歧视大多数人并让少数人受益。"第二年，《美国新闻与世界报道》提到了达拉斯市白人邮局职员的抗议，当时 3 名资历尚浅的非裔美国人在获提拔后职位高于更资深的白人雇员。该杂志问道："白人在遭受歧视吗？"在记者招待会上，1963 年的这类头版头条促使一名记者向肯尼迪总统发问，是否会因为支持民权而出现"白人对民主党的强烈反对"。肯尼迪认为不会，但他错了。阿拉巴马州州长乔治·华莱士利用此信息获得了威斯康星州和印第安纳州30%以上的选票，以及马里兰州1964年民主党总统候选人的预选，并据此打造了他在1968年竞选总统的政治基础。

1964年，第7条和《民权法案》最主要的反对者是名共和党人——参议员巴里·戈德华特，他将在随即举行的总统大选中获得党内提名。在解释为什么要投票反对该法案时，戈德华特说，它的条款"公然违抗宪法"；关于公共膳宿处或者平等就业机会的联邦条例"没有宪法依据"；另外为了执行法案，政府将要"创建一个庞大的警察国家"。阿拉巴马州的参议员艾伦德跟他意见一致，他预测，批准通过该法案将会"导致不可估量的冲突"。

不过，休伯特·汉弗莱赢了关于第7条的辩论。由于意识到如果没有共和党的支持，民主党就绝无可能通过该法案，因此这位明尼苏达州人不停地劝诱来自伊利诺伊州的共和党人、参议院少数党领袖埃弗雷特·德克森（Everett Dirksen）。汉弗莱解释道："我对德克森的奉承几乎像追求穆丽尔（Muriel）那样坚持不懈。"汉弗莱的保证是，该法案只要求非歧视原则，不要求定额，这说服了许多亲商的共和党人支持第7条。就像德克森所宣告的那样，"作为一种观念的民权现在已经成熟，它势不可当"。①

---

① 比米勒和汉弗莱的观点见 Graham, *Civil Rights Era*, 140–51；第7条的例外部分见于 LBJ: Administrative History of the Equal Employment Opportunity Commission, box 1, 12; *U.S. News*, 17 June 1963, 8; 戈德华特、艾伦德和德克森的言论载于 Congressional Quarterly, *Revolution in Civil Rights*, 70–71, 66; 汉弗莱的见 Whalen and Whalen, *Longest Debate*, 204.

然而，保守派采取了另一种策略阻止该法案。2月，当众议院辩论第7条时，80岁的保守派、民主党众议员、弗吉尼亚州的霍华德·K.史密斯（Howard K. Smith）见缝插针，把"性别"（sex）一词添加到了受第7条保护的名单上。他说："既然这个法案太不完善，那么这点修正会有什么伤害呢？"他还嘲笑"权利"观念，并宣读了一封选民来信，信中称自从国内女人多过男人以后，女人"拥有丈夫的权利"正在遭到剥夺。他接着说，国会应该注意这一"严重不公……尤其是在选举年"。另一位众议员阿米德（Amid）觉得有必要挺身透露他婚姻和睦的秘诀，便打趣道："我有句话从不离嘴，这句话就是'没错儿，亲爱的'。"

虽然自由派对上述轻佻之举毫无准备，但他们赞成众议员史密斯的策略。保守派试过将性别歧视禁令添加到《民权法案》的每一条中，此举是为了分化拥护者，从而否决法案；已经撤销了一个禁止年龄歧视的修正案。保守派还提及妇女"完全平等"可能会导致的后果，据他们称，会有义务兵役制、反强奸的法律被取消、家庭被毁。为此，司法部官员曾向众议员伊迪斯·格林求助，他是《同酬法案》的发起人。格林站出来反对该性别修正案，但密歇根州的民主党人玛莎·格里菲思（Martha Griffiths）语出惊人，宣告她坚定地支持修正案："难以置信，白种男人竟会乐意置白种女人于这般不利境地。"她继续道，不把这一修订加进法案，"你们就会把白种男人括在一个括号里，就会试图给有色人种的男人和女人以平等的就业权利，而这份名单的底部会是毫无权利可言的白种女人。"

格林菲思的论证大获全胜。众议院通过该修正案只用了短短两小时，此修正案最终将对美国职场产生深远影响。

第二章 民权斗争与平权运动的兴起

两天后，即2月10日，众议院以290比130的压倒性票数批准通过了自己版本的《民权法案》，但当它被递交给参议院后，便在此深陷辩论泥潭。几个月后，在6月10日，参议员们以71比29票的表决结果结束了这场国家历史上最冗长的辩论：82个工作日，共计534小时零1分又51秒。6月19日，距肯尼迪提案一年后，参议院以73比27票的表决通过了法案。有6名共和党人和21名南方及边境州的民主党人反对该法案。

参议院版的法案被送回众议院进行最后核准，它在此立马受到了众议员霍华德·史密斯的攻击。为了阻挠该法案通过，他声称众议院没工夫讨论包含着"自南方各州重建时期（Reconstruction）的悲惨岁月以来……无比冷酷无情的"条款的法案。然后他抨击了民权积极分子，当年6月参加"自由之夏"（Freedom Summer）的多是北方白人大学生，千名北方白人大学生试图帮助南方黑人登记投票和学会如何获取民权。"对美国南部的第二次入侵已然打响，"史密斯宣称，"在共产党承诺的援助下，北方垮掉的一代、不适应生活的人和挑拨离间之人正成群结队涌进剑拔弩张的美国南部，背后还有成堆的联邦警察、联邦特工和联邦势力撑腰。"

但史密斯的阻碍没有成功，7月12日，众议院同意了参议院的修正案，通过了最终版本的法案。几个小时后，约翰逊总统签署了法案，称它是"为全体美国人提供平等机会迈出的关键一步——美国为全体公民争取全面正义的进程中的一座里程碑"。

民主获胜了。当年春季的一份哈里斯民意调查显示，70%的公民支持该法案。在近250年的奴隶制度和上百年的吉姆·克劳法之后，这片"自由之地"不再认为种族歧视是公平的了。

《民权法案》具有深远的意义。它证明联邦政府可以自我完善并随之更改那些根深蒂固的偏见和行为，而最后新法律显著地减少了公然的种族歧视。政治方面，它给了老内战阵营一记重击。仍在林肯之党的黑人纷纷离开并成了民主党人。至于南方民主党白人，约翰逊签署法案后告诉一名助手的话应验了："我认为我俩穷尽一生把南方民主党白人送到了共和党阵营。"那年南卡罗来纳州的民主党人斯特罗姆·瑟蒙德转到了共和党，这开启了南方基地①从民主党向共和党的转变，而转变将在罗纳德·里根（Ronald Reagan）总统的首个任期内完成。法律方面，法案是"州权"原则（"state's rights" doctrine）棺材上的另一颗钉子。经济方面，第 7 条宣布美国的就业歧视普遍不合法。

《民权法案》是一大成就，却有些问题。第 7 条被慢慢地分阶段实行，意味着在 1965 年雇员 100 人以上的大企业会受到影响，但直到 1968 年拥有 25 名员工的雇主都不必中止差别对待。此外，雇员 25 人以上的国内公司不到 10%；那些大公司只雇了劳动力的 40% 左右，这意味着法案没有照顾到 60% 左右的劳动者。资历条款还意味着，在首轮经济衰退期间，后录用的会被先解雇，而他们大多是少数族裔；雇主依据测试进行招聘和晋升的权力伤害了所有少数族裔，因为他们的应试能力通常比普通白人求职者薄弱很多。第 4 条所要求的公立学校取消隔离经常不会被地方教育董事会执行；禁止给实行歧视的公共项目或事业单位提供联邦基金的第 6 条亦是如此。民权委员会发现，农业部在南方有一项

---

① 南方基地（Solid South），指美国南北战争后一贯支持民主党的南方诸州。——译注

完全隔离的推广计划，而且成千上万家医院、诊所和福利计划都延续了差别对待，要么把黑人放在独立楼层，要么把非裔美国人拒之门外。所有这些都让黑人更加沮丧：虽然《民权法案》已经通过，但接下来的4年，黑人在应聘很多工作时都会被拒绝，或者通不过技能测试，甚至不得不继续在种族隔离学校上学，所有这一切自然会惹恼他们——在1965—1968年的漫长酷热的夏日，这煽动了一些人的骚乱。最后颇为讽刺的是，法案的通过为民权运动的衰落埋下了种子。虽然属于里程碑式的立法，其实施最终界定的平等就业机会和平权运动的内涵引出了公平诸问题，但也分裂了美国。①

那种分裂发生前，当时全国议程依然致力于民权，约翰逊总统和他的盟友主张戳穿那些限制南方黑人投票的噱头，并在1965年春季便开始敦促通过《投票权法案》(Voting Rights Act)。

当时，暴力冲突在阿拉巴马州塞尔玛市（Selma）爆发。塞尔玛是一座典型的南方腹地城市。尽管有《民权法案》担保整合公共设施，但一切仍严格地保持着隔离。尽管有第15条修正案担保投票权，但当地仅2%的黑人被准予注册。为了抗议此现状，积极分子在1965年3月开展了一场从塞尔玛到州首府蒙哥马利

---

① Zelman, *Women, Work, and National Policy*, 64; Carl M. Brauer, "Women, Activists, Southern Conservatives, and the Prohibition of Sex Discrimination in Title VII of the 1964 Civil Rights Act," *Journal of Southern History* (February 1983): 37–56; 最长的辩论出于 Whalen and Whalen, *Longest Debate*, 203; 史密斯的话载于 Congressional Quarterly, *Revolution in Civil Rights*, 73; 据称约翰逊的助手是 Bill Moyers, 见于 Califano, *Triumph and Tragedy*, 55; 关于第7条的问题，见 Sovern, *Legal Restraints on Racial Discrimination*, 65–73.

的54英里徒步游行。当600人的队伍走过佩特斯桥（Edmund Pettus Bridge）时，端另一桥头的200余名州警察命令他们停下。他们停了。随后州警冲上前去，催泪瓦斯如烟，警棍挥舞，长鞭啪啪作响。警察把约翰·刘易斯打翻在地，还把5名妇女打得不省人事。有位参加者回忆称："我看见一个警员举起他的棍棒，然后像开西瓜那样猛砸向一名妇女的头部。"

游行者称这天为"血色星期天"（Bloody Sunday），当晚民众在电视上获悉了该事件。大量积极分子冲向塞尔玛，这次的反应甚是剧烈。4名当地白人袭击了3名民权工作者，其中包括1名来自波士顿市的白人牧师。他们用棍棒击打牧师头部，导致他因头盖骨碎裂而死。

举国上下被杀戮震惊了，其中包括事发不久后致辞国会联合会议的约翰逊总统。同庞大的7000余万电视观众一道，约翰逊回顾了列克星敦和康科德战役（Lexington and Concord）、阿波马托克斯投降日（Appomattox）——和塞尔玛事件。他号召国会批准一项投票权法案，也恳请美国人："不只是黑人，实际上，我们所有人都必须克服盲从和不公等有害传统。"然后他说出了那句民权运动的名言，"此外，我们要战胜一切。"

国会响起热烈掌声。媒体和很多南方出版物都高度赞扬演讲，而且几个月后国会通过了《投票权法案》。它宣布任何用来否认投票权的测试或手段皆无效，这意味着联邦调查员可以在有歧视历史的州登记选民。结果充满戏剧性：联邦干预几乎确保没有了暴力，而且到那年夏季，南方一半的成年黑人已经登记投票——这永远地改变了南部政治。

1965年夏，美国人盛赞约翰逊的自由主义。他的支持率在

70%左右，大多数人觉得国家正在前进，约翰逊正在完成肯尼迪的理想，甚至还不止于此。那年的头8个月，约翰逊已通过80多项法案，这是一个无人超越的纪录，其中许多涉及"向贫困开战"（War on Poverty）和"伟大社会"（Great Society）等旨在帮助全国3500万穷人的国内政策。政府设定了"贫困线"，国会也通过了相关社会立法：教育法案、工读制、大学助学贷款、就业工作团（Job Corps）、食品券（Food Stamps）、启蒙计划（Head Start）、医疗补助计划（Medicaid），以及老年保健医疗计划。

这些举措的目标对象是某些公认为应得到联邦援助的公民——穷人、饥民、病患、学龄儿童、大学生以及老年人。虽然对公民的帮助与种族无关，但这些计划仍然集中关注非裔美国人这一最大的少数族裔。此外，一些黑人领袖开始推动一种观念，即国家有用补偿和优待帮助自己种族的额外义务，其中最有吸引力的是"马歇尔计划"。

在以国务卿乔治·马歇尔的名字命名的计划中，第二次世界大战后美国已投入大约120亿美元来帮助重建西欧。那种慷慨吸引了一些黑人领袖，早在1962年及1963年全年，惠特尼·扬（Whitney Young）便呼吁"一项史无前例的国内'马歇尔计划'……一场巨大的'撞击'攻向那些影响非裔美国人的经济和社会问题的方方面面"。在《走向平等》（To Be Equal）一书中，他的"10点计划"（ten-point program）呼吁"最好的学校和最好的教师"去教育底层阶级，去开放住房机会，去把合格的黑人招进全部公立学校的董事会和委员会。扬认为，雇主应该运用"与管理部门年复一年用于排挤黑人的相同创造热情和想象力去吸纳各个层次的黑人员工"，其中包括为了补偿早前的不公平而先于白人录用黑人。

虽然大多数民权领袖觉得这种观念只会使白人转而反对他们的运动，但莱罗内·本内特赞同扬并支持马歇尔计划。本内特在1965年的论著中称，如果"我们想要避免灾难"，就需要"立即停止隔离和歧视，并开展一项针对几百年伤及灵魂的压迫的大规模国家补偿计划，这个计划起码要有数十亿美元的经费和我们全体公民的精诚戮力。做不到这些就是谎言。做不到这些就是欺诈、骗局和忘却"。

但是马歇尔计划应该花费多少？它又该持续多久？事后看来，当时那些积极分子太过乐观。惠特尼·扬宣称：

可以说，美国白人已经接受的特殊考虑或者"特惠待遇"比黑人多了300年。现在我们所要求的是，短期内会有一次有意为之的大规模行动把黑人公民纳入美国生活的主流。另外，我们不是在要求［发表意见的］平等时机；而且一次诚心落实的大规模行动大约只需持续10年。

扬继续说："随着对其需要在下一个10年之后减少，我们所建议的特别行动计划应该逐渐停止。"

菲利普·伦道夫却没那么乐观。1965年11月，在要求1000亿美元的"自由预算"（Freedom Budget）时，他给出了自己的回答。第二年，他提高预付款，提倡未来10年里应每年180亿美元："在这个人类所知的最富裕和最丰饶的社会，贫穷的折磨可以并且必须被消灭——无须在遥远的未来，也不需要在这一代，就在下一个10年！"

1965年，其他非裔美国人领袖开始声援"自由预算"，包括小马丁·路德·金。一如我们所见，数年后有些保守派称金不支持平权运动，但事实似乎并非如此。在1968年金过世之前，这个术语还不怎么流行，因此他也没有使用；而且他很担心呼吁只服务于非裔美国人的计划会疏远其白人支持者。这在1965年1月甚是明显，当时金被问到，他是否认为"替黑人要求几十亿美元的特惠待遇计划是公平的"？他声明，"我确实"说过计划要花费"大约500亿……但是这不到我们目前国防一年的支出"。他继续道，其计划"肯定花得远远不及两个世纪拖欠的工资加上奴隶制累计利息的任何计算"。一方面他给补偿性计划指出了先例，其中包括几百万二战老兵的福利，但另一方面他也有退让，表明其计划"应该有利于所有种族中的弱势人群"。8月，金带着"经济自由"（economic freedom）的新信息来到华盛顿特区，替黑人要求大型公共工程和职业培训计划。一年后，随着许多城市爆发了种族骚乱，金请求国会通过1000亿美元的为期10年的马歇尔计划，以使城市摆脱"引起黑人暴动和骚乱"的条件。他说，这项支出远比约翰逊行府的扩大越南战争和太空计划这两大行动重要："比送人上月球更重要的是让人靠自己双脚屹立在大地之上。"于是，他开始为所有穷人的"最低年收入补助"（guaranteed annual income）而频繁活动；1967年夏，适逢少数族裔再次骚乱，金的责备非但没有指向暴动者，而是瞄准了"极端麻木不仁和不负责任的国会"。他呼吁约翰逊总统要求国会"勇敢面对这次突发事件；创建一个类似于公共事业振兴署的新政府机构来结束黑人社区里大规模的失业现状"。

马歇尔计划还得到了一些白人自由派政治家的支持。马萨诸塞州参议员爱德华·肯尼迪（Edward Kennedy）称：" 我们正在每个月花费 20 亿美元来捍卫越南共和国 1400 万人的自由。"《纽约时报》专栏作家汤姆·威克（Tom Wicker）发表社论称：" 我们为什么不能为美国这儿的 2000 万黑人种族做同样的事情？是时候承担费用了。"

但自由派和公民大多不支持特殊待遇。贡纳尔·墨达尔（Gunnar Myrdal）警告说：" 要求逆向歧视，也就对黑人有利，这是种误导"；会 " 造成对黑人的仇恨 "。约翰逊总统同意只帮助某一种族脱贫绝非上策，国会也没投票表决马歇尔计划。①

但 1965 年夏，约翰逊已经尖锐地觉察到非裔美国人的困境和特殊情况，到 1965 年 6 月 4 日去霍华德大学（Howard University）进行毕业典礼致辞时，这变得明显起来。讲稿由白宫助手理查德·古德温（Richard Goodwin）在劳工部长助理丹尼尔·帕特里克·莫伊尼汉（Daniel Patrick Moynihan）的帮助下写成。演讲依据了莫伊尼汉几个月前已完成的调研，即 " 黑人家庭：需要国家为之采取行动"（"The Negro Family: The Case for National Action"）。" 莫伊尼汉报告 "（Moynihan Report）详细说明了 " 黑人家庭的恶化"，标志是非婚生育、离婚、种族隔离和失业，这 " 已经在灾难级别上持续 35 年了 "。由于贫困的影响，" 黑人青年的可预见结果是灾难性的违法犯罪率。……幸免的美国黑

---

① 塞尔玛事件见 Anderson, *The Movement,* 113–20; Young, *To Be Equal,* 26–29, 也见于 *NYT,* 12 September 1962, 以及 *NYT Magazine,* 6 October 1963; Bennett, *Confrontation Black and White,* 299 和 Pfeffer, *Randolph,* 286–88; 金的声明载于 *Playboy* 访谈，January 1965, 74–76, *NYT,* 5, 6 August 1965, 2 August 1966 和 27 July 1967; 肯尼迪和威克的话载于 *NYT,* 4, 9 August 1966; 墨达尔的警告载于 *New Republic,* 8 February 1964, 15.

人根本就属于例外"。为了结束这种"病理性混乱",莫伊尼汉号召举国贯彻联邦计划。

莫伊尼汉的报告影响了总统,约翰逊在霍华德大学替非裔美国人做了20世纪60年代最富激情且最意味深长的一次抗辩。他宣称:"在太多方面,黑人已经被……剥夺自由,受仇恨折磨,没有希望跨入机会之门。"约翰逊自豪他已经签署《民权法案》,宣称自由的藩篱"正摇摇欲坠。……但只有自由还不够。你没法用一句话抹平几个世纪的创伤":

> 现在你们自由地去往你要去的地方,行事随心所欲。……你不能找一个多年身披枷锁步履蹒跚之人,解放他,带他到种族的同一起跑线,然后说,"你可以跟别人自由竞争",并且理所当然地认为你已做到完全公平。因此,仅仅打开机会之门是不够的。我们全体公民必须有能力跨过大门。这就是民权斗争的下一个更深刻的阶段。我们不仅追求自由,而且追求机会。我们不仅追求法律公平,而且追求人的能力,不仅追求作为权利和理论的平等,而且追求作为事实和结果的平等。

约翰逊的"结果的平等"意味着什么?数年后,平权运动的反对者们将利用这个术语断言,联邦政策正企图不分个人的资格或功绩而给予全体公民同样的结果。1965年,总统继续用演说阐释他的意图:"平等的机会必不可少,但还远远不够。"

> 所有种族的男男女女生而具有相同的能力。但能力不仅仅取决于出身。能力会受你与之一起生活的家人和一起居住

的邻居——以及你所就读的学校和你所处环境的贫富状况的提升或者抑制。

总统在宣传他的社会计划。在演讲尾声，他声明美国的司法公正体现的观念是"人人都可以成为其思想和精神品质所准许的一切——去争取，去探索，如果可以，去找到他的幸福"。总统替非裔美国人和白种穷人请求一次机会让他们自己脱离"进退无门的贫困"。他继续道，"黑人将不得不主要依靠他自己的努力"。约翰逊补充道，但是与其他少数族裔和移民群体不同，因为横亘几个世纪的"仇恨和绝望的漫长岁月"，黑人公民"真的不能独自做到这一点"。

因此，他的行府需要做更多的工作帮助穷人，尤其是非裔美国人。"我们正试图突击这些弊端，凭借我们的扶贫计划，凭借我们的教育计划，凭借我们的医疗计划和其他卫生计划，以及10多个针对这种贫困的根源的'伟大社会'计划。"

约翰逊是在给霍华德大学友好的黑人听众做一场政治演讲。他这样做是为了提升他主要政策的支持率，其中很多在那个夏季几英里外的国会受到了辩论。在演讲中，总统安抚其听众，做了一次令人难以置信的认罪，询问该由谁负责"黑人家庭结构的崩塌。对此，美国白人首先必须承担起责任"。

于是，政府的民权政策在某种意义上正在发生转变——约翰逊和其他自由派眼下正着手提倡开放机会之门，而且就像《纽约时报》所发表的社论那样，"把新的加强版法定权利转化成真正的平等"。平等第一次成了约翰逊行府的一项政策。

但平等究竟意味着什么？约翰逊的意思是，既然黑人公民有一个不同于其他少数族裔的过去,那么他们就应该得到额外的帮助,即用更多社会计划将其带到起跑线前以便他们能够与其他公民平等地开展比赛。总统从未说过全部参赛者都应该以平局或不分伯仲的方式结束比赛。终其一生,约翰逊都是个自由派个人主义者,他热忱地相信所有美国人都应该被赋予同样的机会,这样他们才可以在自己的一生中尽最大努力;两个月后在白宫玫瑰园,他再次向一批大多是黑人的听众表明了这一情感。第7条是非裔美国人的"希望钥匙"(the key of hope),但它也只是把钥匙。"唯有凭借这些要肩负责任的意愿,它方能打开重重大门。"自由派媒体和商业媒体领会了约翰逊的讲话。《新共和》(New Republic)写道:"任务是要给予2000万黑人与其他每个美国人一样的学习和成长机会";《商业周刊》(Business Week)则用专题报告解释,霍华德大学演讲对非裔美国人意味着"不只有自由,还有机会"。"工商企业现在正给他们培训以帮助他们实现那个目标。"实际上,"许多公司现在正给黑人员工那种特殊考虑"。

约翰逊总统选出前总统之子小富兰克林·D. 罗斯福(Franklin D. Roosevelt Jr.)出任平等就业机会委员会的首任主席。几个月后,罗斯福做了相同的宣传,他在给《国家商业》(Nation's Business)的书信中使用了平等这一术语,并界定了"平权运动"。他说平等就业机会委员会将调查有关歧视的投诉,但同时也声明"我们会把其他办法——平权运动——看得与纠正违法违规行为一样重要"。他继续道:"我们假设择优就业在道德上是正当的,还假设大部分公司正在践行民权法规,但是它们仍有可能超越法律界限,并且这样做对于它们和业界而言都有好处。"平等就业机会委员会的平权运动计划意味着"通过私营企业更积极的领导和参与来促进比法律要求的还要多的平等就业机会",而那会转变成"积极招募"(aggressive recruitment)以及少数族裔培训:"我们必须出去寻找潜在的雇员……让他们知道他们现在受那些曾经大门紧闭之所的欢迎……并且给予他们特殊培训,以便他们可以有资格胜任。"

特殊考虑定义了20世纪60年代中期的平权运动,而且挑战是深刻的。当时,非裔美国人的平均文化水平仅是白人的三分之二,同时25岁以上的黑人男性多半文化程度不到初中,而高达67%的人没有通过军队的入伍考试。那10年间,当电视采访黑人运动员时,好多白人体育播报员都不知道他们在说什么语言;在克莱斯勒汽车公司设置培训计划后,其总裁哀叹有人竟用一个X签名。"在注册那些报名的人时,我们发现他们很多都没有社会保险号码,从未被算进人口普查,或有过选民登记,且从未从属过任何种类的任何组织。在公认的大部分意义上,他们确实甚至都不存在。"

约翰逊行府知道,这个挑战唯有结合工商界的帮助方能成功。正如《商业周刊》的报道,"政府正在不断探索新方法",而且很多公司参加了这项新的改革运动。金宝汤公司(Campbell Soup Company)及其他公司开始了培训黑人员工的计划。金刚碱公司(Diamond Alkali)邻近休斯敦市的化工厂和西电公司在芝加哥市的装配厂开始教黑人劳工基础的数学和英语;如果通过了为期20周的课程,他们就会被提拔到更好的岗位。大通曼哈顿银行(Chase Manhattan Bank)成立了阅读、数学和语言能力等班级,在学生上课期间照付薪水,并且毕业后雇他们做文员。太平洋电话电报公司(Pacific Telephone & Telegraph)派代表到高中去劝学生拿到学位,然后到他们那儿找工作。德事隆集团(Textron)

总裁哀叹经济繁荣期间劳动力短缺,声称"今天,我们每家公司都有能力想办法培训弱势群体"。①

当然,约翰逊正在1965年夏实施培训计划,多年来非裔美国人第一次取得了在法律、经济、社会和政治等方面的进步。很多企业开始招揽黑人人才,而且不只在本地区,人事经理开始派招聘专员前往传统的黑人大学。通过出演《我是间谍》(I Spy)这部广受欢迎的情景喜剧,比尔·考斯比(Bill Cosby)成了第一位黑人电视明星。约翰逊任命了第一位黑人内阁成员罗伯特·C.韦弗,隔年又向最高法院任命了瑟古德·马歇尔;马萨诸塞州选民把爱德华·布鲁克(Edward Brooke)送进了美国参议院,而克利夫兰市的选民则选举了一名奴隶的曾孙卡尔·斯多克斯(Carl Stokes)出任全国第一个大城市的黑人市长。

1965年夏标志着20世纪60年代自由主义的巅峰,但终归会盛极而衰。8月,洛杉矶市的黑人贫民区瓦茨区(Watts)爆发骚乱。暴乱升级,当局召集了超过1.5万人的军队和警察。军队变得紧张,开始疯狂射击。"好几个人被误杀,"一个总统委员会事后报告称,"还有更多人受伤。"当局在6天后恢复了治安,但代价惨重:差不多4000人被捕,1000多人受伤,且有34人死亡。

瓦茨事件严重损害了民权运动。黑人看见了一个仍旧充斥着

---

① *NYT*, 6 June 1965; 约翰逊属于自由派个人主义者, 见于 Davies, *From Opportunity to Entitlement*, 32–34; 玫瑰园演说载于 LBJ: Administrative History of the Equal Employment Opportunity Commission, box 1, 56–57; *New Republic* (10 July 1965): 5–6; *Business Week*, 12 June 1965, 82, 100, 106; *Nation's Business*, December 1965, 10ff; 黑人的教育水平载于 *WP*, 20 August 1965, 测试载于 *Time*, 28 October 1966, 33, 克莱斯勒公司部分载于 *Newsweek*, 1 July 1968, 21; *Business Week*, 12 June 1965, 82ff; 28 May 1966, 40.

歧视的美国。已获通过的民权法案和投票权法案并没有立即减轻种族主义或者增加就业机会，这令人沮丧；第二年夏天将会见证更多的城市骚乱。瓦茨事件震惊了许多温和派和保守派白人，它推进了"白人对抗"①。更多公民开始认为联邦政府只关心少数族裔，却不管大多数白人。一份哈里斯民意调查显示，到1966年年中，认为黑人对民权的要求"进行得太快了"的白人选民增幅高达75%。瓦茨事件困扰着自由派。他们终于看到了一个试图实现国家梦想并通过重要立法的美国，但他们不理解为什么贫民区在燃烧。约翰逊反问："他们想要什么？我在带给他们繁荣，并且立法比别人做得都完善，然而他们做了些什么？——攻击和嘲笑。罗斯福能做得更好吗？有人能做得更好吗？他们想要什么？"

作为回应，总统要求国会为城市更新运动（urban renewal）通过《示范城市法案》（Model Cities Act），为结束住宅限制通过《开放住房法案》（Open Housing Act），但是前者没有奏效，后者也被困在了参议院多年的辩论里。一个更直接的回应出现在瓦茨事件仅一个月后。9月，总统颁发第11246号行政命令。它基本上取代并废除了之前的所有命令——还变成了未来几十年平权运动的行事规则。

约翰逊的命令让文官委员会负责结束联邦政府中的歧视，劳工部负责联邦合同，后者导致了联邦合同遵循办公室（Office of Federal Contract Compliance, OFCC）的建立。它指挥平等就业机会委员会调查并终止私人雇用中的歧视。约翰逊的行政命令用了

---

① 白人对抗（white backlash），美国白人对黑人民权运动的对抗。——译注

第二章 民权斗争与平权运动的兴起

肯尼迪在1961年的原话：

> 承包商们必须制定平权运动计划，以确保求职者受雇用及雇员在职期间所受待遇与他们的种族、信仰、肤色或者原国籍无关。

那个命令包含招聘、晋升、薪资、调任、解雇，以及关于学徒和培训的选拔。每个承包商均被要求"在合理的时间内做出合理的努力"来遵守，如若不然，政府就可以终止或者中止合同，而且公司"可能会被宣告没有资格竞标更多的政府合同"。

因此，约翰逊政府在1964—1965年间签署或要求的必要立法和行政法规大大地减少了职场歧视。黑人社区的反应是试图让联邦政府维护新法规。1965年7月，平等就业机会委员会开门运营几日之后，全国有色人种协进会的赫伯特·希尔递交了第一起投诉。诉讼以南方的公司和工会为目标，比如南方的贝尔电话电报公司（Southern Bell）、孟菲斯市的克罗格公司（Kroger of Memphis）和新奥尔良市的各种百货商店，还有东圣路易斯的大林化学公司（Darling Chemical）以及它隶属于美国劳工总会与产业劳工组织的实行种族隔离的工会。希尔要求罗斯福主席调用委员会的"全部力量"。不久，民权组织便开始用投诉淹没平等就业机会委员会；虽然专家曾预测第一年会有2000起投诉，但头9个月里就有了5000多起，到第二年7月委员会成立一周年时已有8800多起。罗斯福哀叹道："我们要不堪重负了。"

投诉洪流只是新平等就业机会委员会的问题之一。罗斯福主席并非一位恪尽职守的管理者，比起出席听证会，他更想开自己的游艇。为了为竞选纽约州州长这个注定失败的尝试做准备，他上任仅几个月便离职了。领导问题继续持续，1966年间机构有3个月主席空缺。约翰逊提名了斯蒂芬·苏尔曼（Stephen Shulman）担任主席，他是一名33岁的白人律师，拥有劳动法和民权法方面的政府工作经验。虽然苏尔曼带来了新的干劲和决心，改进了机构，但也在一年多后离职了。然后，约翰逊又任命了另一位33岁的律师、首位非裔美国人主席小克利福德·亚历山大（Clifford Alexander Jr.）。此外，平等就业机会委员会人手不足，资金短缺。这个机构奉命在全国职场执行非歧视原则，但所得资助比煤炭研究办公室（Office of Coal Research）的还少，这让它没法开设更多的地区办事处并雇人去调查成千上万的投诉，其中一些过了一年也没被调查，有些甚至超过两年。平等就业机会委员会的詹姆斯·法默抱怨道："在受害人可以获得赔偿以前，他也许已经找到另一份工作或者已经饿死了。"

在一片混乱和怨声载道中，平等就业机会委员会亟待解决的问题是，如何前进？在带动更多的雇用公平方面，联邦的平等就业机会委员会能够比州属机构更有成效吗？委员会怎么解释新法令？第7条"饱含善意"，《商业周刊》评论道，"但它的保留条款（fine print）有许多问题悬而未决，比如非法就业歧视由什么构成"，以及平等就业机会委员会"可以对侵权行为做什么"。

情形的确如此。五人委员会由两名共和党人和三名民主党人构成，分别是两位黑人和三位白人，他们有着不同的意识形态背景，对歧视持有不同观点，还提倡不同的工作方法。所以，委员会在第二年就第7条的含义和执行进行了讨论，同时联邦合同遵循办公室讨论了约翰逊的行政命令。在约翰逊行府的最后几年里，机构和雇主面对的是些关键问题，它们后来成了未来几十年平权运动争论的组成部分：

歧视是什么？你如何证明它？
政府要如何衡量遵循约翰逊行政命令和第 7 条的程度？
此命令批准优待或者定额制吗？

在历史上，歧视曾经被理解为基于偏见的故意行为或敌对行为，以及一些由于他/她的种族、宗教、性别或者原国籍而不平等对待一个人的行为。但在政府通过重要的民权立法时，大部分公司并没有成文规章声明"不招黑人"，也没有政策要求少数族裔只能受雇于最低级别的工作。大部分工商企业仅仅是不想冒险打破传统，或者激怒白人员工。有位公司总裁承认："拿我的公司为例。我们没有官方政策反对雇用黑人。但现实是，我们也没有黑人在册！"

根据习惯，有的行政人员和民权组织主张利用当地居民的比例或者统计学方法；就是说，如果社区有 10% 的少数族裔，而公司只有 2% 的黑人员工，那会被算作歧视证据。约翰逊行府否决了那种方法，主要原因之一是少数族裔的受教育程度和培训程度要远远低于白人。因此，黑人求职者的资格大多难以衡量。①

另一个问题与歧视的意图有关。公司设法从其员工队伍中排

---

① 瓦茨事件见 Anderson, *The Movement*, 132–35; 平等就业机会委员会和罗斯福部分见 Graham, *Civil Rights Era*, 190–203; 关于委员会第一年的情况，可见 Blumrosen, *Black Employment*, Chapter 2; 法默部分载于 *WSJ*, 28 May 1965; *Business Week*, 12 June 1965, 84; 公司总裁的话载于 *Harvard Business Review* (March 1963): 104.

除少数族裔吗？这同样难以证明，因而国会在第 7 条中授权平等就业机会委员会考察后果：公司的雇佣政策对某些公民有负面影响吗？比如少数族裔求职者。到了 20 世纪 60 年代中期，黑人领袖及部分媒体使用了"制度性种族主义"（institutional racism）这一新术语，暗示种族主义已经如此深入地渗入社会，以至于企业都不是特别清楚自己在雇用和晋升惯例中实施了歧视。

当然，制度性种族主义不只关系非裔美国人。1964 年，美国犹太人委员会（American Jewish Committee）指控 50 家公用事业公司犯有歧视。委员会指出，犹太人占总人口的 5% 和全体大学毕业生的 8%，但在那些公用事业公司的 6300 多名高管中，犹太人不足 1%。在克莱斯勒公司，1.8 万名白领员工中仅 100 名犹太人。委员会发言人对此的解释是，各公司"选拔职员的类型就代表着他们自身"。在这种情况下，有些少数族裔开始宣称，政府应该干预和授权有关雇用计划。

人才选拔使工商界担忧起来。早在 1963 年，《美国新闻与世界报道》就打出了令人震惊的标题："被迫的黑人雇用——会如何运作"。一旦国会通过《民权法案》，该杂志称，政府就可能下令用"黑人雇用取代白人求职者雇用。它可能会要求雇主给一个没有被雇用、加薪或者被提拔的黑人补发拖欠工资"。如果商人没能服从政府，那么他就会受到处罚，"其中包括罚款和监禁"。

第二个问题也困扰着很多高管：政府会如何执行该行政命令和第 7 条，又会如何使各州和企业结束歧视行为？

如前所述，前总统曾经依靠武力。他们派驻联邦警察或军队到小石城的中央高中或到阿拉巴马大学。那些行动维护法律并导致机构废止了种族隔离，但这在南方不受欢迎，武力也不适合或者不可能整合国内的每一家企业和每一所学校。1963年，民权委员会提过另一个观念。它发布了一份关于密西西比州的报告，建议总统和国会应该考虑不给坚持拒绝遵守美国法律和宪法的任何州拨付联邦基金，这震惊了大多数政客。一些公民表示同意。《路易斯维尔信使日报》(Louisville Courier-Journal)发表社论称，美国纳税人有权获得担保他们的基金"未被用去维护密西西比州的种族隔离招牌"。但大部分出版物和政客表示了不同意见。《美国新闻与世界报道》称这种观念为"残酷和非常的惩罚"(cruel and unusual punishment)，《纽约时报》写道，该观念不会"平息那股炽热的激情"。肯尼迪也不支持该观念，说它"轻率"。

约翰逊也认为它轻率。他越来越多地卷入紧迫的内政和外交议题，委任平等就业机会委员会调查歧视，并委任司法部负责执法。委员会可以调查针对公司的投诉，也可以主持庭外和解这项本职工作，但意味深长的是，该委员会不能发布"停止及终止"令，这将合法地强制遵守。但平等就业机会委员会自身并不能提起诉讼，所以评论家称委员会是"没有牙齿的老虎"。诉讼留给原告或者司法部，司法部随后几年一直期待那些精挑细选的判例会变成法律。联邦政府和法院系统将负责给平权运动建立新的法律基础。

另一部分执行困境是衡量问题。当时，政府和许多工商企业并没有登记少数族裔工人。除了没有黑人工人的南部公司以外，许多公司不知道他们是盲信种族主义的雇主，还是有责任感的雇主。国家数据库也不存在，而且有些民权领袖反对这样的名单，因为南方诸州及众多雇主曾利用申请表格上的种族身份这种方法来阻碍黑人就业。然而缺乏统计资料，政府怎么能够衡量一家公司是否公开招聘并且遵守了第7条呢？当时类似的问题是学校的种族融合。不统计每个学区及学校的白人和黑人学生数量，政府怎么可能知道学校是在整合？还有另一个衡量问题：一家工厂中适当的少数族裔人数或比例得多少才算是遵守了新法律？企业应该招聘特定百分比的少数族裔吗？如果应该，那么应该依据什么？当地、州及国家中少数族裔的人口比例吗？

有个事实增添了混乱，《民权法案》的多项条款禁止平等就业机会委员会因为过去的歧视惯例而要求公司采用补偿性雇用。"这项条款所含的任何内容都不该被解释为要求任何雇主同意给予任何个人或者团体特惠待遇"的原因是他们的"种族、肤色、宗教、性别或者原国籍"。因此，严禁职场歧视的《民权法案》同样禁止优待任何受过歧视的群体。

第7条无视肤色，约翰逊的行政命令也是如此。它只要求承包商们"必须制定平权运动计划，以确保求职者受雇用及雇员在职期间所受待遇与他们的种族、信仰、肤色或者原国籍无关"。法律和条例均不要求雇主依据种族雇人，恰恰相反，其目的是要结束歧视性雇用惯例。但下一个问题是：如果政府已经宣布歧视非裔美国人为不合法，那么它怎么可以怂恿甚至要求雇主着手雇用一个在传统上受过歧视的种族？

这个矛盾是学者约翰·戴维·斯克伦特尼（John David Skrentny）所称的"平权运动的讽刺"（the irony of affirmative action）。如果公司继续招聘技术最熟练的人，而在那个种族隔离学校的时代几乎总是白人求职者受聘，那么公司显然不违反第7条。人事部门只是遵循传统择优录用。在这种情况下，联邦政府怎么能够向非裔美国人敞开机会之门？约翰逊行府的答案是平权运动，因为那项行政命令号召承包商取消职场的种族歧视，这意味着大部分公司都必须优先聘用少数族裔。此外，如果政府要衡量"进步"，那么他们不统计黑人就业人数又如何能够做到这一点呢？如果要求一名承包商必须招收更多的少数族裔，即使那意味着工厂中某种形式的实际定额制，那么政府又当如何？平权运动的讽刺造成的混乱从20世纪60年代余下的岁月一直持续到了1971年，当时最高法院裁决了"格瑞格斯诉杜克电力公司案"（*Griggs v. Duke Power Co.*）。①

在经济繁荣的20世纪60年代中期，约翰逊行府试图解决"平权运动的讽刺"，而且在1966年3月从纽波特纽斯造船公司（Newport News Shipbuilding Company）取得了初步胜利。该造船公司所获业务的75%来自纳税人，它是弗吉尼亚州的最大雇主。其2.2万名雇员中约有5000名黑人，他们中的40人到平等就业机会委员会投诉了公司。黑人和白人从事一样的工作，然而报酬却比白人低，他们不被允许调任到只用白人的部门（white departments），不在晋升之列，也不会被学徒制学校录取。此外，该公司隔离了厕所、浴室和储物设施，尽管它同时还在建造一艘以著名非裔美国人乔治·华盛顿·卡佛（George Washington Carver）的名字命名的核潜艇。平等就业机会委员会和联邦合同遵循办公室、司法部、国防部结盟攻击纽波特纽斯，很快它就投降了。公司同意结束其政策并提拔大约4000名黑人工人，还同意委任75名黑人主管。

像其他国防承包商一样，纽波特纽斯之所以易受攻击，是因为

---

① 犹太人部分载于 *Newsweek*, 13 January 1964, 64–66; *U.S. News*, 29 July 1963, 88; 别的担忧载于 11 November 1963 and 29 June 1964; 委员会提议部分见 Dulles, *Civil Rights Commission*, 183–86; Skrentny, *Ironies of Affirmative Action*, Chapters 1, 5; Graham, *Civil Rights Era*, 186–201.

它的大部分业务都依赖政府；在 1966 年和 1967 年，平等就业机会委员会别的努力并不十分成功，况且大多数公民及其政治领袖当时也不关心就业问题。他们越来越关注的是其他问题：校园抗议示威（campus demonstrations）、呼喊"黑人权力"（cries for black power）、炫耀新文化的嬉皮士（hippies flaunting their new culture）、漫长炎热夏季的城市种族骚乱——当然也少不了越南战争。

战争对平权运动的影响不如城市暴乱。1966 年夏天，贫民区居民在克利夫兰、代顿（Dayton）、密尔沃基和旧金山等城市引发骚乱，导致 400 人受伤，至少 7 人死亡。第二年夏天更加严重。从波士顿市到坦帕市，街头大火四起。然后纽瓦克市（Newark）爆发骚乱。州长宣布了"公然叛乱状态"，并命令出动国民警卫队，而几天后剩下的是一座烧毁的城市，另有 25 人死亡。再然后是底特律市。约翰逊不得不派遣配备着机枪、坦克和直升机的美国陆军奔赴现场，结果 2000 人受伤，43 人死亡。《新闻周刊》宣告："底特律是美国的悲剧。"

夏季暴乱分散了民权运动，强化了白人的愤恨，还促进了联邦政府的行动。约翰逊行府拨给贫民区额外的"向贫困开战"专项资金；在要求下属建言献策的时候，总统也于 1967 年让伊利诺伊州州长奥托·克纳（Otto Kerner）负责领导一个委员会研究治理骚乱。随后的"克纳报告"（Kerner Report）坦率且意义重大，3 个月内售出了 100 多万份。委员会没有把骚乱的责任强加给黑人暴动者，反而直指白人群体；白人的"种族主义对已经积聚在我们城市里的爆炸性混合物负有首要责任"。白人"社会与贫民区牵连很深"。此外，报告重申了"政策性种族主义"。虽然白人雇主可能并未刻意区别对待，但他们已经雇用自己人太久了，以至于形成了传统。显然，歧视唯有通过改变制度方能根除。委员会和总统顾问游说地方官员增加黑人雇员人数,特别是警员人数。纽瓦克市一半人口是黑人,但黑人警察仅有10%。针对非裔美国人大约只占国民警卫队的1%这一现状,司法部长拉姆齐·克拉克(Ramsey Clark)建议总统招募黑人士兵,"纠正种族失衡等措施应被立即实施",这对贫民区"居民会有一个大体的安抚作用"。这条信息的意思很清楚:雇用黑人。许多公司这么做是为防止不必要的暴乱,他们还弃用了传统的择优录用雇用标准。有位公司高管解释道:"这是逆向歧视,但要让黑人相信我们真的希望他们向我们求职,所以这项措施是必要的。"

贫民区在燃烧,多雇黑人居民似乎是个务实对策,正如一位经济学家所言:"只要黑人劳动力变得越来越有教养、越来越有经验、越来越被平等对待,我们这个国家便会越少有紧张局势和疑难问题。"街头大火促进了约翰逊行府的政策转变。它开始放弃曾在1964年奋力争取的第7条中的"无视肤色"准则,并凭借多让少数族裔进入劳动力大军来推进平权运动。1966年,平等就业机会委员会要求雇员100人以上的6万名雇主发布平等就业机会1号报告(EEO-1),其中要列出员工的性别和种族;少数族裔包括"黑人、东方人、美国印第安人和西班牙语系美国人"。随后的报告给了政府着手衡量和分析劳动力数据的必要统计资料。当平等就业机会委员会开始处理这些信息时,市民仍在用投诉轰炸该机构。①

---

① 纽波特纽斯部分见 Blumrosen, *Black Employment*, Chapter 8; 其他早期的成功载于 LBJ: Administrative History of the Equal Employment Opportunity Commission, box 1, Chapter 4; 暴乱的影响、克拉克和经济学家部分见 Skrentny, *Ironies of Affirmative Action*, 87–100; 公司高管的话载于 *U.S. News*, 12 February 1968, 61–62, 平等就业机会委员会部分载于 *Business Week*, 18 March 1967, 84ff.

出乎意料,那些投诉三分之一以上来自指控性别歧视的妇女,具体指的是肇始于州劳工保护法的不平等福利、歧视性资格线(discriminatory seniority lines),以及不公平限制。但是,一位平等就业机会委员会的行政人员建议负责人"少在性别歧视案上花时间,因为立法史表明,它们应有的优先程度不及起因于种族的歧视"。平等就业机会委员会的5名委员中唯一的女性是非洲裔工会主席艾琳·赫尔南德斯(Aileen Hernandez)。她回忆说:"信息传递得很清楚,委员会的优先考虑之所以是种族歧视,显然只是因为它关系到男性黑人。"

赫尔南德斯说的只是在妇女解放运动以前的时代里美国社会的通常反应。在当时,全国性议题是种族歧视,而非性别歧视,而且第7条涉及员工性别这样的观念使公司老板不安。一名航空公司高管告诉《华尔街日报》(*Wall Street Journal*):"我们不担心种族歧视禁令,真正使我们不安的是有关性别的部分。……当一个姑娘拿着资格证书到办公室要求一份飞行员工作时,我们该怎么办?或者有个家伙进来说要当空姐,我们又将如何应对?"有位电子产品商人说,他只雇用手指纤细的妇女组装易损坏的电子元件,现在他挖苦道他是否将要"第一次雇用一个极度灵活的男性侏儒"。

《纽约时报》选择了"就业市场去性别化"("De-Sexing the Job Market")这个话题,它参照风行一时的花花公子俱乐部,异想天开地将其命名为"兔女郎问题"(Bunny Problem)。文章问道,假如男人申请做兔女郎,或者女人申请做男浴室侍应生,那会发生什么?"招聘男侍"等作为许多职业开端的广告要寿终正寝了，因为招聘广告不应再有性别之分。语言也必须中性："Handyman（多面手）一词必定不复存在……如果你曾经不顾一切地寻找过一位多面手，那他差不多也就是个落魄之人。再也不存在 milkman（送奶工人）、iceman（制冰人）、serviceman（维修人员）、foreman（领班）等词。……Girl Friday（得力女助手）一词也是一种不能容忍的冒犯。Saleslady（女售货员）一词遭禁用。Rockettes（火箭女郎）也可能会变成双性的，多可惜啊。"文章补充道，假如国会"直接取消性别一词本身"也许会更好。"的确，兔女郎问题是革命，亦是混乱。你甚至再也不能安然地刊登征婚广告。"

至少在许多男人看来，有的事情很滑稽。在平等就业机会委员会会上，男性委员拒绝认真对待妇女的投诉，并拿这个议题开玩笑，嘲笑一位"起诉第 7 条的平胸鸡尾酒女招待"。他们拒绝谴责性别分隔工作的招聘广告，声称这是"为了阅读的人方便"，文案可以维持"男性感兴趣的工作"（Jobs of Interest—Male）与"女性感兴趣的工作"（Jobs of Interest—Female）等分隔版面。正如一位男性委员解释的："本委员会有些人认为，没有人应该被要求去找个男秘书——而我就是其中之一。"①

所以，头两年平等就业机会委员会对性别歧视投诉的执行比种族歧视更谨慎。它并不根据各州几十年前建立的所谓劳工"保护"法进行裁决，而是将议题留给各州定夺。例如，犹他州（Utah）

---

① 黑人男性部分见 Hernandez, *EEOC and the Women's Movement*, 6–7; 平等就业机会委员会行政人员、电子产品商人和男秘书部分见 Harrison, *On Account of Sex*, 187–91; Graham, *Civil Rights Era*, 204–18; *WSJ*, 22 June 1965; *NYT*, 20, 21 August 1965; 平胸部分见 T. Anderson, *The Movement*, 338.

有部法律防止妇女在工作中提举超过 15 磅的重物，同时，俄亥俄州（Ohio）有多部法律明确禁止妇女从事 19 类工作，从金属造模工到电表抄表工等。得克萨斯州禁止女性职员从事"有不道德情况"的岗位。一位得克萨斯州妇女声称，"如果这是部良法，那么它也应该保护男人"；其他批评者指责道，15 磅恰恰是 1 周岁婴儿的平均体重，这样的保护实际上还限制了妇女从事更好的建筑施工工作。不过，平等就业机会委员会没有理会。委员会主席评论说，第 7 条的性别规定是"歪打正着……是婚外孕"。

这一切惹得众议员玛莎·格里菲思采取了行动。她先是在众议院发起攻击，称该主席的言辞为"诽谤国会"，然后称该机构"优柔寡断，对性别规定指手画脚"而不是执法。这位女议员致信美国联合航空公司（United Air Lines），投诉其惯例，即当女性空乘员结婚或年满 32 岁时便解雇她们，但同等条件下却不解雇男性空乘员。格里菲思声称："你们是在要求空姐年轻、有魅力且单身。你们在办什么，航空公司还是妓院？"

还有别的妇女加入了这一事业。畅销书《女性的奥秘》（*The Feminine Mystique*）的作者贝蒂·弗里丹开始与职业女性会面，她逐渐相信需要有个新组织，一个将会像服务于非裔美国人的民权组织那样的为妇女权益而战的组织。耶鲁大学法学院黑人教授泡利·默里（Pauli Murray）和司法部的玛丽·伊斯特伍德（Mary Eastwood）发表了"妇女歧视与法律：性别歧视与第 7 条"（"Jane Crow and the Law: Sex Discrimination and Title VII"）一文。文章不只引进了一个有挑衅意味的重要术语，还声称："妇女权利和黑人权利只是基本且不可分割的人权问题的不同阶段。"为了使平等就业机会委员会维护民权法，默里建议进行一场妇女版的"向华盛顿进军"。

1966年全年有许多积极分子游行,但那些示威游行关注的是种族、战争和学生问题,而非妇女权益。反倒是联邦政府在华盛顿就妇女地位问题举办了一场全国性会议。代表团成员中包括多名女性,她们已于会议前晚在弗里丹下榻的酒店房间会晤;其中威斯康星州的凯瑟琳·克拉伦巴赫(Kathryn Clarenbach)告诉在场同仁,她们必须"别再害怕打破现状"。在第二天的性别歧视分会场上,一些代表企图介绍解决方案,但却被告知不准建言献策,这道命令令她们"极度抓狂"。此后不久,弗里丹、默里、伊斯特伍德和克拉伦巴赫组建了全国妇女组织(National Organization for Women, NOW),其宗旨是"带领妇女全面参与当下主流的美国社会,取得全部权利和义务并由此与男性处于真正平等的伙伴关系"。她们推举弗里丹担任第一届主席,由当时已从平等就业机会委员会离职的艾琳·赫尔南德斯担任常务副主席。

虽然这只是妇女解放运动的起步阶段,但包括约翰逊总统在内的一些官员开始倾听了。1964年,他的妻子"小鸟夫人"(Lady Bird)已经悄悄地使具有影响力的国会议员知道,她支持把"性别"议题添加到第7条,而且她在谨慎地支持新兴的妇女运动。现在,联邦政府没能执行第7条关于性别歧视的禁令,所以这些女权主义者呼吁总统出面干预。其实那不算什么大问题,因为早在1964年,约翰逊就已经吩咐其内阁开始为联邦政府高级行政职位物色女性"这种尚未开发的资源",他还说:"主要职位留给男人的日子结束了。"他公开支持让女性雇员受第7条保护,承诺在决策性职务中至少安置55名妇女,此举标志着他所谓的"雄鹿政府"（stag government）结束的开始。

因此，不必太惊讶约翰逊会于1967年10月签署第11375号行政命令。这次修订使他在1965年发出的关于平权运动的命令把性别歧视问题也列入其中，然后让劳工部负责执行。新政策更为具体，"要根据与种族、肤色、宗教、性别或者原国籍等歧视无关的考绩，在联邦就业和联邦承包商就业中提供平等的机会"。如此一来，性别夺得了它在平权运动中的位置，而且随后几年会越来越重要。因为这是份宣言，妇女平等就业不仅仅是次"歪打正着"，而是像种族歧视那样的非法行为。①

同时，约翰逊行府也在1967年摸索着制定关于执行和遵循的政策。平等就业机会委员会遵照了对参与学徒计划的少数群体的第一次全国普查，该普查准确定位了未来反歧视工作的目标。联邦合同遵循办公室开始扣留联邦拨款，此举逐渐迫使承包商和工会对少数族裔开放部分工作。司法部针对排斥黑人员工的工会提起了大量诉讼。跟这些大棒政策捆绑颁布的还有根胡萝卜政策：劳工部提供补助招聘并培训非裔美国人。该部门给予克莱斯勒公司600余万美元资金用于在50座城市招聘并培训3000名失业黑人。12周的培训课程结束后，有的毕业生成了经销商的机械师，有的在装配线找到了工作。

这些努力还揭示了政府平权运动定义的演变。司法部长克拉克写过一份关于可以减少就业歧视的总统法令或法律的可能性变

---

① 保护法律部分载于 *WSJ*, 22 May 1967; 格里菲思、克拉伦巴赫和弗里丹以及约翰逊部分见 Zelman, *Women, Work, and National Policy*, 100–6, 39–45; Decker, *The Women's Movement*, 323–24; 妓院一说见 T. Anderson, *The Movement*, 339.

化的备忘录。司法部列了15项提案，但无一提议建立种族定额实现某些百分比或目标的雇用。平权运动意味着打开机会之门，以及鼓励工商界招聘和培训少数族裔，特别是非裔美国男人。克拉克的第一项提案与执法有关：授权平等就业机会委员会"出庭审理案件和发布强制性命令执行禁止令"。

的确，平权运动语义模糊不清，政府当年试图请工商界帮忙进一步定义这个术语。联邦合同遵循办公室主任小爱德华·C.西尔维斯特（Edward C. Sylvester Jr.）发给商人一份声明："平权运动将因势利导、因时而异、因地制宜。……平权运动并没有固定不变的定义。总之我想说，平权运动是你们为了取得结果所要做的任何事情。但这并不必然包含特惠待遇。这里的关键词是'结果'。"

为了取得结果，政府制定了新的职场政策。联邦合同遵循办公室规定，航空公司不能只招收女性空乘员，工商企业不能设置不同的男女退休年龄，并且招聘广告分男女是非法的。该机构也宣判，实行种族隔离的资格线、升职名单或地方工会违反第7条、因妇女结婚而未能雇用或提拔她们同属违规。联邦合同遵循办公室确立了一种"标前裁定的方法"（pre-award approach）。有意竞标100万美元以上合同的企业必须提交就业计划以证明它们已经雇用了一些少数族裔，并且遵循平权政策。联邦合同遵循办公室还开创了临时的"老工业区计划"（special area programs），让圣路易斯、旧金山、克利夫兰和费城等城市的建筑业承包商"担保各行各业及各个工种都有少数群体代表"。

当然，这些老工业区计划存在问题。大部分承包商跟工会有协议，其中规定它们的项目只会雇用工会内工人，但承包商本人决定不了工会派谁来工作。工会得担保最高质量的工作,但当地的学徒计划排斥少数族裔。例如在圣路易斯市,当地有5000多名水管工、管道工、电工及钣金工,但仅3名是黑人。前两项老工业区计划以失败而告终。圣路易斯市项目是要建"大拱门"(Gateway Arch),然而它造成了工会罢工及一场漫长的法律纠纷。旧金山市的项目是"旧金山湾区捷运系统"(Bay Area Rapid Transit, BRAT),虽然承包商承诺执行平权运动计划,却成功地只象征性地雇用了少量少数族裔。

政府在克利夫兰市取得了更多成功,那里的人曾选举过一位非裔美国人卡尔·斯多克斯担任市长。虽然该市建筑工会里有技术的黑人只有十几个,但联邦合同遵循办公室要求获邀投标方的计划中必须附带"人员配备表",这样就能"在结果上保障"少数群体有代表。国家航空航天局(NASA)在克利夫兰的一位承包商很想拿到这个取决于新方法的合同。他向联邦合同遵循办公室递交了申请书,于其中第一次规定了如果政府授予他合同,他将会雇用的少数族裔人数的数字或"目标"。令人印象深刻的是,联邦合同遵循办公室把这个观念应用到了克利夫兰市所有的联邦建筑合同,而且值得注意的是,在承包商递交合适的计划以前,它所扣留的资金总计约8000万美元。因此,从1967年6月到11月间,承包商们承诺会在总数475名工人中雇用110名少数族裔——从而结果达成。

随着克利夫兰的成功,联邦政府和地方政府也给费城制定了一项计划。"费城计划"(Philadelphia Plan)要求,承包商的投标"必须具有在建设项目的所有行业和所有阶段中都有少数群体代表的结果"。在承包商递交妥善的计划之前,政府将扣留资金。1968

年 5 月，劳工部发布了一项重要的新条例——凡从事联邦资助工作的承包商和工会必须设有附带改正他们的少数族裔雇用及晋升惯例之不足的进度表和预定日期（schedules and target dates），或者"特定的目标和时间表"（specific goals and timetables）的平权运动计划。

出乎意料的是，政府没有规定具体目标，承包商们不得不自己制定各自的计划。对于这些商人而言，计划的规定过于模棱两可，有人还问政府是否期望就业的少数族裔有个数字或者比例——一个满怀风险的议题。

政府在慢慢地撬开机会之门，1968 年，约翰逊继续这样做。1 月，总统接触工商界，召集了 15 位行业巨头齐聚白宫，开始是一场美味的牛排午餐，然后是一场"直奔主题的会议"（no bullshit meeting）。他告诉福特、可口可乐、美孚（Mobile Oil）、西夫伟（Safeway Stores）、美国铝业（Aluminum Company of America）和麦克唐纳-道格拉斯（McDonnell-Douglas）等公司的领导："我们已经考虑过每个种类的就业计划。效果最好的就是你们把在职培训做到最好。"约翰逊向那些公司承诺了联邦资金，它们将要培育和训练住在贫民区并从未有过工作的"核心失业者"（hardcore unemployed）。"你们可以使这批人得到工作，而且你们不会因为他们之前被遗弃而遭遇一场革命。如果他们正在工作，就无暇往你们的家里和工厂里扔炸弹。让他们忙碌起来，他们就没空烧你们的车。"约翰逊恳求道，"别告诉我你们做不到。我只想知道你们如何能实现。……我需要你们，需要你们中的每一位。我需要你们承诺把这拨食税人（taxeaters）变成纳税人。"

"我承诺！总统先生，我承诺！"麦克唐纳-道格拉斯公司董事长詹姆斯·麦克唐纳（James McDonnell）插话道。约翰逊转向桌旁的他，盯着他说："麦克唐纳先生，在你吃我的牛排第一口时，你就承诺了。"

在笑点和甜点之后，这群人开始组建全国工商业主联盟（National Alliance of Businessmen, NAB）。约翰逊任命北方人亨利·福特二世（Henry Ford II）担任 NAB 主席，南方人 J. 保罗·奥斯丁（J. Paul Austin）任副主席。前者是福特汽车公司 CEO，后者是可口可乐公司总裁。此后一个月，总统发起了专项行动，要求国会为一项斥资 20 亿美元的人力资源计划（manpower program）拨款，它是"国家历史上最大的"计划，为的是帮助 50 座最大的城市的贫民区居民培训和找工作。虽然总统注意到失业率是 15 年内最低，而且自 1961 年以来 100 万黑人已被雇用，"虽然我们过去的努力非常重要，但实际上并没有触及核心失业者"。

亨利·福特开始行动了。他帮着在那 50 座大城市创立全国工商业主联盟，同时要求 CEO 们修订其招聘制度，忽略犯罪记录，宽容劣质工作，并谅解延迟拖沓。福特告诉他的公司同事："我们美国人已经到达我们历史的转折点，至少此刻我们得对平等不鸣则默，然而沉默的代价远非这个世界上最富有的国度所能承受。"他要求工商企业许诺培训和招聘，目标是到 1971 年创造 50 万份固定工作。大体而论，社会反响积极。对 15 座发生过暴乱的城市调查发现，当年 86% 的工商企业接受了这种观念，认为他们有"努力为黑人及其他少数群体提供就业的社会责任"。李维·施特劳斯公司（Levi Strauss）和国际电话电报公司（ITT）总裁加入了专项行动，民权组织与工商企业相互合作；当劳工部承诺教育及培训补贴时，又有超过 600 家公司申请加入。《新闻周刊》问道:"这会有用吗?如果贫民区养家的人想自给自足并得到自尊,那么企业能够付出巨大且持久的必要贡献吗?"该杂志答道:"毫无疑问,回应尚不确定。"①

回应多年也不确定,但整个1968年少有人关注就业议题。政府深陷各类事件,也不再专注于歧视性惯例,甚至有时候几个月都顾不上替补平等就业机会委员会委员。取而代之的是,美国人被那个史上最为多事之秋的一年里发生的难以置信的场景惊呆了:朝鲜在公海俘获了"普韦布洛号"(USS Pueblo);越共(Vietcong)在越南发动了"春节攻势"(Tet Offensive);默默无闻的明尼苏达州民主党参议员尤金·麦卡锡(Eugene McCarthy)在新罕布什尔州的初选中差点儿击败约翰逊;参议员罗伯特·肯尼迪参加民主党候选人初选;约翰逊总统宣布他不再竞选连任;刺客枪杀了小马丁·路德·金和罗伯特·肯尼迪;民主党代表大会发生暴力冲突;非裔美国人短跑运动员在奥运会上骄傲地致敬"黑人权力"(black power);新兵发起反战游行;宣扬"妇女解放"的妇女示威抗议美国小姐选美比赛。

在总统大选前最后几天,竞选定在民主党的休伯特·汉弗莱、

---

① 培训补贴部分载于 *WSJ*, 16 October 1967; 克拉克和西尔维斯特部分见 Skrentny, *Ironies of Affirmative Action*, 126, 135; 对老工业区计划及其结果的考察见 James E. Jones Jr., "The Bugaboo of Employment Quotas," *Wisconsin Law Review* (1970): 341–403; Nathan, *Jobs and Civil Rights*, 106–10; Gould, *Black Workers in White Unions*, Chapter 11; "核心失业者"一说载于 *U.S. News*, 12 February 1968, 60–62; 劳工部命令部分载于 *Business Week*, 1 June 1968, 34ff.; 约翰逊"直奔主题的会议"见 Califano, *Triumph and Tragedy*, 223–26; LBJ: Tom Johnson's Notes of Meetings, box 2, 27 January 1968; 调查载于 *The Labor Month in Review*, December 1968, 42–45; *Newsweek*, 1 July 1968, 21ff.

共和党的理查德·尼克松以及独立候选人乔治·华莱士之间。华莱士争取到了美国党①票数，他拥护"白人对抗"并赢得了13%的选票。这届势均力敌的大选最后由理查德·尼克松获胜，大多数权威专家都认为，这在国内意味着民权议题将要被他的竞选宣言"法律与秩序"（Law and Order）所取代。

约翰逊在1969年1月离任，当时公平的意义显然已在那个动荡的10年里发生了相当大的改变。不同于20世纪50年代，大多数公民现在觉得所有少数族裔都应该得到政治平等和就业机会平等。大多数人都支持约翰逊平衡竞争环境、教育穷人以及培训没有技术的人的尝试，并且支持许多公司设置它们自己的职业培训计划。

但恰恰在平权运动取得发展之时，人们却越来越明显地发现追求公平具有限制性。绝大多数公民认为社会计划应该以帮助所有穷人为目的。不管歧视历史如何，少有人接受这种观念，即只给一个美国人群体优待或者特殊计划。国会从未考虑过关于制定国内马歇尔计划这种"应急计划"的议案，即使这个特惠待遇是对几个世纪的奴隶制和歧视的回报补偿，即使它只需维持短短的10年。

肯尼迪和约翰逊都不赞成只针对一个种族的马歇尔计划，但他们的行府确实都支持落实平等就业机会和平权运动的联邦政策。肯尼迪继承杜鲁门的遗志力图终结两大传统，一是排斥或阻挠少数族裔求职者的雇用惯例，二是妇女同工不同酬。约翰逊起

---

① 指右翼党派American Party（1969），1968年从属美国独立党，1978年分离，至今仍在活动。该党坚持1969年制定的永久原则（Permanent Principles），信奉本土主义和守旧主义政治理念。——译注

了更积极的作用，他签署《民权法案》和《投票权法案》，资助各种穷人及人力资源培训计划，还说服工商界招聘和培训非裔美国人。如其所言，约翰逊的目标是开放机会之门并给予黑人特殊考虑，或者说"施以援手"（hand up）。这便是他离任时的平权运动的定义。

总的来说，联邦合同遵循办公室和平等就业机会委员会着手执行了首个全国性非歧视就业政策，但是任务复杂，收效甚微。联邦合同遵循办公室对承包商提过要求，但一直到1969年1月，该办公室也没从任何实行歧视或者未能履行自己计划的公司撤销过一个大型合同。执行方面还揭示了一个矛盾。"平权运动的讽刺"是指它与第7条初衷相冲突，第7条仅要求就业不分种族、肤色、信仰、性别和原国籍，但并没有要求雇主采取行动雇用特定的美国人群体。在伟大社会和越南战争期间还另有变数：所有纳税人都在资助建筑工程和国防工业，但由于许多工会及一些公司拒绝雇用少数族裔和妇女，因而并非所有纳税人都在受雇建设那些项目。

答案是什么？民主党人别无选择；他们在关键州中不得不依靠黑人选票，并已在1963年接受民权为其政治议程。考虑到经济繁荣时期非裔美国人在社会经济方面的悲惨处境，考虑到民权运动关于美国实践其信条的合法诉求，肯尼迪和约翰逊行府都感到必须尝试结束就业歧视。两人的行府都催促雇主，并要求联邦机构和承包商得出"结果"，换句话说，去招聘非裔美国人并最终招聘妇女，即便那意味着招聘关乎种族和性别。

考虑到历史条件，民主党的对策是合乎逻辑的；虽然存在预料之外的后果，并且那10年也没有成功结束就业歧视。很可能那是因为结束传统要花很多年，而且在20世纪60年代末，国家忙于应对城市骚乱、示威游行和越南战争。约翰逊行府从未真正建立起清楚的平权运动愿景，与此同时，批评者声称附有"目标和时间表"的老工业区计划违反平常的投标惯例。联邦政府中有些人表示赞同，比如美国总审计长埃尔默·斯塔茨（Elmer Staats），他在1968年11月宣称费城计划违反第7条。那给未来的辩论埋下了伏笔：平权运动的定义是什么？

疲惫的约翰逊把这个问题留给了法院，更是留给了他的继任者理查德·尼克松——然而这位共和党总统几乎震惊了每一个人。

第三章　平权运动的全盛时期

理查德·尼克松的竞选口号是"让我们团结起来"（Bring Us Together），在1969年1月他宣誓就职总统以后，大多数美国人都期盼那会是一个国家复兴和团结的时代。

但那个时代没有到来。城市骚乱、校园示威、越南战争以及《时代周刊》所谓的反主流文化"青年大骚乱"①终结了政治和社会共识，进而分裂了国家。一方面是直言不讳的少数派反对总统和60年代文化中既有的一切；另一方面是那些拥护它，以及尼克松后来叫做"沉默的大多数"的人。到1970年6月，肯特大学惨案（Kent State tragedy）一个月后，有个政府委员会发文称国内的分裂是"内战以来最严重的"。

20世纪60年代后期及整个70年代，分裂被两股强大的社会潮流所证实——赋权和解放（empowerment and liberation）。自20世纪60年代中期以来，许多年轻的黑人已经厌倦了向白人要他们的权利，也听烦了自由派谈论的逐步改变；他们变得更

---

①　青年大骚乱（youthquake），指20世纪60—70年代由学生造反行动在世界范围内引起的动荡。——译注

激进,开始呐喊"黑人权力"(Black Power)。战争是另一个因素,因为许多黑人男青年没法理解,在他们遭受南方白人警察殴打时,为什么还会被派到1.2万英里外的越南去战斗。积极分子斯托克利·卡迈克尔(Stokely Carmichael)抨击义务兵役制无非是"白人为了保护他们从红种人那里偷来的土地而送黑人去向黄种人开战"。当尼克松于1969年上台时,这样的观念广泛流行于黑人群体之间。在装配线上,非裔美国人组成了道奇革命工会运动(Dodge Revolutionary Union Movement, DRUM)①等组织,并使克莱斯勒的这家工厂停产。那年,在校园里,青年学生们开始在全国200多所高校要求确立"黑人研究计划"(black studies programs)。旧金山州立大学爆发了骚乱,康奈尔大学的非洲裔学生社团(Afro-American Society)接管了一幢大楼,他们要求有更多的黑人学生和黑人教师。在政府同意之后,社团成员才手持猎枪和步枪走出大楼。

上述事件影响到了主流非裔美国人。《时代周刊》表示,"黑人情绪:更好战、更有希望、更坚决"(The Black Mood: More Militant, More Hopeful, More Determined)。1970年春季有份调查发现,85%的黑人支持现今中学和大学里被称作"黑人学"(Afro-American studies)的课程。"Negro"(黑鬼)一词也被主流媒体放弃使用。《时代周刊》继续道:"对于美国黑人而言,他们的自豪感及文化自信在白人占主导的社会中向来受到压抑,但现在他们的自豪感和自信却是个不争的事实。"该调查还发现,

---

① 1968年5月,克莱斯勒汽车公司在密歇根州底特律市成立哈姆川克装配厂,原名为Dodge Main。——译注

他们的未来目标是"黑人必须持续推进并争取平等"。虽然三分之二的受访者同意美国近5年的生活条件有所改善，但他们认为下一阶段还应该发展教育机会和就业机会。

黑人赋权扩大化带来了全国性影响。西泽·查维斯（Cesar Chavez）在美国西南部动员了"褐色权力"（Brown Power）。这是"奇卡诺人起义"（The Chicano Rebellion），《国家》杂志宣称。"如今现身抗议现场的正是墨西哥裔美国人——他们在加州被称作奇卡诺人。"美洲原住民攻占了阿尔卡特拉斯岛（Alcatraz Island），宣扬"红色权力"（Red Power）；男同性恋者不堪警方骚扰，也在石墙酒吧外的格林威治村发飙了。在警方实施逮捕时，愤怒的人群唱起了"同志权力"（Gay Power）!

伴随几乎天天可见的赋权事例，还有"人的解放"（personal liberation）。自从年轻的嬉皮士在旧金山市1967年"爱之夏"（Summer of Love）期间登上杂志封面以后，"人的解放"便在全国流传开了。到1970年，大约300万嬉皮士正通过组织各类公社和集体把自己从父母的主流价值观下解放出来，或者在全美和世界各地搭顺风车旅行——从马拉喀什（Marrakech）经喀布尔（Kabul）到加德满都（Kathmandu）——以挑战现状，制定自己的生活方式。

妇女也在挑战美国的价值和文化，而且相比于其他团体，她们更成功地融合了赋权和解放。20世纪60年代中期以后，有些妇女已在质疑男权社会，要求平等就业机会委员会执行与她们相关的反歧视法律。到1970年，妇女解放席卷全国，它统治新闻媒体，并成了大量电视节目的主旋律。这些媒体节目和"自我意识提升"（consciousness-raising）小组会议所揭露的，不仅有成规陋习和性别歧视(sexism),还有法律、教育和经济歧视,即积极分子玛丽·金(Mary King)所谓的"妇女的种姓制度"。

因此,在尼克松总统任期头两年,许多直言不讳的少数族裔和妇女在呼吁告别过去解放自我,展望未来赋予权力。对他们而言,迫在眉睫的问题已经变成结束歧视并开放就业、教育机会,这些议题将受尼克松行府所采取的平权运动立场的影响。①

理查德·尼克松是个复杂的人,有位助手说他有"光明和黑暗的两面"。私底下他几乎怀疑任何批评他政策的人,而这种性格最后会致使他倒台。尼克松在公开场合又表现出政治家的样子,他曾靠三大主题竞选总统:一是"新联邦主义"(New Federalism),为的是在约翰逊的"伟大社会"计划之后还权于州;二是法律和秩序;三是他在越南问题上所标榜的"体面的和平"(peace with honor)。

数年的民权示威和校园骚乱过后,法律和秩序受到了郊区沉默的大多数、城乡间对抗黑人民权运动的白人,以及大部分南方人的欢迎。对于这些人而言,当涉嫌暴力时,民权计划就做得过火了;尼克松提倡"向犯罪开战"(war on crime),使地方警察局的拨款翻了一番。更重要的是,总统及其司法部长约翰·米切尔(John Mitchell)第一次感到,自19世纪70年代民主党拿下南方以来,共和党现在终于有望控制这一地区了。乔治·华莱士在1968年曾获得13%的选票,尼克松决心在1972年夺得那份

---

① 引自 T. Anderson, *The Movement*, 158–59, 300–02, 见 Chapter 6; *Time*, 6 April 1970, 28–29 和 *Nation*, 3 March 1969, 271–74.

选票。

尼克松——米切尔的这个观念后来被称为"南方战略"(southern strategy),出现于他总统任期的第一年。包括首席大法官厄尔·沃伦在内的两位最高法院大法官宣布退休,这让尼克松有机会提名自己的人选。为避免在民主党主导的参议院争抢令人垂涎的首席位置,尼克松提名了温和派联邦法官沃伦·伯格(Warren Burger),此人很容易就获得了批准。不久,大法官阿贝·福塔斯辞职,总统就开启战略,提名了南卡罗来纳州的克莱门特·海恩斯沃思(Clement Haynesworth),这位联邦法官的裁决向来不支持民权或者劳工。民权组织深感震惊,海恩斯沃思曾经反对过一项要求接受联邦资助的医院必须整合其设施的法院判决。美国劳工总会与产业劳工组织的主席乔治·米尼(George Meany)声称,海恩斯沃思做过7个劳工案判决,但每次都否决工会,所以对他的提名就是"一次宣战"。40年来,参议院头一回否决了最高法院的提名,投票反对自己总统的共和党人达17位。于是,尼克松转而提名佛罗里达州的法官G.哈罗德·卡斯韦尔(G. Harrold Carswell),此人多年前曾公开宣布他"对白人至上主义坚定强烈的信仰"。另外,他的裁决60%都被上级法院推翻,遂引起了资格问题。参议院再次否决提名,这次投票反对尼克松的共和党人达13位。尼克松大发雷霆,宣称参议院之所以"恶意攻击"他的提名是因为"地域歧视……他们不幸生在南方"。这个姿态赢得的政治支持在美国南方诸州(Dixie)而非参议院,所以尼克松提名了明尼苏达州的温和派哈里·布莱克门(Harry Blackmun),此人轻易获得了批准。弗吉尼亚州的刘易斯·鲍威尔(Lewis Powell)和亚利桑那州的威廉·伦奎斯特(William

Rehnquist）两位后续提名人选也是如此。

尼克松行府继续推行南方战略，试图通过修订1965年《投票权法案》来反对它延期；但这遭到拒绝，国会延续了法案。司法部长米切尔支持密西西比州反对融合该州学区，政府为了实现学校种族隔离而反对跨区校车接送学生。尼克松称跨区校车是种"新罪恶，它扰乱社区，把苦难强加给孩子——既是黑人的，又是白人的"。但最高法院裁定跨区校车符合宪法，还"立马"授权了学校种族融合。像艾森豪威尔在小石城那样，尼克松很不情愿执行法律，他给助理约翰·埃利希曼（John Ehrlichman）去函称："要依法办事，但点到即止。"

任期第一个月，尼克松的民权政策就出现了矛盾。在就职演讲上，尼克松提及"克纳报告"，当时他号召全体国民"携手共进。这意味着黑人与白人携手，作为一个国家，而非两个国度"。于是，他的司法部要求法院强制南方最大的学区休斯敦实行种族融合，他起诉了坎农·米尔斯（Cannon Mills）以结束该公司在宿舍中的歧视，还提起诉讼阻止芝加哥市房地产中介以比白人更高的利率向黑人售房。4月，《时代周刊》宣称，"政府似乎患有轻度精神分裂症"。

在政府开始考虑平权运动时，那一症状尤为明显。回顾约翰逊行府的最后岁月，联邦合同遵循办公室准备实施临时的平权运动"老工业区计划"，以让拿了联邦合同的建筑商及工会保证工地的少数群体代表人数；1968年5月，劳工部出台条例，要求它们建立进度表和预定日期以纠正不足数额。继续回想1968年，如果承包商不建立平权运动计划，政府就会以切断资金相要挟。在1969年，那种威胁作用很大，因为支付州际高速公路系统建筑款项、资助众多"伟大社会"计划，以及在越南发动战争的都是税收；换言之，在每年的建筑工程中，联邦资金要给22.5万名承包商提供300亿美元，这让联邦政府对2000万工人有了直接的经济影响，他们几乎占全部劳动力人口的三分之一。最后，再回想一下1969年11月，美国审计署判定费城计划违反第7条。

审计署让新一届共和党政府有借口放弃民主党的费城计划。尼克松会放弃或取消平权运动吗？如果不会，那么这些共和党人又将如何定义这一政策？

自然，本届行府对平权运动的第一次处理继承自约翰逊行府，关注的也是"友爱之城"（City of Brotherly Love）费城。不过在20世纪60年代，该城不仅没有展现出这样的爱，还遭遇了种族骚乱。费城人口近30%是黑人，联邦政府在计划出资建立一家新医院、若干大学建筑和一座新的美国铸币厂，这将耗资5.5亿美元。所有纳税人都将被雇用吗？肯定不可能。虽然肯尼迪在8年前已经颁布了平权运动，而且该市工会和学徒计划中有些非裔美国人，但是当地很多工会仍然维持惯例，抵制种族融合。钢铁工人工会有850名成员，其中只有12名是少数族裔；水管工和管道工工会有560多人，只有3名黑人。钣金行业的当地工会有1400名成员，电梯安装工工会有600多人，石匠工会有400多人——但无一拥有少数族裔工人。

《新闻周刊》声称，这个国家"有技术的建筑行业工会几乎与目空一切的乡村俱乐部一样，是纯白种组织（lily-white）"。底特律市某工会负责人调查了当地建筑行业的种族融合速度，宣称"照现在的速度，黑人要实现完全平等大约得等到2168年"。有位劳动法专家预计，在这种情况下，各工会最好采取"迅速行动"

进行融合，要不然政府会出面干预。但他叹道："似乎只有少数工会在意那种论证。"①

工会止步不前，新任劳工部长乔治·舒尔茨（George Shultz）无法接受。他是位温和派共和党人，雇了非裔美国人阿瑟·弗莱彻（Arthur Fletcher）做部长助理，让他负责修订约翰逊行府的计划。弗莱彻是位终身共和党人，也是位成功的商人，他听说过并支持尼克松壮大"黑人资本主义"（black capitalism）的竞选口号。他对补偿要求、马歇尔计划或者"关于奴隶制及消极其影响的徒劳辩论"不感兴趣。费城建筑工会工人的姓氏有波兰的、意大利的，还有爱尔兰的。他写道："其实，公共税收正在被用于照看一个名叫工会的家族。所以我要问，我们的职责是照看川崎家族（Kawasaki）吗？"弗莱彻在费城发现，"持有绿卡却不会说英语的意大利人……正在从事联邦合同工作"，然而"同一批工会及承包商却说他们找不到合格的黑人"。

在就职后没几周的一次内阁会议上，舒尔茨和弗莱彻提出了他们的平权运动观念。劳工部长概述了他的新计划，强调它将证明政府是在帮助黑人"增加获取经济进步的机会，它远比新法规或者更多的福利重要"。弗莱彻表示赞同，"以一个促进了黑人经济进步的案例"做了辩护。两人声称，他们的计划合乎共和党的意识形态。舒尔茨自称它"与自力更生精神一脉相承"，弗莱彻

---

① 关于尼克松前后矛盾的种族政策，见 Skrentny, *Ironies of Affirmative Action*, 178–82; *Time*, 18 April 1969, 19–20; 工会数量出自 James E. Jones, "The Bugaboo of Employment Quotas," *Wisconsin Law Review* (1970): 368; *Newsweek*, 5 January 1970, 49; 2168 年那句引文和劳动法专家部分载于 *Nation*, 8 September 1969, 203–5; 对工会拖延的论述见 Hill, "Black Workers, Organized Labor, and Title VII ...," 收录于 Hill and Jones, *Race in America*, 263–344.

也主张计划的实施会彰显行府"助人自助"的承诺。

　　由于面临诸多更加紧迫的议题，总统允许舒尔茨和弗莱彻制定他们的新就业政策。6月，弗莱彻在"友爱之城"宣布了政策，简称"费城计划"。弗莱彻的话听着很像以前的民主党官员，他声称多年的隔离和歧视意味着实施特定的"少数族裔就业比例之目标或标准"是必要的。他承认，不要求目标自然会比较好，但实际上漫长的歧视历史意味着，"可见的、易于衡量的目标对改正明显失衡必不可少"。随后他透露，政府的首要民权目标是要减轻非裔美国人的经济困难。弗莱彻代表黑人民众宣布："我获得了住宿旅店的权利，我获得了上学的权利，我还获得了购房的权利，现在我需要钱。"

　　当然，承包商和工会都想知道这个计划会如何实施。随后在费城的听证会上，弗莱彻进行了解释。少数族裔显然不仅包括非裔美国人，还包括"东方人、美国印第安人以及拥有西班牙姓氏的人"。他没有提到妇女。联邦合同遵循办公室不会给承包商和工会设立特定的数字，而是灵活的"目标范围"，这与某一区域工人的百分比有关。自然而然，那个百分比可以被换算成未来5年内应该受雇的工人数量。费城的非裔美国人占30%，因此如果当地的承包商和工会想要拿到合同，就必须逐年提高雇用"少数族裔的目标"，而到1973年就可能接近工人总数的20%。例如，1969年的钣金工中有1%是少数族裔；因为退休和减员，工会每年会新雇工人10%左右。如果工会在1970年之前通过"精诚戮力"雇用了4%—8%的少数族裔，然后在1973年之前逐步提升到19%—23%，那么它就有资格拿到合同。于是，该工会"遵循"。如果不遵循，承包商将触发一项调查，而且未来可能不会有资格获得联邦资助。1969年7月登上月球过去一个月后，弗莱彻告诉记者，"我们必须设定目标、目的和时间表"，"我们用不到10年的时间就能送人上月球就带有目标、目的和时间表"。①

的确，目标和时间表满足了平权运动雇用更多少数族裔的宗旨。但对于批评者而言，它违反了第7条，因为它意味着与种族有关的优先录用，正是对平权运动的讽刺。

这公平吗？有两种看待费城计划的方式。其一是辩称，相比1%，4%—8%和19%—23%当然算是有所改进，虽然略显偏低。因为该市人口中30%是黑人，而加入工会的劳动是让学习能力快速提升的方式之一，也是逐步跻身中产阶级的最快捷途径之一。第二种说法是，这些目标不合法，违反第7条，并且事实上建立了定额。暂且不论读者今天会选定何种措辞，有趣的是，在1968年和1969年，民主党和共和党两党基本上相继采用了同样的计划。

为什么？因为国家的目标是增加少数族裔就业、改变传统雇用惯例、降低再次发生城市暴乱的可能性、对全体纳税人开放联邦合同的工作。两党均认定，实现那些目标的唯一方法是利用联邦政府的经济权，而那意味着要建立某种费城计划。对于已经在20世纪60年代化身"民权党"（the party of civil rights）的民主党人而言，这个方法似乎不言自明；但共和党人却不以为然，比

---

① 弗莱彻部分见 Curry, ed., *Affirmative Action Debate*, 26–29; Fletcher, *Silent Sellout*, Chapter 7; 内阁会议引自 Safire, *Before the Fall*, 585; Skrentny, *Ironies of Affirmative Action*, 194–95; "我需要钱"这句载于 *NYT*, 24 September 1969, "东方人"这句载于 *U.S. News*, 18 August 1969, 64; 比例这句出自 Jones, Bugaboo article, 371–72; 关于月球的这句见 Dean J. Kotlowski, "Nixon and the Origins of Affirmative Action," *The Historian* (spring 1998): 532.

如共和党总统候选人巴里·戈德华特,他之前在1964年大选中支持过州权,还投票反对过《民权法案》。经尼克松的南方战略证实,共和党人没有委身于民权议程,那么新一届行府为什么会批准费城计划呢?

答案依然有些神秘。20年后,当历史学家休·戴维斯·格雷厄姆(Hugh Davis Graham)向乔治·舒尔茨提出上述问题时,这位前劳工部长已经想不起恢复该计划的原因了。几年后,舒尔茨告诉历史学家迪安·科特沃夫斯基(Dean Kotlowski),在建筑行业,我们给黑人工人"建立了定额制度","它真实存在,但无足轻重"。1969年,这位劳工部长想要超越过去的种族关系,认为关键在于就业。舒尔茨在美国广播公司的《问与答》栏目(Issues and Answers)中声称:"我非常关心民权问题,我认为劳工部能够——而且应该——在保障所有美国人机会平等中扮演重要角色。"尼克松表示赞同。尽管正专注于国家其他紧要问题,新任总统仍有意控制住房行业的膨胀,他将此归咎于工会工资,还有意鼓励非裔美国人就业,推进黑人资本主义,甚至给予少数族裔某些补偿。这听起来有点儿像1965年在霍华德大学演讲的约翰逊,也证明民权道德已经占据美国主流,尼克松承诺"每个人在起跑线上机会平等,然后给予那些尚未拥有机会,或者上百年来机会被否认的人所亟需的些微额外起点,以使这成为实实在在的机会平等"。尼克松的"些微额外起点"就是费城计划。

尼克松后来在回忆录中写道,费城计划"既必要又正确。我们不会恢复定额,但会要求联邦承包商展现符合增加少数族裔就业这一目标的'平权运动'计划"。

提倡平权运动是总统任期头两年亲近自由主义的又一证明。

他签署了一项建立少数族裔工商企业办公室（Office of Minority Business Enterprise）的行政命令，还有另一项指示小型企业总署（Small Business Administration）"考量那些谋求跻身工商界的少数群体成员的需求和利益"的行政命令。此举导致了8（a）计划，该计划缓慢又断断续续地把"保留配额"（set-asides）和合同授予了"社会上的弱势"企业，起先在贫民区，随后遍及全国。尼克松提出了保障年收入的家庭援助计划（Family Assistance Plan），这震惊了保守派，他们在国会中否决了该计划。他还签署了民主党增加联邦条例和扩充官僚机构的议案，从而建立了职业安全和卫生管理局（Occupational Safety and Health Administration）、缉毒署（Drug Enforcement Agency）、管理和预算办公室（Office of Management and Budget）以及环境保护局（Environmental Protection Agency）。他把义务兵役制改成了一种更加公平的抽签，并最终废止了这个草案；他还支持将投票年龄降低到18周岁的法案，这成为宪法第26条修正案。

这位共和党总统之所以签署那么多民主党议案，这有政治上的原因。尼克松是注重实际的人，或者像传记作者琼·霍夫（Joan Hoff）所写的那样，是"极富原则的实用主义者"（aprincipled pragmatist）。1968年，尼克松凭1912年大选以来最少的胜出票当选，仅43%；而且他在政治上缺乏"燕尾提举力"①，是1848年以来第一位当选时反对党控制参众两院的总统。因此，尼克松知道他必须在国内政策上向自由派妥协，同时要把主要兴趣集中于外交政

---

① 燕尾提举力（coattails），指一位在职民选官员或竞选公职的候选人利用自己的声望给本党的其他候选人增加胜选机会的能力，好似让别人受其燕尾礼服之提举，顺势走向胜利一样。——译注

策。此外，在6月公告费城计划以前，自由派民主党人攻击了行府的就业政策。新任交通部长公开宣布，在竞标合同时，高速公路建造商不必再达到联邦的反歧视标准。尽管声明被撤了，但即将离任的平等就业机会委员会主席克利福德·亚历山大仍炮轰了一通："公众必然得出的结论是，大力执行就业法规不在本届行府目标之列。"在国会山，参议员爱德华·肯尼迪指责行府疏于执行平等就业条例：行府已经授予3家南部纺织企业一份900万美元的合同，但这些企业没有平权运动计划。他声称，有些不遵循平等就业机会委员会规定的公司将要从纳税人那里"赚几百万美元"。

这种攻击遭到了行府当局的严词否认，还刺激尼克松和舒尔茨正式通过了费城计划。此外，费城计划同样给民主党人带来了一个政治困境，因为它影响到了他们的两大主要选民——劳工和非裔美国人。尼克松的助理约翰·埃利希曼解释称："全国有色人种协进会想要一种更加严格的要求；工会痛恨整件事情。不久之后，虽然美国劳工总会与产业劳工组织和全国有色人种协进会在当时的一个热门议题上争得难分难解，但尼克松行府却处在惬意、公道的中间位置。"①

---

① Graham, *Civil Rights Era*, 325–27 and Chapter 13, 538–39, note 11; Kotlowski, *Nixon's Civil Rights*, 105; Skrentny, *Ironies of Affirmative Action*, Chapter 7; 舒尔茨和尼克松的额外起点部分也载于 Kotlowski's Nixon article, 529, 534; *WSJ*, 28 March 1969; Nixon, *RN*, 437; Hoff, *Nixon Reconsidered*, 137; 对尼克松动机的争论，见 Gareth Davies, "The Great Society after Johnson: The Case of Bilingual Education," *Journal of American History* (March 2002): 1426–29; Kotlowski, *Nixon's Civil Rights*, 6–14, 102–8; 亚历山大的话载于 *Time*, 18 April 1969, 20; 肯尼迪的指责载于 *Business Week*, 5 April 1969, 20; Ehrlichman, *Witness to Power*, 228–29.

实际上，平权运动没有惬意的中间位置。随着对抗升级，行府不久就会领教。劳工被激怒了。有位工会负责人宣称："我们百分之百反对定额制度，无论它叫费城计划还是别的什么名称。"美国劳工总会与产业劳工组织的乔治·米尼表示赞同，找茬说尼克松曾向最高法院提名海恩斯沃思，其劳工部长如今又在蛮横地强加"定额"。在工会会议上，米尼宣称他对尼克松的诋毁感到厌恶和诧异：

> 当你们计算出这个国家的银行系统中、新闻界的报社和媒体的工资单上，黑人和其他少数族裔的参与微乎其微时……我想尼克松总统环顾自己内阁的时候……他在那儿也见不到任何黑人面孔。但是我们建筑行业被挑出来作为"歧视的最后堡垒"。……我憎恨政府官员们的所作所为……这些人是在打算从建筑行业找替罪羊。

上述新条例在那年秋季引发了骚乱。全国各地的建筑工地上，非裔美国人反复吟唱着："如果黑人不做，那没人会做。"（If black men don't work, nobody works）当白人工会成员做黑人社区的联邦项目时，抗议就会接踵而至；当黑人试图使华盛顿大学、塔夫斯大学和纽约州立大学布法罗分校中由联邦资助的建设工程停工时，示威随之爆发。

这些冲突也刺激了白人对黑人民权运动的对抗。当匹兹堡市市长提倡工会雇用更多黑人时，超过 4000 名愤怒的白人工人打出了"1972 年华莱士要当选"（Wallace in '72）和"我们是多数族裔"（We Are the Majority）的标语向市政厅方向游行。暴力事件突发，造成50人受伤，200多人被捕。在部长助理弗莱彻到芝加哥出席会议时，500名白人工会男人涌进会议室，在一片嘲笑和嘘声中，会议延期。据《芝加哥论坛报》(*Chicago Tribune*)报道，第二天，2000名建筑工人在市中心"造成了大混乱"，当时"好几百人跟400名警察扭打在一起"。一位白人工会男人诉苦道："我不得不等着轮到我，为什么这些家伙就该得到特殊考虑，仅仅因为他们碰巧是黑人吗？"

回头看华盛顿，总审计长斯塔茨两年来第二次裁定费城计划违反第7条，再次让行政部门与国会对立起来。劳工部和司法部很快提出了异议。借助一个牵强的法律策略，司法部长米切尔直白地批驳了斯塔茨，宣称新计划合法，因为它只设定目标而非定额。该计划"只管辖与美国签订合同的承包商，以及由联邦援助的建筑合同"。在这种情况下，行政部门有权确保承包商没有歧视某些公民。此外，尼克松行府所主张的其实是该计划不但没有违反第7条，反而更能支持相关法规。①

国会同样出现了反对意见，而且最强势的一种批评出于总统党内的参议员埃弗雷特·德克森。他致信尼克松、舒尔茨和米切尔，控诉有关条例违背第7条，而且他对共和党的行府竟会对企业强加补充条例感到震惊。德克森告诉总统，"就这个考虑欠周的计划，我本人无法再支持你"，而且共和党人将在参议院反对该计划，在那里它"差不多会像阴虱在妓院一样受到欢迎"。

---

① 工会负责人的话载于 *NYT*, 24 September 1969, 米尼的厌恶和惊诧见 Gould, *Black Workers in White Unions*, 301; 冲突载于 *NYT*, 28, 30 August 1969; *Chicago Tribune*, 25, 26 September 1969; Kotlowski article, 527–28; 米切尔的批驳见 Jones, Bugaboo article, 390–91.

但行府比德克森活得长。一个月后，这位参议员死于癌症，舒尔茨则持续发动攻势，面向新闻界解释计划只要求目标。"定额制是一种把人拒之门外的制度，"他说，"我们正在寻求的目标是请人进来。"但是进哪里？行府同时正在试图拖延校车接送和学校融合，所以他们显然不是指"进学校"，但也不是指"进所有工作"，当总统于 9 月揭示他的目标时，这一点随之明显起来："重要的是美国黑人、全体美国人必须拥有进入建筑工会的平等机会"，因为"我们终究没法靠否认全体美国人权利的建筑工会去获得那些职位"。

总统攻击工会时，国会攻击了行府。10 月，北卡罗来纳州的民主党参议员萨姆·欧文（Sam Ervin）举行了听证会，其中部分议程与拨款法案的附加条款有关。附加条款很复杂，它是一种用于避免直接投票表决平权运动的方法——尼克松行府和国会均不愿如此。用于救助"卡米尔飓风"（Hurricane Camille）受害者的一项条款声称，美国审计署，而不是行政部门，应该决定谁可以接受联邦的援助、拨款或合同；另一项条款旨在使第 7 条成为国家唯一的劳动法，这对费城计划是个打击。

国会听证会不会越辩越明。批评者主张，所谓工地上少数族裔工人的"范围"（range）是非法的定额制。一位政府官员回应称，绝非如此，这是为了使承包商"精诚戮力"雇用少数族裔。百分比不是定额，而是"目标、目的或者范围"。但在参议员欧文看来这毫无意义，他拿起词典宣读了"定额"、"目标"和"范围"的定义，然后说道："我想你们已经像万里晴空中正午的太阳一样清楚明白，费城计划要求承包商在雇人时主动考虑他们的种族。"舒尔茨部长不甚明白，他作证说政府真的没有打算让承包商的雇用"基于种族，而是打算采取平权措施（affirmative steps），务必保障你们向不同种族进行自我展示，并且给他们平等的就业机会"。舒尔茨直视欧文，然后言明："我非常同意你的观点，这意味着你关注种族问题。"

> 欧文：换句话说，费城计划中的平权运动计划是这样的，为了实现雇用与种族问题无关，承包商在雇用中必须考虑种族因素。
>
> 舒尔茨：你考虑他们的方式是这样的，你必须在雇用程序中给自己准备好一个合理的选择范围。然而，这并不等于说一提到雇人，你就不得不基于种族在A与B之间做出抉择……

由于纠缠不清，于是参议员欧文将争论转至范围、定额和目标的定义，称他从新的费城计划中看不出"那三者之间有任何差别"。舒尔茨部长向他保证，"好的，我一定认真对待这个意见"。

那当然好，但什么是定额制？舒尔茨部长把它定义为"一种保有一些东西的限制"。他继续道，行府想做的是"开放机会，而办法是使人渴望出面把这些工作中的更大缺口给少数群体中的人"。

这次交谈什么也没澄清，难怪很多美国人至今也搞不清楚平权运动的定义。作为对行府托词的回应，参议院于12月18日通过了第52—37号附加条款，伤及费城计划，并再次刺激了行府。翌日，劳工部和白宫发布了新闻稿。舒尔茨声称："国家长期确立的为保障就业机会平等的平权运动承诺已经遭到美国参议院的严重损害。"对于他而言，"附加条例中有一些工会的努力……为的是阻碍平权措施向黑人及其他少数群体开放技术性岗位和高薪工作。"就像对其平权运动定义的陈述一样，尼克松直言不讳地说："根据某些歧视性惯例模式，一群同样纳税的美国人应该被剥夺从事联邦建筑合同工作的平等机会，世间最不公之事莫过于此。"他继续道，费城计划"不设置定额，它指向目标"。

然后众议院辩论了该议题。行府叫来自己的盟友、众议院少数党领袖、密歇根州的杰拉尔德·福特（Gerald Ford）出面负责，他声称批准附加条款意味着"你投票赞成维持联邦合同中的就业歧视"，然而否决它又"意味着个人在求职方面将获得联邦政府的保护"。其他人不以为意。有些人把投票表决视为审计署、国会与总统三方势力的分权制衡问题。还有人想知道，既然行府已经把大合同授予了被平等就业机会委员会判定为歧视性雇主的纺织企业，那为什么费城计划唯独关心建筑行业。加利福尼亚州的一位民主党人怀疑尼克松的整个民权计划，他宣读了全国有色人种协进会的一封来信："匪夷所思，一直想要破坏《投票权法案》……一直对迟缓得离谱的学校种族融合负有不可推卸的责任，如今又突然上演拯救费城计划大圣战的，竟然是同一届行府。"

尼克松前来援场。12月22日，适逢节假日将至，总统威胁称如果众议院通过了附加条例，进而使他的政策落败，他就不让众议院休会。这个策略起效了——第二天温和派共和党人和自由派民主党人联手以208比156票否决了附加条例，然后参议院以39比29票撤销了自己的条例。国会议员回家过节，他们送了总统一份圣诞礼物——费城计划。

这次离奇的表决意义重大。它是美国国会首次投票表决平权运动。华盛顿的政客们以各种方式争辩过该政策，但一直没有径直表决这项关键公共政策的勇气：联邦政府应不应该在所有合同用工中都实施平权运动？反倒是在深陷政治泥潭之后，在间接表决关于一场飓风灾害的救助补充条例之际，该问题才首次得以被提出；这是一位主席要求的，此人早些时候没有夺得最高法院大法官一职，如今极度想在国会扳回一局。结果难以置信：四分之三的众议院共和党人投票反对站在他们总统这边的企业，然而大多数民主党人投票反对民权组织和由他们自己的一位总统首先提出来的政策。到1969年底，美国人已经忘了尼克松"让我们团结起来"的诺言。

所以结果便是：费城计划超越第7条，成了美国政府的官方政策。尼克松行府把平权运动定义为种族目标和时间表，而非种族定额；1970年2月，舒尔茨签署了第4号令（Order No. 4），它扩大了费城计划。所有企业都要制定平权运动计划，不只是接了5万美元联邦合同和雇员超过50人的建筑行业企业和相关工会。这意味着，为了纠正少数族裔"在所有层次"雇用中的任何"利用不足"（underutilization），所有企业都要制定基于所在城市"少数族裔劳动力百分比"的雇用目标和时间表。这影响了全国各地25万承包商，他们雇用的2000万工人占了全国劳动力的三分之一。

第4号令意义深远。它直接把区域内的少数族裔比例与从事合同用工的少数族裔比例挂钩，后来把成比例的雇用确立为一种证明遵循平权运动的方法。它保护4个可以接受平权运动补偿的少数群体："黑人、东方人、美国印第安人和西班牙姓氏的美国人"。劳工部雇员做出了这一切，几乎没有公开讨论哪个群体应该接受联邦保护，也没对平权运动的初衷——帮助非裔美国人——提出疑问，而且术语缺乏精确的定义。"西班牙姓氏的美国人"究竟何意，这个类别包括源自西班牙或者葡萄牙的公民吗，抑或它仅仅指那些来自波多黎各、墨西哥及整个拉丁美洲地区的公民？为什么东方人也被包括在内？日裔和华裔美国人过去曾经遭到歧视，但1970年拥有了超过普通公民的收入，他们需要这种保护吗，尤其是比起白种穷人？实际上，在这个其民众具有人种与种族混合血统的国家，"少数族裔"是什么这些深层问题全都没有得到答复——那随后会点燃并分裂这个国家的争论。①

这样一来，尼克松行府虽在第一年内极大地扩展了平权运动，但它在建筑工地没有得到直接的结果。行府不得不在费城、圣路易斯、亚特兰大、旧金山和华盛顿特区等市强制实施少数族裔雇用计划，然而准许其他30多个市建立"家乡"计划（"hometown" plans）作为替代方案，该计划允许使用自愿的雇用目标。贯穿1970年的实际结果令人失望。在费城，行府旨在为黑人新增1000个建筑岗位，但到施工旺季于8月收尾，承包商仅雇了60人。在芝加哥市，劳工部差不多拨了50万美元用于培训少数族裔，目标是4000份工作，但却仅75人被招募。亚特兰大、布法罗、纽约等其他城市的家乡计划也以失败而收场，全国有色人种协进

---

① 妓院一说见Nixon, *RN*, 438; 舒尔茨谈定额制载于*NYT*, 24 Sept 1969; 关于工会的目标、全国有色人种协进会，以及1970年规定和第4号令，见Skrentny, *Ironies of Affirmative Action*, 197–210, 286; Graham, *Civil Rights Era*, 341, 409 及他的 *Collision Course*, 139–46; 关于官方指定少数族裔时的复杂性，见 Skrentny, *Minority Rights Revolution*, Chapter 4.

会痛斥行府执行不力。部长助理弗莱彻叹道："迄今为止，费城计划和各种各样的家乡计划全都一败涂地。"

一个主要原因是工会和一些企业已经起诉联邦政府，并且在等待法院裁决平权运动。这些诉讼质疑计划违反第7条，超出了总统和劳工部长的权限，而且有违第5条和第14条修正案。首个重大案件出现在俄亥俄州，回应的是约翰逊行府的克利夫兰市计划。在那里，联邦政府正在资助凯霍加社区学院（Cuyahoga Community College）的一个项目。为与旧传统决裂，大学当局拒绝了最低报价，因为承包商海曼·R. 维纳（Hyman R. Weiner）没有遵照联邦方针，提交的标书不含说明将从事项目工作的少数族裔的大概人数的目标和时间表。标书反而包含一个警告，维纳雇用少数族裔的责任取决于当地工会中那些工人的可用性。由于克利夫兰市当地几乎不存在黑人工会成员，所以维纳实际上没有义务执行平权运动，因此大学当局拒绝了较低报价，反而接受了另一个略高的报价，其结果是有男性黑人从事这个项目的工作。

维纳起诉了凯霍加社区学院，但他没能使当地的俄亥俄州法院相信目标和时间表破坏了竞标的标准规则，或者构成了"比例定额制度"（ratio quota system），这违反了第7条，而且要求"特惠待遇……以便实现种族平衡"。他上诉了，1969年7月，"维纳诉凯霍加社区学院案"（*Weiner v. Cuyahoga Community College*）经由俄亥俄州最高法院裁定，判维纳败诉。他再次上诉，然而第二年美国最高法院拒绝复审此案，这使它成了法律判例。

1969年，联邦法院还开始界定"定额制"。在"美国诉蒙哥马利教育委员会案"（*United States v. Montgomery Board of Education*）中，法院将它定义为一项"限制或者要求有固定不变的少数族裔数量或者比例参与"的制度。这个定义支持行府及其费城计划是关于目标的弹性制度的主张。

1970年，联邦法院开始更直接地裁决尼克松行府的费城计划。宾夕法尼亚州东部承包商协会（Contractors Association of Eastern Pennsylvania）起诉了舒尔茨部长，控告计划违反第7条关于特惠待遇的禁令，违背协会与工会的集体谈判协议，而且是项不符合宪法的行政措施。该协会控诉称，他们因为自己的歧视历史正在遭受攻击。3月，案件送达联邦法院，法官裁定，需要靠费城计划来结束一种雇用惯例，该惯例"已经助长和延续了一种实际上一直维护隔离阶级的制度。话糙理不糙，那种观念让人恶心，是毫无价值的，还有悖于目前的国家政策。费城计划将给这个乌烟瘴气的局面带来一息未被污染的新鲜空气"。

承包商上诉了，联邦法官约翰·J. 吉本斯（John J. Gibbons）在1971年以一个具有启发性的判决驳回了上诉，此判决确证了"平权运动的讽刺"。在代表意见一致的法官们撰写判词时，他提到，费城计划仅仅是平权运动义务的一个更加具体的版本，这种义务自肯尼迪的1961年行政命令以后已经生效。他继续道，联邦政府对平等就业机会的兴趣合法，因为其结果将是国会曾经在第7条中所预期的非歧视性就业（nondiscrimination）。吉本斯接着说，如果国会别有所指，那么身为立法部门它有权通过一项修订第7条的法律。法院承认，"费城计划显然有肤色意识（color-conscious）"，那只是平权运动与生俱来的，而且对于扩大劳动力中少数族裔就业来说也是很有必要的。此外，费城计划"仅仅请求"承包商"按强制条款投标"。所以，"平权运动合约条款（covenant）相比招标书规定的其他合约条款，在性质上没有什么不同"。费城计划不惩罚"过去的不端行为。它只要求关于现有表现的合约条款"。

1971年晚些时候，在"格瑞格斯诉杜克电力公司案"中，最高法院第一次裁定了1964年《民权法案》的第7条。该公司在北卡罗来纳州的丹河电站（Dan River station）的13名黑人工人对雇主提起了集体诉讼，雇主已经承认在1964年法案通过之前只雇用少数族裔做［低级］劳工。法案通过后，非裔美国人要求晋升煤矿工人，但公司让他们面临了新条件。为了提高劳动力素质，杜克公司现在要求黑人矿工和白人矿工要么具有高中学历，要么通过一项能力测试。这项测试由另一家公司设计，它已经给许多企业开发过这类工具。测试受白人工人欢迎，但遭到了黑人工人的抵触，因为他们都没有高中学历；直到1960年，北卡罗来纳州的黑人男性仅12%初中毕业。他们参加测试所碰到的问题有："B. C. 意为公元前（before Christ）吗？""adopt"和"adept"有相近的意思吗？黑人劳工全军覆没，然后十几位工人联合提起了诉讼。他们的全国有色人种协进会代理律师主张测试违反第7条。

一所地方法院认定测试不违反《民权法案》，因为测试是专门研发的，既面向黑人雇员也面向白人雇员，并且在使用上不带有歧视意图。但最高法院以8比0的票数撤销了这个裁定，支持了平等就业机会委员会倡导的法律解释，即"差别影响"（disparate impact）歧视理论。多年来，这个委员会一直在论证，只有在检验申请者完成特定工作的能力时，测试才被允许。考虑到该州的种族隔离学校制度历史，原告自然同意测试是"大幅减少黑人机会的有力工具"，它操作起来像"露骨的种族歧视"。并且事实上，该公司用的测试筛选掉的黑人工人是白人的9倍，所以它对少数族裔产生了根本不同或者差别性的影响。首席大法官伯格宣布："如果无法证明一项用以排除黑人的雇用惯例与工作绩效有关，那么该惯例就应该被禁止。"

在格瑞格斯案中，最高法院开始解释第7条，大法官们赞同了行府的平权运动立场。伯格说："国会制定第7条的目标显而易见。……是要实现就业机会平等，消除过去一直运行的藩篱。"《民权法案》没有规定，"因为以前受过歧视，或者因为是少数群体成员"，某人就应该被雇用。但是，他继续道，最高法院必须顾及"求职者的情形和条件"。这听着像霍华德大学的约翰逊和1969年1月的尼克松。在判词方面，这类似联邦法院先前对资历的一次裁定，即首席大法官伯格在"夸尔斯诉飞利浦·莫里斯公司案"（*Quarles v. Philip Morris*）中说的："如果试图'凝固'原先的歧视性雇用惯例现状，那么表面中立，甚至意图也中立的惯例、规章或者测试都不能成立。"对于伯格而言，"国会把法案的推动力贯注在了雇用惯例的后果上"。

这句话指的是结果，它验证了约翰逊行府争取"目标和时间表"的策略，现在要考验尼克松行府。最高法院不认为目标和时间表是定额。1971年，平权运动的这个定义成为了国家的法律(the law of the land)。

格瑞格斯案定义了未来20年的平权运动。跟行政部门一样，最高法院较少关注第7条的措辞，即招聘与种族无关，而较多关注少数族裔就业，即招聘与种族有关。实际上，格瑞格斯案消除了"平权运动的讽刺"：约翰逊于1965年的行政命令与第7条合二为一。最高法院主要把公平就业当做集体权利而非个人权利，它也不再规定雇员必须证明雇主曾经有意进行歧视；从今以后，企业必须证明其雇用惯例没有歧视某个群体，本案中指非裔美国人，后来又囊括了全体少数族裔和妇女。伯格把歧视解释为"雇用惯例的后果，而不单单是动机"。雇用惯例或者测试的效果（effect）是什么，这对某个公民群体有差别影响吗？最高法院质疑任何会维持少数族裔现状或者充当"内在阻力"（built-in headwinds）"又与衡量工作能力不相干"的测试。民主党和共和党行府都意识到，靠滞留拨款迫使承包商遵守是改变传统雇用惯例和打开少数族裔机会之门的最有效方法，而且是有些地区的唯一方法。①

但是很难改变传统和在联邦资助项目中多雇少数族裔，有华盛顿特区为证。该市人口密集地区约有 25% 的黑人，特区自身约有 70%。联邦政府已经拨款 30 亿美元用以打造优质的地铁系统 Metro。劳工部制定了"华盛顿计划"（Washington Plan），它

---

① 关于大部分城市计划的失败，见于 Gould, *Black Workers in White Unions*, 304–15；弗莱彻说的"一败涂地"载于 *Time*, 17 August 1970, 62；蒙哥马利案件载于 Jones, Bugaboo article, 378；承包商案件部分见 Graham, *Civil Rights Era*, 341；Moreno, *Direct Action to Affirmative Action*, 263–64；*Monthly Labor Review* (September 1971): 65–66；格瑞格斯案载于 *NYT*, 9 March 1971；Alfred W. Blumrosen, "Strangers in Paradise: Griggs v. Duke Power Co. and the concept of Employment Discrimination"；"Redefining Discrimination,"见 Burstein, ed., *Equal Employment Opportunity*, 105–19, 121–28；在其著作第 382–89 页，格雷厄姆主张，"伯格 1971 年关于《民权法案》中国会立法意图的解释，在 1964 年原本饱受质疑"；Moreno 于第 10 章声明："在未来 20 年，第 7 条法规的发展将不会根据第 7 条中国会是什么意思，而会基于格瑞格斯案中最高法院是什么意思。"表述过类似观点的有 Graham, *Collision Course*, 28 以及 Herman Belz, Lino A. Graglia 和 Paul Craig Roberts；详见本书参考文献。

给从事该项目的 11 个行会设定了少数族裔最低就业限度。在行府官员看来，这个计划还会促进尼克松的另一个目标：推进黑人资本主义和企业发展。但到了 1971 年夏季，威胁和控诉深深地分裂了该市。华盛顿特区市议会黑人议员、牧师小杰里·摩尔（Jerry Moore Jr.）指责道，Metro 职员对黑人建筑公司有"公开的敌意"，给少数族裔的工作尽是没有技术含量的"挖挖铲铲的活"（pick and shovel work）。Metro 董事长卡尔顿·西克尔斯（Carlton Sickles）气愤地说，这种指责"丝毫不会推进事业，只会给它带来巨大伤害"。之后，一个杰出非裔美国人联盟要求把 7.5 亿美元的建筑工程给黑人公司，即这 30 亿美元拨款的四分之一。西克尔斯答复道，那不切实际，因为当他更加支持少数族裔工人的时候，由于缺乏建造这种大项目的必要经验，黑人承包商将"全部惨遭失败"。当年年底，极少数黑人承包商竞标了 Metro，在 30 亿美元费用中仅有 200 万美元给了那些公司。当一些非裔美国人宣布要在 Metro 建筑工地举行示威集会时，西克尔斯叹道："我们与黑人社群有巨大的交流障碍。"

美国的困难期来临。当时许多新群体在要求赋权，每个人看起来都怒火中烧。1971 年，西班牙裔发起了他们的首场反对不平等的全国性运动，起诉联邦政府。全体公民中大约 7% 的人有西班牙姓氏，但拉美裔联邦雇员不足 3%，还主要集中在不体面的工作上。加利福尼亚州的国会议员爱德华·罗伊鲍尔（Edward Roybal）声称，行府的"所作所为既不道德也不合法"，它"一直在延续这个等级制度，并且把就业平等理想变成了又一个美国神话"。原告要求，在行府制定计划消除针对他们的歧视时，应将所有联邦雇用和晋升事宜冻结90天。还有一个第一次是,美国民权同盟(American Civil Liberties Union)代表4名雇员对联邦政府提起了集体诉讼,这4个人认为他们遭到解雇的唯一原因"不是他们属于或者被称为同性恋者,就是曾经公开与已知的同性恋者交往"。美国民权同盟指控联邦雇员的性惯例"缺少令人信服的政府利益",并且要求恢复原告职务。

但是任何群体对结束歧视的要求都不及妇女。1970年8月,她们组织了一个巨大联盟,还举行了一次重大示威游行,即妇女要求平等大罢工(Women's Strike for Equality)。伴随着"别在罢工火热时熨衣服"(Don't Iron While the Strike is Hot)的标语,成千上万的人抵制工作,闯进办公室,把孩子放在丈夫们的办公桌旁,然后走上大街投身于半个世纪以来首场重要的女权主义示威游行。除了要求报酬同等、教育和就业机会平等外,她们还要求有托儿所和堕胎权利。所传达信息很清楚,正如凯特·米利特(Kate Millett)向纽约市4万人群宣告的那样:"今天是一项新运动的开端。"

是这样的,因为研究表明歧视普遍存在。保护劳工的法律规定,妇女不可以在17个州从事矿区工作,不可以在10个州做酒保;在其他州,除非她们是护士或者电话接线员,否则不可以上夜班。当婴儿潮一代的女性大学毕业找工作时,她们意识到专业职位和管理职位都被留给了男人,她们的未来仅限于T字头职位——Teach,Type,Take Temperatures(教书、打字、量体温)。哈佛商学院对1000位男性高管的调查发现,仅三分之一的人会把管理机会给女性。律师事务所也是一样。露丝·巴德·金斯伯格(Ruth Bader Ginsburg)以班级第一的成绩毕业于哥伦比亚大学,却无法得到任何工作邀请或是法院书记员职位。在最高法院大法官费利克斯·法兰克福特（Felix Frankfurter）被要求考虑金斯伯格时，他询问道"她穿裙子吗"？事后他拒绝了，说"我受不了女孩儿穿裤子"！在国内的大学，这方面的态度不见得更开明。公立和私立机构皆由男女纳税人直接资助或者赞助，但它们仍然在登"男教授"招聘广告，因此，加州大学洛杉矶分校仅有7%的女教授，哥伦比亚大学仅有2%，可它们的研究生院却授予妇女25%的博士学位。由于在大多数行业受到阻碍，家庭中妇女领的工资较低。在20世纪50年代，男员工每挣1美元，女员工约挣64美分；到20世纪60年代，该数字下降到了58美分上下。正如《时代周刊》指出的："在许多方面，美国妇女的地位正每况愈下。"

"妇女解放是什么？"玛丽莲·萨尔兹曼·韦伯（Marilyn Salzman Webb）问道。"很简单，它是反抗真正压迫的有组织的愤怒"，而且随着妇女组织发起大量的诉讼攻势，那些情感强有力地出现在了全国的法院。妇女公平行动联盟（Women's Equity Action League, WEAL）起诉350所大学有性别歧视，其中包括加利福尼亚、佛罗里达、新泽西和纽约的整个州立大学系统，以及所有国立医学院和法学院。这些大学全都接受纳税人资助和联邦合同，妇女公平行动联盟声称它们在招生、财政援助、雇用惯例、薪资或者晋升上没有平等地对待女性纳税人。全国妇女组织表示赞同，并且以薪资、晋升和产妇津贴等方面的歧视为由，提起集体诉讼反对所有公立院校。女权主义者投诉了1300家接受过联邦资助或者合同的大公司，要求有关平等就业的目标和时间表，此外她们还起诉了许多工会和公司，比如南太平洋公司（Southern Pacific）、通用汽车、高露洁棕榄（Colgate-Palmolive）以及美国航空公司（American Airlines）。

愤怒也传到了国会大厅。1971年3月，众议院就美国宪法《平等权利修正案》（Equal Rights Amendment）举行听证会，这属20多年来头一遭。《平等权利修正案》旨在消除积极分子们断言有歧视的州法规及一些联邦惯例，与此同时，性别平等正被要求写进宪法。曼哈顿区民主党人贝拉·阿布朱格（Bella Abzug）领导了这场改革运动，她宣称"真正的愤怒"是众议院女议员被排除在众议院实权职位之外。"是可忍孰不可忍，考虑妇女平等权利问题的委员会——司法委员会（Judiciary Committee）——不让任何女性成员代表我们的利益，这绝对是站不住脚的。"玛莎·格里菲思列举了联邦歧视的若干事例，比如空军给女性所设定标准高于男性志愿者，联邦调查局（FBI）拒绝雇用和培训女性特工，政府担保的银行住房贷款也歧视女性买家。

《平等权利修正案》自然会遇到阻力。参议员萨姆·欧文宣称，修改宪法去除这类有关歧视的"微不足道的事例"，"大概和用原子弹消灭几只小老鼠一样聪明"。但大多数政客都同意《洛杉矶时报》（Los Angeles Times）的观点，认为平等"姗姗来迟"，也赞成《纽约时报》的意见，认为推出《平等权利修正案》这个"观念的时机已经成熟"。那年春季，时机真的成熟了，它在众议院以压倒性优势获得了通过，然后第二年在参议院以84比8票的比例获得了通过，于是被送往各州批准。[1]

---

[1] Metro部分载于 *WP*, 2 July and 8 November 1971；罗伊鲍尔和美国民权同盟部分载于 *NYT*, 23 October and 21 December 1971；妇女解放运动引自 T. Anderson, *The Movement*, 338–41, 359; Freeman, *Politics of Women's Liberation*, 195–97; 阿布朱格、格里菲思和欧文的话载于 *NYT*, 25 March 1971。

由于了解到国会一边倒地支持《平等权利修正案》，尼克松总统写了封信，表示从1951年担任参议员起，他就已经支持修正案了，然后在1968年竞选总统时，他又支持过。虽然他正忙于更加紧要的事务，但他的行府在采取行动。1969年，平等就业机会委员会发布指导方针，宣布州的劳工保护法律违背第7条；1970年6月，联邦合同遵循办公室公布了它关于性别歧视的新指导方针。平等就业机会委员会在招聘广告、就业机会、报酬、资历和福利上为未婚或者已婚的两性要求平等待遇，并禁止雇主对怀孕和生孩子进行惩罚。如果承包商雇用的"少数族裔或者妇女比按他们可用性的合理预期少"，那么就可能算违反规定；新任劳工部长詹姆斯·霍奇森（James Hodgson）也责令，联邦承包商全要采取行动解决"妇女的利用不足问题"。行府开始在政府所有职业中雇用妇女，从航空管制员到缉毒调查员，再到公园管理员；在组织调查哈佛大学、芝加哥大学和密歇根大学等40所机构时，它还开始拦截大学的拨款和合同。

司法部也提起了它的首个性别歧视诉讼。1969年，约有7500名妇女同平等就业机会委员会提起性别歧视指控，这激起了针对利比·欧文公司（Libby Owen）及其劳工总会的大规模审查。妇女指控称，该公司在俄亥俄州托莱多市（Toledo）的5家工厂只有1家雇她们，因而违反第7条。公司替自己辩护，强调俄亥俄州法律要求在妇女可以工作的时间数和可以提举的重量上给予特殊待遇，所以是该州在阻止公司遵循联邦法律。这类观念即"浪漫家长主义"（romantic paternalism），联邦法院早在"威克斯诉南方贝尔电话电报公司案"（*Weeks v.*

Southern Bell Telephone and Telegraph）中就宣告过，第 7 条已经授予"妇女决定是否要接纳不浪漫任务的权力"。木已成舟。当 1970 年案件送达法院时，利比·欧文公司迅速与司法部达成和解，同意对女性开放工作并立即擢升妇女进入管理岗位。这在公司总部拉响了警报。

当妇女为《平等权利修正案》游行时，劳工部正悄然地对另一个议题严阵以待，即平等就业机会。1971 年 12 月初的一个星期天，劳工部颁布了"第 4 号令修订版"（Revised Order 4）。新命令虽不受媒体关注，却成了历史学家后来所谓的"妇女就业大宪章"（women's employment Magna Carta），因为它宣布女性大多都是"受影响的一级"。"第 4 号令修订版"规定，除建筑业以外的所有其他企业，凡签订联邦合同超过 5 万美元的都必须提交平权运动计划——附有目标和时间表——以雇用少数族裔和妇女。此外，承包商现在必须建立"利用分析"（utilization analysis），以确保公司在所有职务级别上雇用数量合理的妇女和少数族裔。具体数字或目的未被提及，也没有提到"硬性定额"，但提到了凭借"精诚戮力""尚可达到的目标"，否则公司可能面临合同解除。因此，女权主义者以不可阻遏之势相当迅速又不失平稳地取得了与非裔美国人花费数年时间才得到的相同的平权运动指导方针。

为了使这类命令起效，行府需要更加严厉地执行，当国会讨论修订《民权法案》第 7 条时，执行问题在一个月后的 1972 年 1 月得以解决。它通常被称为"平等就业机会法案"（Equal Employment Opportunity Act），从哈里·杜鲁门 1948 年提议平等就业机会以来，该修正案背后的思想就一直流传于自由派之间，克纳委员会（Kerner Commission）于1967年推荐过该修正案，约翰逊行府也在1968年敦促过国会准予通过：把"停止及终止"权力给了平等就业机会委员会。自由派约瑟夫·劳（Joseph Rauh）在听证会上表明："如果有一件事是清楚的，那么它就是每个赞成民权的人都会赞成停止及终止权，而每个反对……民权的人都会反对停止及终止权。"此外，新法案将堵上倡导者所说的1964年《民权法案》的漏洞，即为400多万教育机构雇员和超过1000万州及地方政府员工免税。因为后一种漏洞，南部许多州依旧拒绝雇用其黑人公民。新法案还将把覆盖范围从雇员25人的企业扩至8人的，这大约覆盖了1000万雇员，而且会把管理250万联邦政府员工的责任从文官委员会转移至平等就业机会委员会。

民主党与尼克松行府曾在1969年提出过不同法案，但整个国家关注的是"法律和秩序"及越南问题。对手之间组织起拖延战术，直至1972年1月，《平等就业机会法案》才获得通过。自由派民主党人和一些北方共和党人仍在奋力争取他们最初的法案，但是尼克松反对平等就业机会委员会的停止及终止权。强大的新设管理机构可能会攻击企业，它是共和党人的噩梦，尼克松总统告诉他的助理H. R. 哈尔德曼（H. R. Halderman）："我将否决平等就业机会委员会，不让上诉，不会讨论它。"行府提出，平等就业机会委员会不再仅仅与受到指控的承包商谈判，现在还被授权要把他们告上法庭。保守派和南方民主党人反对授予平等就业机会委员会任何新的权力，他们在参议院以萨姆·欧文为首。该参议员夸张地声称，这个"荒谬的"法案会"剥夺全体美国公民的基本自由"，它是"这个国家历史上曾经出现在国会中威胁最大的专制权力"。随后,欧文给法案提供了若干修改意见,其中一条是对平权运动的重大攻击:"美国的任何部门、机构或者公务员,不得要求雇主通过雇用特定种族、特定宗教、特定原国籍或者特定性别的人而实行逆向歧视,不论数字、比例、百分比、定额、目标或者范围是固定的还是可变的。"

参议院以44比22票否决了欧文的修正案。有些支持者欢呼雀跃,宣称参议员们已经支持平权运动,它已经获得国会的批准。但就像1969年的飓风灾害附加条例那样,这又是一次间接表决。参议院三分之一缺席,而且修正案起草得过于仓促,加之太乱,以至于许多议员无论如何也不会给它投赞成票。但是何谓"逆向歧视"?而"美国的公务员"是指内阁成员、法官,还是任何雇员,比如邮递员?

当国会批准通过尼克松版的《平等就业机会法案》时,它再一次避免了直接投票表决平权运动。平等就业机会委员会虽没有获得停止及终止权,但现在可以提起歧视指控,法院负责裁定雇主是否有过歧视,是否违法了法律。双方在别的议题上做了妥协。法案现覆盖了所有雇员15人的企业和工会(既非25人,亦非8人)、州及地方政府雇员(但不包括当选官员及其顾问),以及那些工作在教育(但非宗教)机构的人。

总之,这项妥协的法案让平等就业机会委员会得以能够支持政府合同工作的目标和时间表,但不是固定的硬性定额,1972年大选期间的尼克松对此心满意足。正如总统私下里所说,他支持"把数值目标……当做弥补歧视历史的过失的途中衡量进步的工具",但它们"绝不允许按这样的方式被应用,以至于在事实上造成定额强化"。那是一条非常细微的界限，国会也没讲清楚。①

1972年，平等就业机会委员会收到的预算扩大，扩充的人员含有大批律师，还配备有起诉雇主的新权力：老虎如今有牙齿了，它开始撕咬了。时任委员会主席是非洲裔共和党人威廉·H.布朗三世（William H. Brown III），他称机构"应当每两周提出约10—15起诉讼"，它真的做到了。平等就业机会委员会控告迈阿密市和底特律市工会，以及亚特兰大市一家运输公司种族歧视，另外机构颁布了新的指导方针，《商业周刊》颂扬它"把公司不让妇女涉足传统上被归类为'只招男人'的工作，或者禁止男人从事传统上被妇女持有的工作的法律基础加以缩小，几乎缩成了一个消失的点"。

为了证明这一点，平等就业机会委员会控告通用汽车公司的圣路易斯工厂歧视妇女，最重要的案件则是针对国内最大的私营雇主美国电话电报公司（American Telephone and Telegraph, AT & T）的诉讼，它通常被称为贝尔系统（Bell system）。贝尔是个合适的目标。这家巨型公司雇有80万人；随着退休和减员，贝尔每年招工20万人，这意味着该公司会相对容易建立一支多元化员工队伍。案件始于AT & T向政府递交提价请求之时。在随后的听证会期间，平等就业机会委员会介入，因为机构发现对它越

---

① 妇女的指导方针见 Sobel, *Quotas and Affirmative Action*, 31; Graham, *Civil Rights Era*, 409–13; Kotlowski, *Nixon's Civil Rights*, 243–44; 后两者指的是大宪章，至于详细说明，见 Skrentny, *Minority Rights Revolution*, 130–41; 利比公司的评论见 Hole and Levine, *Rebirth of Feminism*, 36–40; 弗吉尼亚州部分载于 *U.S. News*, 4 October 1971, 96; 劳的话见 Belz, *Equality Transformed*, 73; 哈尔德曼、欧文和总统私下所说见 Graham, *Civil Rights Era*, 433, 442–46.

来越多的投诉中 5% 由该公司员工提起。那些员工多心怀不满，1971 年夏季，50 万员工宣布罢工抵制贝尔。威斯康星州麦迪逊市的女权主义者宣称："妇女被放到最乏味的工作中，领着标准以下的工资，还被像小孩和奴隶一样对待。……贝尔大妈是后妈（Ma Bell Is a Cheap Mother）！"这反映出妇女解放运动正在横扫一般民众。

1972 年夏季，平等就业机会委员会宣布贝尔涉嫌"对妇女、黑人、西班牙姓氏美国人，以及其他少数族裔有普遍、全盘又公然违法的就业歧视"。凭借所呈现的 5000 页证词和统计资料，该机构宣布，虽然该公司员工一半以上是女性，但妇女却只占职业管理岗位的 1%。平等就业机会委员会异常郑重地宣布，美国电话电报公司是"美国女工的最大压迫者"。

作为回应，该公司呈报了 10000 页的事实和数据，声称它多年以来一直在聘请更多妇女从事较好岗位。但最后公司做出让步，于 1973 年 1 月与平等就业机会委员会签订了第一份重要的"合意判决"（consent decree），它成了当时美国历史上最大的欠付工资和解协议。虽然美国电话电报公司不承认歧视，但它同意支付 1500 万美元给 1.3 万名女性和 2000 名少数族裔男性，而且另有 2300 万美元会被用来支付 3.6 万名员工每年的工资调整。这些妇女包括 1500 余名大学毕业生，她们虽在第 7 条颁布之后才加入美国电话电报公司，却被禁止参加管理培训计划。《新闻周刊》称这笔赔偿为"赔款"。

《新闻周刊》继续道："突然之间，一次彻底和解给了拖欠工资问题前所未有的推动力——也使公司高管急于寻求法律援助。"正如美国电话电报公司的一位副总裁所感叹的："游戏规则已经改变。"①

行府正开始影响职场,但总统却在朝反方向行进。对于平权运动和民权,尼克松的支持一向是牵强和暂时的,早在1972年大选之前差不多就已消失殆尽。在上千页的回忆录中,他只用了两页左右的篇幅专门谈平权运动,此外这位总统认为民权领袖不信任他的行府。发表于《时代周刊》的1970年民意调查表明,尼克松"几乎彻底疏离了黑人和政府"。在肯尼迪和约翰逊时期,有近三分之二的黑人信任联邦政府中的种族事务领导层,但仅3%对尼克松行府有同样的表态。

总统在1970年全神贯注于越南战争,而非种族议题。1970年4月30日,在宣称要"逐步结束"战争并寻求"体面的和平"16个月后,尼克松扩大了冲突,他下令入侵柬埔寨。积极分子走上街头,阻断交通并到联邦办公大楼静坐,另有60所大学的学生举行罢课。之后,肯特州立大学爆发惨案。俄亥俄州国民警卫队朝一群学生开了60多枪,打伤9人,打死4人。此举引发了全国各地的抗议,示威游行和罢课致使500个大学校区关门,在余下的春季学期,有50所大学一直没有开课。为了压制骚乱,16个州的州长不得不使他们的国民警卫队处于现役状态:换言之,行府正被迫动用军队去占领校园以便抑制自己的年轻人发生暴动。

尼克松称抗议者为"游民"(bums)。保守派和多得出奇的

---

① 布朗案载于 *Business Week*, 8 July 1972, 20;"后妈"一说见 T. Anderson, *The Movement*, 362; 贝尔案载于 *U.S. News*, 14 August 1972, 66–68, and 29 January 1973, 69; *Newsweek*, 29 January 1973, 53; Wallace, *AT & T Case*, 1–5, 243–52.

工会男人赞同这点。那些工人多是第二次世界大战退伍军人，他们被青年大学生抗议自己国家的所作所为激怒了。美国劳工总会与产业劳工组织主席乔治·米尼声援入侵柬埔寨命令，在5月20日大约10万人游行支持他，许多工会男人头戴安全帽，其中还有劳工总会与产业劳工组织纽约分会的建筑工会主席彼得·J. 布伦南（Peter J. Brennan）。在工人们从纽约市百老汇向华尔街游行的同时，反战示威者们则在两边人行道上高举标语；事件很快陷入一片混乱。工会男人冲上去，打伤了70名反战积极分子，一名评论员说道，工人们"像谢尔曼扫荡亚特兰大一样扫荡那些示威者"。这令尼克松震惊，他邀请建筑工人造访白宫。伴随着相机的咔嚓声，尼克松头戴安全帽答谢支持他的工会男人。

工会的支持与日俱增，但非裔美国人却不买账，尼克松便抛弃了他的平权运动政策。就像其助手威廉·萨菲尔（William Safire）对费城计划的回忆那样："在安全帽大军就战争问题游行支持尼克松之后，种族融合工作的动力便消失了。"行府减轻了工会的压力，更加支持自愿的家乡计划。全国有色人种协进会的赫伯特·希尔宣告，"尼克松行府是在破坏费城计划"，这是"在还建筑行业工会支持对柬埔寨开战的债"。他继续道，家乡计划是场骗局，"是骗术和欺诈、双关语和双重思想的无意义的大杂烩"。行府如今调离了相关人员，包括费城计划的最有力支持者阿瑟·弗莱彻。在总统会见布伦南之后，弗莱彻便被迫离开了劳工部。尼克松及其官员背后承诺工会负责人，说他们会在总统选举之后放松非歧视性工作，他们确实做了，乔治·米尼则承诺不支持民主党总统候选人、参议员乔治·麦戈文（George McGovern）。

在1972年的竞选活动中，尼克松完全放弃了自己的政策，而且惊现一百八十度大转变,他开始称民主党为"定额党"（quota party）。总统很幸运，因为参议员麦戈文虽自称不赞同定额，却又不断告诉黑人及其他少数群体，他们应该基于其人口比例接受联邦工作任命。尼克松发动袭击，把麦戈文唤作"定额候选人"，声称定额与美国人的生活方式"格格不入"，并在共和党全国代表大会上拥护"考绩制度"（merit system）：

> 每个男人、女人和孩子，只要在其天赋、潜力和抱负所能达到的范围内，都应当可以自由获得提升。那才是美国梦。但在那个梦想的深处，已经进来一个幽灵，一个定额民主的幽灵——那里的男男女女取得进步的依据不是考绩或者能力，而仅仅是种族、性别、肤色或者信仰。……你没法通过犯下新的不公来纠正古老的不公。

8月17日，尼克松还签署了一项命令，禁止联邦合同在少数族裔雇用中使用定额，这让每个人都迷惑不解。在白宫，顾问威廉·萨菲尔想知道费城计划的"明确定义"，"以及这一切与我们反对的定额制度有何不同"。《华盛顿邮报》（Washington Post）更直接地问了些严肃的问题：如果定额不再被使用，那么"颁发总统的指令究竟是为何"？为何在之前的3月，司法部会要求"联邦法院勒令密西西比州用少数群体的成员填补其州高速公路巡警一半的空缺"？1971年7月，为什么联邦政府会连同华盛顿计划和费城计划一起"把种族定额制度强加给圣路易斯市的建筑行业"？另外，为什么经济机会办公室（Office of Economic

Opportunity)会同意"一年内在它全国各级办事处中至少雇用37%的妇女和38%的少数族裔员工"?

9月,行府继续与自己的过往背道而驰。一名官员说,劳工部正在"考虑大规模重组"55项家乡计划和"有争议的"费城计划——劳工部长霍奇森所写备忘录也指明,之前的目标也许已被承包商们"误解或者误用了",现在的目标仅仅是"指标",不达标也不会被视为违规。约翰·戴维·斯克伦特尼写道:"这一切仍然是为了让美国忘记,正是共和党人尼克松,以前通过不情愿的国会推动了一次种族定额。"①

在竞选如火如荼之际,忘记不是难事,因为选民更关心别的话题。经济处在萧条状态,其中通货膨胀率上升,失业率逐渐增加。妇女正呼吁解放并要求平等,为此在奋力争取就业机会和《平等权利修正案》。候选人麦戈文正在指控行府串通陌生人非法闯入位于水门综合大厦的共和党总部,这少有人相信,同时几乎每个人都希望结束无尽的越南战争。大选前两周,尼克松的国家安全顾问亨利·基辛格(Henry Kissinger)从巴黎谈判归来,他宣称"和平在即"。这本不过是个竞选噱头,却正是多年来人们渴望听到的消息。大选结果,尼克松压倒了麦戈文。没过几个月,尼克松便任命了新的劳工部长——彼得·J. 布伦南。

---

① *Time,* 6 April 1970, 28; 示威游行部见 T. Anderson, *The Movement,* 350–51; Safire, *Before the Fall,* 585, 571–72; 希尔的话见 Graham, *Civil Rights Era,* 344; "Black Workers, Organized Labor, and Title VII," in Hill and Jones, *Race in America,* 324–25; 布伦南和尼克松放弃费城计划一事记录在 Kotlowski, *Nixon's Civil Rights,* 111–15; *WP,* 29 and 25 August and 7 September 1972; 霍奇森部分见 Sobel, *Quotas and Affirmative Action,* 104. 有关尼克松撤销费城计划的考察和许多引用,来自 Skrentny, *Ironies of Affirmative Action,* 211–17, 288.

可是，胜利的滋味并不绵长；1973年初，参议院开始就非法闯入水门大厦一事举行听证会，参议员萨姆·欧文负责主持。那些调查将会毁灭理查德·尼克松总统的剩余任期。

水门事件除了会折磨尼克松和整个国家，也对平权运动产生了更微妙的影响。平等就业机会委员会先是有权把公司告上法庭，还有扩充的经费和律师的支持，在成功起诉了美国电话电报公司之后又形势乐观，现在更没了美国总统限制拳脚，它便开始了该机构在历史上最激进的执法政策。对于大批积压案件，该机构着重处理了上百份个人投诉，然后在1973年4月和5月递交了90起歧视诉讼。9月，该机构指控包括全美汽车工人联合会（United Auto Workers）在内的许多大型工会存在歧视，并依照同一标准，指控西尔斯公司（Sears）、通用电气、通用汽车，甚至还有一家曾经以其公平雇用惯例为荣的公司，即福特汽车公司。第二年还有更多诉讼，其中意义重大的是针对固特异轮胎公司（Goodyear Tire and Rubber）和尤尼罗伊尔公司（Uniroyal）的诉讼。有位法学教授表明，"诉讼的节奏看起来连绵不绝"，此人预测，"针对引人注目的大公司的系列诉讼"将会持续。平等就业机会委员会的某行政人员称，"当公司认识到，赔偿欠薪和诉讼要它们花的钱……多于维持现有惯例的价值时"，就业歧视就会结束。

情况正是这样。针对伯利恒钢铁公司（Bethlehem Steel）在马里兰州斯帕罗斯角（Sparrows Point）的工厂，平等就业机会委员会要求它结束多年歧视惯例的影响。在第7条通过3年后，该厂非裔工人中80%以上仍然受雇于报酬最低的种族隔离用工单位。公司同意开放所有工作，但调任的黑人工人失去了他们的资历，这引起了劳工部的威胁，即公司将要被政府合同除名。这起事件使钢铁业面临审查，涉及大约70万名雇员；1974年，9家钢铁公司和美国钢铁工人联合会（United Steelworkers）差不多支付了3100万美元欠薪给225个设施上的4万名女工和少数族裔工人。劳工部律师表明："这是首个全产业协议，而且是最大的。"至于行业及技术岗位中的半数空缺则由少数族裔和妇女填补，通过管理培训，25%的工人最终会被选中，该协议同样设定了时间表。

劳工部也对卡车运输业下手了，起诉了250多家公司。结合美国电话电报公司案，司法部和平等就业机会委员会很快取得了合意判决，它包括目标和时间表，以及公司偿还200多万工人的拖欠工资。这件事震动了工商界，许多公司开始审查其招聘程序。《商业周刊》提到，公司懂得了一件事，"现金制止歧视"。

《新闻周刊》宣布，这些裁定和合意判决正在"使美国企业发生巨变"，那是《平等就业机会法案》、保护40—65岁工人的新《禁止就业年龄歧视法案》（Age Discrimination in Employment Act）和禁止歧视残疾人的《康复法案》（Rehabilitation Act）的结果。以前，反对歧视运动通常只关注社会中的一小部分人，往往指非洲裔和西班牙裔男人，但到了20世纪70年代中期，政府正在调查来自少数族裔、妇女及老年公民的上千起投诉，特别是司机和飞行员针对强制退休的投诉——而且这日渐囊括了大部分美国人。一名白宫官员说，这些裁定"对我们社会的影响绝对是平地惊雷"。

20世纪70年代中期，少数族裔和妇女的确正在获取重大胜利，这可见诸建筑工地，有华盛顿特区建设的Metro为证。市长沃尔特·E. 华盛顿（Walter E. Washington）采取了戏剧性行动，批准了一项强势的平权运动计划，其中所有与市政厅做生意或者签合同的私营公司都必须递交附有目标的计划，"以推进对少数族裔和妇女的雇用"。1974年，少数族裔公司获得的地铁建造合同很少，这让许多身在Metro董事会的哥伦比亚特区（District of Columbia）成员感到失望，后来他们开始否决新建设工程的合同。此举危及不少重要Metro站台的建设——国会大厦南站、联合车站、史密森尼站（Smithsonian）、朗方广场站（L'Enfant Plaza）、五角大楼站——联邦政府想在1976年美国独立两百年庆典前完工。经过紧锣密鼓的谈判，市政府官员全体通过了一项计划，其设定目标是10%的少数族裔参与建设较大的结构施工项目，20%的参与技术含量较低的修整工程，这个计划促进了白人与少数族裔公司之间的合伙合资关系。《华盛顿邮报》把该突破誉为"一项里程碑式的计划……将检验Metro的决心，它是否会像建造地铁一样改变对待增加黑人经济能力问题的做法"。

赋权陡增。20多个州很快便批准了《平等权利修正案》，最高法院裁决了"罗诉韦德案"（Roe v. Wade），从此堕胎合法化；此外，最高法院首次依据1963年《同酬法案》进行投票表决，它维护了法案，并裁定对于基本相同的工作，雇主必须付给男人和女人同等的工资，该判决使康宁玻璃厂（Corning Glass Works）花了100万美元返还拖欠工资。第9条获国会批准，然后总统也签署了，它禁止教育计划中的性别歧视，导致了女大学生体育的发展。1974年，美国电话电报公司做过一项出人意料的声明，从今以后它将不再在招聘和录用中歧视同性恋者，而且员工的"性倾向或性取向完全是个人私事"。同性恋特遣队（Gay Task

Force）称赞这是针对同性恋者就业歧视的首次重大打击。①

联邦政府也在审查大专院校的雇用惯例。一位政府官员宣称："大学甚至还没有领会它们面临的剧变。"受到妇女组织所提歧视诉讼的驱使，卫生、教育和福利部（Department of Health, Education, and Welfare）颁布了新规定，即除了军事院校及一些教会学校外，凡接受联邦资助的大学均不能再在招生、课程设置、基础设施或者其他服务中设有"基于性别的定额"或者歧视妇女。卫生、教育和福利部还要求那些院校公开为教员岗位做广告（以打击就业安置的"男校友"传统），允许夫妻双方在同一所大学执教，并实施含有聘用女性和少数族裔教职员工目标的平权运动计划。卫生、教育和福利部有能力办到。仅密歇根大学的联邦合同就总计6000万美元，而加利福尼亚大学甚至超过7000万美元；直到十几所大学建立起相应的"平等就业机会"计划后，它才拨付给它们2000多万美元的科研经费，此举震惊学术界。

"全体教员强烈反对（Faculty Backlash）",《新闻周刊》宣布。警报拉响，男教授组织起来，大约500人加入了学术非歧视和学术诚信委员会（Committee on Academic Nondiscrimination and Integrity），带头的学者有纽约大学的悉尼·胡克（Sidney Hook），

---

① 法学教授的话见 Antonia Handler Chayes, "Make Your Equal Opportunity Program Court-Proof," *Harvard Business Review* (September–October 1974): 81ff; 平等就业机会委员会行政人员、彻底的改变，以及平地惊雷般的影响等引文载于 *Newsweek*, 17 June 1974, 75–76; 钢铁行业部分载于 *Newsweek*, 22 April 1974, 88 和 *Business Week*, 20 April 1974, 35; 至于卡车运输方面，见 David L. Rose, "Twenty-Five Years Later ...," 收录于 Burlstein, ed., *Equal Employment Opportunity*, 46–47. WP, 24 March 1973 and 1 and 9 November 1974; 美国电话电报公司部分见 *Monthly Labor Review*, October 1974, 78.

耶鲁大学法学院的尤金·罗斯托（Eugene Rostow），哈佛大学的内森·格莱泽（Nathan Glazer），以及加州大学伯克利分校的保罗·西伯里（Paul Seabury）。伯克利的政治学家西伯里宣称："为了服从卫生、教育和福利部的命令，每个科研院系都不必擢升最佳人选，而是最合格的女性或者非白种候选人。"由于这道命令，"大批高素质的学者将仅仅因为他们是男性和白人而搭上自己的事业"。

犹太人组织和教授们特别警惕，已经越发担忧平权运动。1972年大选期间，美国犹太人委员会（American Jewish Committee）致信两党候选人，敦促他们不要支持"少数族裔雇用的时间表计划和目标"，委员会认为那实际上是定额制度。哥伦比亚大学校长威廉·J. 麦吉尔（William J. McGill）说，他的很多犹太教员还记得20世纪30年代，"当时美国最好的大学反犹主义猖獗"，其中包括利用定额限制他们入学和受雇。他继续说，这一情况已有明显改善，而现在反而倒回去了，竟至于"犹太人代表的大学教员与他们在总人口中的人数远不成比例。平权运动的目标或者定额，无论你称它们为什么……只会让犹太人教员确信，再次把他们排挤出大学的工作正在进行中，而纯粹的卓越在大学任命事宜中不再重要"。

"胡说"，波尼斯·桑德勒（Bernice Sandler）答道。她到马里兰大学应聘时被拒绝过，原因是她"身为女人，太过强势"。伯克利分校的科莱特·塞佩尔（Colette Seiple）表示同意："白种男性从来不必跟人竞争，但如今他突然得与黑人和妇女竞争，他把这看作逆向歧视。"桑德勒进一步说道："我真希望那些如此担心平权运动的犹太男人能够越来越多地关心犹太女人。"

象牙塔之战拉开序幕。西伯里抱怨,聘任教师的根据不是学识,而是"统计上未被充分代表的"群体,这真是荒唐。他宣称,"黑人、爱尔兰人、意大利人、希腊人、波兰人以及其他所有斯拉夫人群体(包括斯洛伐克人、斯洛文尼亚人、塞尔维亚人、捷克人和克罗地亚人)都未被充分代表",另外天主教徒,甚至共和党人也是如此。他所在系别的"38人中只有2名共和党人。……我还怀疑,即使尼克松麾下的卫生、教育和福利部战士追求结果平等,也会踩到这片明显有失公允的雷区"。欧文·克里斯托尔(Irving Kristol)宣称:"言简意赅地讲,歧视性定额制度——基于种族、肤色、宗教、性别和原国籍——已经被强加在了高校教师身上。"克里斯托尔还说,卫生、教育和福利部官僚是罪魁祸首,因为他们声称"'目标'加上'时间表'并不等于'定额'。在华盛顿近些年撒的所有谎言当中,这句……最令人沮丧——它是这么赤裸裸,但凡有所牵涉的人都会觉得是谎言,一句基本逻辑上的谎言,一句记录在案的谎言"。

"胡说八道,"卫生、教育和福利部的J. 斯坦利·波廷杰(J. Stanley Pottinger)答复道,"我听过的信口雌黄之言莫过于此。"他宣称,不存在定额,只有目标;劳工部指导方针也规定,目标"可不是必须满足的硬性定额"。纽约市立学院便是该问题的例证;英语系有104名教职人员,但只有15人是女性,而且只有1位女性是终身教授。卫生、教育和福利部的安·斯科特(Ann Scott)宣称,校内的抵制只不过是"一项巩固'男校友'制度等男性优势的举措";该部的玛丽·M. 利珀(Mary M. Leeper)补充道:"如果学术界把耗费在批判平权运动计划上的精力中的十分之一用于帮助我们解决问题,我们将前进得更远、更远。"许多学者表示同意,他们随后组成了大学平权运动委员会(Committee for Affirmative Action in Universities)。①

就在学术界正争论雇佣政策时,理查德·尼克松带着耻辱辞职了,然后副总统杰拉尔德·福特入主白宫。新总统流年不利,他接手了大萧条以来最严峻的经济低迷,伴随着失业率上升、生产停滞和近14%的通货膨胀率,经济学家称之为"滞胀"(Stagflation)。福特极其乐观地承认:"联邦的状态欠佳。"

在福特短暂的执政生涯中,平权运动退居其次,同时执行得也磕磕绊绊。当卫生、教育和福利部发布关于增加全国高校中妇女和少数族裔就业机会的条例时,批评者出击了,声称计划非常荒谬。例如,在未来30年中,伯克利分校应该重新聘用100名女性和少数族裔教员,其中"社会福利学院1.38名黑人,工程学院0.19名妇女,戏剧艺术系0.05名美国印第安人,建筑系1.40名东方人"。卫生、教育和福利部不得不撤销条例,然后允许很多没有批准平权运动计划的大学筹募联邦资助。正如哈佛人事部某行政人员所言:"显然,华盛顿正在放弃平权运动。"

福特执政期间确有其事。平等就业机会委员会积压了12.4

---

① 政府官员的发言载于 *Newsweek*, 17 June 1974, 76; 西伯里与波廷杰的争辩见 "HEW and the Universities," *Commentary*, February 1972, 38–44; 关于犹太人与卫生、教育和福利部之争,见 *WP*, 25 August 1972, 5 March 1973; *Newsweek*, 4 December 1972, 127–28; *U.S. News*, 22 July 1974, 54; 以及 Freeman, *Politics of Women's Liberation*, 194–201; 克里斯托尔的话见 *Fortune*, September 1974, 203; 纽约市立学院一例见 Gross, *Reverse Discrimination*, 62; 斯科特的话载于 *Newsweek*, 15 July 1974, 78; 利珀的话载于 *U.S. News*, 同上; 关于波廷杰和其他许多人对这场辩论的观点,可见 Gross, *Reverse Discrimination*.

万起案件，但该机构正打算找出其中的1.2万名投诉者，看看他们到底是否仍有此意，还是已经跳槽或是找到了别的工作——乃至他们是否尚且健在。联邦合同遵循办公室甚至6个月都没有主任，而且规章重叠也造成了混乱。政府虽有1800名监察人员，但他们被分散在了18个机构。于是，国防部管辖部分企业，卫生、教育和福利部监督大学，而财政部管理银行的雇用和晋升。联邦合同遵循办公室的新主任公开承认："我们甚至不知道我们管着多少雇主。"

平权运动"在低档前进"，《商业周刊》宣称，其主要原因是经济不景气和全国的焦点已经转移到1976年的总统竞选。福特总统获得党内提名，但是跟加利福尼亚州前州长罗纳德·里根经历了一场殊死搏斗。面对自己党内的保守派，福特开始反对"大政府"，声称"一个大得足以给予我们所想要的一切的政府，亦是一个大得足以夺走我们所拥有的一切的政府"。这让不少人感到惊讶，因为早些时候他任命了整个国家中的一位最倾向自由派的共和党人——前纽约州州长纳尔逊·洛克菲勒（Nelson Rockefeller）——担任他的副总统。为了1976年大选，他完全抛弃了洛克菲勒，选了一位比较保守的竞选伙伴，即堪萨斯州的参议员鲍勃·多尔（Bob Dole）。

民主党候选人是佐治亚州前州长吉米·卡特（Jimmy Carter）。当他开始竞选活动时，权威人士询问："吉米是谁？"但卡特不久便家喻户晓，因为他有许多优点。他没有卷入水门事件，也非出身于"华盛顿的那场混乱"。作为州长，他推进了南方的种族融合和种族宽容，而且这位自诩为"种花生的农民"和普通人先生（Mr. Everyman）的人不断地说起传统美德。"请相信我"，他说，"我不会撒谎"，经尼克松一事，这看着令人耳目一新。此外，他还是位敏锐的政客，展现出了一种引起政治光谱（political spectrum）各方好感的洞察力，精明地回避了最有争议性的竞选议题——堕胎、跨区校车接送、特赦越战逃兵和经济问题。因此，有民意调查显示，自由派选民认为他是自由主义者，温和派也相信他是温和派的一分子，而保守派又视他为保守主义者。他的一位对手问道："吉米·卡特是什么人？"当时有位作家开玩笑说："他的'姿态'（positions）比《爱经》还要多。"①

这是一场势均力敌的选举。卡特赢得了52%的选票，他获胜的一个主要原因是他取得了高达94%的黑人选票。那在俄亥俄州、宾夕法尼亚州和得克萨斯州起到了关键作用，而且也把除弗吉尼亚州以外的南方诸州送给了他。全国城市联盟的弗农·乔丹（Vernon Jordan）宣称："黑人有权对吉米·卡特提出要求——这是一项牢靠的权利。"随着黑人失业率高出白人两倍，有些城市失业率达25%，乔丹不仅要求工作，还要求"通过一项国内马歇尔计划，竭尽全力解决老旧又贫民窟遍布的城市的问题"。

但不会有这样的计划了，因为时机已过，而且经济衰退进一步加深。后者部分缘于石油禁运，先是导致油价飞涨，加油站前排起了长龙。新总统继承了一个巨额赤字的财政预算，而且对任何大规模的财政支出项目都非常谨慎。此外，他还要忙于应对经

---

① 伯克利计划和撤销条例载于 *NYT*, 18 August 1975 and 28 December 1975；平等就业机会委员会部分载于 *NYT*, 25 November 1976；联邦合同遵循办公室部分载于 *Business Week*, 10 May 1976, 98；关于福特和卡特的引文见 Carroll, *Nothing Happened*, 173, 187–89.

济和能源危机，以及相关的外交问题，比如人权问题、越南难民、中美正式建交、巴拿马运河谈判、中东问题和后来的戴维营协议（Camp David Accords）等。卡特在他的行府任命的少数族裔和妇女的确比历任总统都多，其中包括37位黑人联邦法官——多于以前历届行府之和——第一位非洲裔女性帕特里夏·哈里斯（Patricia Harris）进入内阁，埃莉诺·霍姆斯·诺顿（Eleanor Holmes Norton）统领平等就业机会委员会。总统最终还提出了一项全国城市计划，但它非常有限，也未得到国会批准。

1977年行府的《公共建设工程法案》（Public Works Act）相对比较成功，卡特将之签署成为法律，以给萎靡的经济注入40亿美元。它含有一个"保留配额"条款，虽没引起过多关注，但后来却变得充满争议：如果当地存在"少数族裔企业"，那么每年用于公共建设工程的联邦拨款中将有10%被分配给它们。这类公司必须至少有50%由"黑人、说西班牙语的人、东方人、印第安人、爱斯基摩人和阿留申人"拥有或者控股。同样重要的是，总统第二年签署了《怀孕歧视法案》（Pregnancy Discrimination Act），使平等就业机会委员会发布的禁令法律化，之后他又颁布了第12067号行政命令。该命令把联邦合同遵循办公室改组为联邦合同遵循项目办公室（Office of Federal Contract Compliance Programs），更重要的是，它授权平等就业机会委员会负责领导并协调所有有关"要求平等就业机会不分种族、肤色、宗教、性别、原国籍"，以及现在含有"年龄或者残疾"的联邦政策法规事宜。

卡特行府的平权运动立场起初很谨慎，并且有点儿混淆。在1977年6月第一次出场时，新任卫生、教育和福利部长小约瑟夫·卡利法诺（Joseph Califano Jr.）用了"定额制"一词；骚动之后，卡利法诺致歉声明，说他误用了这个"令人心神不宁的词眼"。稍后他宣称，"专断的定额不是我们执行计划的组成部分。我们想要依靠所有加入向歧视的最后一次进军的人们的竭诚而特别的努力。但是，我们也会依靠——因为我们必须依靠——作为进步基准的数值目标"。卡特也没能澄清相关情况。当在记者招待会上被问及自己的观点时，他说道："我不愿为少数群体、妇女或者其他违反择优录用观念的人签署定额提案。"这令许多自由派支持者惊讶，也使黑人心灰意冷。虽然他觉得政府、企业和大学应该补偿过去的歧视，但旋即声明，他同样觉得关于就业或者教育的种族定额"违反宪法"。该声明在政府内部引发了一场激烈争论，一方是卡特，另一方是帕特里夏·哈里斯、安德鲁·扬（Andrew Young）以及卡利法诺等所有在大学招生和招聘上支持"目标"、"基准"或者"数值标准"的人。在当年 6 月的内阁会议中，司法部长格里芬·贝尔（Griffin Bell）赞同卡利法诺，并补充说国家"无法消除过去的歧视，除非我们设有目标"。8 月，哈里斯通知内阁，少数族裔对行府的平权运动承诺感到"紧张不安"；扬则力劝总统举行白宫会议，与黑人领袖"商讨我们未来的方向和重点"。在一片混乱之中，卫生、教育和福利部的一位行政人员说："我们正在磋商成百上千的平权运动计划。盔甲上的任何裂缝——任何惹人怀疑的平权运动声明——都将使我们发生可怕的倒退。"最后，同他之前的尼克松和约翰逊如出一辙，卡特提倡目标。

"该黑人收债了"，《国家》在新行府组建后的第 6 个月提到，"但是吉米·卡特没准备全部付清。"原因之一是在他入主白宫后仅 4 个月后，民意测验专家乔治·盖洛普就向公民提出了一个至关重要的问题:"有人说,为了弥补过去的歧视,妇女和少数群体成员在求职和求学中应该受到特惠待遇。但也有人说,能力由考试成绩决定,这理应是主要考虑。"该民调结果在全国范围内报道,它出人意料。虽然53%的人支持联邦出台计划提供免费教育或者职业课程,使少数族裔能够提高他们的考试成绩,但美国人赞成考试和特惠待遇的比例是8比1,那包括82%的妇女和64%的非白种人。恰如盖洛普的总结:"没有一个群体支持平权运动。"①

上述反应的一个重要原因是,回答者常常误解关于争议性话题的提问。这类话题尚未对公众清晰界定过——如同社会科学家后来所发现的——但在1977年,盖洛普民意测验在全国被报道,它引起了更多关于平权运动的辩论,如今采取的是一种比较不详的语气。"逆向歧视",《美国新闻与世界报道》声明,"难道这太过分吗?""我们目前没有空缺给你,"芝加哥市的一家报社告诉一位白人妇女,"我们在招的只有拉丁裔和黑人。"

随着报刊大量印发这类文章,学术界也参加了争论。亨特学院(Hunter College)的本杰明·林格(Benjamin Ringer)撰

---

① 乔丹的话载于 Newsweek, 22 November 1976, 15; 卡利法诺的话载于 NYT, 6 June 1977 和他的 Governing America, 232–35; 辩论部分和卫生、教育和福利部官员的话载于 WP, 14 September 1977; JC: Cabinet Meeting Minutes, 13 June and 1 Aug, 1977, Martha (Bunny) Mitchell collection, box 3; Nation, 20 August 1977, 132; 盖洛普报告载于 WP, 1 May 1977; 至于复杂议题中有误解的问题,见 Charlotte Steeh and Maria Krysan, "Affirmative Action and the Public, 1970–1995," Public Opinion Quarterly (1996): 128–58; Lawrence Bobo, "Race, Interest, and Beliefs about Affirmative Action," 收录于 Skrentny, Color Lines, Chapter 8.

文"平权运动、定额与精英体制"(Affirmative Action, Quotas, and Meritocracy);莱奥拉大学(Loyola University)芝加哥分校的艾伦·奥恩斯坦(Allan Ornstein)呼吁"才能,而非定额"(Quality, Not Quotas)。还有人出版了书籍。阿伦·戈德曼(Alan Goldman)反思了《正义与逆向歧视》(Justice and Reverse Discrimination),巴里·格罗斯(Barry Gross)质问了《逆向歧视:转向是公平竞争吗?》(Discrimination in Reverse: Is Turnabout Fair Play?),内森·格莱泽称行府的政策是《肯定性歧视》(Affirmative Discrimination)。

《福布斯》提问:"机会平等正在转变成一种政治迫害吗?"还有人怀疑计划是否有点儿失控了。《美国新闻与世界报道》写道:"目前正在全面停止歧视'丑'人",后续还有"矮个子——他们正遭受歧视吗?"。当时《新闻周刊》还提出"肥胖问题",而按《美国新闻与世界报道》的说法,结果是"胖人奋起反击"。

一名杂志编辑声称"反歧视行动失控了",《时代周刊》也呼吁"非歧视行动的合理限度"。经过罗伯特·爱德华·李(Robert Edward Lee)一事后,《华盛顿邮报》也这么认为。此人是一名退役海军上校,他改名为罗伯特·爱德华·莱昂(Roberto Eduardo Leon),然后向他的雇主弗吉尼亚州蒙哥马利县索要特惠待遇。该县没给,该报社也觉得"得知世上的一些白痴行径已被披露或者被剔除,这真令人振奋"。

甚至一些非裔美国人也开始质疑平权运动。保守派经济学教授托马斯·索维尔(Thomas Sowell)反对所谓的"补偿教育"(compensatory education),并且问道:"定额对黑人有好处吗?"无独有偶,《华盛顿邮报》专栏作家威廉·拉斯伯里(William

Raspberry）怀疑目标与定额之间的区别，他问道："平权运动：要多少才算够？"①

这些问题将留待最高法院裁定，它将继续改善其平权运动的定义。1976年，最高法院以7比2的票数裁决了"鲁尼恩诉麦克拉里案"（*Runyon v. McCrary*），该裁决赋予了非裔美国人用1866年《民权法案》中的一项条款去起诉雇主并索要损害赔偿的权利。黑人之外的其他原告也可根据第7条提起诉讼，但如果胜诉，仅会得到拖欠工资。在鲁尼恩案中，最高法院实际上当庭把黑人提升到了一种特殊地位，但这不是其在另一个话题上的立场，即在经济衰退期间影响更多公民的资历问题；或者像《时代周刊》所问及的："何人领解雇通知书？"有关规则一向是"后进员工先被解雇"，但自20世纪60年代以来，少数族裔和妇女已经成果颇丰，他们不愿因一场经济衰退就前功尽弃——假如传统就业规则得以执行，这将应验。全国有色人种协进会主张"种族比例"，在这种情况下，一家工厂裁员前后要保有同样比例的黑人工人，该观念不免激怒了资深白种男性工人。随着工商企业与其工会联手反对妇女和少数族裔，在20世纪70年代中期，一些案件被提了出来，比如"沃特金斯诉第2369号地方工会案"（*Watkins v. Local No. 2369*）、"道金斯诉纳贝斯克公司案"（*Dawkins*

---

① *U.S. News*, 29 March 1976, 26；林格、奥恩斯坦及其他人的言论见 *Society*, Jan/February 1976; *Forbes*, 29 May 1978, 29; *U.S. News*, 23 August 1976, 50; 28 March 1977, 68; 29 September 1980, 69; *Newsweek*, 31 March 1975, 64. 杂志编辑的话载于 *Newsweek*, 17 January 1977, 11; *Time*, 25 July 1977, 52; *WP*, 30 April 1979; 索维尔的话载于 *Commentary*, June 1978, 39; *NYT*, 14 November 1976; 拉斯伯里的话载于 *WP*, 23 February 1976.

v. Nabisco）、"贝尔斯诉通用汽车案"（Bales v. General Motors）。1977年6月，最高法院裁定了一起错综复杂的卡车司机案，即"卡车司机工会诉美国案"（Teamsters v. United States），但存在分歧。大法官波特·斯图尔特（Potter Stewart）替多数派写道："虽然资历制度不可避免地会趋向于延续歧视的影响，但国会的意见是第7条不应该禁止使用现存的资历表，从而破坏或者淡化雇员既定的资历权。"

资历受劳动者拥护，一些自由派和民权倡导者觉得这是倒退。一年后，最高法院裁决了平权运动的另一个部分，即它如何影响大学招生。该案件关系到一名想攻读医学博士学位的工程师——艾伦·巴基（Allan Bakke）。

巴基案起因于一股创建更大规模的黑人职业人士和中产阶级的期望，也起因于非洲裔、奇卡诺人、美洲原住民、亚裔以及女性人群中的学生，这些学生要求讲授关于他们自己文化、文学和历史的课程的教授长得像他们。院系已经开始搜索，但培训那些研究生将需要很多年，因为1970年全国所有博士中仅1%是非裔美国人。另有院长意在吸引黑人和棕色人种学生入读职业学校，为的是培养更多的少数族裔医师、牙医和律师。有些大学已经制定灵活的招生计划，除了成绩、测试分数、个人特质、生源地、父母的校友身份，以及谱曲、编剧或者足球等才能以外，还会考虑申请人的种族。这种政策的结果便是，哈佛大学在20世纪50年代还全是白种男性的班级，到20世纪70年代后期逐渐变成了40%以上是女性，8%是黑人，6%是亚裔，以及5%是西班牙裔。还有些大学建立的招生计划拥有精确的少数族裔入学人数目标。

这类计划有一个指向加州大学戴维斯分校的医学院。医学协会和法学协会已经呼吁教育工作者把参与计划的黑人百分比从1970年的3%增加到一个更能代表其人口的比例。例如，当年阿肯色州仅有十几个黑人医师，整个国家的美洲原住民律师也几乎只有这么多。类似许多职业学校，戴维斯分校的回应是建立自己的平权运动招生计划。加利福尼亚州的人口超过四分之一是少数族裔，而每年医学院招收100名学生，其中保留16个名额给"弱势"申请人，即少数族裔。美国教育考试服务中心报道称，如果没有这类特惠计划，入读职业学校的少数族裔学生就只有约三分之一会有资格被录取。伴随着这类计划，1977年全国医学院黑人学生的百分比达到了9%，法学院也达到了8%。在较高的少数族裔辍学率成问题的时候，甚至连保守派高校管理人员也支持20世纪70年代期间的这类计划，大多数人同意俄亥俄州一位院长的话："如果没有了多样性，大学就不成其为大学。"

多样性越变越时尚，但艾伦·巴基无法享有多样性。事实上，他是一名非常典型的有挪威血统的美国人，生长于明尼苏达州。金发碧眼，身高近6英尺，从明尼苏达大学获得工学学位之后，他参了军，在越南服役期间晋升为美国海军上尉。退役后，他搬到加利福尼亚州，在美国国家航空航天局的一个实验室做工程师。可他真正感兴趣的是医学，之后就上夜校选了医学院的化学和生物等预修课程。1972年，32岁的他申请了包括戴维斯分校在内的11所医学院，他的申请书上写着："我在世上的最大愿望莫过于学医。"

同年申请戴维斯分校的其他2400多名申请人也是这么写的。巴基的成绩是全优，以4.0为满分时的平均绩点为3.45分，他的医学院入学考试分数也高于一般申请者，但却比大多数人都申请得晚，此外84个名额几乎全都被占了。11所医学院不得已拒绝了他。第二年他趁早申请了，当时戴维斯分校有3700名申请人，但他再次被拒。

在一位好心的招生负责人的帮助下，再加上他的长期努力，巴基知晓了1972年申请程序的若干重要事实。医学院不愿意招收30岁以上的申请人，认为他们的职业生涯会较短，因为正如戴维斯分校所写的那样："年龄较大的申请人必须极度合格才能被录取。"在名额的常规竞争中，黑人没法被录取，西班牙裔有2人，亚裔美国人有13人；同时针对弱势学生群体的特招计划招收6名黑人、8名西班牙裔，以及2名亚裔。后一群人的平均绩点为2.88分，相对而言，常规竞争者的是3.49分。所有平均绩点2.5分及以下的白人被自动淘汰；虽然特招群体不要求最低标准，但至少有一类少数族裔以平均绩点2.1分被录取了。巴基的医学院入学考试分数是359分，常规招生分数线是309分，而特招生分数线是138分。此外，医学院院长另有一个"特招"计划，据此他每年给国家政要或大学的巨额资金捐赠者子女保留的名额多达5个。常规招生的概率是29人录取1人，而少数族裔面对的却是10进1的比率。

巴基起诉了加利福尼亚大学。他致信招生委员会称，"我以为"有些申请人"受评判的标准不同。我指的是或明或暗的少数种族定额。我认识到这些定额的理论基础是它们力图弥补过去的种族歧视，但强调有利于少数族裔的种族新偏见并不是这么回事儿"。对于巴基及其辩护律师而言，平权运动政策否定了由第14修正案担保给他的平等保护权利。与之前民权时代的原告不同，巴基是白人，他的申诉不久就被称为"逆向歧视"案件。初审法院裁定赞成巴基，因为它发现弱势群体特招计划从没招过一位白人，据此裁定该计划歧视白种人（Caucasians）。此案移交到加利福尼亚州最高法院，亦裁定巴基胜诉。多数派以 6 比 1 票进行表决，他们论证道，大学不能偏向或者歧视任何人，因为白人不曾受到弱势群体计划录取，因此该计划已经成了基于种族的定额制。加利福尼亚州最高法院声明，第 14 修正案的"崇高目标""与计划的前提水火不容，即有些种族受反不平等待遇保护的程度高于其他种族"。种族因素不能被用于招生程序。加利福尼亚大学董事会遂将此案上诉到联邦最高法院。①

最高法院受理了此案，然后在 1977 年 10 月 12 日听取了口头辩论。成百上千的群众在最高法院大楼外排起了长队。《华盛顿邮报》报道称："当队伍壮大并蜿蜒至大理石台阶附近时，他们高举标语横幅欢呼雀跃。这一切只为一个陈旧的理由、一个情感上的原因——种族。"大楼内 400 个席位很快座无虚席，更多群众在外面高呼："保卫、扩大平权运动！"（"Defend, Extend Affirmative Action!"）媒体悉数出席，共有 90 多名记者，自 1974 年最高法院裁决勒令理查德·尼克松交出水门事件录音带以来，

---

① *Time*, 3 February 1975, 58; 卡车司机工会案件相关信息见 *NYT*, 1 June 1977 和 *Monthly Labor Review*, August 1977, 48–48（原文页码有误。——译注）；关于 "Preferential Admissions: Equalizing the Access of Minority Groups to Higher Education" 一文，Robert M. O'Neil 发表于 *Yale Law Journal* (March 1971): 699–767; 俄亥俄州院长的话载于 *NYT*, 25 October 1977; 虽然德夫尼斯诉奥迪加德案（*DeFunis v. Odegaard*）是关于优先录取的第一起案件，被告是华盛顿大学法学院，但是由于德夫尼斯已经被录取而且即将毕业，所以法院宣判此案无实际意义。巴基案载于 *NYT*, 19 June, 3 July, 25 October 1977; Ball, *Bakke Case*, 47 and Chapter 3; Wilkinson, *Brown to Bakke*, 254–55; 以及 *Newsweek*, 10 July 1977, 19ff.

这是人数最多的一次。哥伦比亚广播公司（CBS）记者埃里克·塞韦里德（Eric Severeid）告诉一位电视观众，巴基案的"重要程度跟 20 世纪 50 年代早期的学校种族隔离案件是一样的"；美国全国广播公司（NBC）主播约翰·钱塞勒（John Chancellor）预测，它有可能进入"改变宪法解释的重大案件的荣誉殿堂"。

巴基案分裂了国家，在最高法院审理此案之前，近 150 个利益集团提交了 58 份陈辩书，这创了一项纪录。此案本可以被称作"考绩诉平等案"（Merit v. Equality），又或者可以被称为"分数诉社会正义案"（Scores v. Social Justice）。白人大多认为自己从不歧视别人，戴维斯分校也这么看，那么为什么得由他们承担歧视历史的后果呢？美国教师联盟主席写道："一旦你沿着种族界限制定特惠待遇，那么你就沿着同样的界限重启了歧视之门。"族裔组织也加入了争论，比如意大利裔美国人基金会（Italian-American Foundation）、波兰裔美国人事务所（Polish-American Affairs），以及几个犹太人团体。布内·布里茨反诽谤同盟（B'nai B'rith Anti-Defamation League）的一位律师谴责这样的观念，即"一个试图使自身摆脱种族歧视的社会"应当"通过实施更多的种族歧视……来实现行业间的平等"。

加利福尼亚大学自然不同意，它也有其他大学的分数和自由派组织作支持，比如全国基督教协进会（National Council of Churches）、美国律师协会（American Bar Association）、美国医学院协会（Association of American Medical Colleges），以及全国有色人种协进会。为了克服数世纪的歧视，为了创建黑人中产阶级，这种政策是必要的，此外它辩称，少数族裔申请人或许没拿到最高测试分数，但必定足以进入这类计划，毕业后成为专业人才。一番辩论过后,卡特行府提交了一份"法庭之友"简报①以支持加利福尼亚大学。虽然反对定额制,"但我们相信,对敏感的少数族裔问题做决策是被允许的"。《纽约时报》等报社发表社论反对巴基,把加利福尼亚大学系统称为"美国式赔偿",不过也承认反对他们立场的读者来信是15比1。《时代周刊》宣称:"双方都是对的。但巴基先生应该输掉官司,这才符合国家利益。"

千呼万唤之下,8个月后,1978年温暖湿热的6月的某个早晨,最终判决出来了。9位大法官在他们的黑皮大椅上坐定,迅速处理完另外两起案件,然后首席大法官沃伦·伯格宣布,大法官刘易斯·鲍威尔将对"加州大学董事会诉艾伦·巴基案"(*Regents of the University of California v. Allan Bakke*)进行宣判。鲍威尔面带微笑地说:"现在,我将试着说明我们是如何在这个问题上产生分歧的。这可能不是不言而喻的。"

这的确不是不证自明的,和整个国家一样,最高法院存在重大分歧。包括伯格和威廉·伦奎斯特在内的4位大法官认为,大学招生计划分配给少数民族精确名额,此举违反了第14修正案和1964年《民权法案》第7条,即禁止任何接受联邦资助的机构实行种族歧视。巴基仅仅"因为他的种族"而被排除在公立医学院招生计划之外是违反宪法的。另外4人认为——其中包括哈里·布莱克门和法院唯一的非裔美国人瑟古德·马歇尔——为了克服歧视历史的影响,该大学的计划是可以接受的。布莱克门期

---

① "法院之友"简报(amicus brief),指与诉讼结果有利害关系的非当事人意见陈述。——译注

待着平权运动不再必要的时代，但此时此刻，"要想超越种族主义，我们必须先重视种族。为了平等地对待一些人，我们必须待他们与众不同"。马歇尔表示同意，他呼吁黑人要"得到第14修正案更大的保护"。他写道："在好几百年基于阶级的黑人歧视之后，基于阶级的补偿也是应该被允许的。"

刘易斯·鲍威尔保持中立，这位尼克松任命的弗吉尼亚人认为，法律必须服务于社会正义和社会稳定。在他的多数意见中，这位南方绅士承认加州大学在消除"身份歧视的不利影响"方面拥有合法权益，也承认"实现学生群体的多样性……显然是高等教育机构经宪法允许的目标"。但他接着说："平等保护权的保障不能在作用于一个人时是一个意思，但在作用于另一种肤色的人时又是别的意思。……宪法禁止这么做。"于是，鲍威尔变换立场，赞成"种族或者族裔背景只是选拔程序中的一个因素——被用于公允地权衡其他因素"。

"优待行，定额不行"，《新闻周刊》宣告。根据5比4票的表决，最高法院认为定额制违反宪法，根据同样比例的表决，认为种族可以被用作该大学招生程序所考虑的因素之一。专栏作家安东尼·刘易斯（Anthony Lewis）写道："巴基先生胜了，不过平权运动的通则亦胜了。"法院要求巴基下学期申请戴维斯分校，而且招生含有严格定额的各大学必须建立灵活的"目标"或者"指标"，这符合自约翰逊以来的联邦政策。司法部长贝尔说："底线是要肯定我们所认可的法律。"至于补偿这个要求，大法官们用判决给了所有人一个满意的答复。《华盛顿邮报》对此写道，只要招生是灵活的，"便几乎给了每个人——巴基、政府、民权团体及大部分高校——胜利，即使是场小胜"。巴基案意义重大：

此案对高校招生中平权运动的规定将成为国家法律。①

不过，该法律不涉及就业方面。一年后的 1979 年 6 月，最高法院裁决了另一位男性白人的诉讼；正如某位记者所写的那样，"巴基案转向了工厂"。布莱恩·韦伯（Brian Weber）是路易斯安那州格拉姆西市（Gramercy）的恺撒铝业与化工公司（Kaiser Aluminum and Chemical Company）旗下工厂的一名白人职工。以前，该公司的技术岗位招聘存在歧视，所以 1974 年这种岗位的 290 个员工中只有 5 个非裔美国人。为了回避潜在的诉讼和赔偿等局面，该公司与美国钢铁工人联合会达成了一项协议，制定平权运动计划为技术岗位培训黑人。韦伯申请了，但被拒绝了。他惊讶地发现，工会给黑人雇员保留了 50% 的培训名额。在 13 个空缺中，7 个留给黑人，6 个留给白人，而且有 2 名黑人的资历不如韦伯。他断言该公司和工会制定了定额制。"我之所以正蒙受歧视，就因为我是白人。"

韦伯起诉了，控告逆向歧视。对于韦伯而言，恺撒铝业的政策违反《民权法案》第 7 条，他在两个低级联邦法院皆胜诉了，但败在了最高法院。在替多数派撰写的判词中，大法官威廉·布伦南宣告，第 7 条无一处"禁止所有自愿的种族意识平权运动（race-conscious affirmative action）"。该公司的计划属权宜之策，当工厂中黑人技术工人的百分比与当地劳动力中黑人的比例相似

---

① 12 月 2 日的事件见 Ball, *Bakke Case*, 1, 88–89; 支持者、反对者和律师的观点载于 *NYT*, 24 August and 15 June 1977; 卡特和社论部分载于 *NYT*, 20 September, 3 July and 19 June 1977; *Newsweek*, 10 July 1978, 19ff.; 刘易斯的观点载于 *NYT*, 2 July 1978; *WP*, 29 June 1978; 贝尔的话载于 *U.S. News*, 10 July 1978, 14.

之际,就将被终止。该计划不阻止任何工人参加培训,也不"束缚白人雇员的利益"。公司的目标"只是为了消除明显的种族失衡",这种失衡见于以前的歧视性工厂。布伦南继续道:"如果一条法律由国家对横亘几个世纪的种族不公的关注而触发,并意在大力改善那些已被排挤出美国梦如此之久的人的处境,却又第一个立法禁止所有废除种族隔离传统模式的自愿、私人、种族意识的工作,这真是莫大的讽刺。"

韦伯说,"我非常失望",布内·布里茨反诽谤同盟也不希望雇主把判决解读成"批准种族定额"。但全国有色人种协进会的本杰明·胡克斯(Benjamin Hooks)有不同观点,他声明,如果最高法院已站在韦伯那边,那么"平权运动事业将会倒退10年"。某墨西哥裔团体补充道,此判决可能会"打开尘封已久的大门";全国妇女政治党团会议(National Women's Political Caucus)的一位领袖"喜不自胜。根据这个判决,妇女和少数族裔争取平等就业机会不再只是梦,而越发接近现实"。

因此,最高法院裁定工商企业可以建立自愿的平权运动政策,以给予少数族裔和妇女优待,甚至临时定额。但一个相关问题随即浮现:联邦政府能像1977年的《公共建设工程法案》那样,在全部地方公共建设工程合同上授权10%的保留配额吗?总承包商协会(Association of General Contractors)发言人宣告:"我们没有发现证据能够表明,10%这一标准……根本不是定额制。"该协会成员H. 厄尔·富利洛夫(H. Earl Fullilove)是名纽约市的承包商,他质疑了该法案,此举在"富利洛夫诉克卢茨尼克案"(*Fullilove v. Klutznick*)中引出的问题是:国会有权就合同款项建立保留配额吗?或者说,这违反第14修正案的平等保护条款吗？

最高法院以 6 比 3 的票数裁定，维持《公共建设工程法案》。首席大法官沃伦·伯格写道，消除过去歧视的影响是国会的本职工作。此法规的保留配额不是一种僵化的定额制，因为当区域内不存在具有资格的少数族裔公司，或者没有递交竞标书的时候，它们可以被放弃。大法官马歇尔论证得更宽泛。"通过维持这个种族意识的补偿，最高法院把承担推进我们社会走向一种有意义的机会平等状态的任务所必要的权威让与了国会。"《国家》发表社论称，富利洛夫案证明最高法院中有"6 位大法官将维持几乎所有经国会授权的平权运动计划"，"目前清楚的是，9 位大法官中的 7 位认为，用于克服过去歧视影响的种族意识计划是符合宪法的"。①

富利洛夫案、韦伯案和巴基案例证了平权运动的全盛时期。1969—1980 年间，政府三大部门全体一致支持该政策。除了保留配额之外，国会避免了关于平权运动的直接投票表决。此举让行政和立法部门去定义该政策，也给它冠上了某记者所谓的"官僚主义单性生殖"之名。尼克松总统和卡特总统已面临与约翰逊相同的困境：如何增加黑人就业，招聘可与种族有关，但同时又得赞成第 7 条的话，招聘不得涉及种族。因为缺乏替代方案，少数族裔的不平等现象过于明显，加之公民大多赞成打开机会之门，

---

① 工厂部分载于 *NYT Magazine*, 25 February 1979, 37; 韦伯案见 *WP*, 12 January 1979; *NYT*, 12 December 1978; 正反双方的意见载于 *NYT* 和 *WP*, 28 June 1979; 总承包商协会发言人的话载于 *U.S. News*, 10 July 1978, 17; *Nation*, 19 July 1980, 67–68.

所以那几届行府接受了相同的基本方针——某种形式的补偿。不论民权领袖是否意识到，在20世纪70年代，他们正在获得补偿这个最后的需求，然后接下来的问题就是"补偿多少"，以及为此"补偿多久"。约翰逊曾用费城计划进行补偿，尼克松加以改进，使之全国化，高校和许多工商企业也已经建立自己的计划，卡特还根据1977年《公共建设工程法案》将保留配额签署成为法律，这一切都受到了联邦法院的支持。

由于肯尼迪总统在1961年发布的行政命令，平权运动的定义一路上已经发生了巨大变化，从仅仅结束歧视和向所有公民开放工作，演变到就业、高校招生和少数族裔自营企业等方面的"结果"。政府先后支持用种族和性别意识的补偿去克服过去的歧视，即使那含有为政府承包商制定的目标和时间表，为有过歧视的雇主确定的附带临时定额的合意判决，为少数族裔自营公司确立的保留配额，以及高校招生计划中的特殊考虑。

《新闻周刊》就巴基案写道："最终，该问题迫使美国人反躬自省，然后追问：什么是公平？"应该为了弥补妇女和少数族裔过去所受歧视而惩罚白种男性吗？假如应该，那么是哪一类优待？

上述问题的答案在1979年的一份民意调查中可见一斑，该调查再次让国民大跌眼镜。《纽约时报》写道："哈里斯民意调查组织此次的调查结果，与1977年盖洛普民意测验的调查结果反差很大。"巴基案的判决成了"改变白人对平权运动态度的转折性事件"。哈里斯民意调查发现，除去21%，71%的白人认为"只要不存在僵化的定额"，他们就同意"在多年歧视之后，只有为了确保妇女和少数族裔尽一切可能得到平等的就业和教育机会而建立的特别计划才是公平的"。至于平权运动，67%的白人赞成在工作和高等教育中的这类计划；另一份关于300名企业高管的调查也发现，70%以上看好平权运动，并断言它没有妨碍生产力。此外，还有调查发现，其他种族的态度也有了戏剧性改变。1963—1979年间，担心黑人家庭搬到隔壁的白人的比例已从50%降至27%，而认为黑人是劣等种族的已降至15%。虽然绝大多数白人依然反对跨区校车接送，但是对孩子的校车接送体验感到满意的白人和黑人的比例均已攀升至60%左右。种族融合正在发挥影响，因为90%的白人称，在社交和工作上与黑人的接触"愉悦又轻松"。但黑人不一定同意，例证是歧视仍在继续，而且缺少好工作。不过，全国基督教和犹太教大会（National Conference of Christians and Jews）宣告"真正的进步指日可待"。

以上声明或许过于乐观，尤其是在萧条时期，但在20世纪70年代，平权运动正在产生影响。洛克希德公司的人事总监说："说实话，平权运动已经达成使命。没有政府监管，我们肯定不会如此一反常态地卖力"招聘妇女和少数族裔。波托马克学社（Potomac Institute）和联邦合同遵循项目办公室的研究支持了这一观点，两者均发现有"大规模的就业增长"，特别是在拿过联邦政府合同的7.7万家企业和建筑工会中。工作也在扩大开放。1970—1980年间，黑人工会工人和学徒的百分比翻了一番；非洲裔官员、经理、专业人员和技术工人增加了70%，这两倍于那些职位的全国增长率。白人妇女的情况更加乐观。随着她们迅速地进入到技能技术岗位，《华盛顿邮报》称女性是"最大的赢家"。

执行力达到新水平。卡特执政期间，平等就业机会委员会收到并批准调查了大约 7.5 万起歧视投诉，每年大约提交 5000 起诉讼，被点名的大型公司几乎占全国一半。70 年代末，埃莉诺·霍姆斯·诺顿委员宣布，该机构已经减少 40% 的积压案件，各公司也以补偿和福利的方式理清了价值 3000 万美元的歧视索赔。

平权运动也正在校园内发挥作用。"我们备受鼓励，"诺顿表示，"一些案子终于胜利在望"，因为许多高校——布朗大学、罗格斯大学、明尼苏达大学、纽约市立大学——理清索赔并顺应全国性趋势，聘用和授予了更多女性教授终身教职，她们正在与少数族裔一道讲授有关妇女和族裔研究的新课程。从始至终，妇女都在推敲专业的大门；这 10 年间，牙科院校的女生入学率从 2% 增至 19%，医学院从 11% 增至 28%，法学院则从 9% 增至 35%。中小学教育也在变化，正如霍顿·米夫林（Houghton Mifflin）等出版商对教科书作者和编辑发布的新指导方针那样："实现少数族裔代表占 20%，男女代表均占 50%。"妇女的角色不但必须包括"医生、律师、会计"，还要包括厨师和巴士司机；男人也应该"像女性雇员一样"被纳为小学教师和护士。

到卡特任期结束前，平权运动已经达到顶峰，然而它的公众支持度一如既往地薄弱。政治声明一向互相矛盾、界定含混，被提交的诉讼太多，有些是荒唐可笑的——这一切既混淆民众视听，又为难民调专家，还鼓励了控诉"逆向歧视"的批评者。此外，经授权执行该政策的机构并不总以身作则。1980 年，联邦合同遵循项目办公室要求费尔斯通工厂（Firestone）遵照方针，招聘的"每 10 位化学工程师中应该至少有 9 名女性，每 10 位工头中应该至少有 5 名少数族裔，而且每 10 名工匠中应该至少有 2 名少数族裔"，此举是为了与该公司挑起官司，然后给保守派反对政府条例提供火力支援。无独有偶,平等就业机会委员会起初游说政府官员不要根据考绩雇用职员,而要根据区域内少数族裔的比例;然而当该机构试图在自身内部建构一种完善的雇用模式时,结果却尴尬收场。实际上,美国少数族裔的比例与平等就业机会委员会职工的人数几乎没有关系:黑人49%,女性44%,西班牙裔11%,白种男人仅20%。1979年,该机构决定改组,从89名男性申请者和15名女性申请者中选拔了19名区主席,其中获任命的男性仅11名。此举导致男性雇员要求选拔程序"无视性别"(sex blind)。法官支持那些男性,指明平等就业机会委员会蔑视了第7条的崇高目标。"简言之,这是一起关于奶牛踩进牛奶桶的案子。"①

截至70年代,许多人觉得国家也要踩进牛奶桶了,或者像卡特总统在一次全国性演讲中承认的那样,就要陷入"国家隐患"(national malaise)。"显然,我们国家的真正问题是更深层次的——深于加油站排队或者能源短缺,甚至深于通货膨胀或者经

---

① "单性生殖"一说载于 *WP*, 11 April 1982;执行数量见 Belz, *Equality Transformed*, 197; *Newsweek*, 26 September 1977, 52;关于公平的论述,见于 Laurence H. Tribe, "Perspectives on Bakke: Equal Protection, Procedural Fairness, or Structural Justice?" *Harvard Law Review* (1979): 864–77;民意调查结果载于 *NYT*, 19 February 1977 和 *Newsweek*, 26 February 1979, 48ff;对工商企业的调查载于 *WSJ*, 3 April 1979;洛克希德部分载于 *Business Week*, 27 January 1975, 98;波托马克学社和联邦合同遵循项目办公室的研究见 Hammerman, *A Decade of New Opportunity*, 1–9, 42–4;诺顿的意见载于 *NYT*, 18 October 1979 and 15 July 1980; *WP*, 11 April 1982;霍顿出版社部分载于 *WP*, 26 November 1976;费尔斯通部分载于 *WP*, 5 May 1981,另外平等就业机会委员会案件载于 *Business Week*, 11 October 1982, 40 和 Graham, *Civil Rights Era*, 460.

济衰退。……这是场信任危机。"然后总统问道,"我们能做什么?首先,我们必须面对现实;其次,我们能够改变我们的道路。"

很多人表示赞同,其中就有1980年间积极参加竞选,以图改变国家道路的加利福尼亚人罗纳德·里根。

第四章 反　弾

在这位共和党总统候选人于 1980 年大选获胜之后,《美国新闻与世界报道》宣告了"里根革命"（The Reagan Revolution）。当这位高大英俊的加利福尼亚州人策马进入华盛顿时,他和拥趸旨在驱散 20 世纪 70 年代后期的悲观情绪,以期带来复兴、阳光和里根所谓的"美国早晨"（Morning in America）。

竞选焦点一直是经济滞胀,1980 年遭遇了超过 7% 的失业率、12% 的通货膨胀率和 15% 的基准利率。里根承诺会"大胆、果断、迅速地控制住迅猛增长的联邦支出,以去除正在扼制经济的税收障碍,改革正在抑制经济的监管体系"。他发誓要把国家从"经济混乱"中解救出来。他的竞选口号卓有成效:"你现在过得比 4 年前好吗?"

这位共和党人还承诺"恢复我们的国防",大多数公民认为这是必要的。1979 年 11 月,伊朗的激进分子在美国驻德黑兰大使馆劫持了 53 名美国人质。同时,伊斯兰激进分子在电视镜头前焚烧星条旗;苏联入侵阿富汗,力图在南部边境处扶持一个友好的共产主义政权。在选举之年,卡特对人质危机的回应是一次直升机营救任务,任务以灾难收场:电视播报了直升机在沙漠中燃烧的场面。他对苏联入侵的回应一是恢复征兵制度，这使校园布满恐慌；二是禁止粮食销往俄罗斯，这降低了美国农民的粮价；三是抵制夏季的莫斯科奥运会，这惹恼了体育迷。

里根击败卡特，赢得了44个州和51%的选票，其中包括除佐治亚州之外的所有南方州。他最坚定的支持者是白种男性和数量惊人的工人阶级选民，他们放弃了卡特，以"里根派民主党人"著称。此外，这位上镜的加利福尼亚人颇具燕尾提举力。这是自1952年大选以来"大老党"①第一次获得参议院控制权和取得南方民主党的配合，保守派现在是众议院的多数派。

共和党胜在纲领，它提倡抑制社会计划，以通过林登·约翰逊和富兰克林·罗斯福的自由主义社会政策"恢复个人自由"。"政府不能解决我们的问题，"里根坚持称，"政府本身才是问题。"他承诺"不让政府指手画脚"，减少监管和废止80余项计划，其中涉及联邦教育部和环境保护局。越来越多的基督教原教旨主义者震惊于20世纪70年代的同性恋、性解放和妇女解放运动，受他们支持，里根的道德议程号召回归"真正的美国价值观"，这包括通过宪法修正案严禁堕胎，并"把性从学校去除，让祷告重回这里"。

里根很幸运，因为在就职典礼当天早上，伊朗释放了人质。他们已被囚禁了444天，人质获释化解了最紧迫的问题。不过在那一天，大多数人真正看重的似乎是希望，而且在演讲中，他没有动摇，昂首挺胸告诉国民，现在是时候向前进了，"我们这么

---

① 大老党（GOP），全称 Grand Old Party，是美国共和党的别称。——译注

一个伟大的国家岂能自囿于小小的梦想。……让我们重新焕发决心、勇气和力量。让我们重拾我们的信仰和希望。我们完全有权利做英雄梦"。

里根的新内阁混合了保守派和中间派，他们中的许多人曾在加利福尼亚州做过他的部下，或者曾效力于尼克松总统和福特总统。卡斯帕·温伯格（Caspar Weinberger）成了国防部长，戴维斯·斯托克曼（David Stockman）负责管理和预算办公室，唐纳德·里甘（Donald Regan）成了财政部长，威廉·弗伦奇·史密斯（William French Smith）接管司法部。雷蒙德·J. 多诺万（Raymond J. Donovan）成了劳工部长，副总统乔治·H. W. 布什（George H. W. Bush）的密友詹姆斯·A. 贝克三世（James A. Baker III）成了白宫办公厅主任。总统向内阁提名的唯一一位黑人是小塞缪尔·皮尔斯（Samuel Pierce Jr.），他成了住房和城市发展部部长。除了皮尔斯，新一届行府在100个高级职位中没有任命任何别的黑人，而且最重要的400个岗位上只有19位黑人。里根也没在内阁任命妇女，不过为了安抚批评者，他提名珍妮·柯克帕特里克（Jeanne Kirkpatrick）出任驻联合国大使。

春季期间，行府提出了经济复苏计划"美国的新开始"（America's New Beginning）。总统要求个人和企业纳税3年内削减30%，称联邦政府的浪费和骗局是"国家丑闻"（national scandal），还要求精简监管企业和环境的机构。他敦促从社会计划中大幅度裁减400亿美元，其中包括削减食品券、学校午餐、医疗保健、住房补助以及福利救济，然后把那些服务计划转给各州。

国会开始审议上述提案，当时突然有名持枪歹徒差点终结里根的总统生涯。约翰·辛克利（John Hinckley）有精神病史，他走在华盛顿特区某酒店外的人潮中,朝总统开了几枪。一颗子弹差点儿击中他的心脏,只偏离主动脉 1 英寸,另一颗子弹重伤了新闻发言人詹姆斯·布雷迪(James Brady)。当时美国人全都屏气敛息,总统被送往医院急救室,他在那里对夫人南希(Nancy)眨了眨眼说:"亲爱的,我忘记猫腰了。"然后他转向手术医护人员问他们是不是共和党人。他们回答:"今天我们都是共和党人。"

很快里根便康复了,而且他那温暖的幽默感和信心为他的第一年及整个总统大部分任期都赢得了许多美国人的支持。他的个人魅力得益于其电影明星般的长相、乐观的未来愿景以及发表纯正演讲的能力。正如传记作家卢·坎农(Lou Cannon)所言,里根不可信,因为他是位"伟大的沟通者"(Great Communicator)。而他之所以是位"伟大的沟通者",则是因为他可信"。①

借着民意支持,国会不久便通过了总统的两大近期奋斗目标:扩大国防开支和降低税率。他的行府宣称这是为了审核各项计划,以精简联邦机构和减少监管。

这使得一些公民开始提防里根革命,特别是那些认为他们正从平权运动等政府计划中获益的人。卡特赢得了 93% 的黑人选票,还赢得了大部分女性的选票,主要是因为里根反对堕胎和《平等权利修正案》。从而,选民们首次见证了一场"性别差异"(gender gap),在这里,相当大比例的白种男人的投票不同于同等社会经济地位的女人。

---

① 关于大选的论述,参见 Cannon, *President Reagan*, 5–6;关于提名黑人,见 *NYT*, 16 July 1981;"今天都是共和党人"这句见 Schaller, *Reckoning*, 43.

总统竞选期间，两大主要政党在种族议题上泾渭分明。民主党支持跨区校车接送，但共和党反对，因为这会引起学区整合，还在经1980年人口普查批准后重新划分的国会选区中使用种族因素。由于里根曾在20世纪60年代反对过所有民权法案，民权团体自然有兴趣听听他的观点。夏季竞选期间，全国有色人种协进会请里根为大会致辞，但这位沟通者谢绝了，声称日程冲突，因为他的工作人员"放错了邀请函"。此举徒增这位加利福尼亚人的压力，所以8月他用了一周时间专门讨好非裔美国人。他在南布朗克斯（South Bronx）的一个黑人居住区做了一天政治活动，又同杰西·杰克逊举行座谈，还在城市联盟发表了演讲。但此番表现不足以令人信服，因为里根在密西西比州的费城——1964年，3名民权运动工作者遇害的地方——所做的演讲中声明赞成州权。他还拒绝采取强硬立场反对南非压抑性的种族隔离制度。《新闻周刊》写道："估计旋风般的一周不足以改变众多黑人对罗纳德·里根的看法。"

另一个争议性话题同样分化两党，即平权运动。民主党阵营声称，"一项有效的平权运动计划是我们扩大民权承诺的主要部分"；然而自从尼克松在1972年大选前放弃支持平权运动，共和党已经在转向右翼。保守派1980年控制大老党，其党纲批判"官僚主义条例和决议，为了支持一些人，依赖定额、比例和数字要求排斥另一些人"。里根补充道："我们决不允许高尚的机会平等观念被歪曲成那种要求种族、族裔或者性别——而非能力和资格——充当招聘或者教育的主要因素的联邦政策或者定额。"

以上观点意味着，新一届行府起初并不受非裔美国人支持，而即将交班的卡特行府离开华盛顿时又火上浇油。卸任前一天，司法部副部长约翰·希尼菲尔德（John Shenefield）和1979年起诉政府的少数族裔联邦员工签了份协议。他们称中层政府职位测试存在文化偏见，即行政人员录用考试（Professional and Administrative Career Examination, PACE）。据此，未来3年内该协议将废弃PACE，要求各行政机构建立新的考试加以替代，以便通过与擢升更高比例的黑人和拉美裔。实际上，新方针瞄准的是结果，它们确保得到较好工作的少数族裔人数几乎会与参加新测试的人数相称。因此，如果参加考试的50%是少数族裔，那么50%或不少于40%的工作将被给予少数族裔，直至各机构拥有20%的黑人和拉美裔。如果新的考试没法更多地提拔少数族裔，那么机构可以废弃新测试而不靠PACE招录少数族裔，或者至少证明测试不暗含偏见。有政府检察官称该协议是一种定额制，布内·布里茨反诽谤同盟也这么看，但希尼菲尔德回应道，现行考试测的不是岗位所需知识，而且新计划不强加严格的数值要求。他把数值要求定义为定额制。

希尼菲尔德的回应不足以说服里根的过渡工作组，他们早就要求卡特行府别实施该计划，别把问题留给下一届行府。一位联邦法官初步批准了该协议，评论称："根据法律，它是公平、公正、正当以及适当的。"

新行府搬进华盛顿之后不久，便开始明确其平权运动立场。在首场记者招待会上，总统被问及是否会从平权运动上撤退。里根答复道："不，不存在撤退。本届行府会以平等为己任。"然后他补充道：

> 可是，我认为有些东西也许不如它们以前那么有用了，

甚或也许在实践中遭到了扭曲，比如一些变为定额制度的平权运动计划。而且我够老，记得为了［反］歧视目的，美国存在定额的岁月。我不愿再见到那种情况发生。

里根的声明是反弹的开始；现在，第一次有总统行府和其他批评者一道反对平权运动。此后不久，一位白宫官员说，"最终目标"是回归"无视肤色的"招聘；随后那年春季，行府表示平权运动条例将是"政策放松"（regulatory relief）的首要目标。

对新行府而言，政府条例正在损害经济、降低效率，并加重工商企业的负担；这些"限制竞争的"条例还在扼制复苏所必需的个人主义和自由企业。根据这些观念，政府着手攻击的条例恰巧是许多与他们常年反对的政策相同的自由主义政策——规定员工和消费者安全、环保节能之类的联邦条例，以及迫使雇主证明他们没有歧视的规章——换言之，平权运动。

这惊动了支持平权运动的人。《黑人企业》（Black Enterprise）宣称，里根正"在平权运动上故弄玄虚"。很多人同意《华盛顿邮报》的看法："平权运动的反对者可能最终会取得胜利，但不是在法庭上，而是在投票箱里……在罗纳德·里根被选为总统之日。"①

随着"里根革命"亮相国会，里根的观念得到了更多的信任。在众议院，宾夕法尼亚州的共和党众议员罗伯特·沃克（Robert

---

① 里根和非裔美国人部分参见 Newsweek, 18 August 1980, 33 和 NYT, 27 October 1980; 他对平权运动的意见及 "最终目标" 一说见 Fortune, 19 April 1982, 144; PACE 部分和法官的话载于 WP, 10 and 17 January 1981; "无视肤色" 和 "最终会取得胜利" 一说载于 WP, 27 March 1981; Black Enterprise, May 1981, 20.

Walker）对 1964 年《民权法案》提了一项修正案，它将不仅禁止联邦条例要求雇主招工或者高校招生根据种族或性别，而且禁止使用定额、目标或时间表。在参议院，犹他州的共和党参议员奥林·哈奇（Orrin Hatch）提交了一项宪法修正案严禁联邦政府和州政府"因为种族、肤色或者原国籍而进行区别"，双方要试图实现保守派所说的"无视肤色的社会"（colorblind society）。当年哈奇在司法委员会对很多有关宪法的话题进行了听证，尤其是平权运动。作为主持人，他的目标很明确，因为他曾经声称"平权运动是对美国的攻击，它孕育于谎言之中"。在 5 月的听证会期间，他声明此政策显然"从一开始就已扎根于我们那几乎完全缺乏法律约束的系统之中……只凭司法及行政部门决定而制定"。是时候就这个争议性话题进行一些对话了，他继续道："让我不安的是，我们社会中太多的人担心被称为种族主义者，因为甚至害怕谈及这个议题。"

哈奇召集了证人。莫里斯·艾布拉姆（Morris Abram）是位打赢过很多民权官司的律师，但如今他得出结论认为，平权运动正在导致一种危险的"巴尔干化"①种族团体，宪法的"肤色意识解释"是一件"上膛的武器"；同时另一位证人认为此政策给妇女和少数族裔盖上了"自卑的印章"（badge of inferiority）。唯一出来作证的黑人是哈佛大学教师马丁·吉尔森（Martin Kilson）。他同意哈奇可能存在与平权运动有关的污点（stigmas），但那都是相对的："马萨诸塞州的意大利裔承包商"因政治庇护而拿到有利可图的合同，他们"甘愿接受这个污点"。然后吉尔森转而

---

① 巴尔干化（Balkanization），指团体间互相分隔、互相竞争。——译注

请求哈奇:"要是平权运动正江河日下,那么请给我们马歇尔计划吧。……我敢肯定,你会从脸上的笑容里刮掉什么吧。"

"永远不要解读我的笑容,"哈奇报以淡淡的一笑,但他在7月听证会期间更严肃了,它涉及政府条例和地方官员。卡特执政时期,司法部起诉了弗吉尼亚州费尔法克斯县(Fairfax),那里的人口中有四分之一是黑人,但县里7000名工人中的非裔美国人不到6%。哈奇传唤了县委会主席,他谴责联邦官员对该县使用了"像攻城槌一样的惩罚性行动",并号召里根行府履行竞选诺言:使我们摆脱政府。哈奇表示同情,认为联邦行动可能是典型的"繁重的政府打压"。

加重负担的机构通常指平等就业机会委员会。一些商人抱怨他们在文书工作上浪费了太多时间,并花了太多钱以保护自己免受歧视指控。有个研究机构估计,一次遵守合同审核会花费雇主2万美元以上,而这样的评审每年会花费掉500家公司10亿美元。它举一名拉美裔雇员起诉密歇根州联合坎普公司(Union Camp)的歧视案为例子。这家纸业公司的11位主管分别处分了该员工22次,直至停止处分并最终解雇。该员工指控公司种族歧视,他的5次劳动仲裁尝试均以失败而告终,其中3次是在密歇根州民权委员会进行的。但即便如此,平等就业机会委员会在缺乏新证据的情况下仍然受理了他的案件并提起诉讼。当事人审问及案子持续了19个月。该员工和平等就业机会委员会败诉,法官严厉训斥了此机构。平等就业机会委员会"在证据不足的情况下受理案件,败诉之后得到了应有的教训。值得奖励律师费的好案例不能是捏造的"。

甚至政府内部的一些官员也开始公然反对各项条例。这批人不是保守派，反而是自由派，他们在20世纪70年代支持过平权运动，而今觉得此计划的执行已然出现严重的缺陷。有位联邦高级主管表示："平权运动已经盖过对公平和效率的考虑。你得一直处于守势，这刻在每个人的脑海里，然后当话题出现时，你会感到不得不举出你已雇了多少妇女，已提拔了多少少数族裔。任何犹豫、任何质疑……都表明你是个食古不化的人（dinosaur），落伍过时的人。"另一个问题是联邦政府内部所提控诉的压倒性胜利。它们大多轻浮无聊，并耗费了大量时间。有位雇员在老板称他为"守旧派"（old-fashioned）之后便控诉年龄歧视；另一个人故意不服从主管指示，在她（主管）迫不得已批评了他之后，他声称这是种族歧视。还有人声称性别歧视，因为上司拒绝让她公费进修一门与其职务不相关的课程；实际上，这是她为离开政府后的未来规划所做的准备。有位中年男人一年内提起了30多起控诉，大约每8个工作日就有一起。当一位办公室同事威胁要打他时，他声称这是歧视，尽管那个人有着同样的种族背景。他还找到部门里两位实习女大学生的公寓，在那里进行了不当的求爱；当主管吩咐他别再在社交场合见这两位女士之后，他便以性骚扰提起控诉。

在"里根革命"的头几个月里，反弹慢慢浮现，但行府的行动并不是一项协调性工作；相反，他们对平权运动很尴尬，甚至与之有矛盾冲突。在总统就职日后仅4周，司法部长史密斯便宣布新一届行府将会遵循而非质疑卡特行府用于废弃PACE考试的协议。对于商界支持者而言，这表示行府是在回避其规定的用考绩代替特惠待遇的纲领。那年春末，劳工部长多诺万出人意料地宣布，"总统和我坚决支持平权运动"，这个议题与其说是展现了当局的能力和功绩，倒不如说是展现了过度的报道和官僚的急功近利。他打算"删减这项该死的文书工作"，并使政策执行"摆脱扯皮拉纤的处境"。这种声明让许多保守派支持者很不快。传统基金会（Heritage Foundation）称里根的民权议程为"东拼西凑的工作"（patch-work），还有位保守派作家称之为"缺乏连续性和一致性……在近代史上最具意识形态的行府似乎没有悟到它的执政理念"。

那些理念大多取决于行府选派的负责执行民权法律的人。卡特的平等就业机会委员会主席埃莉诺·霍姆斯·诺顿辞职做了大学教授。总统提名非裔美国人威廉·贝尔（William Bell）和3000多名雇员一起运作这个机构。贝尔没拿过法学学位，而且他唯一的经验是管理其咨询公司的4个人。民权团体怒不可遏，竭力反对贝尔。总统撤回了提名，使得该机构几个月都没有领导人；里根最后任命了其教育部的一位33岁的非洲裔律师克拉伦斯·托马斯（Clarence Thomas）担此重任，他曾公开反对种族优待。至于联邦合同遵循项目办公室主任一职，行府聘了一位34岁的女商人埃伦·M. 熊（Ellen M. Shong），她承诺其办公室会居中调解，或者说对有歧视的工商企业"敞开大门而非终止合同"。至于负责民权事务的司法部长助理，行府任命了一位38岁的华盛顿特区白人律师威廉·布拉德福·雷诺兹（William Bradford Reynolds），他对民权法律或民事诉讼几乎没什么经验。雷诺兹和总统一样声称，他反对用跨区校车接送实现学校整合，支持"个人机会"（individual opportunity）而非"群体福利"（group entitlements），还不断地贬低他所谓的"种族意识的平权运动"。这些被任命的人全都觉得卡特行府对民权条例的执行过于激进，在里根执政6个月后,《纽约时报》报道称执行"基本上停滞",平等就业机会委员会和联邦合同遵循项目办公室"基本上瘫痪"。

里根的任命没有讨到非裔美国人喜欢。为了改善关系,总统接受了到全国有色人种协进会讲话的邀请。非裔美国人的经济状况吃紧。正在行府提议削减那些养活穷人、培训没有技能的人以及雇用失业人群的社会计划的时候,经济衰退导致黑人失业率超过17%(创下了战后纪录),他们有30%处在贫困线以下,两者都是白人比率的3倍。但即便如此,总统出场时仍很乐观,他拿竞选期间弄丢邀请函一事向全国有色人种协进会成员开玩笑。作为回报,里根收到了一份恶作剧的礼物——满满一罐黑色和棕色的糖豆,还有颗孤零零的白色糖豆埋在里面。里根行至讲台,先是攻击那些说他的政策会伤害穷人的人"纯属造谣",然后宣称联邦计划是在奴役黑人,而非帮助他们。"它们已经创造出新型的奴役。《奴隶解放宣言》在118年前解放黑人,我们今天需要像那样宣布经济解放宣言。"这些评论引起了一阵令人不寒而栗的沉默,《纽约时报》称这"无疑是他曾经受过的最冷清的招待之一"。演讲之后,全国有色人种协进会主席本杰明·胡克斯表示他欢迎对话,但预测里根的政策将会给"黑人及其他少数族裔带来困苦、浩劫、绝望、痛苦及苦难"。

《时代周刊》评论称,由于坚信总统的政策不会给非裔美国人带来"美国早晨",越来越多的黑人"反对本届行府"。城市联盟的弗农·乔丹说:"今日美国会有一个黑暗的午夜";关于总统支持率的一份盖洛普民意测验发现了民意调查史上白人与黑人调查对象之间最广泛的间隙。大约65%的白人认可里根的政策,但黑人仅20%。《新闻周刊》评论称，对于相当多的非裔美国人而言，"现在与权力相隔离的感觉比新政曙光以来的任何时候都来得严重"。①

但妇女的情况并非如此，她们对新一届行府百感交集。她们看上去很喜欢总统，但疑惑于未来的就业惯例和条例。4月，参议院劳工委员会（Senate Labor Committee）举行了关于工作中性骚扰的听证会。这次会议仍由参议员哈奇主持，他想知道平等就业机会委员会于1980年采用的关于骚扰的指导方针是否太过严苛，是否给了雇主太多负担。如果雇主或其员工涉嫌性骚扰，这些条例会追究雇主责任，并威胁称那些因拒绝提供性施惠（sexual favors）而没被加薪、提拔或被辞退的妇女可以获得补救措施和赔偿欠薪。平等就业机会委员会前主席埃莉诺·霍姆斯·诺顿自然不赞同哈奇，称要求性施惠太常见、太卑鄙，妇女有权享受联邦保护。该机构报告，目前有近120起投诉正在接受调查。"这些案件中有58起涉嫌带有性色彩的不受欢迎的肢体接触，比如摸人臀部、搂搂抱抱或者强吻；77起涉嫌要一个人以性行为"换取录用决定，其余的则有关侮辱性评价或者"展示性暴露图片、照片或者漫画"。

有鉴于此，诺顿继续道，存在一种维系平等就业机会委员会条例的强烈需求，但另一位坦率的女性菲利斯·施拉夫利（Phyllis

---

① 哈奇主持听证会部分载于 WP 和 NYT, 5 May 1981 及 WP, 17 July 1981; 研究机构和拉美裔雇员部分载于 Fortune, 19 April 1982, 144; 政府官员的意见载于 Washington Monthly, January 1981, 18–23, and 24ff; 保守派作家的话载于 Commentary, April 1982, 17–28; 平等就业机会委员会"瘫痪"一说载于 NYT, 16 July 1981; 里根的演讲和有关回应载于 NYT, 30 June 1981, Time 和 Newsweek, 13 July 1981, 11 and 20.

Schlafly）不同意。她声称："工作中的性骚扰对于贞洁淑女而言不是个问题，极其罕见的情况除外。"身为一名训练有素的律师，施拉夫利已经成为一名成功的反女权主义组织者；1981年，《华盛顿邮报》称她是"美国的保守主义贵妇人"。施拉夫利继续道："当一个女人穿过房间时，她就在以一种大多数男人在直观上都能理解的通用身体语言说话。男人几乎从不向明确回答'不'的女人要求性施惠。"然后，施拉夫利陈述了她的平权运动观点。通过鼓励女人去工作、迫使女人接受超过她们资格的工作，以及靠定额制度使女人取代丈夫们的工作等所有会"废弃母亲这个角色"的手段，该政策伤害了传统的母亲。

在参议员哈奇继续主持听证会期间，里根总统兑现了竞选诺言，当他向最高法院提名首位妇女——亚利桑那州法官桑德拉·戴·奥康纳——时，很多人颇为意外。大法官波特·斯图尔特宣布退休后，里根的提名受到了除宗教右派之外的热烈欢迎。道德多数派①的传教士杰里·福尔韦尔（Jerry Falwell）认为，奥康纳在堕胎问题上过于温和，他还敦促"所有虔诚的基督徒"反对她获得批准。此举惹恼了参议员巴里·戈德华特，因为是他说服了两位共和党总统从自己州提名了奥康纳和伦奎斯特。在参议院全体一致批准奥康纳之前，戈德华特宣称"每个虔诚的基督徒都应该狠狠地揍杰里·福尔韦尔一顿"。

当预算主管戴维·斯托克曼示意关键是要改变平权运动时，许多民权和劳工团体也想揍他。包括全国有色人种协进会、全

---

① 道德多数派（Moral Majority），它是一个活跃于1979—1989年间的美国保守派基督教政治活动委员会。——译注

国妇女组织、墨西哥裔美国人法律辩护和教育基金（Mexican American Legal Defense and Educational Fund），乃至美国劳工总会与产业劳工组织在内的37个团体致信里根总统，他们"一致反对那些会敲响联邦合同遵循项目丧钟的改变"。但即便如此，劳工部长多诺万仍于8月宣布了提案。以前，凡雇有50名员工和合同超过5万美元的承包商必须递交附带目标和时间表的平权运动计划，但新条例将豁免所有雇员不足250人和合同少于100万美元的公司。与联邦政府有关的20万余家企业有3000万雇员，这就免除了其中的75%。虽然大承包商仍必须提交平权运动计划，但较小的公司再也不必撰写进度报告了；雇员500人以下的公司则可以提交简报。因此，联邦承包商必须撰写的平权运动计划数量会从近11万个降至2.4万个以下。此外，新条例会使那些觉得自己遭受了歧视的雇员更难索赔拖欠工资或者未得到的提拔。多诺万强调，这一政策"在减少雇主文书工作负担的同时也能给受保护群体提供必要的保障"；联邦合同遵循项目办公室主任熊宣称，这一改变"会为自愿遵循创建激励机制，也会结束与雇主的盲目对抗"。

《时代周刊》宣称："人生为己，天经地义。"（Every Man for Himself. And every woman.）显然，妇女和少数族裔受政府保护的时代已近尾声。行府开始放弃平权运动，称它是"逆向歧视"。威廉·布拉德福·雷诺兹说："我们真的犯了一个错误，竟想用歧视来纠正歧视。"

平权运动的支持者回击了。得克萨斯州拉美裔领袖劳尔·卡斯蒂略（Raul Castillo）断言，行府的新条例会"彻底抹杀［少数族裔所取得的］任何形式的收益"；妇女公平行动联盟发出警告:"这个国家的一些大型教育机构"将无缘更高资助标准的合同。①

别的支持者担心白宫如今会采取更激进的办法——废除平权运动。行府中有些人想过那么做,其中有司法部长助理雷诺兹,他成了"里根革命"在种族议题上的主要发言人。1981年秋,雷诺兹在多个场合提到,司法部不会再到法院迫使工商企业设定目标和时间表,可能也不具备强迫它们的"法定权限",而且他的部门从现在起会根据具体情况寻求弥补。10月,他反对跨区校车接送,"我们不会逼那些无意于此的孩子参加种族融合教育";在参议院听证会之前,他告诉主持人哈奇,给任何人优先权都是违法和违宪的:

> 我们在任何方面都不会再主张支持使用定额,或者其他任何旨在根据种族、性别、原国籍或者宗教而给没受过歧视伤害的人提供特惠待遇的数字或统计公式。……通过把团体权利凌驾于个人权利之上,种族优先权……与人人平等的美国理念相悖。……本届行府坚决奉行的观点是,宪法和法律保护每个人的权利……秉持种族和性别中立立场。

雷诺兹表明,政府反对最高法院对1979年韦伯案的裁决,

---

① 性骚扰听证会载于 *WP*, 22 April 1981;戈德华特的话出自 Schaller, *Reckoning*, 41;37 个团体致信载于 *WP*, 7 June 1981;75 % 出自 *Time*, 7 September 1981, 8–9;熊的话载于 *WP*, 25 August 1981;"人生为己,天经地义"和雷诺兹的话出自 *Time*, 7 September 1981, 8–9;妇女公平行动联盟的话载于 *Commentary*, April 1982, 23.

此案受到了"误判";他的部门也正在收集新的判例,力图取缔所有优先就业计划,乃至自愿的平权运动。因此,到第一年秋天,里根行府一直否认平权运动自 20 世纪 60 年代以来已经确立的法律基础。

反弹不只关乎平权运动。《投票权法案》在 1980 年有效期满。国会的民主党人和参议院的共和党人提交了一份新法案,行府反对,声称它会导致种族比例代表制(proportional representation by race)。但在一次记者招待会上被问及立场时,里根总统表示,应该要求政府证明地方投票"有意"歧视,而非只证明"后果。……归根结底,全社会必须有一种事实上的定额制度"。不过,在国会呈现出压倒性支持,众议院以 389 比 24 票批准法案之后,里根总统最后在《投票权法案》延期决议上签了字。

行府的立场激怒了民权组织,1982 年 1 月,财政部和司法部宣布准备推翻国内收入署(Internal Revenue Service, IRS)于 1970 年生效的一项政策。从此,政府将允许对实行种族隔离的私立学校免税。这些很多是被建来回避种族融合的私立基督教学校,鲍勃·琼斯大学(Bob Jones University)就是其中之一。鲍勃·琼斯招了少量黑人学生,但它禁止异族约会和异族通婚,因此国内收入署拒绝给它免税。行府的新政策引起了强烈抗议。"如果理查德·尼克松是善意的忽视",朱利安·邦德(Julian Bond)说,那么里根"则是恶意的忽视"。民主党人被激怒了,许多温和派共和党人也是如此。96 个小时后,总统发表正式声明,支持国内收入署的政策,宣称自己"坚定不移地反对任何形式的种族歧视",并提议一项法律去除种族隔离私立学校的免税地位。一位白宫官员承认,这次溃败"是我们迄今为止最糟糕的公关活动和政治灾难";《新闻周刊》提到:"里根在美国黑人中的声望已经极低,可能已经淡出视野了。"

正如《新闻周刊》所言,这次惨败还有另外一个影响,因为它"助长了一种挥之不去的犹疑,即里根不知晓"他自己行府的政策。拿他跟前任相比,这是不可避免的。吉米·卡特知晓所有细节,然而几乎说不清他要带领国家去何方。里根对未来有个令人信服的愿景,但在第一年任期里,却表现得欠缺细节。当总统与住房和城市发展部部长当面交流的时候,他误以为自己内阁中唯一的黑人部长是地方官员,一句"你好,市长先生"惊到了旁人。在一次广播中,他宣称他的助学贷款提案不会削减,反而会把资助提升至"历史最高水平"。有位民主党参议员称这是"令人咋舌的混淆",还有位行政官员此后不久便加以驳斥。当在一次记者招待会上被问及越南战争时,里根顷刻间犯了4个历史性错误,其中一个是肯尼迪曾经派出"身着便衣,手无寸铁"的军事顾问。在另一次记者招待会上,有名记者询问总统对某航空公司与某工会之间用于培训并提拔少数族裔的平权运动协议的看法。他回答道:"我没看出那有什么不对,我赞成那么做。"但威廉·布拉德福·雷诺兹早已宣布行府持反对态度,而且有位白宫官员不久便发表声明称这份协议在法院会受到反对。有关鲍勃·琼斯的争议之后数月,里根承认他甚至不知道一些基督教学校在实行种族隔离:"也许我应该知道,但是我没有。"这样的虚伪陈述意味着总统顾问得限制记者招待会的场次,而里根在第一年里仅举行了6场,创历史新低;同时一些记者还戏称他为"特弗伦总统"①。传记作家卢·坎农很钦佩里根,认为总统的"最大问题

---

① 特弗伦总统(Teflon president),特弗伦是不粘锅涂料,比喻里根善于摆脱麻烦,再严厉的批评也不会在他身上停留。——译注

是他不知道不足以全面参与其总统任期的国家政策——并且常常不知道他有多少不知道。①

不过，里根及其司法部知道他们反对平权运动，1982年，部分保守派想知道总统打算何时结束该政策。总统依法有权在联邦政府中废除它，或仅靠大笔一挥就改变承包商的目标和时间表。记者丹尼尔·塞利格曼（Daniel Seligman）在《财富》（Fortune）中写道："由于里根行府一再批评现有平权运动工作，你显然可能会以为我们正趋向于逐步停止。"但经过对联邦官员和商人的数周采访之后，塞利格曼得出结论："平权运动会继续保留。……此制度明显会比里根的班子活得长久，这可能意味着它能够幸存下来。"为什么呢？塞利格曼发现，"平权运动的火车头动力十足，比起让车头减速，发表演讲仅在口头上质问优先权显然更好办一些"。此外，企业还在给政府传递"非常含混的信号"。它们当然想减少文书工作，想更少受到平等就业机会委员会的对抗，但制度已经建立，它的作用是使更多的妇女和少数族裔就业，而今大部分企业领导会维持现状。大型企业和大承包商尤其如此。一份对50位主要联邦承包商的调查发现，没有人认为平权运动计划应该被削弱。虽然他们全都反对定额，但没有人觉得目标和时间表要求的是定额。调查还发现，"平权运动概念已经成为当今企业人事管理哲学和惯例中不可或缺的一部分"。再者，填写平权运动报告给企业开辟了一条展示它们遵纪

---

① 雷诺兹的观点载于 *Commentary*, April 1982, 22–26; *WP*, 24 October and 18 December 1981, 对此更彻底的解读，参见 Wolters, *Right Turn*, 1–19 and Chapter 11; 有关鲍勃·琼斯的争议载于 *Newsweek*, 25 January 1982, 24–5, 市长先生一闻也载于此; 虚伪陈述载于 *WP*, 11 April 1982; 关于平权运动的论述，载于 18 December 1981; Cannon, *President Reagan*, 460–61 and 104.

守法的路径，而这使得它们能够免受官司纠缠。没有哪家公司希望被称为种族主义或性别主义雇主，所以塞利格曼声称："很少发现哪个工商业团体会断然要求结束目标和时间表。"

情况确实如此。虽然"里根革命"态度强硬，但在第一个任期，总统并没有提笔签署必要的行政命令。劳工部长多诺万提议的条例没有生效。按照惯例，新联邦条例为期 60 天的意见征求期被额外延长了数月，但不久就被遗忘了。共和党也不想被贴上性别主义或者种族主义政党的标签，特别是在行府阻挠投票权、反对跨区校车接送，并于种族隔离的私立学校问题上栽了跟头之后。疏远少数族裔乃至妇女几乎没有什么政治效益。

行府并没有发动正面强攻，而是在平权运动及其他种族议题上部署小规模冲突。司法部继续致力于在全国各学区弱化法院勒令执行的学校种族融合，从诺福克市（Norfolk）经芝加哥直到西雅图；此外，行府还攻击了美国民权委员会。1981 年 11 月，总统通知支持平权运动的委员会主席阿瑟·S.弗莱明（Arthur S. Flemming），他将被替换掉。自 1957 年该机构被设立以来，这是第一次有总统企图罢免主席。里根提名了保守派非裔美国人小克拉伦斯·彭德尔顿（Clarence Pendleton Jr.），此人宣称"定额无效"。3 个月后，总统宣布他准备向委员会提名教士 B. 山姆·哈特（B. Sam Hart）。身为一名共和党福音派黑人基督徒，哈特反对跨区校车接送和定额，并且声明"我决不认为同性恋是民权议题"。民权团体的抗议非常强烈，以至于在哈特被正式提名之前，里根不得不撤掉了这个名字。

然后总统又推荐了 3 人——天主教大学法学教授罗伯特·德斯特罗（Robert Destro），以及两名曾经支持 1964 年《民权法案》，但现在反对跨区校车接送和平权运动的前民主党人，一个是保守派的胡佛研究所（Hoover Institute）成员约翰·邦泽尔（John Bunzel），另一个是布兰迪斯大学（Brandeis University）的前校长莫里斯·艾布拉姆——来取代玛丽·弗兰西斯·贝里（Mary Francis Berry）、布兰迪娜·卡德纳斯·拉米雷斯（Blandina Cardenas Ramirez）和默里·萨尔茨曼（Murray Saltzman）等委员，此3人皆以批评政府政策著称。这是首次有总统企图改造委员会以反映自己的政治主张，这让许多参议员警惕起来，并提出一个法案禁止解除委员职务，除非本人玩忽职守。在参议院考虑该措施及提名时，里根于1983年开除了弗莱明、贝里、拉米雷斯和萨尔茨曼，这引发了自由派政客和近200个组织的抗议浪潮。作为回应，玛丽·弗兰西斯·贝里起诉了总统，然后谈判迅速在行府与参议院之间展开。最后，双方制定了一个妥协方案。委员会成员由6人扩充至8人，每人有6年的交叉任期，他们一半由总统任命，一半由参议院任命。里根任命克拉伦斯·彭德尔顿为主席，国会则任命了贝里。当批评者指责总统在借其任命暗中破坏委员会的时候，他认为此观点就是"废话"。此后不久，新一届委员会抛弃了它之前的平权运动立场，站到了行府这边；它通过了一项决议，即临时定额借着否认大多数群体的平等权利而创造了"一个新型受害群体"。贝里愤怒地宣称，委员会已经变成"行府的哈巴狗，再也不是［民权的］看守人了"。

小规模冲突继续持续着。行府削减了平等就业机会委员会和联邦合同遵循项目办公室的预算，这使得它们的人员分别缩减了12%和34%；这导致在1981—1983年间，两机构因预算削减而减少了三分之二的赔偿欠薪判决。在卡特任期最后那年，联邦合同遵循项目办公室曾起诉过 50 多家公司，并禁止 5 家公司竞标联邦合同；但在 1982 年，里根的联邦合同遵循项目办公室仅进行了 5 起控告，甚至直至 1986 年，都不曾禁止任何一位承包商投标——在里根的整个两届任期内仅有两人被禁，与之相对，卡特一届任期就有 13 人，往届行府共有 26 人。平等就业机会委员会主席托马斯反对目标和时间表，对用统计方法判定歧视持"严肃的保留意见"。20 世纪 60 年代末以来，该方法已经成为标准。对于别的标准，平等就业机会委员会不再试图鉴别整个行业或各公司的偏见模式，也不再追查集体诉讼。取而代之，机构集中处理个人歧视案件；那类诉讼 10 年间不断增加，但它们更难验。①

期间，司法部继续搜寻判例以剥夺平权运动的特权。那些大多涉及合意计划（consent plans）。该计划已在各市运作多年，其目的是结束底特律、纽约、圣路易斯、西雅图等市的警察和消防部门里的歧视。那些城市保证，在黑人及女性公务员更能代表其所在社区的人数以前，关于对他们的晋升暂时对半开。新奥尔良就有这样的计划。1970 年，该市有 45% 的非裔美国人，但警察

---

① *Fortune*, 19 April 1982, 143ff.; *Business Week*, 25 May 1981, 123–24; 承包商调查发生在 1984 年，引自 Hammerman, *Decade of New Opportunity*, 15; 参见 Franklin and Moss, *Slavery to Freedom*, 565–66 对委员会逸事的论述，以及 *Commentary*, April 1982, 24 的哈特部分；"废话"一词载于 *WP*, 2 August 1983; 大多数群体和哈巴狗一说载于 *WP*, 18 January 1984; EEOC 和 OFCCP 部 分 在 Klinker and Smith, *Unsteady March*, 301; Amaker, *Reagan*, 112–19; Wicker, *Tragic Failure*, 15–16; Blumrosen, *Modern Law*, Chapter 17; EEOC 和个人诉讼见 *Federal Enforcement of Equal Employment Requirements*, 20–24, 46; Belz, *Equality Transformed*, 189–90, 295, no. 26.

局里仅有6%的黑人,他们仅限于巡逻黑人社区,并仅限于使用自己的洗手间——这类洗手间囚犯也可使用——这是《民权法案》通过后6年的状况。黑人警察于1973年提起诉讼,双方于1981年同意了一项法院勒令执行的"合意判决"或合意计划;它将于1982年生效,那时该市人口一半以上将是非裔美国人,但警局的283名警官中仍然只有7名黑人。在新奥尔良计划以前,仅20名黑人警察被提拔到高过最低等级。这项协议旨在增加黑人警司和警督的人数——而非女警官或拉美裔警官的人数。眼看平等就业机会委员会的克拉伦斯·托马斯准备要批准该计划,但司法部的雷诺兹拒绝了。托马斯面临重重压力,随后,1983年1月,司法部要求联邦法院撤销该计划。《华盛顿邮报》写道:"此举是里根行府反对平权运动计划的最强硬行动。它标志着联邦政府首次正式挑战经法院批准的旨在减轻就业歧视的雇用定额（employment quota）。"行府辩称,该计划"需要无辜的非黑人警员将其合理晋升的期望拱手让给那些不具备要求优先提拔'应有地位'（rightful place）的黑人警员"。新奥尔良市检察院称行府此举"难以置信",这挑起了关于它（行府）结束歧视工作的"十分严肃的问题",另外司法部"插手这个案件,既无逻辑依据,又无法律基础"。

当新奥尔良案件被移交到法院时,行府加入了有关平权运动计划的其他案件,那些案件因为经济持续下滑和失业率上升而发生。《美国新闻与世界报道》报道称:"当雇主尽力按比例分摊裁员时,先解雇新员工的做法时下就不再受推崇了。"各市应该裁掉那些最近因平权运动计划而受雇的少数族裔和妇女吗?或者,在解雇更资深的白人的同时,他们可以得以幸免?"种族和资历"

之争在全国各地爆发。孟菲斯市官员要求法院准许裁员,它将导致60%的黑人消防员被解雇;辛辛那提市(Cincinnati)有位法官推翻了对25%的女警察和黑人警察的裁员,因为他们受雇于法院批准的合意判决;而在波士顿市,警察和消防员很不满优待少数族裔的"特惠裁员"(preferential layoffs)。该市上诉委员会宣称,"资历没什么神奇之处",这惊动了一位工会领袖,此人控诉称有些资深白人消防员"无家可归,又离异了。他们是在经济上被打倒的。"

《新闻周刊》写道:"让这个议题折磨人的是,它使两个有价值的目标水火不容:保护资深员工与纠正歧视历史之需相冲突。"行府赞成资历。威廉·布拉德福·雷诺兹声明:"但凡不是作奸犯科之人,都不应该仅仅因为他人的种族就承受被拒绝的痛楚。"他使用了迄今为止最强硬的措辞宣告平权运动是"不道德的"。

像往常一样,临时定额与资历之争要靠联邦法院解决。1984年,法院审理了两起重大案件,即布拉顿等人诉底特律市案(*Bratton et al. v. City of Detroit*)和第1784号消防员地方工会诉斯托茨案(*Firefighters Local Union #1784 v. Stotts*)。

底特律市警察局跟新奥尔良市一样,白人超过80%。1973年,占人口大半的黑人选出自己人科尔曼·扬任市长,然后那个统计数值开始改变。一年后,该市在一个平权运动计划中增添了临时定额,雇用了更多的非裔美国人,并且晋升的黑人与白人相等。到1983年,当该市人口三分之二是黑人时,警局中黑人的百分比已经达到三分之一,黑人警督的百分比已经从5%上升至30%,而对警察暴力的投诉量则下降了75%。汉森·布拉顿(Hanson

Bratton)及其他4位白人警司质疑这一计划,他们受到了里根政府的支持。行府宣称这个政策违宪,因为它违反第14修正案的平等保护条款。但根据对1979年韦伯案的裁决,联邦上诉法院反驳称,诸如韦伯案中的私营企业,或者底特律等政府部门中自愿的临时性配额,都是为了克服歧视历史,故而符合宪法。法官写道,"该计划旨在援助黑人,同时并不打算排斥白人",而且它"并不刻意束缚"白人,因为他们一样可以受到提拔。最高法院全体一致表决此案不予受理,维持原判。

市长科尔曼·扬声称:"或许现在里根行府该重新看看《宪法》,然后停止破坏这个国家近些年在为全体美国公民提供基本宪法保障方面所取得的进步的企图。"威廉·布拉德福·雷诺兹则针锋相对:"最高法院终归是要解决这个议题的。"

6个月后,在对斯托茨案进行裁定时,最高法院开始付诸行动。这个议题是种族与资历之争,此前曾经出现于1977年的卡车司机工会诉美国案,此次与孟菲斯市的消防员有关。该市有40%的非裔美国人,但仅占消防局10%的工作岗位。为了实现平等就业,某联邦法院在1980年批准了一项平权运动计划:它规定在少数族裔就业总百分比接近当地少数族裔百分比以前,合格的少数族裔会填补50%的职位空缺,而且他们应当得到20%的职位晋升。该市雇用了更多非裔美国人。一年后,经济衰退迫使预算缩减。作为一名黑人消防员及工会负责人,卡尔·斯托茨(Carl Stotts)要求地方法院保证裁员依据的不是种族,而是资历,因为前者会减少局里的黑人代表人数。有位联邦法官表示同意,并要求消防局解雇资深白人消防员以维持部门种族的多样性。3名白人上诉,此案于1984年6月上诉到最高法院。问题已变得火药味十足,以至于 20 多个组织上诉。最高法院以 6 比 3 票裁决白人消防员胜诉，并解释道该市的资历制度是一种善意的计划，无意歧视任何人，因此它受《民权法案》第 7 条保护。对此大多数法官都闭口不言，但是代多数派拟写判决书的大法官拜伦·怀特（Byron White）提出了一个新话题：国会打算"只给真正的非法歧视受害者提供救助。……每个受害者都必须证明歧视性做法影响了他。"①

斯托茨案不仅是资历的又一次胜利，而且由于大法官怀特的意见，里根行府把各种可能的解释都置于此案之上。司法部副部长将判决誉为"史上最伟大的胜利之一……是极大的成功"，同时司法部长声称，联邦法院从今以后"再也不能根据就业中的种族因素而强制实施定额"。大法官怀特似乎准备放弃 20 世纪 60 年代的制度性种族主义，以及 20 世纪 70 年代关于歧视的"差别影响"理论；他仿佛是在支持行府的主张，即对歧视的补偿应该局限于具体个人而非给予一整群人，比如全体少数族裔和全体妇女。威廉·布拉德福·雷诺兹声称："我曾经说过，民权正处在一个十字路口，我们要么选择种族意识补偿的独木桥……要么选择种族中立的阳光道。最高法院已经使我们走过十字路口，并推动我们踏上了梦寐以求的道路。"他随即建议所有联邦机构都别在谈判中达成附带"数值化就业定额"的新平权运动协议。两个月后，司法部和联邦贸易委员会（Federal Trade Commission）通知平等就业机

---

① 新奥尔良案件参见 WP, 8 January and 6 April 1983; U.S. News, 14 March 1983, 70; 资历和雷诺兹部分载于 Newsweek, 25 April 1983, 95; 底特律案载于 WP, 10 and 11 January 1984; 斯托茨案见 Congressional Quarterly,16 June 1984 及 Richard H. Fallon Jr. and Paul C. Weiler, "Firefighters v. Stotts: Conflicting Models of Racial Justice," 1984, The Supreme Court Review, 1–69.

会委员会,它们将不再发布平权运动报告——自20世纪60年代起,历届行府都曾要求这样做。

雷诺兹夸大了这个裁定。其实斯托茨案是个有限的判决,它只关乎资历,与一切平权运动政策无关;而且最高法院所做的裁定向来支持没有歧视的资历制度。另外,它是最后一个关于种族与资历之争的案件——到20世纪80年代中期,黑人从事工作的时间已经长到足以让他们获得自己的资历。联邦法院否决了雷诺兹的泛化解释,但也没有着手取缔平权运动计划。非洲裔专栏作家威廉·拉斯伯里写道,这个判决的"真正问题并不是它说了什么,而是雷诺兹以为它说了什么。在最高法院告诉他解释有误之前,雷诺兹能够造成不小的损害"。但大法官怀特的观点已经敲开了大门:平权运动可以被质疑。一位律师说:"有件事是肯定的。我们将看到极多的针对平权运动计划的诉讼。……世事难料……但一场激战近在眼前。"

但在1984年剩下的日子里,最激烈的斗争既不是资历也不是就业,而是即将来临的总统大选。由于减税和增加联邦支出,一年来经济已有所好转,这意味着人们将回去工作,总统的名望也将很快得以重振。此外,恰逢奥运年,但不同于1980年,美国不仅不抵制,而且在洛杉矶市主办这场运动会。5月,总统在白宫招待了奥运会火炬手。7月,他宣称,"我们的年轻人是为了他们的国家而奔跑,是为了实现伟大而奔跑",随后融合了竞选和运动会:"美国的理想不只是夺冠;你们能走多远,它就会有多远。"

民主党人还有很长的路要走,这一年他们的竞选活动又折戟了。杰西·杰克逊成为首个发起大规模竞选的非裔美国人候选人。黑人及白人选民在很多城市选举了非洲裔市长,比如亚特兰大、伯明翰、芝加哥、克利夫兰、底特律、洛杉矶、纽约、新奥尔良和华盛顿等。受此鼓舞，这位43岁的民权运动家在1983年宣布参选，并激励他那关于所有种族和肤色的彩虹联盟（Rainbow Coalition）组织起来赢得提名。为了说服听众登记投票，他高呼"自由列车即将驶来。快跑，杰西，快跑"！但杰克逊碰到了些麻烦。因为会见巴基斯坦解放组织（Palestine Liberation Organization）的亚西尔·阿拉法特（Yasir Arafat），他疏远了犹太人族裔；黑人穆斯林路易斯·法拉堪（Louis Farrakhan）称犹太教是"垃圾宗教"（gutter religion），他未加批判；他用"海米城"①指代纽约市，遂又辱及众人。然而，杰西的最大麻烦是前副总统沃尔特·蒙代尔（Walter Mondale），这位热门人选齐集了几乎与杰克逊同样多的黑人代表，从而轻易获得提名。蒙代尔当时出乎国人意料——他挑了首位女性副总统候选人作为搭档——纽约州女议员杰罗丁·费拉罗（Geraldine Ferarro）。

　　罗纳德·里根的竞选继续了乐观态度和魅力形象，而"弗里茨"·蒙代尔根本没有机会挑战他。蒙代尔在电视节目中看起来很阴郁。他说："我想你知道，我真的从不热衷于电视节目。电视节目很公平，但它也从不真的热衷于我。"蒙代尔在明尼苏达州的小城里长大，是卫理公会（Methodist）牧师之子，其在竞选游说之行中的僵硬表现曾经给他赢得了"挪威的森林"的绰号。他很坦诚地告诉公民，为了避免经济灾难，必须提高税收；但在公开反对失控的开支、不公的减税、猛增的国防支出以及有关环境的灾变时，他听起来却像个爱发牢骚的悲观主义者。与此相反，多彩的加州人乐观向上。电视上的里根宣称："我们将看到的美国每天都是独立日，

---

① 海米城（Hymie Town），属对犹太人的蔑称。——译注

是7月4日。"有个电视广告中总统拥抱了美国奥运冠军,播音员配音说:"美国回来了!"共和党用诱人的短语轰炸各大广播电视频道,它们在焦点小组里仔细地测验过——"希望与信念必胜"、"庆祝新爱国主义"——同时里根称民主党是个"把人完全视为团体成员"的政党。这奏效了,导致"各个团体对抗上帝护佑下的一个国家"(groups versus One Nation under God)问题。一名啤酒厂退休工人说,里根"真不像共和党人。他更像美国人,而这正是我们所需要的"。蒙代尔的竞选对手是美国。

里根击垮蒙代尔,包揽了除明尼苏达州之外的全部州和59%的选票。他获得白人选票的63%,其中包括大量蓝领工人和妇女。然而,里根的这次燕尾提举力小得出奇。虽然共和党人在参议院保住微弱多数,但民主党人也维持了于1982年中期选举所夺得的众议院控制权,华盛顿的僵局更甚了。即使早在1983年夏,为了争取非裔美国人选票,行府就曾派副总统布什到全国有色人种协进会说明其民权方针,蒙代尔还是获得了大部分拉美裔选票,三分之二的犹太裔投票,以及90%的黑人选票。不同于1981年里根的出面,听众这次对布什一片嘘声。《时代周刊》写道:"如果里根真想打消黑人的敌意,他要走的路还很长。"①

一语中的,特别是在第二次就职典礼仅仅过去几周,里根

---

① 雷诺兹的评价载于 *WP*, 14 June and 9 August 1984; 拉斯伯里的文章见 *WP*, 15 June 1984; 有关斯托茨案的反响,见 *WP*, 14, 15, 17 June 1984; William Bradford Reynolds, "An Equal Opportunity Scorecard," *Georgia Law Review* (summer 1987): 1007–41; 关于第二个任期内行府用于辩护平权运动的所有案例,见 Charles Fried, *Order and Law*, Chapter 4; 大选部分见 Schaller, *Reckoning*, 59–62; Cannon, *President Reagan*, 434–36; Edsall, *Chain Reaction*, 177–85; 布什的演讲载于 *Time*, 25 June 1983, 24.

行府就重新开始反弹之后。《时代周刊》宣称行府"突袭平权运动"（Assault on Affirmative Action）。总统指定新任司法部长为埃德温·米斯三世，此信号明确表明行府将再次计划改革或取消这个政策。美国民权委员会主席小克拉伦斯·彭德尔顿、副主席莫里斯·艾布拉姆称平权运动是"引发分歧的、不得人心和不道德的"，并呼吁于 1985 年 3 月举行听证会。所有民权组织都拒绝出席，因为委员会已经有了自己的决定。彭德尔顿在听证会开场时声明，少数族裔特惠待遇是"新种族主义"；此举激起了非洲裔议员帕伦·米切尔（Parren Mitchell）宣称该声明"令人反感"，它们"既不值得回应，也不值得尊重"。一气之下退出会议时，米切尔还指责这场听证会"滑稽又无意义"。

行府可不这么想，它还扩大了突袭。威廉·布拉德福·雷诺兹宣称，平权运动"有损人格，因为它说人们能够获得成功不是根据他们能做什么，而是根据他们的种族"。"种族定额时代已经完成使命。" 3 月，司法部长米斯举行了首场新闻发布会，攻击跨区校车接送；他要求企业招聘有资格的妇女和少数族裔，但言明"定额"既不正当也不合法。平等就业机会委员会的克拉伦斯·托马斯也宣布，他的机构不会支持妇女把"同工同酬"概念当做探查就业歧视的手段。司法部致信 53 座城市和各州，要求它们接受行府对斯托茨案的解释——还要求它们修改或者结束各自的平权运动计划。

6 月 15 日，总统加入。在每周广播讲话中，他发表了最全面的民权声明：

现今有人以平等之名要我们践行歧视。他们颠倒我们的民权法律，自称它们的意思与所说的完全相反。那些人告诉我们，政府应该实施歧视，通过雇用定额支持某些群体，据此，人们仅仅因为其种族或者性别而得到或者失去个别工作或者获得晋升。还有人直接断言，我们的民权法律只适用于特殊群体，从未打算保护每一个美国人。

然后总统巧妙地提醒公民，当国会于1964年辩论《民权法案》时，参议员休伯特·汉弗莱曾经宣称，"如果法案含有任何规定雇主必须根据百分比或者定额制进行招聘的字眼，他就会吃掉整本法案。……我想如果参议员汉弗莱看到今天有些人对那个法案的解释后，他会患上严重的消化不良。"

借用小马丁·路德·金早些时候所做的声明，总统结束了他的讲话。

> 22年前，马丁·路德·金宣告他梦想一个摒弃了歧视和偏见的社会，这个社会的人所受评价，根据的是他们的品性内涵，而非肤色。我们整个行府以这一愿景为己任。

这个愿景指一个无视肤色的社会，一个禁止优先权的社会；8月，当行政官员把米斯为里根总统拟定的一项行政命令草案透露给新闻界时，此愿景再度被公开。这次所提议命令将禁止使用"任何统计措施"判定歧视。以前，那是衡量遵循情况的唯一有效手段，然而它几乎无法让偏见获得证明；此外，统计证据还受到最高法院推崇。约翰逊的1965年行政命令"为政府承包商使用数值化定额、目标、比率或者目的要求提供了法律基础"，该命令会导致劳工部长立即撤销经由他的部门颁布的"所有法规标准",这会使平权运动成为自愿行动。最后,该命令声明,承包商不应该在就业中"基于种族、肤色、宗教、性别或者原国籍,歧视或者授予任何优待给任何个人或者群体"。

杰西·杰克逊宣称,这个"否认历史的企图"可能导致"一种美国式的种族隔离";但批评平权运动的人不赞同。内森·格莱泽教授称该提案是"在正确方向上迈出的一步",这一步"需要莫大的勇气"。无论哪种情况,当《财富》撰稿人称里根的提案要么是"火箭,要么是试探气球"时,极有可能他们才是最敏锐。①

该提案是一颗气球,它已经快在一个意想不到的地方泄气了,即共和党主导的印第安纳波利斯市。这座胡希尔人②的首府曾经与卡特行府达成计划,建立平权运动计划以雇用更多少数族裔及妇女进入其警察和消防部门。于是,如果有合格的申请者,那么未来的警察培训班将有 25% 的黑人和 20% 的女性。到 1985 年,这已经导致那些部门的非洲裔人员从 6% 增至 14%。司法部要求印第安纳波利斯结束其计划——但共和党白人市长威廉·赫德纳特

---

① *Time*, 25 February 1985, 19–20; 彭德尔顿的话载于 WP, 1 February 1985; 米切尔的话载于 *NYT*, 7 and 10 March 1985; 米斯的话载于 *NYT*, 16 March 1985; 托马斯的话见 *Federal Enforcement of Equal Employment Requirements*, 20; 司法部的致信载于 *Newsweek*, 13 May 1985, 39; 广播讲话引自 Laham, *Reagan*, 74–75, 而且该书第 4 章有揭示米斯的作用; 新行政命令载于 *NYT*, 15 and 16 August 1985, 我用斜体字标出了(译文中为楷体。——译注); 至于 Peter J. Wallison 对修正和内部辩论的研究报告和备忘录,出自 Robert M. Kruger, 13 May 1986, Box 18389, Robert M. Kruger Files; 支持者和反对者的意见载于 *Time*, 26 August 1985, 16; *NYT*, 20 August 1985; *Fortune*, 16 September 1985, 26–30.

② 胡希尔人(Hoosier),印第安纳州人的绰号。——译注

（William Hudnut）回绝了。保守主义意识形态与中西部的实用主义相互对抗。赫德纳特宣称："平权运动目标取得了很大的进步，居多数的白人已经接受了我们正在给少数族裔及妇女做特殊工作的事实。我认为，司法部要我们取消计划简直大错特错。"

里根行府试图取消合意判决和临时的地方定额，却发现这本身与从加利福尼亚州到印第安纳州再到纽约州的各市相悖。《美国新闻与世界报道》问道："重新谈判不久前刚历经劫难达成的反歧视计划、冒险挑起新的纷争，这样做有意义吗？"大多数城市的官员不以为然。奥马哈市（Omaha）的警察局长问道："为什么把水搅浑？"同时密尔沃基市和辛辛那提的局长宣称，他们的计划运行良好，将被继续保留。洛杉矶市副市长更直白："我们不会放弃一丝一毫。"其他城市也是如此。行府已经下令削减 53 个行政辖区的政策，关于这些区的一份调查发现，仅有 3 个区支持司法部，绝大多数都赞同弗吉尼亚州诺福克市地方检察官，此人拒不改变政策，因为他不想"重新揭开旧伤疤"。

许多抵制行府当局的议员和民权组织也不以为然。当总统打算把威廉·布拉德福·雷诺兹从部长助理提升至司法部位居第三的副部长时，参议院中的保守派和自由派阻止了这次晋升，还有人警告里根，担心签署一项新行政命令的可能后果。民权领袖会议（Leadership Conference on Civil Rights）主席拉尔夫·G. 尼斯（Ralph G. Neas）向白宫喊话，并寄去了黑人政客和共和党人的大量来信。他写道，"特别是考虑到呈压倒之势的两党共识，再创造一个'鲍勃·琼斯'式的千夫所指的判例似乎是愚不可及的"，他预计这场争议将持续"不止几天或者几周，而是好几个月"。

但即便如此，行府还是在那年秋季开战了。雷诺兹宣告他反对保留配额计划，指责那些获利的公司"在其公司结构中谨慎地安插黑人——但往往是临时的——为的是有资格作为少数族裔企业投标一份活，并且……获得优惠"。米斯出人意料地宣称，"我个人完全以平权运动为己任"，然而随后他向狄金森学院（Dickinson College）的师生声明，种族优待实际上是"全新版本的隔离但平等原则"。米斯继续道，鼓吹者们称这种逆向歧视是"善良的。它是仁慈。但你们不应忘记，美国先辈从某些人那里听说的是，奴隶制不仅对奴隶有好处，对社会也有好处。他们辩称，它是自然的。它是一种仁慈"。

把奴隶制拥护者与平权运动支持者相提并论，此举立即招来口诛笔伐。全国有色人种协进会的本杰明·胡克斯宣称："往好了说，叫不可信；往坏了说，就叫欺骗。"拉尔夫·尼斯更会挖苦讽刺："他的评论是奥威尔式的[①]，表达有失准确。像往常一样，米斯先生无视历史、事实和法律。"

不过，在种种强硬言辞中，总统并没有签署行政命令以结束行府和联邦承包商的平权运动计划。《财富》写道："这届行府一向雷声大雨点小。"

为什么？因为各城市及大部分企业都旨在维持平权运动。虽然该政策不受美国商会（Chamber of Commerce）及部分工会支持，但它被许多公司老板和全国制造商协会（National Association of Manufacturers）所认可。默克公司CEO说："无

---

① Orwellian，指保守政体借宣传、误报、否认事实和操纵过去来执行社会控制。——译注

论政府做什么,我们都会延续目标和时间表。它们是我们企业文化和公司章程的一部分。"对 120 多家大型公司的一项调查发现,超过 95% 的 CEO 表示同意;"不管政府有何要求",他们都会在公司里继续"用数值目标来追踪妇女和少数族裔的进步"。商人们还担心,如果联邦政府结束了平权运动,那么各州府会做些什么。孟山都公司(Monsanto)的平等机会办公室主任说,所有公司都不希望遇到"这样的局面:50 个州通过 50 部不同的法律,我们要经受 50 个不同地区的遵循情况的审核"。因为在 1981 年,工商企业发现劳动力多元化对研究、开发和维护客户关系是种激励,而且他们想要避免显得像个歧视性雇主,这可能会导致高昂的司法诉讼。此外,有位公司律师提到,下一届行府或许会抛弃里根的[反]平权运动立场,"于是工商企业就会成为替罪羊,面临巨额的欠薪债务。①

还有政治上的原因。大多数议员反对对平权运动的任何变动;最后公开表明那种观点的有大约 200 位众议员和 70 位参议员,其中包括两位重要的共和党人——参议院多数党领袖鲍勃·多尔和众议院少数党领袖鲍勃·米歇尔(Bob Michel)。米歇尔说:"当它有效时,不用加以修缮。"还有威胁称,如果里

---

① 赫德纳特的话载于 *U.S. News*, 27 May 1985, 49–50; *Newsweek*, 13 May 1985, 39; *U.S. News*, 15 April 1985, 12; 调查参见 *WP*, 25 May 1985; 拉尔夫·G. 尼斯说的"千夫所指"出自 Alfred H. Kingon 于 1986 年 2 月 12 日的研究报告,其主题文件卷宗号为 PQ472595;关于保守派企业和工会保留配额和反对取消平权运动,参见 Laham, *Reagan*, Chapter 5; 雷诺兹的话载于 *NYT*, 19 September 1985; 米斯的声明载于 *WP*, 25 August 1985, 以及 *WP* 和 *NYT*, 18 September 1985; 工商企业的观点和有关调查,见 *Fortune*, 16 September 1985, 26–30; *Business Week*, 11 March 1985, 42; *WP*, 10 November 1985 and 23 January 1986.

根颁布新的行政命令，那么国会将设法通过一部法律批准平权运动，这会使总统面临种族议题的不必要宣传；如果通过了，那么会带给他一种两难困境——否决或者签署法案，两种选择都有争议。不管怎样，这会分裂共和党。实际上，第二届里根行府对政策调整存在公然的分歧。当司法部牵头负责时，新任白宫幕僚长（White House chief of staff）唐纳德·里甘、新任劳工部长威廉·布洛克（William Brock）并不支持新行政命令；实际上，最后有7名内阁成员反对对平权运动的任何修正，其中包括交通部长伊丽莎白·多尔（Elizabeth Dole），以及现任国务卿乔治·舒尔茨，他早在16年前就执行过目标和时间表。布洛克曾在那年的全国有色人种协进会夏季大会上致辞宣称，虽然他反对严格的定额，"但在可预见的未来，国家必须拥有某种形式的平权运动"。联邦合同遵循项目办公室主任、非裔美国人约瑟夫·库伯（Joseph Cooper）公开反对司法部长米斯关于目标和时间表实质上是定额的观念。他直言不讳地说："从没有人把涉嫌定额的案例摆在我面前。"他还说，他的整个办公室想从承包商那里得到的只是一份雇用妇女和少数族裔的"诚挚努力"。此外，如果城市和公司无论如何都要继续他们的计划，那么［行政命令］又有何用？总统的一位助手说："为什么要自找麻烦？"在行府计划被透露给新闻界之后，白宫发言人把该提案斥为"不过是个正在受商讨的问题"。

这个问题在接下来的6个月里一直在被商讨。内阁在10月的一次会议中辩论了该行政命令，因为行府保守派采取攻势而没有得到解决。威廉·布拉德福·雷诺兹声称，他与民权运动"几乎步调一致"。1986年1月，举国欢庆首个以小马丁·路德·金命名的全国性节日，总统发表了系列演讲。里根宣扬一个"真正无视肤色的美国"，并重申了他的行府——

> 所致力于的社会中，所有男人和女人都拥有平等的成功机会；因此我们反对使用定额。我们期待一个无视肤色的社会，用马丁·路德·金博士的话说，一个对人的评判"不根据他们的肤色，而根据他们的品性内涵"的社会。

1月的某一天，司法部长米斯宣称，通过提议排除"针对歧视的定额或者对其他定额托词的使用"，他"想要贯彻民权运动的初衷"。他继续道，这个方法"与金博士所构想的非常吻合"。

这样，总统及其司法部长将金对无视肤色社会的渴望与他们自己对平权运动的反对联系了起来。在未来几年，其他保守派将紧随其后。这够机灵，但正如我们所见，金曾经支持优待非裔美国人，也曾在1967年抨击约翰逊没有给他的族人创建"一个类似于公共事业振兴署的新型政府机构"。在平权运动成熟以前，在费城计划、保留配额和最高法院批准临时定额之前，金去世了。

行府的豪言壮语没能骗过民权组织。拉尔夫·尼斯宣称："在马丁·路德·金的忌日将他与那些企图摧毁1965年行政命令的意图联系在一起尤为可耻。毫无疑问，如果马丁健在，他将会领导一种非凡的两党共识，竭尽所能保全该行政命令。"当月的一项民意调查显示，只有不足四分之一的非裔美国人认可总统的表现，他们中竟有56%赞同罗纳德·里根是"种族主义者"这种看法。

故此重蹈覆辙。和第一个任期一样，虽然里根总统在第二个任期内措辞强硬，但仍没能签署行政命令抑制或者结束平权运动。雷诺兹回忆道，我们"在这个议题上耗费了大量政治资本"，而且这"会妨碍更加重要的其他事务。对里根而言，问题越少越好"。最后，总统及其司法部希望这一使命会由最高法院完成。①

但在接下来一年的 4 起重大案件中，最高法院让行府的希望破灭了。第一起在密歇根州，与教师有关；第二起在克利夫兰市，与消防员有关；第三起在纽约州，涉及钣金工；第四起在阿拉巴马州，涉及州警察。

为了保持白人教师与黑人教师的平衡，密歇根州杰克逊市学校董事会在 1981 年解雇资深白人教师与黑人教师的比例是 3 比 1。幼儿园教师温蒂·威甘特（Wendy Wygant）收到解雇通知书，然后她与另外 7 个人起诉了学区。他们没有声称平权运动违反宪法，而是说行政人员侵犯了第 14 修正案赋予他们的平等保护——他们之所以被解雇，仅仅因为他们是白人。虽然没有歧视黑人教师的发现，但该区辩称："肇始于过去的歧视历史，它的教员中少数族裔代表人数常年严重不足，因此，它的计划是致力于增加其教师队伍的民族和种族多样性。"

---

① 米歇尔的话载于 *WP*, 23 October 1985; 库伯的话载于 *WP*, 23 January 1986; 发言人的话载于 *Newsweek*, 26 August 1985, 21; 布洛克、内阁和行政命令提案部分见 Laham, *Reagan*, 27–30, 69, and Chapter 4; 雷诺兹的话载于 *WP*, 15 November 1985; 米斯和尼斯的话见 *WP*, 16 January 1986; 在讨论《加利福尼亚民权动议》（California Civil Rights Initiative）时，平权运动反对者沃德·康纳利（Ward Connerly）再次利用"我有一个梦想"做文章，*Time*, 3 February 1997, 46; 金夫人的辩驳见 *NYT*, 3 November 1996; 民意调查载于 *NYT*, 19 January 1986; 雷诺兹的回忆载于 *NYT Magazine*, 11 June 1995, 54.

最高法院以 5 比 4 票裁定温蒂·威甘特胜诉,杰克逊市学校董事会败诉。在她对平权运动的第一个意见中,大法官桑德拉·戴·奥康纳驳斥了里根行府关于这类计划必须局限于"歧视的实际受害者"的论证,称这会大幅削减全国各地的政策。"最高法院一致表决,"她写道,"对州里过去或者现在的种族歧视的补偿"允许"补偿性使用精心构建的平权运动计划"。最高法院多数派虽在判决理由上莫衷一是,但据说大法官刘易斯·鲍威尔的主张占得上风:平权运动计划必须是"量身定制的"(narrowly tailored)所要实现的适当目标。对一个种族的雇用多过另一个的计划符合宪法,但根据种族的解雇对无辜的人却过于苛刻了,故此违反宪法。

虽然最高法院一致裁决资历获胜,但威甘特案并没有弱化平权运动;而其他 3 起案件则不然——全都强烈批判里根行府。在克利夫兰市,法院曾批准过一项为期 4 年的平权运动计划,它按 1 比 1 的比例提报白人及少数族裔消防员,为的是把各个等级的黑人警员人数增加至一定的百分比。白人消防员提起诉讼,在"国际消防员协会第 93 号地方工会诉克利夫兰市案"(*Local 93 of the International Association of Firefighters v. City of Cleveland*)中,他们主张该计划是逆向歧视,是违反宪法的。在纽约州,自 1964 年勒令钣金工工会接纳黑人以来,工会总是拒绝执行。州法院两次判工会藐视法庭,随后在 1983 年,联邦法院勒令它到 1987 年将其少数族裔成员至少增加到 29%。工会提起诉讼,司法部也加入其中,宣称上述百分比是非法定额,结果引发了"第 28 号地方工会诉平等就业机会委员会案"(*Local 28 v. Equal Employment Opportunity Commission*)。阿拉巴马州 40% 左右的纳税人是黑人，该州曾经抵制废除种族隔离。在《民权法案》通过8年后，警察依然全是白人，这引来了一道取消隔离的法院命令。但12年后，200名警员中仅4名是黑人，而且无一人警衔超过下士。所以，法院命令该州制定"一名黑人对应一名白人"（one-black-for-one-white）的雇用和晋升计划，这导致白人提起诉讼，司法部在"美国诉天堂案"（United States v. Paradise）中站在白人这边。

最高法院以6比3票裁决了克利夫兰市的案件，并以5比4票裁决了纽约州及阿拉巴马州的案件。所有案件均由大法官威廉·布伦南撰写多数派的判决书。对于纽约州案，他写道，"在大部分情况下，最高法院只需命令雇主或者工会不再参与歧视性惯例即可"，然后判给受害人赔偿金。但对于"持续时间特别长，或者特别恶劣的歧视"，"就有必要要求……采取平权措施有效地结束歧视"，而这可能意味着"按劳动力中合格的少数族裔人数的大致比例来雇用和吸纳合格的少数族裔"。这也许是"确保充分享有第7条所保障权利的唯一有效途径"。天堂案也持这个立场，布伦南在判决书中宣称，由于阿拉巴马州"长期的、无耻的拖延和抵制记录"，所以"一对一的要求"是适当的。

总之，法院驳斥了里根行府的论点。行府依据第7条主张禁止在招聘中使用目标和时间表，并且仅只歧视受害者个人可以因平权运动而得到好处。布伦南称行府的观念"有误导"。这样的解释将"剥夺法院［保障平等就业机会］的一个重要手段"。批准目标和时间表的平权运动计划可以是符合宪法的，假如它们：

- 持续时间有限，
- "精心定制"以补偿每个案件中的明确歧视，
- 具备灵活的目标，以及
- 没有"不必要地束缚"白人的权利。

192

只有在极少数"恶性歧视"的案件中，或者在机构有"可耻的拖延记录"的时候，比如纽约州及阿拉巴马州，定额才可以被使用。在那种情况下，临时定额或者一对一计划可以被规定为执行第7条的唯一方法。正如《时代周刊》所写，这些裁决是"对平权运动的巨大肯定"（A Solid Yes to Affirmative Action）。

当行府还在争取获胜的一线希望时，平权运动的支持者们已在欢庆胜利。全国有色人种协进会的本杰明·胡克斯宣布，这是一场"伟大的胜利"，是"对里根行府破坏平权运动的有害工作的重要谴责"；美国国家城市联盟（National League of Cities）执行主任补充道，该判决"终结了联邦政府的全部工作……行府想方设法将自愿的合意雇用目标描述为一种逆向歧视，以此揭开旧伤疤"。米斯承认最高法院"裁定我们败诉"，然而又奇怪地强调，大法官们已经"接受这届行府的基本立场，即种族优待不是好事"。雷诺兹除了声明他对判决的失望之外，还坚称它们"极其有限"，所以司法部对民权法律的执行完全不会有"任何改变"。

然而，随后一个月，司法部开始悄悄地撤销它针对各州各市的诉讼。当记者问及一位白宫官员行府关于修正或者结束平权运动的商讨情况时，他答复："它不在任何人的日程之上。当然，也没有必要卷入其中。"

喧嚣过后是窃窃私语，因为那个声明标志着里根余下任期中的反弹结束了。①

但这不是里根保守主义议程的终结。国会通过了一部法律，禁止美国人与南非种族隔离政权进行贸易或者投资。总统否决了法案，但国会推翻了否决，使它成了法律。在国内，国会用《公民权利恢复法案》（Civil Rights Restoration Act）对抗总统。这个法案是针对格罗夫城学院（Grove City College）的一起诉讼的结果，它是宾夕法尼亚州的一所保守派基督教学院，1984年最高法院裁决了此案。此前，1964年《民权法案》、1972年教育修正案第9条、1973年《康复法案》及1975年《年龄歧视法》被解释为，如果公立或者私立机构得到联邦资助，那么它们就不能基于种族、性别、残疾或者年龄进行歧视。然而，最高法院在格罗夫城案中裁定，如果一所高校得到资助，那么只有计划的接受者——而非整个机构——被禁止歧视妇女。行府对裁定赞赏有加，但妇女组织和民权组织，连同大部分议员都认为它限制了以前的民权法案。为了恢复初衷，国会撰写了一个法案。它在众议院获得通过，但被卡在了参议院，直至民主党在1986年中期选举后重新获得参议院。然后国会表决通过了这个恢复法案，其中参议

---

① 关于威甘特案，参见 *Congressional Quarterly* (19 October 1985): 2105, and 24 May 1986, 1181; *Newsweek* 和 *Time*, 2 June 1986, 65 and 66; 天堂案载于 *NYT* 和 *WP*, 26 February 1987; *Time*, 14 July 1986, 22; *Congressional Quarterly* (5 July 1986): 1525; 胡克斯、城市联盟和行政人员部分载于 *WP*, 3 July 1986; 白宫官员的答复载于 *WP*, 14 July 1986; 13 August 1986.

院是75比14票，众议院是315比98票。参议院中有27名共和党人加入多数派，众议院中有73名。这次表决本是不足以被否决的，但里根仍发动了攻击，宣称法案将会"大而不当地将联邦政府的权力拓展到诸如基督教堂和犹太教堂、农场、工商企业等私人组织，以及州政府和地方政府的决策和事务之上"。他否决了法案。但国会轻而易举地推翻他的否决，然后使法案成了法律。

总统用插手最高法院提名事宜进行了反击。在最高法院以前的开庭中，7名大法官否定了行府对第7条和平权法案的解释；然而，它无一例外地维持了陪审法官威廉·伦奎斯特经手的有关少数族裔案件的原判。1986年6月，沃伦·伯格宣布退休，总统提名伦奎斯特作为首席大法官，为了填补空缺，总统又提名安东宁·斯卡利亚（Antonin Scalia）作为新任陪审法官，此人是位50岁且精气充沛的保守派联邦法官。《纽约时报》提醒道，"如果参议院批准"伦奎斯特和斯卡利亚，那么"最高法院的意识形态天平可能就会明显地偏向右边"。

但在参议院提拔伦奎斯特并批准斯卡利亚之前，最高法院通过"美驰储蓄银行诉文森案"（*Meritor Savings Bank v. Vinson*）首次对就业中的性骚扰进行了裁决。米歇尔·文森（Mechelle Vinson）以前是该银行雇员，她声称经理曾经调戏她和别的女性雇员，强迫她和他发生性关系，甚至强奸她。通过引证文森的"性幻想"，并强调这段关系是自愿的，该经理否认了指控；法院也未能理清这场纠纷。司法部支持银行，也支持罗伯特·H.博克（Robert H. Bork）所书意见，这位上诉法院法官严格地解释了第7条。"国会正在考虑的根本不是个别的骚扰，而是出于性别原因而发生的就业歧视。"最高法院全体一致否决了这个解释，陪审法官伦奎斯特写道："当一位经理因为下属的性别而骚扰下属时，那位经理便是基于性别而'进行了歧视'。"

工作中的性骚扰违反第 7 条，是不合法的。这是司法部的又一次失败，却是妇女组织的胜利。随着斯卡利亚进入最高法院，1987 年 3 月此景重现。"约翰逊诉圣克拉拉县交通运输机构案"（*Johnson v. Santa Clara County Transportation Agency*）中的问题是：虽说也许没有受到歧视，但女性在机构的劳动力中未被充分代表，为了纠正这一事实，公共部门的雇主可以在晋升方面主动给予妇女倾斜吗？

保罗·约翰逊（Paul Johnson）和戴安·乔伊斯（Diane Joyce）供职于加利福尼亚州圣克拉拉县的公共交通机构。1979 年，当公路运输调度员一职出现空缺时，这两人申请了，另外 10 人也申请了。所有人都参加了竞争激烈的面试，该县认为 7 位申请者有资格做这份工作，其中包括约翰逊和乔伊斯。约翰逊并列第二，得到 75 分，乔伊斯以 73 分排第三名，其他申请者中有 5 人超过 70 分的合格线。3 名机构主管组织了第二轮面试，他们认为约翰逊最合适，但在下决定之前，乔伊斯告知县里的平权运动干事，还不曾有女人做过调度员。最后，负责人提拔了戴安·乔伊斯。

保罗·约翰逊提起诉讼，断言该县违反第 7 条中禁止种族歧视和性别歧视的规定，他也受到了司法部的支持。在接下来的调查中，发现该县为了使所有岗位雇用的劳动力最终反映出县里少数族裔及妇女的比例，1978 年已经采取惯常的自愿平权运动计划。在按照传统被性别隔离的工作岗位，该县会把性别当做雇用或者晋升程序的一个因素。不过，该县交通运输机构的238个技术型岗位上一个妇女都没有，这类岗位中就包括公路运输调度员。所以，该机构负责人认为，既然两位申请者都能胜任职位，他就选择了乔伊斯，随后也承认她的性别是她入选的"决定性因素"。

最高法院以6比3票支持该政策。约翰逊案是第一个把就业优待给女人而非男人的裁决，它标志着最高法院首次认定，无须证明歧视历史，雇主便可以在雇用或者晋升中利用种族和性别优待使其劳动力与当地人口一致。在替多数派写判决书时，大法官威廉·布伦南宣布，该县的政策与早在9年前宣判的韦伯案一致。技术型岗位的"明显失衡"意味着，该机构"把乔伊斯女士的性别当成下决定的一个因素"是合理的。该机构的政策并未束缚"男性雇员的权利"，或者给"他们的晋升以绝对的限制"，况且机构"无意建立这样的劳动力队伍：其不变的结构取决于硬性的数值标准"。大法官布伦南宣布，这个增加劳动力中妇女和少数族裔人数的"温和、灵活、具体问题具体分析的方法"是"完全符合第7条的"。

"这起案件将影响所有女人"，戴安·乔伊斯宣告。像韦伯案曾是非裔美国人的胜利一样，该裁决是女性雇员的胜利。大法官布伦南明确表示要求权利共有。最高法院已经批准机构或者企业建立给予妇女和少数族裔优待的自愿计划；唯一需要指出的是"传统上被隔离的工作类型中的显著失衡"。

里根行府"大失所望"，但大法官斯卡利亚的评定更为严苛。斯卡利亚嘲讽该观念是指妇女"渴望扛着铁锹和铲子"挤在公路运输人员中，要求在那些岗位中得到代表；"调度员不是妇女自己眼中的理想工作"，所以说该裁决试图纠正"传统上被隔离的"

工作类型中的"显著失衡"是"明显有误的";最高法院反而将第7条从"种族或者性别不是决定录用与否的一项基础保障转换成它们通常会是的一项保障";如此一来,"在职场上,我们实际上把无歧视社会这个目标替换成了一个完全矛盾的目标,即依据种族和性别的比例代表制"。最高法院关于平权运动的"大规模扩张"正在把1964年《民权法案》转化成反对白种男人的"种族主义和性别主义的强大引擎"。

"我有异议",斯卡利亚宣告,但无济于事。这是最高法院两年内第5次否决里根行府对平权运动和第7条的解释。最高法院再次驳回了关于逆向歧视的上诉,首先是由艾伦·巴基提起,然后是布莱恩·韦伯,现在则是保罗·约翰逊;这也否决了行府关于结束优待、建立一个无视肤色社会的目标。值得注意的是,最高法院支持平权运动,并且扩大了它的意义:在雇用、晋升、大学招生和政府合同中,以及各州各市、公共机构和私营企业的合意判决和法院的命令计划中,种族和性别优待都是合法的,甚至有益于没有受到伤害的人。当然,保留配额计划未被提及,但从今往后,至于其他平权运动计划,白种男性显然只有具备资历才会受到就业保护。①

约翰逊案不得人心。一份盖洛普民意测验对该判决提过一个

---

① 关于格罗夫城学院,见 Cannon, *President Reagan*, 462–63 和 Laham, *Reagan*, Chapters 7 and 8; *NYT*, 18 June 1986, 美驰案也载于同年6月20日的报道;约翰逊案见 Urofsky, *Affirmative Action on Trial*, Chapter 1 以及 *NYT* 和 *WP*, 26 March 1987; 亦可查阅 Reynolds, "An Equal Opportunity Scorecard," *Georgia Law Review* (Summer 1987): 1036–41 及 Herman Schwartz, "The 1986 and 1987 Affirmative Action Cases: It's All Over But The Shouting," *Michigan Law Review* (December 1987): 524–76.

问题，发现三分之二的人表示反对；但上千家公司认为这是种解脱，因为自20世纪70年代以来，这些公司都已制定政策，给予妇女和少数族裔就业优待。例如，这类计划已经导致通用汽车的白领员工中女性增加到了25%左右，少数族裔则在13%以上。美国商会的一名律师说："这基本上是企业的一次胜利，因为这给了它们自愿实施自己平权运动计划的自由，不用再担心逆向歧视诉讼。"

《商业周刊》宣告，"20世纪80年代的平权运动大辩论完结了"，真是如此。最高法院于1987年春季的开庭期标志着平权运动的司法权扩张的极限。

但这种宽容只会持续到未来两年，因为在当年夏天，总统再次向最高法院提名了另一位保守派。巴基案判决书主审大法官刘易斯·鲍威尔退休，然后行府提名了罗伯特·博克。身为联邦法官和耶鲁大学前法学教授（比尔·克林顿和希拉里·罗德姆都是他的学生），博克发表过无数演讲，且撰写过众多判决书，这些显示了他对最高法院"自由派倾向"（liberal drift）的谴责，以及关于宪法的保守派观念。他曾经反对所有民权立法，并声明巴基案判决无效，称此案的支持者们是"关于逆向歧视的核心种族主义者"。最高法院曾经利用"隐私权"支持节育和堕胎，他说这个术语是可疑的，因为宪法中没有提到它。他表示，罗诉韦德案是个"不符合宪法的判决，是对州立法权的一次严重的、完全不合情理的僭越"；他还支持放松政教分离（separation between church and state），以及被告因为"米兰达案件"① 而获得的程序性保护。这类观点使

---

① 米兰达案件（Miranda case），它让犯罪嫌疑人、被告人在被讯问时有权保持沉默或者拒绝回答。——译注

民权组织、女权组织、自由派及许多温和派担心不已，而且威胁到对博克的提名，此外也致使总统的声誉摇摇欲坠。面对伊朗门事件（Iran-Contra Affair）、威泰克丑闻（Wedtech）、五角大楼丑闻（Pentagon）以及储蓄和贷款丑闻（Savings and Loan scandals），行府正处于损害控制模式。参议院以58比42票反对博克，这是被提名者有史以来遇到的最大比分的失败，所以雷诺兹说服总统提名华盛顿特区上诉法院法官道格拉斯·H.金斯伯格（Douglas H. Ginsburg）。雷诺兹与金斯伯格有私交，认为可以指望他在平权运动、堕胎以及反垄断案件上支持行府的观点。雷诺兹劝说米斯和里根支持金斯伯格，他们听从了，但不久之后这次提名成了一个祸患。金斯伯格的夫人是名医生，曾主持过流产手术；20世纪70年代，当他还是哈佛大学法学教授时，曾在聚会上吸食大麻。这次提名惨败，只持续了10天。行府撤掉他的名字，然后提名了安东尼·M.肯尼迪（Anthony M. Kennedy），此人从未发表过对堕胎的看法，看起来也像是温和的加利福尼亚州保守派联邦法官。自由派认为，肯尼迪是他们可以从里根行府中找到的最佳人选，然后参议院一致批准了肯尼迪。

因此，里根总统的民权遗产就是任命了3名最高法院大法官，那将开启向更保守的最高法院的转变。在8年任期内，里根任命了370多名联邦法官，这比在那之前的其他历任总统任命的都多，差不多是法官总人数的一半；这将使法院转向右派。支持者盛赞里根实现无视肤色国家的尝试，然而民权批评者指责他。对于平权运动，每个任期伊始，这位总统都坚决反对，但都失败了，不仅自由派组织，而且这位伟大的沟通者也无法说服自己的政党。共和党在平权运动上仍有分歧。①

里根卸任去享受加州阳光了,把民权议题留给了后继者乔治·H. W. 布什(George H. W. Bush)。由于准备竞选总统,时任副总统的布什早在1986年就已悄悄脱离里根行府的保守阵营。当年,他应邀赴全国有色人种协进会发言,然而不同于之前的会议,这次布什吸引住了听众,他呼吁改变南非,"对新闻自由和言论自由的限制必须解除。南非的种族隔离必须结束"。偏离事先写好的发言稿,布什宣称他支持那些在雇用和晋升中使用目标而非定额的平权运动计划,这博得了一片掌声。

不过,由于丑闻、1987年股市崩盘及后续经济衰退已经严重影响共和党,这位副总统的竞选之路会颇为坎坷。民意调查人公布,大部分选民准备改投民主党,民主党人也觉得他们的机会来了。大量民主党人踏上竞选游说之行。杰西·杰克逊第二次参加党内竞选,第一次参选的有密苏里州的众议员理查德·格普哈特(Richard Gephardt)、伊利诺伊州的参议员保罗·西蒙(Paul Simon),以及田纳西州的参议员小阿尔·戈尔(Al Gore Jr.)。然而最终候选人是马萨诸塞州州长迈克尔·杜卡基斯(Michael Dukakis)。在该州,杜卡基斯的支持者盛赞他对经济的改善,称之为"马萨诸塞奇迹"(Massachusetts Miracle)。他选了劳埃德·本

---

① *The Gallup Poll*, 10–13 April 1987, 141; 商会律师的话载于 *NYT*, 27 March 和 *WP*, 26 March 1987; *Business Week*, 13 April 1987, 37; 博克的内容见 Savage, *Turning Right*, 138–43; 金斯伯格见 Wolters, *Right Turn*, 14; 里根总统图书馆引入371位联邦法官,至于民主党的克林顿总统人才计划(Clinton Presidential Materials Project)则引入373位。

特森（Lloyd Bentsen）做竞选伙伴，此人是位颇受拥戴的得克萨斯州参议员。

杜卡基斯领跑了整个夏季的民调，当时共和党人提名布什为领军人物，然后布什挑选了来自印第安纳州的新任参议员丹·奎尔（Dan Quayle）做竞选伙伴。此举出乎所有人意料，其中包括布什的工作人员和奎尔本人。奎尔搞砸了他的第一次公开发言。更糟糕的是，有位大会发言人称这位新任参议员是"来自印第安纳州的精力充沛的小巨人"，这引起了与会代表的一阵窃笑。很快，这位新的副总统候选人便成了深夜电视节目的笑料。约翰尼·卡森（Johnny Carson）打趣道："你们觉得丹·奎尔的高尔夫球袋有一整套铁杆吗？"① 这可能已经有失公允，但重点是副总统候选人已经成为笑料，虽非总统候选人，却把一个尴尬的开局带给了布什的竞选活动。

1988年总统竞选很是惨淡，几乎所有评论员都指责说，有关议题绝大部分都没有得到及时处理。布什及其竞选经理李·阿特沃特（Lee Atwater）继续出击，以赢取支持里根的活跃分子的选票。这位共和党人使用了美国国旗作为竞选标志，他指责杜卡基斯否决过自己州原本要求教师在班上领诵对美国效忠誓词的提案。布什问道："令他如此不安的是效忠誓词的什么内容？"同时他宣布，该民主党人是美国公民自由联盟（American Civil Liberties Union）的"正式成员"。布什承诺低水平的税收，说他的自由派对手已经把他家乡州的税收提得太高，以至于它的名字应该被改为"苛税诸塞州"（Taxachusetts）。

---

① 高尔夫铁杆分长中短杆，卡森在讽刺奎尔个子矮。——译注

这场竞选活动成为标志性事件之一，其中最持久的是威利·霍顿事件（Willie Horton）。这位马萨诸塞州非裔美国人本名威廉（William），他与另外两人于1974年被判入狱，原因是在一次抢劫中捅死了被害人；检察官从未证明手持刀具的是谁。当时，联邦政府及许多州政府均允许表现良好的囚犯暂时离监休假，其中包括里根担任州长时的加利福尼亚州。马萨诸塞州准过霍顿9次休假，皆平安无事。然而在1987年，他没有回来。霍顿前往马里兰州，闯入一户人家，拿刀砍了白人户主，并强奸了他的未婚妻。竞选经理阿特沃特投放了一则题为"旋转门"（Revolving Door）的竞选广告，囚犯漫步穿过十字旋转门；他还把"威廉"改名为更富种族色彩的"威利"，尽管霍顿从未用过这个名字。广告影像不仅唤起了白人对黑人犯罪的恐惧，还强化了人们对民主党过于纵容罪犯和偏向少数族裔的感觉。这个努力奏效了；公民忘记了股市崩盘和共和党的一切丑闻。10月下旬，焦点小组中有90多位选民代表被问及霍顿事件，除5人外全都提到了他的种族，而且除12人外全都提到受害者是白人。另一份调查显示，杜卡基斯最让选民关注的正是"帮助黑人"议题。

因此，这招种族牌帮忙把布什推上了总统宝座；他赢得了白种男性66%的选票。但代价很大：这场竞选冒犯了大部分人，选举日的投票率是1924年以来最低的。民意调查显示，不足10%的选民认为总统候选人处理了有关议题，高达三分之二的选民希望两名候选人已经着手处理相关议题。仅有43%的选民对布什有好感，这在选举投票上表现为民主党人轻易获得了参众两院的控制权，致使华盛顿僵局更甚。

200

新任总统搬到宾夕法尼亚大道 1600 号①后,很快便任命了他的班子,其中包括 7 位前里根内阁成员。那些人许多官居原职,如理查德·索恩伯格(Richard Thornburgh)依然任司法部长,当然也有人获得了别的职位,如伊丽莎白·多尔去了劳工部。他任命了两名拉美裔妇女,分别为教育部的劳伦·卡瓦索斯(Lauren Cavasos)和内政部的曼纽尔·卢汉(Manuel Lujan);还任命了非裔美国人路易斯·沙利文(Louis Sullivan)担任卫生和公众服务部部长。以上任命传递了一个明确信号,即布什正在偏离里根的许多方针,进而靠向他所倡导的"较为友善、温和的"国家,而且这个转变包括民权议题。数月之内总统声明,他赞成旨在雇用少数族裔的平权运动和外展计划。据他的行府透露的消息,它既无意挑战现存平权运动的合意判决,也无意发布行政命令推翻针对联邦承包商的政策。②

由于在 1989 年上半年,前一届行府往联邦法院任命保守派的战略开始产生回报,新一届行府没有必要也这么做。最高法院宣布了 5 项裁定,它们开启了司法上针对平权运动的反弹。

第一起案件与保留配额计划有关,它建立于尼克松年代,而且 1977 年《公共建设工程法案》使之合法化。此后十几年间,36 个州和 190 个地方政府制定了相应的保留配额计划。此外,连同联邦贷款和补贴,以及采购的大规模扩张,少数族裔所拥

---

① 即白宫。——译注

② NAACP 讲话载于 *NYT*, 4 July 1986; 竞选发言和大选部分出自 Greene, *Bush*, 36–43; 霍顿一事见 O'Reilly, *Nixon's Piano*, 378–91; 调查出自 Klinker and Smith, *Unsteady March*, 305; 布什的平权运动政策见 *Ms.* September 1989, 92; *Business Week*, 3 July 1989, 61.

有企业的数量显著地翻了两番,1969—1989年间从32万家增至120万家。

但到20世纪80年代末,保留配额计划遭到了许多批评。那10年间的政府条例曾经限定,5%的国防采购、8%的国家航空航天局合同和10%的交通运输项目要被授予少数族裔拥有的企业——如果它们能被发现的话。相关问题出现了。"少数族裔拥有"既从未被仔细地定义,又从未被严格地执行。新近移民许多是拉美裔,他们通常进入建筑行业,这会减小合同被授予非裔美国人的概率。大型合同只给少数大公司,这意味着1990年50家大公司得到了所授予40亿美元的40%,但它们仅占合格公司的2%。此外,有利可图的合同夹杂着模棱两可的指导方针,执行不力还导致了冒领和欺诈,这在1987年最臭名昭著的威泰克丑闻中显露无遗。

约翰·马里奥特(John Mariotta)拥有威泰克公司三分之二的所有权,由于他的波多黎各血统,他的布朗克斯工厂(Bronx factory)有资格拿到给美国陆军制造发动机的国防合同。20世纪80年代早期,马里奥特成了里根行府的典型人物(poster boy),总统助理埃德温·米斯和林恩·诺夫辛格(Lyn Nofzinger)也在五角大楼为威泰克公司说情。但后来纽约州的检察官鲁道夫·奎利安尼(Rudolph Giuliani)展开调查,发现马里奥特只是名义上的负责人。该公司其实由两个移民拥有——其一不是少数族裔,另一个不具备所有人资格。国会听证会披露了欺诈、行贿受贿和以权谋私,这引起了针对诺夫辛格的控告,时任司法部长米斯请辞,约翰·马里奥特和一名布朗克斯区议员下狱。

随着弗吉尼亚州里士满市的批准,到了20世纪80年代末,保留配额计划变得越来越可疑。该市黑人市民超过 50%，但少数族裔承包商过去得到的市政合同不足 1%。因此在 1983 年，当非裔美国人控制市议会时，他们通过了一项确立 30% 保留配额的政策。相较于全国其他城市 10% 的常见比例，这非常高。市议会的计划以联邦法律为基础，但是很马虎，因为它在措辞上甚至囊括了阿留申群岛的土著，这群人明显未出现于里士满市。最后，该市刊登广告对安装监狱的不锈钢装置项目进行招标，J. A. 克罗松公司（J. A. Croson Company）问过 5 家少数族裔公司是否愿意分包 30% 的工作，但无一理睬，于是克罗松提交了报价。但由于没有少数族裔的参股，该市拒绝了克罗松的报价，即使它是最低的。克罗松起诉了。

上诉法院法官 J. 哈维·威尔金森（J. Harvie Wilkinson）对"里士满市诉 J. A. 克罗松案"（*City of Richmond v. J. A. Croson*）进行了裁决，30% 的保留配额并非量身定制，这个数字"不过产生于迷雾之中"。此外，这一数字是"伪造的"，因为国内所有建筑公司中归少数族裔拥有的不到 5%，而这些公司 40% 以上只在 5 个州有分布，其中不包括弗吉尼亚州。

最高法院否认了威尔金森关于城市必须限制优待的意见，它还豁免了经过国会批准的少数族裔计划，从而维持了《公共建设工程法案》。里士满市的论据是，各州或各市享有广泛的自由裁量权来定义其保留配额计划。当时，它以 6 比 3 的票数进行了否决。此案与圣克拉拉案之间的一个重大区别是，保罗·约翰逊声称，根据第 7 条，他正遭受歧视；然而克罗松声称，根据宪法第 14 修正案，他应该得到平等保护，但最高法院维持了原判。在替多数派撰写判决书时，桑德拉·戴·奥康纳认定，平等保护条款保护全体公民的个人权利，并且只有合法的种族优待理由才可以补偿过去的歧视。"在任何一种现实的意义上，30％ 的定额都不可以被任何人所遭受的任何伤害所捆绑，"她写道，"在里士满市建筑行业的任何层面，说西班牙语的人、东方人、印第安人、爱斯基摩人，或者阿留申人等过去所受的歧视缺少确凿证据。……很可能里士满市从未有过阿留申或者爱斯基摩市民。"基于种族的任何优待都必须通过"严格审查"（strict scrutiny）测试，这个法律术语意味着有关问题出在可疑的宪法基础上，而且它必须满足最苛刻的司法标准。只有服务于消除"确定的歧视"这种"令人信服的国家利益"，优待才可能是合理的。对于她而言,任何"硬性的数值定额"都是可疑的。

在里士满案中，里根任命的大法官全都站在多数派一边。圣克拉拉案之后不到两年，里士满案便开始变得远离种族和性别优待——但仅限于承包领域，并且只有在事前并不存在歧视之时。对严格审查测试的接受挑起了平权运动计划能否通过这类测试的疑问，也重创了那种认为一项政策可以基于城市中少数族裔比例的观念。奥康纳的意见所援引的不只是该数字，还有"有资格承担特定任务的少数族裔人数"。

大法官马歇尔写道，"最高法院从对种族意识补偿措施的持续关怀上全线撤退"，该措施是为了实现经济机会平等。这是"巨大的退步"，但对于平权运动的批评者而言却不见得。查尔斯·克劳萨默（Charles Krauthammer）写道，最高法院正在"围绕所有种族意识的政府行动画一个日益狭小的圆圈——一副套索"；乔治·威尔（George Will）称赞，此案裁决击退了"为某些由政府扶持的少数族裔而存在的种族分赃制度"。

事实上，里士满案是非常有限的。虽然各州市复审了保留配额计划，但之后照样被留下了，因为太多问题仍没答案。"少数族裔拥有的"企业由什么构成？如果地方税收被用于建筑工程，那么要实施联邦或者地方的保留配额条例吗？"该判决不完全清楚透明，"佛罗里达州彭萨科拉市（Pensacola）的检察官说，"在找出它的影响是什么之前，我们还有很多问题需要作答。"①

那年夏季，有关问题只会越来越多，因为最高法院对一系列有限案件的裁定继续收紧了缠绕平权运动的套索。在马丁诉威尔克斯案（*Martin v. Wilks*）中，最高法院裁定，阿拉巴马州伯明翰市消防部门的白人可以起诉该市1979年的合意判决及后续的平权运动计划逆向歧视。在帕特森诉麦克莱恩信用卡联盟案（*Patterson v. McLean Credit Union*）中，最高法院维持了1866年的一部法律中被用于挑战歧视的条款，但不允许布伦达·帕特森（Brenda Patterson）运用该法律就工作中的种族骚扰提起诉讼和索赔损失，这好像颠覆了自1976年鲁尼恩诉麦克拉里案以来所一直使用的判决惯例。

更重要的是沃兹包装公司诉安托尼奥案（*Wards Cove Packing Co. v. Atonio*），此案涉及15年前的一起诉讼，原告是阿拉斯加州一家鲑鱼罐头厂的菲律宾裔和美洲原住民员工。那些员工声称，有关雇用和晋升惯例，以及维持食堂和临时住房隔离的做法使他

---

① 关于少数族裔补贴和企业的增长，见 Kotlowski, *Nixon's Civil Rights*, 150; 关于威泰克丑闻，可查阅 Graham, *Collision Course*, 152–53; 里士满案见于 Wolters, *Right Turn*, 274–76; *Congressional Quarterly* (28 January 1989): 178; *NYT*, 24 January 1989; 有关反应载于 *NYT*, 24 January, 29 January 和 *WP*, 30 February 1989; 佛罗里达州检察官的话载于 *WP*, 29 January 1989.

们被困在了罐头生产线上，把好工作留给了白人。这些少数族裔声称，虽然那些政策未必由种族因素引发，但对他们的升职机会有"差别影响"，所以就像最高法院对1971年的格瑞格斯案的判决一样违反了第7条。该公司驳斥了以上指控，强调技术岗位中白人的比例体现的是可用的总合格申请人数。初审法官裁定公司胜诉，但被上诉法院撤销了，通过指责统计上的员工失衡把责任转移到了公司，要它表明其政策有经营上的必要。最高法院大法官约翰·保罗·史蒂文斯（John Paul Stevens）表示同意，他写道，阿拉斯加州这家鲑鱼罐头厂与"种植园经济的方方面面有令人不安的相似之处"。

不过最高法院多数派以5比4票判公司胜诉，因为里根任命的法官全部联手反对格瑞格斯案。大法官拜伦·怀特写道，如果上诉法院的意见成立，那么"几乎会不可避免地导致职场上使用数值定额，这是国会和本院过去一再加以否定的对象"。在支持过6个月前的里士满案中大法官奥康纳所做的论点之后，怀特继续写道，"如果欠缺从事这类技术岗位的少数族裔起因于合格申请者的不足"，那么该公司的"选拔方法或者雇用惯例就不能被说成是对少数族裔有'差别影响'"。

从现在起，所需要的不只是表明公司中少数族裔或者妇女的代表人数不足。在两年前的约翰逊诉圣克拉拉县案中，这曾算是个问题。现在雇员必须证明，雇主设有实际上歧视他们的雇用或者晋升程序——这种规定成了当地法律。

不同意见针锋相对。大法官布莱克门怀疑，"多数派是否依然相信种族歧视——或者，更确切地说，针对非白种人的种族歧视——是我们社会的一个问题，甚或是否还记得它曾经是"。美国民权同盟宣称这"令人愤慨"。沃兹案"撤销了20年来的判例",并且"实际上取消了第7条";当时《华盛顿邮报》发表社论称,格瑞格斯案明显刚好是"一场持续了18年的误会"。

在1989年开庭期,最高法院实质上撤销了格瑞格斯案。从现在开始,白种男性将更易控告逆向歧视,妇女或者少数族裔将更难打赢官司。先利用统计数据证明代表人数不足,再据此证明歧视的做法受到了怀疑,而且在此期间的案子翻转了举证责任:雇员必须表明歧视的因果关系,这基本上结束了差别影响的旧观念。此外,最高法院目前似乎在找办法限定歧视案件。例如,在帕特森案中,最高法院采取了非同寻常的措施,决定复审少数族裔根据鲁尼恩案提起诉讼的权利;帕特森案当事人并未要求重新审议,所以是5名保守派大法官自己主动采取了行动。《国家》写道:"当涉及民权时,现在可以清楚地看到,里根的最高法院已经初见端倪。"

这惊动了妇女和民权组织。《女士》(*Ms.*)杂志宣称:"1989年开庭期把灾难性的系列败诉分给了女人和少数族裔男人。"全国有色人种协进会的本杰明·胡克斯强调,现在这个国家,最高法院已经变得"比任何拿消防水龙的公牛康纳都危险",因为它正在"剥夺我们来之不易的宝贵胜利"。他号召国会起草一部恢复有关权利的新民权法,扬言如若不然,那么"留给我们的唯一求助手段就是在这个国家采取前所未有的大规模非暴力反抗"。①

---

① 有关撤销帕特森案和鲁尼恩案,见 *NYT*, 16 June 1989; 关于沃兹案,见 *WP*, 6 June 1989, 社论见随后9号期;*Nation*, 3 July 1989, 4;胡克斯的话载于 *WP*, 10 July 1989.

国会迅速做出反应。参议员爱德华·肯尼迪和加利福尼亚州民主党众议员奥古斯都·霍金斯（Augustus Hawkins）提议了后来成为 1990 年《民权法案》的草案。肯尼迪致信总统的幕僚长约翰·苏努努（John Sununu），国会"完全应该通过一部法律，言明沃兹案无效，并使格瑞格斯案成为法律"。通过允许原告利用统计资料或者差别影响证明歧视，这个法案旨在限制那些挑战经法院批准的平权运动计划的诉讼，并加强联邦反对工作中骚扰的保护力度。它会把举证责任从员工转回到老板。此外，它将首次给予所有蓄意就业歧视受害者一次获得经济补偿和惩罚性损害赔偿的机会。之前，只有少数族裔可以获得这样的裁定额，其他人全都只能索取拖欠工资和律师费。于是，佛罗里达州某电话公司的一名黑人雇员玛丽·安·万斯（Mary Ann Vance）在向陪审团证明她的同事曾两次在她的办公桌上挂套索①之后，获得了 100 万美元的补偿性及惩罚性赔偿；然而，身为威斯康星州一个仓库的白人工人，卡萝尔·扎布科维奇（Carol Zabkowicz）只获得了不到 3000 美元的拖欠工资，5 年期间，男同事穿戴她的文胸，暴露生殖器，并张贴她与动物性交的图画，一位联邦法官称这是"持续、恶毒又野蛮的"性骚扰。

布什行府的回应很大胆——他们称以上《民权法案》为"定额法案"。毫无疑问，工商业团体大多反对该法案，因为它将允许雇员运用仅仅显示公司劳动力失衡的统计数据去论证歧视；批评者们想要依靠沃兹案设定的较弱标准，该案只要求公司惯例服务于雇主的"合法业务目标"。新法案会使附加诉讼和高昂惩罚性赔

---

① noose，套索是种族隔离时期对黑人处以私刑的象征。——译注

偿的概率增加。美国商会发言人强调:"定额制将是雇主能够保护自己的唯一办法。"司法部长索恩伯格建议总统否决"任何会怂恿定额制度,或者其他沿着种族界限分裂我们社会的立法"。

参议员肯尼迪回应道,"定额即时间表"是种"华而不实的"论证,但定额和平权运动成了 1990 年间政治活动的议题。早在 1985 年,随着里根以压倒性优势连任以来,密歇根州民主党人便委托民意测验专家斯坦利·格林伯格(Stanley Greenberg)研究他们州的"民主党式倒戈"。他去了马科姆县(Macomb County),这是底特律市的一个白人工人阶级郊区,该区居民在 1964 年投给林登·约翰逊的选票高达 74%;1984 年,里根在该区获得的选票高达 67%。发生什么了?"铁锈地带"①的失业率与种族议题的关系类似于跨区校车接送与平权运动。格林伯格及其同事发现,白人工人阶级如今认为民主党偏向非裔美国人。每当他们问工人:"你们认为谁受到了不公平待遇?"回答都干脆果断:"我们。中产阶级的白种男性。勤劳的中产阶级。因为女人得到了好处,拉美裔得到了好处,东方人得到了好处。现在,除了男性白人一族外,任何人都得到了好处。""这些人几乎全都把优待看作他们个人发展的严重障碍。"对白人的歧视已经成为关于他们的地位、脆弱性和失败的一种解释。所以,他们在 1984 年大选中化身"里根式民主党人"(Reagan Democrats),在接下来的几年间,这种看法损害了民主党,他们正在失去最关键选区的选票。1990 年,一位民主党民调专家说:"在举行小组讨论时,倘若平权运动议题一被提出,你们就

---

① 铁锈地带(rust belt),指美国中西部和东北部重工业衰退地区。——译注

会忘掉其余的会议议题。这就是所有需要谈论的。"在秋季竞选期间，布什总统赢得了《民权法案》的定义之争，正如一位民调专家所言："他签署的任何法案都会成为民权法案，而他否决的任何法案都会成为定额法案。"

10月，参议院通过了《民权法案》，而布什几天后就否决了它，在声明中他7次使用了"定额"一词，宣称该法案会"把定额的破坏性力量引入我们国家的就业制度中"。全国各地身处激烈竞选角逐中的共和党人学会了这个策略。加利福尼亚州大老党的州长候选人皮特·威尔逊（Pete Wilson）打出广告，指责他的民主党对手戴安娜·范斯坦（Dianne Feinstein）"偏向工作定额"，然后侥幸取胜了。在路易斯安那州，前3K党成员大卫·杜克（David Duke）没有得到他申请的州参议员席位，但凭借打定额牌，获得了他选区中白人选票的60%。在北卡罗来纳州，参议员杰西·赫尔姆斯（Jesse Helms）也用电视竞选广告抨击他的民主党对手非裔美国人哈维·甘特（Harvey Gantt），广告展现了一名男性白人撕碎一张工作拒绝函，此时一个声音述说道："你需要那份工作，而且你最有资格，但因为种族定额，他们必须把它给少数族裔。这真的公平吗？"

公平变成了竞选议题。《商业周刊》提到，"民主党即将知晓公平议题的阴暗面"，告诫称，"如果乔治·布什不依不饶，动手抨击反对党支持定额，那么共和党人在1992年大选中落败应该不足为奇"。在支持杰西·赫尔姆斯的策略及挑衅民主党人参加全国性的平权运动辩论时，共和党主席威廉·贝内特（William Bennet）就是这么做的。定额"可能成为1992年大选的重磅政治炸弹"，《新闻周刊》写道，"共和党人或许已经找到威利·霍顿竞选广告①的续集"。

1990年底,《新闻周刊》对1992年大选做了预测。"谈论定额将会成为谈论种族和阶级的礼貌方式。……通过攻击定额,乔治·布什其实可以说:假如你得不到工作、提拔或者新生班级名额,请责怪民主党。是他们在抢劫中产阶级,然后把赃物送给他们的少数族裔朋友。"②

然而在总统大选前,全国关注点从内政方针转向了海湾战争。伊拉克军队已经入侵邻国科威特,布什总统集结多国部队前去解放这个遍地石油的小国家。1991年1月,联军展开了沙漠风暴行动(Operation Desert Storm),伊拉克独裁者萨达姆·侯赛因(Saddam Hussein)号召他的国民抗击"战争之母"(mother of all wars),但是同盟国很快就击溃了伊拉克军队,然后解救了科威特。在美国军队凯旋之际,布什总统的支持率飙升到了90%。

但国内的问题和政策会把总统的支持率拉回到现实。7月,民权先锋、年老体衰的大法官瑟古德·马歇尔宣布从最高法院退休。这给了布什第二次提名大法官的机会;第一次在前年威廉·布伦南辞职之后,此人受命于艾森豪威尔执政期间。关于平

---

① 它是1964年"雏菊女孩"广告的延续,帮助乔治·布什在总统选举中获胜,强化了"政治打击均不轻"的观点。——译注

② GHWB: Kennedy to Sununu, 29 June 1990, Office of the Chief of Staff, John Sununu Files, box 26; 法案和扎布科维奇案件载于 *WP*, 8 June 1990; 商会的发言载于 *U.S. News*, 28 May 1990, 34; 索恩伯格的建议载于 *NYT*, 5 April 1990; Greenberg, *Middle Class Dreams*, 39–49; Edsall and Edsall, *Chain Reaction*, 181–85; "定额法案"一说来自 *WP*, 23 July 1990; "这真的公平吗?"等来自 *Business Week*, 3 December, 36; *Newsweek*, 3 December, 26, and 31 December, 28–29, all 1990.

权运动，布伦南通常站在法院的自由派一边，但布什不想跟民主党主导的参议院斗得两败俱伤；他提名了温和保守派戴维·苏特（David Souter），这位联邦法官很容易就获得了批准。但不管怎样，由于总统战后的支持率持续高涨，马歇尔的退休扩大了使最高法院进一步右倾的可能性。此后，布什又提名了克拉伦斯·托马斯这位43岁的保守派非裔美国人。托马斯是耶鲁大学法学院毕业生和平等就业机会委员会前主席，还当过仅8个月的联邦上诉法院法官。即便如此，但总统在自己位于缅因州肯纳邦克波特（Kennebunkport）的避暑别墅里介绍托马斯时仍声称对托马斯的提名是因为他使佐治亚州摆脱了贫困和隔离，另外提名完全基于考绩。总统说，"大法官托马斯的一生是所有美国人的典范"，他是这份工作的"最佳人选"。

提名立即引发了争议。自由派马歇尔是民权组织的英雄人物，与马歇尔不同，托马斯发表过题为"为什么美国黑人应该指望保守政治？"的演讲，宣称他所取得的成功"非但没有得到政府的积极帮助，还遭到它的百般阻挠"。他反对各式各样的种族优待，并抨击过目标和时间表，经常称它们为"定额"，称它们存在宣传黑人无法与白人进行平等竞争这种概念的隐患。对于他而言，平权运动是项"社会工程"①。

全国有色人种协进会的发言人说，托马斯是"非裔美国人"的事实"不应该是不用仔细审查其民权记录的依据"。有关审查始于1991年秋季参议院的漫长听证会期间。托马斯曾经根据耶鲁大

---

① 社会工程（social engineering），指利用人性弱点、本能反应、好奇心、信任、贪婪等开展社会改造、制度设计，也就是人为的、非自然的、扭曲的社会改造。——译注

学的平权运动计划而被该校法学院录取,但他现在反对优待其他少数族裔。威廉·布拉德福·雷诺兹认为,托马斯代表了"那种正确的平权运动的缩影",而杰西·杰克逊称他是"美国历史上最受赞助的黑人男子"。自由派国会议员指责道,托马斯在担任平等就业机会委员会主席时有一项"可疑的执法记录",他还对那些遭受就业歧视的人"不公且麻木不仁"。托马斯批评过最高法院对罗诉韦德案的判决,也反对过约翰逊诉圣克拉拉县案,他说法院是"在第7条的立法史上颠倒黑白"。但即便如此,司法委员会(Judicial Committee)仍把他的提名送交到了参议院进行辩论和投票表决。

这时安妮塔·希尔(Anita Hill)出现了。在联邦调查局的背景调查过程中,平等就业机会委员会前雇员、非洲裔律师希尔指控托马斯在机构中骚扰过她。在电视镜头前,她详细陈述了他找女助手讨论他性能力的癖好,甚至还喜欢色情电影 Long Dong Silver。突然之间,提名陷入危局。参议员奥林·哈奇前来搭救,他批评性骚扰的法规定性过宽,断言任何人都可以诋毁一个无辜男人的名誉。希尔被召唤来替她的声明辩护,在妇女组织和民权组织的一致支持下,她向全国讲述了"我生命中最痛苦的经历"。媒体集中播报了这个问题——性骚扰。托马斯为自己做了辩护,他斥责参议院的审批程序好比"私刑",并否认相关指控是"任何黑人都会面临的最偏颇的种族主义成见"。当政客们在参议院争得不可开交之时,一名共和党助手声称,希尔想出书、拍电影,在其中她将化身"被性骚扰的罗莎·帕克斯"①。虽然局面依旧混

---

① 罗莎·帕克斯(Rosa Parks,1913—2005)是美国黑人民权行动主义者,领导了蒙哥马利市黑人抵制公交运动,被美国国会称为"现代民权运动之母"。——译注

乱，但布什总统仍然站在自己人这边："这位作风正派、受人敬仰的男人已经被抹黑了。"

最后，虽然参议院以52比48票的微弱优势批准了托马斯，但听证会和批准程序伤害了布什行府。保守派大多认为，总统本该在希尔的控告之后便撤回提名。大多数妇女也认为，总统对性骚扰问题无动于衷，而且他的顾问担心1992年大选会发生"性方面的反弹"（sexual backlash）。黑人群体不拥戴托马斯，故提名没有帮助布什获得该群体的支持。①

在批准听证会期间，布什还与国会争辩了1991年《民权法案》的轮廓。1991年初，民主党人提出法案，像去年一样旨在恢复平权运动法律。新举措的发起人强调，该法案将使举证责任转回到雇主身上；为了替看起来像歧视的雇用模式辩护，老板必须证明"经营上的必要"，比如某些岗位需要有高中学历。该法案将修正1964年《民权法案》的第7条，不仅准许少数族裔，而且准许宗教少数派、残疾人，更重要的是所有妇女，以歧视或者性骚扰向陪审团起诉他们的雇主；如果胜诉，准许索取拖欠工资和惩罚性赔偿。

伴随性骚扰这一热点话题，民主党争取到了妇女的选票，不过行府也用自己的法案予以了还击。共和党的措施会使雇主比较易于证明他们的雇用惯例以"合法的经营目标"为基础，不存在

---

① 托马斯的观点和全国有色人种协进会的意见载于 *NYT*, 2 July 1991；雷诺兹和杰克逊的话见 O'Reilly, *Nixon's Piano*, 395–96；希尔的事见 Greene, *Bush*, 156–59 和 *NYT*, 14 October 1991；对托马斯的反对意见载于 AP article, 4 July 1991。

歧视。它支持白人妇女获准控告性骚扰以索取损害赔偿的观念，但审理不经过陪审团，而且潜在的损害赔偿不能超过15万美元。行府主张，缺少这类限制，该法案有变成"个别律师敛财之道"的风险。不可思议的是，在国会停止办公后，司法部趁晚上分发了它的法案。

"我知道他们为什么会在傍晚才把这个给你们，"民权领袖会议的拉尔夫·尼斯说，"因为见不得光。"有些共和党人赞同法案；密苏里州的参议员约翰·C.丹福思（John C. Danforth）是带头争取新法案的人之一，他致函白宫称："行府目前的立场真的是在倒拨民权的时钟。"但也有些共和党人表示不同意，众议院共和党领袖罗伯特·米歇尔称民主党的法案是"实际上的定额"。

《纽约时报》发表社论称，"'定额'炸弹满天飞"（"Tossing Around the 'Quota' Bomb"），但事实上问题不在定额，而在经营上的必要，在钱。什么是经营上的必要？如果证实了歧视，白人妇女可以获得多少赔偿？随着国会议员讨论法案，随着商业圆桌会议（Business Roundtable）——一个代表200家大公司的CEO团体——为了提出一个折中方案而同民权领袖举行会谈，问题逐渐清晰起来。让行府苦恼的是，圆桌会议竟然说定额是个"不重要的问题"。

事实上，行府没能提供任何证据证明，从格瑞格斯案到沃兹案的18年间，企业被迫采取了定额雇用，有关信息是由《商业周刊》从一项大型调查中发现的。1991年春季，该杂志访问了400名大型企业高管。你们公司为雇用少数族裔和妇女设定了"数值目标，而非定额"？40%说是目标，48人说不是，这意味着这些企业即使有定额雇用的惯例，也是少数。近80%声称，他们正在"特别努力地招聘"少数族裔,然而仅仅5%说他们只给予"少数族裔较低的招聘标准"。当被问到平权运动对他们企业已经造成多少麻烦的时候,仅有6%回答"很多",其余的答"有点儿"或者"不多",而且其中三分之二认为,他们已经在雇用政府规定之外的妇女和少数族裔;他们不需要平等就业法律。因此,就像20世纪80年代初期里根所发现的那样,平权立场已经成为在美国做生意必不可少的一部分。

对于大多数企业领导而言,定额问题是虚假的。但在公共机构中,它是个更现实的问题,拥护它的称其为"组内分数转换"(within-group score conversion),批评它的称其为"种族评分法"(race norming)。卡特行府在1980年离任时实施过该做法。请回顾一下,他手下官员同少数族裔联邦员工签过一份协议,取消行政人员录用考试,并制定指导方针,以确保找到好工作的少数族裔人数差不多会与参加新测试的人数成正比,从而保障职业发展以种族为基础。由于少数族裔在与工作相关的合法测试上的平均得分偏低,许多城市和近40个州采取了这类政策。为了克服这一障碍,包括里根和布什的劳工部在内的机构开始只在员工和自己族群的其他成员间进行排名,而非全体申请者间。例如,如果分别有黑人、棕色皮肤的人、白人参加一场满分500分的测试,并且他们所得原始分数全部相同,那么劳工部的就业服务司将报告组内得分(group score),这意味着相同测试分数会让黑人申请者在全体参加测试的人中排前20%,拉美裔排前25%,而白人申请者则排前40%。换句话说,要被排进前1%,白人申请者就必须得405分,拉美裔要得382分,而黑人只需得355分,这使批评者警惕起来。"如果他们打算放弃测试,那是一回事儿,"

伊利诺伊州的共和党众议员亨利·海德（Henry Hyde）宣称，"但如果你们要运用测试，就请别弄虚作假。"

这种观点占了上风，测试问题推进了新民权法案获得通过；几个月的争论过后，主要政客们敲定了一个折中方案，它获得了足以凌驾于总统否决权之上的国会支持率。共和党参议员丹福思、民主党的肯尼迪与白宫法律顾问C.博伊登·格雷（C. Boyden Gray）、幕僚长约翰·苏努努进行了谈判。仅几周前，丹福思曾不遗余力地引导托马斯饱受争议的提名获得参议院批准，所以总统决定支持他的法案。布什宣称，"我敢告诉所有美国人，这不是定额法案"，这是"民权法案"，然后参众两院以压倒性优势通过了它。

11月，总统签署了1991年《民权法案》。它修正了第7条和1990年《美国残疾人法案》，后者给了残疾人更多的就业保护。新的法律严禁种族评分法，而且使得挑战法院批准的合意判决更加困难。它规定，不单是少数族裔，蓄意就业歧视的受害者全都有权提请陪审团审理，如果胜诉，便可以从雇员15人及以上的工商企业获得惩罚性和补偿性损害赔偿。国会设定了每名原告的赔偿上限：雇员15—100人的公司为5万美元，雇员100—200人的公司为10万美元，雇员200—500人的公司为20万美元，雇员500人以上的公司为30万美元。这项法案把举证责任还给了雇主。它第一次将"差别影响"概念写进法律，强调雇主必须说明，某项惯例"与所讨论岗位的工作性质相关，与经营上的必要相符"。但是"经营上的必要"没有确切定义，于是它的意义将留待法院解释。参议员鲍勃·多尔认为，由于里根和布什任命了那么多联邦法官，法院会支持沃兹案中确立的有限标准；但肯尼迪言明，这项法案批准了由格瑞格斯案设定的"差别影响"条例。

1991年《民权法案》很重要，却也很令人困惑。伴随着保守派成为最高法院的多数派，它否决了里根行府的平权运动观点，还撤销了1989年的有关裁决。它给法院批准的合意计划提供了一些支持，还把惩罚性损害赔偿扩大到了歧视和性骚扰受害者。根据第2条，即1991年《玻璃天花板法案》（Glass Ceiling Act）成立了一个委员会调查管理层中妇女和少数族裔代表人数不足的原因。但是，由于两党需要送给各自的选民一项法案，之后的法案便令人费解了。它宣布，"当控方证实种族、肤色、宗教、性别或者原国籍是某一雇用的激发因素时"，"非法雇用惯例"就成立，这似乎取缔了优待；另一项条款强调："对本条所做修正的解释均不得影响法院依法决议的赔偿、平权运动，或者和解协议。"

　　国会首次表决支持平权运动，但没有明确说明该政策，这是令许多人感到困惑的地方。身为商业圆桌会议首席谈判代表的某华盛顿律师宣称："通过这部法律用了2年，然而尚需10年的诉讼才有可能充分理解国会是什么意思。"法律专家大多表示赞同，说那些粉饰国会内部深层理念分歧的政治企图导致法案充斥着模棱两可的规定，这是为了把解释任务推给联邦司法机构。

　　布什行府加剧了混乱。总统否决了1990年《民权法案》，称它将建立配额和鼓励基于种族的雇用，却允许教育部延续基于种族的大学奖学金计划。他宣称自己反对逆向歧视，但他的行府却支持保留配额。他反对政府认为妇女或者少数族裔属于"受保护等级"的观念，即使当时他的平等就业机会委员会已经开始加强反对性骚扰的执行力度，同时他所支持并签署的1991年《美国残疾人法案》还把那种身份扩大到了残疾人。在签署民权法案前夕，布什的白宫法律顾问C.博伊登·格雷发布指令，要求终止任何授权或者鼓励"使用定额、优待、保留配额,或者基于种族、肤色、宗教、性别或者原国籍的其他类似手段"的条例——实质上和里根曾经扬言要签署废除平权运动的行政命令是一样的。第二天早上,新闻发言人马林·菲茨沃特(Marlin Fitzwater)声明,总统对格雷的行为并不知情,而且在布什签署法案和宣布他支持"政府的平权运动计划"之前,该指令就被撤销了。在记者问及行府时,菲茨沃特试图给出说明。"请容我澄清一下。总统支持平权运动、优待和少数族裔保留配额,只要它们在某一时期符合新的民权法律。"

一位记者写道,这是"最新的触发器①混乱";另一位提到:"在种族和民权议题上,布什行府仍然没有展示出始终如一的理念或者清晰明白的声音。"

当1992年大选临近,其他人也注意到了这一混乱。1990年,观察员曾经预测,总统在1992年大选中会把定额用作一个攻击民主党的议题,但那没有发生。经济低迷期间,共和党人戴维·杜克、帕特里克·布坎南(Patrick Buchanan)的激进言辞在广播电视上随处可见,他俩把白人失业的责任推给了定额、少数族裔、移民,以及一切异己的东西。随着杜克的种族言论成为共和党的污点,布什宣告这位候选人有"丑恶的种族主义记录",称他是"江湖骗子",并怂恿路易斯安那州人投票反对他。总统也停止了一切把定额用作1992年大选议题的计划。一名民主党政客说:"杜克挫败了一个蓄谋中的威利·霍顿式险招——彻彻底底地。"此

---

① flip flop,触发器是一种可以存储电路状态的电子元件,学名双稳态多谐振荡器。比喻布什行府的行动不协调。——译注

外，总统已经签署他的民权法案，并且放弃颁发格雷的行政命令。此举使他化身温和派共和党人，这激怒了他的许多保守派支持者。《国家评论》(National Review)指责，总统"把大家原则上都曾经当定额法案加以反对的一些东西签署成为法律"。该杂志编辑们称赞格雷，希望行府在民权议题上"能重拾勇气"。①

民权不会是总统竞选的热门话题。民主党候选人、阿肯色州前州长比尔·克林顿(Bill Clinton)竞选总部的标语是"经济才是重点，笨蛋"(The Economy, Stupid)。经济衰退袭来，并且已经全面蔓延。美国的汽车制造商连续亏损，工厂关门倒闭；通用汽车裁员 7.4 万人，宣布计划关闭 20 多家车厂。企业正在进行裁员管理——如今被

---

① NYT 在 1991 年 3 月 2 日发表"律师的谋财之道"一说和尼斯的话，同年 3 月 13 日发表米歇尔的话，4 月 7 日发表"定额炸弹"一说；GHWB: Danforth to Sununu, 2 August 1991, Office of the Chief of Staff, John Sununu Files, box 37; *Business Week*, 25 March 1991, 45; 海德的话和测试问题载于 *NYT*, 17 and 19 May 1991; 法案部分载于 *Congressional Quarterly* (26 October 1991): 3124–25; *NYT*, 26 October 1991; Andrew Dansicker, "A Sheep in Wolf's Clothing: Affirmative Action, Disparate Impact, Quotas and the Civil Rights Act," *Columbia Journal of Law and Social Problems* (1991): 1–50 及 "Note: The Civil Rights Act of 1991: The Business Necessity Standard," *Harvard Law Review* (1993): 896–913; 布什行府的解释在 bushlibrary.tamu.edu/papers; "statement and remarks on signing the civil rights act of 1991," 21 November 1991; 至于格雷的观点，见 GHWB: Nelson Lund memo to Gray, 13 November 1991, Counsels Office, C. Boyden Gray Subject File, box 18; Michael Kinsley 对定额、混乱和触发器的讨论载于 *New Republic*, 16 December 1991, 9–11, Chester Finn Jr. 的有关讨论载于 *Commentary*, November 1991, 17–23; 混乱之说还载于 *Texas Lawyer*, 11 November 1991 和 *Chicago Daily Law Bulletin*, 27 December 1991, 其中载有本文所引用华盛顿律师的话；"江湖骗子"一说载于 *NYT*, 7 November 1991; 霍顿式的险招参见 O'Reilly, *Nixon's Piano*, 400–01; *National Review*, 16 December 1991, 17–18.

称为"机构精简"(downsizing)——例如 IBM 淘汰了 10 万名员工。从 1990 年 6 月—1992 年 1 月,超过 400 万人失业。在 1991 年,失业率几乎达到 8%,创 8 年来新高;到 1992 年春季,布什的一位助手承认,"我们的全部政治问题是经济衰退",截至目前这已经持续了 20 个月。此外,每年联邦赤字都在激增,而且当年达到了最高纪录,共 2900 亿美元。这意味着总统不得不背弃他于 1988 年许下的承诺——"看我嘴型。不再加税。"(Read my lips. No new taxes.)——然后签署了一项增税。此举外加财政赤字激怒了他的保守派拥趸,致使民众的支持蒸发。到大选前的夏天,总统的总体政绩排名已经跌落到仅有 29%,而且赞成他的经济处理方式的仅有 15%。

经济成了比尔·克林顿的契机,也使来自达拉斯市的亿万富翁 H. 罗斯·佩罗(H. Ross Perot)领导的第三党有了可能。两人都借此打击总统。布什竞选失利,一时间似乎群龙无首,然而克林顿不辞辛劳地奔走游说,还担任民主党大会的司仪,这让他在三方角逐中猛冲到了领先地位。佩罗买下了大段电视时间,然后用一个图表库让许多选民相信国家正在走向灭亡。1988 年,几乎 60% 的人认为美国正在朝着正确的方向前进,但到了 1992 年秋,仅 16% 的人还这么看。布什的结果是场灾难,他只得到了 38% 的选票。自 1912 年另一场三方角逐中的威廉·霍华德·塔夫脱(William Howard Taft)以来,该得票率低于历任谋求连任的在位总统。佩罗获得了 19% 的选票,克林顿轻易取得了选举人票(the electoral vote),拿到了共和党人四分之一以上的选票和无党派人士三分之二的选票。这让克林顿入主白宫,也终结了里根和布什的保守主义时代。

里根和布什的反弹对平权运动造成了冲击。两位总统任命了大批联邦法官，他们大多反对优待。卡特任命的联邦法官16%以上是非裔美国人，相比之下，里根任命的黑人不到2%，仅有6名法官。但更值得注意的是，这两位共和党总统往最高法院任命了5人，使司法机构从民权的保护伞——它自1954年布朗案判决以来的一个角色——转向采取一种民权支持者所谓的更加无视肤色的方法，正如它在1989年及以后的判决中所展现的那般。同样，在共和党执政时期，对民权法律和平等就业法律的执行力度也不及卡特任期。虽然很难衡量，但平等就业机会委员会和联邦合同遵循项目办公室的执行对象已经从20世纪70年代的集体诉讼转向仅仅为歧视受害者个人寻求救济的调解和案子；对群体的救济被视为"逆向歧视"，这是1965—1980年间联邦政府所持观点的转变。虽然各机构的指导方针没有正式做过改变，但里根和布什皆非正式地减轻了迫使公司和承包商维持附有目标和时间表的计划的压力，这是贯穿20世纪70年代的另一个标准。

在此意义上，首个正常执行的时代会发生于1969年的费城计划和1971年格瑞格斯案10年之后，而企业在制定过计划后，对执行的需求会变得更少，或许就有些自然了。但是，里根行府继续进攻，企图说服企业、各市、州结束自己的平权运动计划；布什行府虽然回避了那种强硬立场，但除了增加性骚扰方面的执行力度之外，几乎从未制定连贯的政策。

两位共和党人的行府还采取了补充措施——它们推广了平权运动即定额的观念，这改变了论证。虽然从20世纪60年代起定额一直被提及，但争辩一般都集中在无视肤色的考绩与用种族和性别优待弥补过去的歧视之间。里根支持考绩，布什也一样，但他们都把论证改成了易于白人理解的简化选择：定额对抗公平。

公平再次成为议题。有位民意调查者写道："如果民权被定义为定额，那么就算是一次失手。如果被定义为对抗歧视的保护和促进机会的措施，那么它就仍然会是美国人生活中的主流价值之一。"另一位民意调查者这么看待它："国内仅有10%的人赞成定额，但也只有大约10%的人反对民权。"里根—布什执政时期对定额制的声明，促使公众对平权运动计划的支持降低。1985年5月，当调查对象被问及他们是否赞成曾经存在歧视历史的地区的黑人享有雇用或者晋升优待的时候，42%的人回答是，46%的人回答否；1990年12月，当被问到同一个问题时，仅42%回答是，52%回答否。这取决于问题如何措辞，而且自20世纪80年代后半期以来，白人调查对象中支持高校优先录取的通常不到四分之一，赞成工作优待的也不足20%。于是，在这个意义上，共和党执政时期的保守派成功地描绘了两个相互矛盾的美国愿景：个人考绩和开放竞争机会对抗特别的优待和定。①

所以，保守派的反弹在许多公民心中埋下了种子，即平权运动相当于定额。到1994年共和党成功控制国会之日，这粒种子将会发芽，而且在各州通过公投、最高法院发布系列判决之际，随后还会开花结果——这全都削弱了平权运动——越来越少有美国人依然相信该政策是公平的。

---

① 执行力度下降部分见 Blumrosen, *Modern Law*, Chapter 17, AP article, 4 July 1991 和 *Federal Enforcement of Equal Employment Requirements*, 21–24, 45；布什执政时期平等就业机会委员会对性骚扰案件的处理见 *WP*, 7 April 1991；民意调查者及调查内容载于 *NYT*, 3 April 1991；10%的比例载于 *Congressional Quarterly* (9 February 1991): 368；意见分析见 Schuman, et al., *Racial Attitudes*, 178–83；Sniderman and Piazza, *Scar of Race*, 128–35；关于对立观点的论述，参见 Edsall, *Chain Reaction*, Chapters 9–11.

第五章 多样性时代中平权运动的消亡

"从希冀之地来的人"（The Man from Hope），这是比尔·克林顿的竞选口号之一。阿肯色州的霍普镇（Hope）是克林顿的出生地，他在这被母亲养大，在这读完高中，又从这考入乔治城大学，之后是牛津大学，最后是耶鲁大学法学院。他携夫人希拉里（Hillary）回到阿肯色州，一直生活到33岁被选为州长。6年后，他惨败于罗纳德·里根1984年的压倒性连任，然后与佐治亚州的山姆·纳恩（Sam Nunn）、田纳西州的小阿尔·戈尔等温和派民主党人一道，开始认为，如果党不把重心从左倾变为中间道路，又不竭力挽回白人选民，那么注定还会失败。一年后，克林顿成了民主党领导委员会（Democratic Leadership Council, DLC）的创始人之一。民主党领导委员会是个中间派团体，它倡导福利改革、对犯罪采取更加强硬的立场、小政府、中产阶级减税，以及巩固国防。克林顿在1991年拥护这些主题，当时他宣布自己获得了提名，还在竞选中把自己塑造成"新民主党人"。他是一位精力充沛的竞选者，一位善于沟通的演讲者，而且击退了来自内布拉斯加州参议员鲍勃·克里（Bob Kerrey）、马萨诸塞州前参议员保罗·聪格斯（Paul Tsongas）和加利福尼亚州前州长杰里·布朗（Jerry Brown）的挑战。1992年3月，南方的总统初选，即"超级星期二"，把克林顿推入了领先地位。他轻易获得了党内提名，在选择阿尔·戈尔做其竞选伙伴之后，开启了入主白宫的征途。

1992年的克林顿—布什—佩罗三方角逐主要关注经济，民权议题则退居二线。民主党政治纲领支持平权运动，承诺该党"会继续争取确保让美国人免受歧视"，不仅包括他们的种族和性别，还包括"性取向"。而共和党纲领仅给了一个支持全体公民享有机会平等和民权的概括性声明。候选人克林顿对这类议题避而不谈，他知道这可能离间白种男性员工和少数族裔。这位新民主党人反对"种族定额"，呼吁更多的"个人责任"，还提了一项"为期两年以上的"福利计划，该计划还击了把民主党称为靠少数族裔"施舍"的政党的企图。在杰西·杰克逊的彩虹联盟发表演讲时，克林顿谴责了说唱歌手索尔加妹妹（Sister Souljah）不顾他人感受的话和Ice-T乐队录制的《警察杀手》（Cop Killer）；他宣称将严肃处理黑人罪犯，还支持死刑，虽然这导致了与杰克逊失和，但博得了蓝领白人的喝彩。有名白人工人说："他敢说杰克逊该死的那天就是他得到我选票的那天。"布什同样支持死刑，也回避民权议题，并许诺经济会更好，但佩罗却用图表使选民相信这必须得平衡预算。布什试图扮演取得冷战和海外战争胜利的三军总司令，保守派还苦心研究了所谓的克林顿的性格缺陷——拈花惹草和在越战期间逃避兵役。在共和党大会上，权威人士帕特里克·布坎南向文化上的左派宣战，其中包括"同性恋的生活方式"；副总统夫人玛丽莲·奎尔（Marilyn Quayle）抨击了放纵的20世纪60年代和她所列举的后果——未婚妈妈和毒品。大部分选民警惕的是倒霉的经济。克林顿嘲讽道，再给布什 4 年时间管理经济，将会发生"类似聘用谢尔曼将军担任佐治亚州消防委员长的事情"。

虽然克林顿仅获得了 43% 的选票，但在拿下加利福尼亚州、纽约州、俄亥俄州及伊利诺伊州等票数最多的州后，轻易获得了选举人票。对于民主党而言更重要的是，通过赢得路易斯安那州、田纳西州、佐治亚州和阿肯色州，他割裂了南方。他意外地获得了妇女选票的 57% 和非裔美国人选票的 90% 左右，虽然事后的统计结果显示后者的投票人数低于 1988 年，但他仍然在伊利诺伊州、密歇根州、俄亥俄州和新泽西州取得了优势。克林顿获得了与布什几乎相同比例的白人选票，分别为 39% 和 40%，不过这位阿肯色州人缺乏燕尾提举力。民主党虽然维持了微弱多数，但失掉了众议院席位；但另一方面，虽然未新增席位，却仍然控制着参议院。从而，自 1980 年以来，民主党第一次执掌白宫，同时在国会占微弱多数。现在，他们必须要做的只是恢复经济。民主党参议员丹尼尔·帕特里克·莫伊尼汉评论道："我的天啦，如今这成了我们的赤字。"①

在竞选期间，克林顿曾经承诺要让他的任命和内阁"看起来更像美国"，这意味着他的任命会比前两位共和党总统的行府更具多样性。在就职演讲中，他说未来 10 年显然会成为一个多样化时代，有时也被叫做"多元文化主义"（multiculturalism），

---

① 斥责说唱歌手这句见 Klinker, *Unsteady March*, 310–11；谢尔曼将军这句载于 *NYT*, 1 November 1992；莫伊尼汉的评论见 Berman, *Center to Edge*, 17.

保守派批评者指责这是他们所戏称的"政治正确"（political correctness）或者说 PC 运动引起的。

PC 运动兴起于 20 世纪 80 年代末。保守派创造了"政治正确"一词，用来指代那些通常伴随着支持平权运动而倡导扩充妇女、同性恋者、少数族裔权利的广大自由派。在大学校园，它往往会成为一场运动，即废弃支持包括研究妇女、少数族裔或者非欧洲文化在内的多元文化课程西学经典和丛书。这个转变使部分传统院系警惕起来，他们视 PC 为"一种新式的不宽容：左派的麦卡锡主义"。校园中的 PC 还呼吁抑制种族歧视和仇恨言论。在 1989 年斯坦福大学的种族事件之后，该校采用了一个禁止冒犯性言论的规范，在接下来的两年，100 所高等院校纷纷效仿。批评者抱怨称，这个规范常常限制言论自由，而且实际上是一种左派审查制度。例如，在 1990 年和 1991 年，布朗大学开除了一名叫喊种族歧视的学生，纽约市立学院通报批评了两名发表种族优越论的教授，而康涅狄格大学命令一名亚洲裔学生搬到校外住，因为她在自己宿舍门上张贴告示，列出了要是敲门就会被射杀的几类人："预科生、头脑简单的漂亮姑娘、没长胸毛的男人"，以及"同性恋者"。

《新闻周刊》头版头条刊登了"思想警察"、"小心说话"等文章。到 1991 年，PC 辩论已经极具新闻价值，布什总统竟然在密歇根大学毕业典礼演说中讨论了这个话题：

> 政治正确的概念在这片土地上引发了争议。虽然这场运动发端于一种值得称道的愿望，即肃清种族主义、性别主义和仇恨敌意的残渣，但不过只是用新偏见替换旧偏见。它宣

布某些话题属于禁区。……政治极端分子在这片土地上横行霸道,他们滥用言论自由的特权,根据公民的阶级或者种族而使他们之间相互敌视。这种霸凌行径令人发指。

PC辩论将持续4年,当然,关于20世纪90年代早期另一个流行词"多样性"的谈论亦是如此。类似PC,多样性并非骤然兴起于20世纪90年代早期。在民权运动以前,多样性指在地理、宗教和阶级等方面的差异。一位总统也许会往他的内阁任命富有的加利福尼亚州新教银行家、工人阶级中的纽约州意大利裔天主教徒、有英国血统的南部种植园主,或者中西部的工厂主。每个人都知道政客的宗教、传统和背景。直到1960年约翰·肯尼迪这位天主教徒当选总统后,他才在内阁任命了二战退伍白人军人,但没有一位妇女。伴随着民权运动及后续的赋权运动,这一切都发生了变化,所以在20世纪70年代,正如我们所见到的,企业雇主和大学校长一直在呼吁劳动力和学生群体的种族、性别,甚至族裔的多样性。就像大法官鲍威尔所指出的,巴基案中学生群体的多样性是符合宪法的。

20世纪80年代,多样性不断推陈出新,到20世纪90年代早期,已经变成一场强大的社会运动。同公司人力资源部和平权运动官员一道,管理顾问越来越提倡此观点,即劳动力多样性负有社会责任和道德责任,能提升创造力,同时还能规避潜在的歧视诉讼,还有益于未来全球经济中的业务。1991年,第一届全国多样性会议(National Diversity Conference)在旧金山市举办了年会,有50多家公司和20多个政府机构出席,此后不久,书店满是相关题目的图书,比如《多样性劳动力管理》(*Managing a Diverse Workforce*)、《在美国的多元文化劳动力中盈利》(*Profiting in America's Multicultural Workforce*)、《多样性优势》(*The Diversity Advantage*)、《多样性管理生存指南》(*Managing Diversity Survival Guide*),以及《新型领导人》(*The New Leaders*)。其间,编辑也在商业期刊和大众传媒中刊发大批文章。在关于企业的新式《多样性管理顾问》一文中,《新共和》宣布了"多样化产业";《财富》也告诉读者,"如何让多样性产生回报"。《职业女性》(*Working Woman*)刊载了《要改变管理人员的面孔》一文,《国家评论》则用《劳动力的多样性:PC的最终边界》一文做出回应。这场运动还波及了学术界。有位学者问:"文化多样性会如何影响教学?"另一位答道:"多元文化论只能由具有多重文化背景的人来教。""对多元文化论的崇拜"已经渗入象牙塔,并且正在影响公众教育。当国家人文基金会(National Endowment for the Humanities)委托一群历史学家编撰讲授美国历史的国家标准时,有人盛赞随后出版的书籍是在宣传关于所有种族的"彩虹历史";但《美国新闻与世界报道》宣称该书是有偏见的,是PC"宣传资料",是"对美国历史的劫持"。《时代周刊》宣称,校园内的多样性之争正在引起"政治分裂"。①

不过,在20世纪90年代,多样性是大赢家。民主党明白,要论政治策略,支持多样性比认可平权运动的风险小——它重新

---

① PC部分载于 *Newsweek*, 24 December 1990, 48ff.; 布什的演说见 *NYT*, 5 May 1991; 亦可参见 Erin Kelly and Frank Dobbin, "How Affirmative Action Became Diversity Management," 收录于 Skrentny, *Color Lines*, Chapter 4; Lynch, *Diversity Machine*, Chapter 3; *New Republic*, 5 July 1993, 22–25; *Fortune*, 8 August 1994, 78; *Working Woman*, November 1994, 21; *National Review*, 21 Feb 1994, 32; *U.S. News*, 14 Nov 1994, 36; *Time*, 3 Feb 1992, 44–49 及 1993 年秋季特刊。

把议题界定为不是对少数族裔或妇女的优待，而是有可能发挥全体公民潜能的公共利益。在平权运动招来非议时，多样性却饱受赞誉，这让它在校园和企业中广受欢迎。1995年，对财富50强公司的一份调查发现，70%已经建立了多样性管理计划，16%正在制定中，仅12%没有这种计划。到1996年，大老党也踏上了这股多样性潮流。在党代会上，新泽西州州长克里斯蒂娜·托德·惠特曼（Christine Todd Whitman）宣称共和党是"多样性党"，共和党众议院议长纽特·金里奇（Newt Gingrich）在美国广播公司的《夜线》（*Nightline*）节目上夸耀："多样性就是我们的力量！"在90年代末，联邦政府的"多样性抽签"每年发放5万张永久居民签证给拥有高中学历或者两年工作经验的移民，而且只要求他们来自其群体在美国未被充分代表的国家，这包括从安哥拉到乌兹别克斯坦等150余个国家，颇具讽刺意味的是，还有德国、法国和爱尔兰。"90年代，平权运动把自身改造成了'多样性'，"保守派专栏作家查尔斯·克劳萨默写道，"不分肤色，毋庸置疑明显是对种族、性别和族裔优待的委婉说法。"

大选后一个月，在内阁提名方面，克林顿加入了多样性潮流。他的经济团队主要是白种男性：财政部的劳埃德·本特森、劳工部的罗伯特·莱克（Robert Reich）、贸易谈判代表人选米基·坎特（Mickey Kantor）、预算办公室主任人选莱昂·帕内塔（Leon Panetta）、国家经济委员会主任人选罗伯特·鲁宾（Robert Rubin），以及经济顾问委员会主席人选劳拉·丹德烈亚·泰森（Laura D'Andrea Tyson）。非裔美国人包括商务部的罗恩·布朗（Ron Brown）、退伍军人事务部的杰西·布朗（Jesse Brown）、农业部的迈克·埃斯皮（Mike Espy），以及接管能源部的黑兹尔·奥利里（Hazel O'Leary）。总统最后提名了30多位黑人担任非正式顾问团职务，比如公共卫生局局长一职先后提名了M.乔伊斯林·埃尔德斯（M. Joycelyn Elders）和戴维·萨彻（David Satcher）。克林顿提名了许多妇女领导各部：卫生和公众服务部是唐娜·沙拉拉（Donna Shalala），环境保护局是卡罗尔·布朗纳（Carol Browner），司法部是佐伊·贝尔德（Zoe Baird）。他选择马德琳·奥尔布赖特（Madeleine Albright）做美国驻联合国大使，还在第二个任期内任命她为第一位女性国务卿。此外，克林顿总统还指定了墨西哥裔美国人费德里科·佩纳（Federico Pena）领导交通部，亨利·西斯内罗斯（Henry Cisneros）领导住房和城市发展部。克林顿内阁包括5名妇女、4名黑人和2名拉美裔。"比尔·克林顿履行了承诺，"专栏作家埃伦·古德曼（Ellen Goodman）写道，"相比过去围绕总统办公桌的任何合照，他的内阁集体照都呈现出了更多样化的美国人肖像。"

他的两个提名招来了炮轰——对于司法部长一职，佐伊·贝尔德这位40岁的企业律师拥有的法律经验太狭窄，另一个是拉妮·吉尼尔（Lani Guinier）。克林顿对贝尔德了解不深。在为了逃避社会保障税而雇非法移民做孩子保姆一事被揭发后，她止步了。总统当选人提名了珍妮特·雷诺（Janet Reno），她单身且尚无子嗣，保姆问题不攻自破，后来成了国家的第一位女司法部长。可是，拉妮·吉尼尔更受争议，她是宾夕法尼亚大学的一位非洲裔法学教授、克林顿总统的法学院旧识，现在提名她做主管民权的司法部长助理。她曾在法学学术评论期刊上发表过"表面文章的胜利"（"The Triumph of Tokenism"）一文，文中质问了1965

年《投票权法案》，主张它没有把权力公平地分享给立法机构中的少数族裔。她暗示要用"累积投票"（cumulative voting）、"少数否决"（minority veto）和"超级多数"（super majorities）等一切旨在提高少数族裔政治权力的方案改革投票表决程序。她的文章与平权运动本无瓜葛，但保守派攻击称她的思想是关于选举和立法结果的平权运动，给她取了个绰号叫"定额皇后"，甚至还有人叫她"疯子拉妮"。有位保守派宣称："她描绘了在最近的记忆中美国政府最激进的观点。"有些自由派出面替她辩护。《国家》发表了"接受吉尼尔"一文，宣称眼下令保守派"垂涎三尺的前景是逆向诋毁"，不过终会徒劳无功。克林顿让她的提名中止了几个月，然后在夏季无奈地撤回了她的名字。

据一些新闻媒体报道，克林顿最初的内阁人选中有几个因为性别或者种族不适而作废了。女权主义者向总统当选人施压，迫使他提名妇女，在12月的记者招待会上，克林顿指出他很失望，并且指责"善于算计的人"在"玩定额游戏和数学游戏"。但实际上是总统自己推行了这种观念。克林顿宣称："他们有不同的出身背景，我们全都会因为这种多样性而变得更好更强大。……我相信本届内阁及其他受任命的人是美国的最佳代表。"①

克林顿采取了安全策略，最终往他的行府并往联邦法院提名了少数族裔和妇女，然而在民权问题上保持低调。新任总统除了

---

① 调查见 Lynch, *Diversity Machine*, 7 和前言；多样性签证见 travel.state.gov/DV2004.html；克劳萨默的话载于 *WP*, 15 August 1997; 古德曼的文章载于 *Boston Globe*, 31 December 1992; 吉尼尔见于 *Business Week*, 21 May, 42; *Time*, 14 June, 24 和 *Nation*, 31 May, 724, all 1993; 克林顿的话见 *NYT*, 23 and 25 December 1992.

受到非裔美国人拥戴外，他的独特影响力也在吸引妇女和中产阶级白种男性选民。1985 年，总统的民调顾问斯坦利·格林伯格在底特律市工人阶级郊区组织过焦点小组，该区白人居民认为民主党偏向非裔美国人，而不帮他们，因此克林顿非常清楚民权声明有可能会损害他对白种男性的微弱吸引力。作为替代，他把精力用于通过《家庭休假法案》（Family Leave Act）、《北美自由贸易协定》（North American Free Trade Agreement）、《布莱迪法案》（Brady Bill）和进攻性武器禁令、对富人和企业增税，以及医疗保险政策。

总统在民权上的首次尝试惊动了不少人，因为它关注的既不是种族，也不是性别，而是同性恋者。在竞选期间，克林顿接触过同性恋群体，承诺会努力减少歧视，然后作为回报，他们支持了克林顿的竞选。在过去 20 年间，男女同性恋者运动已经在美国迅速扩张；1991 年，《财富》宣称："同性恋曾是毁人前途的秘密，如今快要成为美国公司的公开秘密。"在许多理念前卫的公司，同性恋者组建了自己的员工组织，比如李维·施特劳斯、施乐（Xerox）、联邦西部电信（US West）和莲花（Lotus Development）。这些积极分子需要职场宽容，这样他们才不会受到嘲笑、忽略或者被开除；他们还争取到了异性恋者才能享有的福利，主要是伴侣的医疗保险。他们不是在要求工作。有位同性恋职员说："我们不要求平权运动——我们已经身在职场。我们需要看得见的自由。"

此外，艾滋病已经堪称同性恋群体的流行病，雇主通常会开除那些患病的员工。作为回应，加利福尼亚州及其他几个州通过了反同性恋歧视法律。好莱坞出品了《费城故事》这部优秀的艾滋病题材电影，媒体也透过电视节目和评论文章关注了同性恋雇员。《商业周刊》调查了壳牌（Shell）的一名职员，他本是"公司职员的典范"，但几小时后，他使用办公电脑发送同性恋派对邀请一事被发现。这家石油公司开除了他，他起诉了，并且根据加利福尼亚州法律，他胜诉了，法官发现壳牌的行为"过于离谱"。《财富》写了一篇文章，其中引用了一位女同性恋者的声明："公司的深柜里有一大群才华横溢但又担惊受怕的男男女女。他们想要出来——并且准备让职场成为同性恋权利的下一条战线。"

事实上，不存在禁止歧视男同性恋者、女同性恋者或者变性人的联邦法律，许多专家估计，这个不受保护的阶级大约占劳动力的10%；几乎在每个州，歧视他们都是合法的。多年来，同性恋积极分子一直在为1964年《民权法案》的"性取向"修正案进行游说，这样它就会像对待种族、肤色、宗教、性别、原国籍，以及后来经过修订包含了年龄和残疾人那样，在全国范围内保护他们。

国会对此没有兴趣，但国防部的有些官员有，因为他们曾经委托专家就军队中的同性恋者组织研究。该研究表明，有男女同性恋者的军队不会比异性恋者部队更有可能成为安全隐患；培训完后就开除他们是对人力资源的巨大浪费；许多战场指挥官也不会特地过问同性恋性行为；在女性居多的军队，指挥官们要求散兵坑内严禁一切性行为。

在就任总司令仅一周后，克林顿宣布，他准备结束军队歧视同性恋者的政策。那引起了激烈反应，不仅有常年抨击"同性恋生活方式"的社会保守人士、脱口秀主持人和电视福音传教士，还有像参议院军事委员会主席、佐治亚州民主党人山姆·纳恩这样有权势的政客，像参谋长联席会议主席科林·鲍威尔上将这样有影响力的将军,以及更多来自五角大楼和国会的人。

总统让步了,在与军事首脑们商讨过后,最后采取了"不要问,不要说"的妥协政策,这让支持同性恋者的人和反对军中同性恋者的大部分人皆大失所望。执政仅过去一个月,克林顿的支持率开始下滑,而且截至第100天,参与民调的人70%认为国家在朝错误的方向发展。

行府气急败坏,在民权上的任命也是如此。6月,总统考虑用约翰·佩顿(John Payton)做主抓民权的司法部长助理,此人是华盛顿特区的一位著名律师,但当得知他在之前的大选中没有投过票时,许多组织取消了支持,克林顿也没有提名他。一年后,克林顿依然没有任命司法部长助理——或者平等就业机会委员会主席。妇女团体和民权领袖恳请他填补以上职位空缺。最后,在任期的第13个月,克林顿提名了非洲裔律师戴沃·帕特里克(Deval Patrick)做司法部长助理,保守派克林特·伯里克(Clint Bolick)称此人为"隐形的吉尼尔",但帕特里克没有发表过相关文章,1994年6月轻易获得了国会批准。

行府也以龟速在提名平等就业机会委员会主席。总统的首选是艾力士·罗德里格斯(Alex Rodriguez),此人是马萨诸塞州反歧视委员会前主席,但在得知有位女性职员曾经控告他性骚扰后,提名被撤了。由于其他紧急问题分心,总统便任命了里根委任的托尼·加列戈斯(Tony Gallegos)继续代理主席职务。这让民权领袖很不高兴,因为在1980年,加列戈斯曾经带领加利福尼亚州民主党人和无党派人士支持里根。副主席也是里根任期的留任官员。在总统任期一年半时,克林顿终于宣布他将提名吉尔伯特·卡塞利亚斯(Gilbert Casellas),一位41岁的费城劳动律师。

他在10月就职，这距克林顿当选总统已有近两年。

到卡塞利亚斯掌舵时，平等就业机会委员会已不堪重负，约有9.7万起投诉，换句话说，比一年前多出了2.4万起，比1990年的总量多出两倍还不止。虽然卡塞利亚斯加大了执行力度，但因为国家经济困难，机构的预算遭到了削减。在调查人员接手卷宗以前，一起控诉或许要等上19个月，这几乎是它在1990年所需时间的两倍。据卡塞利亚斯所说，结果是"机构实际上失去了公信力。……迟来的正义并非正义"。

期间，行府对民权有所行动。1993年间，司法部反对了布什行府的立场，转而支持1991年《民权法案》应被追溯性地适用于全部歧视案件的观念，最高法院以8比1票予以了否决。最后，行府给妇女和少数族裔提供了优先申办联邦通讯委员会许可证的权利，教育部给了少数族裔学生奖学金支持，但前提是它们被用于了"补偿过去的歧视"。1994年，行府终于开始展示一项关于歧视和平权运动的政策，它被《商业周刊》称为"安静的镇压"（Quiet Crackdown）。针对华尔街上各公司惨淡的少数族裔雇用记录，美国民权委员会举行了听证会。司法部加紧了对有偏见的银行借贷的监控。平等就业机会委员会发布了关于什么才构成"残疾"的指标，它还尽量尝试用无党派的调解员解决歧视纠纷，此举常常能更快达成和解。劳工部审核了联邦承包商的民权记录，最终就性别歧视与霍尼韦尔公司（Honeywell）达成了和解协议；环境保护局启动了一项关于"环境正义"的新计划，以确保公司对少数民族穷人社区的污染不会高过其他地区。

无论如何，更具新闻价值的还是莎伦·塔克斯曼（Sharon Taxman）案件。塔克斯曼是新泽西州皮斯卡塔韦镇（Piscataway）

的一位白人教师。为了维持教员的"多样性",她在 1989 年被一位拥有同等评价和资历的黑人同事替代了,学校董事会开除了她。该校的少数族裔学生占 50%,但教务部 10 位教员中仅有 1 名非裔美国人。塔克斯曼称这是逆向歧视,违反第 7 条,然后起诉了。在布什行府的支持下,她在联邦地方法院胜诉了,但在上诉中,新一届克林顿行府倒转了联邦支持方向,辩称雇主可以用《平权法案》证明留下少数族裔而非同等资格白人的做法是正当的。虽然塔克斯曼后来重新受聘了,但克林顿行府的举动除了鼓舞平权运动倡导者外,还惊动了有关批评者,一位保守派教授声称:"行府正在给管理高层发一挺机枪,以追逐索价过高的中年白种男性。"

这言过其实了,因为克林顿行府的立场是要回避争议。1994 年 10 月,在记者招待会上,有记者就塔克斯曼一案向总统提问。克林顿称它是件会增进多样性的"非常有限的案子",这谨慎地避免了做出关于平权运动政策的声明。①

在国会选举之前,克林顿有充足的理由避免该话题。越来越明显,有些白种男性对行府很失望,又一次认为民主党准备支持同性恋者和少数族裔,而非他们。此外,加上持续低迷的经济和高失业率,很多人觉得自己是受害者。"美国社会正在发生一些异常事件,"查尔斯·赛克斯(Charles Sykes)写道,"美国人的

---

① 有关企业和军队中的同性恋者的内容见 *Fortune*, 16 December 1991, 43ff 和 *Business Week*, 26 August 1991, 72; 伯里克的评论载于 *WSJ*, 2 February; 卡塞利亚斯部分载于 *NYT*, 26 November, 而平等就业机会委员会的投诉数量载于他们的新闻稿, 1 December, all 1994; "补偿过去的歧视"一说载于 *Pittsburgh Post-Gazette*, 21 February 1994; *Business Week*, 26 September 1994, 52–54; 调解载于 *Nation's Business*, June 1995, 38–39; 在案件送交最高法院以前,塔克斯曼获得了财务清算, *NYT*, 22 November 1997。

生活日益以一个哀怨的主张为特征，即我是受害者。"

通过黄金时段媒体大肆报道的就业投诉和诉讼新闻，这种观点被宣传开了。在一定程度上由于1991年《民权法案》、1990年《美国残疾人法案》，以及《老员工利益保护法案》（Older Workers Protection Benefits Act），平等就业机会委员会的权限扩大了，并且见证了该机构历史上最大数量的投诉和诉讼。这些诉讼案多很严重，但该机构在1994年承认，60%的投诉因为证据不足而被驳回，25%的因为劳动者撤诉、拒绝协作，或者找不到当事人而不了了之，大约12%由机构按有利于劳动者的方式处理，但没有正式控告公司歧视。令人诧异的是，在调解或者法庭审判中，仅有3%获得了法律介入的足够证据。

不幸的是，许多投诉无理取闹，还成了头条新闻的素材。体重640磅的唐纳德·基斯特（Donald Keister）起诉了巴尔的摩，称该市违反宪法拒绝承认他的肥胖是种残疾，这会影响他在市政合同竞标上的优先权。有位芝加哥人控诉麦当劳违反联邦法律，因为餐厅的座位容不下他60英寸的腰和硕大的臀部；麦迪逊分校男人帮（Madison Men's Organization）以控告性别歧视提起诉讼，那时当地酒吧把"女士之夜"的第一杯啤酒免费送给女大学生，而非男生。非裔美国人特雷西·沃克（Tracy Walker）是国内收入署的雇员，在被解雇后，她提起了诉讼，称深色皮肤的黑人老板之所以开除她，不是因为她表现不佳，而是她肤色浅。布莱恩·德拉蒙德（Bryan Drummond）有语言障碍，当某个健康维护组织不聘他做发言人时，便起诉了该组织。接待员帕特里夏·安德伍德（Patricia Underwood）是位变性黑人，她起诉雇主因为她的"个人形象"和"男性特征"而开除她；弗吉尼亚州的一名妇女宣称，她因为"胡子浓密"而被开除。在狄乐百货商店（Dillard's）化妆品柜台工作的小伙子向平等就业机会委员会提交投诉，称他在销售竞赛中受到了歧视：奖品是化妆品和香水。芝加哥市的一群男人提起一起诉讼，称他们受到了猫头鹰餐厅（Hooters）雇佣政策的歧视，该餐厅以身穿紧身T恤衫和热裤等暴露着装的女服务员著称。当平等就业机会委员会承诺介入调查时，公司举行了一场新闻发布会和由100名"猫头鹰女孩"组成的抗议游行，她们的标语是"男人扮的猫头鹰小伙——真没劲"。在波士顿市，8名男性起诉了珍妮·克雷格减肥集团（Jenny Craig），称他们被要求做体力活，并受到办公室里的"女生悄悄话"炮轰，比如"想嫁给谁，谁像孕妇，怎么怀上的"，男性职员断言这是冒犯。他们聘请一家公关公司提起了诉讼，这则新闻被《华尔街日报》报道后，又出现在了《CBS今晨》(*CBS This Morning*)、《今夜娱乐》(*Entertainment Tonight*)，以及《今天》(*Today*) 等电视节目上。在"珍妮·克雷格八人组"等待开庭时，女性新闻工作者锁定了目标。《时代周刊》的玛格丽特·卡尔森（Margaret Carlson）写道："几十年来，女人们一直在听有关阴茎的笑话，一直在煮咖啡，我们相信这些男人也有必要听听有关魔术胸罩的笑话，或者被要求提举一只帮助成功减肥的笨重箱子。"

新闻工作者约翰·利奥（John Leo）宣布，在这个"高度敏感的社会"，洪水般的"指控使选民满怀怨恨"。

1994年，这股怨恨以"愤怒的白种男性"的形式猛然出现。这组人多年来时常露面，在1990年，社会学家弗雷德里克·林奇（Frederick Lynch）声称："在美国蛰伏的一股政治力量是在劳动阶级和中产阶级白人男青年之中日益滋长的不满情绪。"这些男人大多不是大学毕业生,又是第一批受到经济衰退伤害,并对经济全球化中高薪工作的激烈竞争感到焦虑的人;他们觉得一直在被妇女和少数族裔夺走经济和政治力量,甚至被他们在外工作的妻子夺走了家庭权威。林奇提到,民意调查、新闻报道、社会学研究佐证了他的主张,即白人觉得"受到了平权运动的阻挠和不公平迫害"。

在这些男性迁怒于少数族裔、移民、福利救济和优待时,那种情绪一直在扩张。一位白人建筑工人说,黑人只知道"叫嚷'我们要,我们要'。……我们纳税人的钱只用于支持人们生养孩子。可他们才不在乎呢——他们生孩子只是为了拿到支票"。专栏作家安东尼·刘易斯调查了为什么路易斯安那州有那么多白人投票赞成戴维·杜克出任州立法委员,然后又出任州长,当时他注意到杜克在全国同样有相当的吸引力。一位受过大学教育的纽约州白种男性致信刘易斯称,之所以支持杜克是因为他代表"我们内心对种族定额和福利妈妈①最深的愤怒"。称平权运动为"定额",此举已经让它付出代价。《新闻周刊》报道了"一种普遍印象,即少数族裔和白人妇女已经跳上一辆有政府护驾、以定额为动力、满载不义之财的列车",而且那已然造成"一股根深蒂固的情绪,平权运动已不再是消除少数族裔歧视的策略,而是歧视白种男性的手段"。不出所料,1993年的一份民意测验显示,白种男性约有一半觉得他们应该"反对平权运动";两年后,57%的白人认

---

① 福利妈妈(welfare mothers),指有孩子但无丈夫供养而接受社会福利救济的妇女。——译注

为平权运动已经导致"白种男性的机会越来越少"。回溯到 1987 年，白种男性仅 16% 觉得"平等权利已经被推得太远了"，但在 1994 年，他们近一半这么看。①

在大学校园里，许多白种男性研究生和男性教授均有类似感觉，尤其是在大学公开宣传"多样性目标"的时候。例如，加州州立大学北岭分校（California State Northridge）宣布，它准备给"寻找资深少数族裔人选的各院系"预留教师岗位；加州州立大学萨克拉门托分校（California State Sacramento）会拨付资金给"有机会获聘的人"，这被定义为黑人、亚洲裔、拉美裔或者美洲原住民。学术界知道这些职位排除了所有白种男性，尽管它们是由全体纳税人资助的，而且极有可能违反 1964 年《民权法案》第 7 条。通常，这类政策会产生政治学教授罗伯特·韦斯伯格（Robert Weissberg）所说的"临时教师"（gypsy scholars），白种男性"终其一生周旋于三流学校没完没了的临时职位之间"，然而"很多并非资深的黑人、拉美裔和女性应聘者却能在全国旅游途中接二

---

① 赛克斯的话见 *Nation of Victims*, 11; 基斯特一闻载于 *WP*, 2 October 1990; 麦当劳部分载于 *Chicago Tribune*, 21 May 1991; 肤色一闻载于 *WP*, 22 February 1990; 发言人一闻载于 *WP*, 21 June 1990; 男性特征和胡子一闻载于 *WP*, 10 June 1994; 狄乐百货一闻载于 *Fortune*, 3 April 1995, 142–43; 猫头鹰餐厅一闻载于 *WP*, 16 November 1995; 猫头鹰餐厅获得庭外和解，身为女性被认作是一种"善意的职业资格"，见 *Time*, 13 October 1997, 65; 珍妮·克雷格一闻载于 *Time*, 12 December 1994, 62; 利奥的话载于 *U.S. News*, 4 July 1994, 21; Lynch and William Beer, *Policy Review* (winter 1990): 64–67; Lynch, *Commentary*, August 1990, 44–47; 关于平衡，见 E. J. Dionne Jr., *WP*, 2 May 1995; 叫嚷一说载于 *WP*, 22 November 1994; 刘易斯部分载于 *NYT*, 11 November 1991; 1993 年的民意测验为 54%，见 *Newsweek*, 29 March 1993，其他测验结果载于 *WP*, 24 March 1995 和 *Houston Chronicle*, 15 October 1994.

连三地从学校接受最离谱的聘书"。韦斯伯格继续道，这群白种男性很困惑，因为他们从未有过歧视行为，而今却发觉他们正在被歧视。他得出结论，平权运动式的雇用正在创造"极大一群有高学历的……愤怒的白人男青年"。

在校园内持有和发表这样的观点肯定不符合"政治正确"。一位社会学终身教授写道，关于多样化雇用的争辩"太容易演变成说教式的自说自话和相互间的攻讦咒骂等闹剧，从而把理性的耳语抛诸脑后"。韦斯伯格还开了一家男装店，他雇过黑人经理和女经理、拉美裔销售员、女会计师，甚至给过一名员工家庭假，以便他可以参加美国同性恋小姐选美大赛。"在我的学界同仁眼中，这一切都不重要，"韦斯伯格声称，虽然他们可能不认可那些人对多样性的观念，"但我依然坚持，种族主义魔鬼本身才是最麻木不仁的存在。"

事实上，全国的逆向歧视数量是难以确定的。非裔美国人罗杰·威尔金斯（Roger Wilkins）对逆向歧视观念嗤之以鼻，他怒气冲冲地说："黑人在美国的唯一一个已经主要靠抢白人饭碗的地方是美国职业篮球联盟（National Basketball Association, NBA）。"实际上，数字只指出了小问题；平等就业机会委员会报告称，由白种男性提起的歧视控诉不到2%，这并非羞于启齿，大部分年龄歧视诉讼都由他们提出。一位研究员发现，联邦法院在1990—1994年间就歧视给出的3000多条意见中，不足100起案件与逆向歧视有关，其中只有6起指控获得了支持和赔偿。许多投诉来自受挫的求职者，经法院裁定，他们的资格不及被授予工作的妇女或者少数族裔。

不过到了1994年，对逆向歧视的感知已经在许多白种男性的内心扎了根，那一年正逢克林顿行府陷入政治困境。这位少数党总统的"新民主党人"政策惹恼了很多"老自由派民主党人"——反对《北美自由贸易协定》的工会男人、不喜欢他的"取消我们所知道的福利"观点的穷人，以及对他支持死刑感到失望的公民自由主义者。克林顿的医疗保障计划本可以帮到他的中产阶级选民，但国会没有批准；当他替军中同性恋者说话时，却对职场中的妇女和少数族裔保持了沉默，这激怒了许多别的支持者。而且一入主白宫，他的保守派政敌就攻击不断。他们声称行府的司法部副部长"对儿童色情作品手软"，还指控他在"白水事件"（Whitewater）中涉嫌贪污腐败，事件中的阿肯色州土地投资方案距克林顿当选总统还有10年时间。为了审查对"白水事件"的指控，由3名法官组成的一个审判小组最终任命肯尼思·斯塔尔（Kenneth Starr）为独立检察官。随后，在1994年2月，保守派杂志《美国观察家》（American Spectator）介绍了保拉。保拉·琼斯（Paula Jones）女士指控克林顿直到1991年都在性骚扰她。他否认了，说不记得见过保拉，她则起诉要求道歉和70万美元赔偿金。审前讯问使保拉的故事和名誉问题在新闻中出现了好几年。

拉什·林博（Rush Limbaugh）等保守派脱口秀主持人大加指责，深夜电视节目主持人也是这样。"克林顿总统说有股强大势力威胁说要让他的行府倒台，"杰·雷诺（Jay Leno）嘲讽道，"我想它们叫荷尔蒙。"

1994年夏末，当中期选举临近时，克林顿的支持率下降到40%，这给了参议院共和党纪律委员①纽特·金里奇进攻的机会。

---

① 纪律委员（whip），俗称党鞭。——译注

这位历史学博士深谙夸张手法,称克林顿是20世纪最左翼的总统。虽然可笑,但金里奇在1994年实实在在地得到了选民的更多支持。在夏季,他携同僚宣布他们"与美国有约"(Contract with America)。通过明智地避开平权运动等种族议题,或者堕胎和学校祷告等社会上有分歧的议题,这份合约表明了责任、义务和机会等核心原则,它还宣布了专门为愤怒的白种男性定制的政策——将把福利救济限定于未婚妈妈的《个人责任法案》(Personal Responsibility Act)、将在城市加强执法并降低犯罪率的《收回我们的街道法案》(Take Back Our Streets Act)、将要提供更强有力的禁止儿童色情制品的《家庭增援法案》(Family Reinforcement Act)——此外还有削减资本收益税、任期限制、择项否决权,以及平衡预算修正案。

当克林顿正四面楚歌时,反对党又提出了一份未来愿景,外加少数族裔投票率低,这造就了共和党的全胜。"这些天,愤怒的白种男性是个有确切称谓的短语,"《华盛顿邮报》在选举过后宣布,"通过倾向大老党的投票,他们改变了美国的政治面貌。……他们受够了民主党。"白种男性成群结队地投票,他们中62%以上的人选择了共和党人,这使众议院一下涌进了74位共和党新人和自1952年以来的首届共和党国会。金里奇成了新任众议院议长,鲍勃·多尔成了参议院多数党领袖。共和党的全胜也影响到了各州。在加利福尼亚州,选民通过了《第187号提案》(Proposition 187),旨在拒绝给予非法移民福利救济及其他社会利益。在纽约州,权威人士认定前明星州长马里奥·科莫(Mario Cuomo)为潜在的总统人选,却一蹶不振;在得克萨斯州,州长安·理查兹(Ann Richards)败给了政坛新秀乔治·W. 布什(George W.

232

Bush）。

一位时事评论员看到这场选举具有历史意义，将大老党控制国会称作"罗纳德·里根所开创事业的完成"和"新政的结束"。还有人认为克林顿会像卡特和布什那样，注定是个只有一届任期的总统。权威人士怀疑克林顿是否仍是"关键人选"，或者这位新民主党人只能以"新手民主党人"（Newt Democrat）身份寻求连任。①

紧随选举之后，新任参议院司法委员会主席奥林·哈奇说，他将复审行府的民权议程，还会要求司法部长助理戴沃·帕特里克出席听证会作证。帕特里克开玩笑道："哈奇参议员，在从报上读到你要来找我之前，我甚至尚未寻得机会祝贺你喜获任命。"哈奇指出，行府的政策似乎正在朝向定额发展。当被问及此事时，帕特里克愤怒地说："不存在定额。我不知道到底还要再说多少遍。"

就在取得国会席位后不久，共和党人宣布他们将研究废除所有联邦平权运动政策的时机是否已经到来。在众议院，佛罗里达州众议员查尔斯·卡纳迪（Charles Canady）宣称要用听证会证明，行府的民权政策超出了 1964 年《民权法案》的初衷。宾夕法尼亚州的比尔·古德林（Bill Goodling）、伊利诺伊州的亨利·海

---

① 关于加州大学教员多样性计划，参见 Raza, et al., *Ups and Downs of Affirmative Action*, 93–109; 北岭分校部分见 Lynch, *Commentary*, August 1990, 47; 韦斯伯格的话载于 *Forbes*, 10 May 1993, 138; 社会学教授的话见 Lynch, *Invisible Victims*, 124; 威尔金斯的话见 *NYT*, 3 April 1991; 研究员是 Alfred Blumrosen, 见 *NYT*, 31 March 1995; 雷诺、金里奇和"新政的结束"等见 Berman, *Center to Edge*, 40–42; *WP*, 22 November 1994.

德等两位参议员打算举行听证会，考察整改或者撤销平等就业机会委员会和联邦合同遵循项目办公室，甚至1964年《民权法案》的提议。在参议院，以前曾支持过这类政策的多数党领袖多尔怀疑平权运动不公正地歧视了白种男性，也怀疑白种男性是否应该为在"他们出生之前"实行的歧视"付出代价"。"这行得通吗？"多尔在NBC电视台的《与媒体见面》(Meet the Press)上问道："他或者她可能最有资格获得工作，但却因为肤色而被拒绝。而且我逐渐开始相信那可能不是它在美国该有的归途。"其他保守派表示赞同。"平权运动并没有带给我们所期待的——无视肤色的社会，"威廉·本内特（William Bennett）说，"它带给了我们一个极具肤色意识的社会。在大学里，我们有分隔的宿舍、分隔的社交中心。下一个会是什么——饮用水供应设施？"

以上是共和党获胜之后在平权运动上的第一声枪响，其攻势在1994年冬季—1995年春季不会间歇。加利福尼亚州的两名白种男性教授宣称州立院校"普遍存在逆向歧视"，他们开始征集《加利福尼亚民权动议》(California Civil Rights Initiative)所需的70万个签名，该动议将禁止以种族、性别或者原国籍为标准，在公共的就业、教育或者承包中歧视任何个体或者群体，或是给予特惠待遇。"把我算进那些愤怒的男人之中吧，"托马斯·伍德（Thomas Wood）教授说，"我了解平权运动的痛苦。我曾经失去一份教学工作，后来在私下才得知原因是我是白人、男性。可怜虫已经翻身了。"沃德·康纳利（Ward Connerly）表示赞同。身为加州大学董事会的一名非洲裔校董，康纳利宣称该校招生办公室的平权运动走得太远了，也许已经违背了1978年巴基案裁决。"我们的所作所为有失公平，"他说，"我们正在依赖的种族和族裔因素不是作为众多因素的其中之一,而是排斥其他一切的主导因素。"谢丽尔·霍普伍德(Cheryl Hopwood)也表示同意,她和其他 3 名白人学生起诉了得克萨斯大学法学院,称招生政策有逆向歧视。最高法院同意审理"阿达兰德建筑公司诉佩纳案"(*Adarand v. Pena*),该案关系到保留配额计划的合法性。《纽约时报》写道:"对于平权运动的拥护者而言,这些日子焦虑难安。"

的确,保守派共和党人打算再次利用民主党的这个楔子问题①。共和党战略家比尔·克里斯托尔(Bill Kristol)说:"不论从哪个角度看,我们都是赢家。"《新闻周刊》的民意测验证明克里斯托尔所言非虚。以 79 比 14 的优势,白人反对在就业或者大学招生中的种族优待,另外 ABC 电视台的民意测验也发现,男人和女人中的 77%—81% 反对优待少数族裔和妇女。少数族裔的支持也日益衰落,优势仅为 50 比 46。在考大学或者找工作方面,合格的黑人应该比同样合格的白人优先获得考虑吗? 受访对象 75% 回答不应该。《新闻周刊》宣告,平权运动"正在撕裂民主党"。

许多温和派、保守派的民主党人意识到了这点。新任民主党领导委员会主席、参议员约瑟夫·利伯曼(Joseph Lieberman)宣称,随着白宫对这一议题的日益关注,"优惠政策……明显不公平"。顾问们担心《加利福尼亚民权动议》可能会出现在 1996 年 11 月总统大选的选票上,这会分裂民主党人,并且把选举人多的州拱手送给共和党。自由派开始倡导把平权运动之辩从帮助少数族裔变成援助妇女,从而争取"愤怒的白种女性",或者废弃帮助种族的传统方法,代之以基于需要的援助和"基于阶级"

---

① 楔子问题(wedge issue),指可能导致选民改变立场的问题。——译注

的方案，两者皆更得民心。副总统戈尔会见了民权领袖，同时总统在白宫召集了众议院民主党人。"我们必须比共和党更聪明，"克林顿宣称，"我们必须帮助那些应该得到帮助的人。……但我们也应该准备好对问题环节提出改进建议。我们不能逃避这场斗争。"他命令对所有联邦平权运动计划进行"严格、紧急的复审"。

共和党人，特别是那些宣布将带领政党参加1996年总统大选的人，加强了攻击。威廉·克里斯托尔（William Kristol）给大老党竞争者传真了一份备忘录，上面声明一旦国会通过部分"与美国有约"议案，那么他们在1996年的"主要工作要素"就是"反转大批种族优待和保留配额制度"。得克萨斯州参议员菲尔·格拉姆（Phil Gramm）加入了角逐，承诺如若当选，他的第一道行政命令将是废除种族和性别的"定额、优待和保留配额"。田纳西州前州长拉马尔·亚历山大（Lamar Alexander）宣称他也会这么做，还宣布支持《加利福尼亚民权动议》；加利福尼亚州州长皮特·威尔逊（Pete Wilson）也不例外，他还公布了竞选总统的动机。由于1994年获得连任的主要原因是他支持《第187号提案》，威尔逊宣称他有义务代表"公平"谋求入主白宫。尽管曾经支持过平权运动，但威尔逊的"公平"如今包含了一句诺言，他将废除"不公平"的种族和性别优待。

1995年3月，鲍勃·多尔做了公开声明。他称："政府批准的定额、时间表、保留配额及其他种族优待历经近30年后，美国人全都明显感到，关于种族的计算游戏已经玩得过火了。"他请求对保留配额、目标和时间表进行听证，承诺引入立法禁止政府"仅仅根据某一受优待群体中的他或者她的成员身份而授予特惠待遇"。

自由派反击了。白宫立即提醒多尔，1986 年他曾怂恿里根总统不要签署结束平权运动的行政命令，他支持过保留配额，也曾投票赞成 1991 年《民权法案》，而且他和他的夫人伊丽莎白是缔造 1991 年《玻璃天花板法案》的设计者，该法案当前正在调查职场妇女的地位。杰西·杰克逊要求总统发表全国讲话，给出"明确且权威的声明"支持平权运动；如若不然，他扬言将在 1996 年发起第三次总统竞选。同时，众议院少数党领袖理查德·格普哈特称共和党缩减计划的举措是"制造分裂，寻找替罪羊的政治手腕"。

《新闻周刊》宣告，"种族和愤怒"是 1995 年春季国民的情绪。该杂志提到，20 世纪 70 年代的热点问题是跨区校车，1988 年是犯罪活动，1994 年是福利改革，"但是最深刻的斗争——那场最牵动美国人日常生活情感的斗争——与平权运动有关。它正使演播室控制台灯火通明，正挑起州议会的唇枪舌剑，也正将新的关注点聚焦于'公平'一词。公平何时变成了'逆向歧视'？基于种族或者性别的歧视何时是公平的？声势盖过从前，美国人似乎在说着，'永远不会'"。①

---

① 哈奇的观点载于 NYT, 18 November，帕特里克的玩笑和愤怒载于 Boston Globe, 26 November，均为 1994 年；共和党听证会载于 Congressional Quarterly (18 March 1995): 819；多尔的话载于 WP, 6 February 1995；本内特的话载于 U.S. News, 13 February 1995, 35；伍德和康纳利的话载于 NYT, 16 February，"焦虑不安"一说见 7 February，同为 1995 年；克里斯托尔、民意测验、"撕裂民主党"、威尔逊，以及"种族和愤怒"等载于 Newsweek, 3 April 1995, 24–25；其他民意测验载于 WP, 14 April 1995；利伯曼部分见 NYT, 10 March，克林顿和克里斯托尔部分载于 WP, 24 February and 4 March, 1995；多尔的声明见 NYT, 16 March 和 WP, 16 and 17 March, 1995；杰克逊部分见 NYT, 10 March，格普哈特部分见 14 March, 1995.

更多美国人说"永远不会"的原因在于，这些问题已经出现在20世纪90年代前半期在平权运动中了，这些问题正在吸引充足的媒体关注度。

236

媒体首先关注了保留配额。如前所述，这个政策最初是对19世纪60年代中期城市暴乱的应对，当时联邦官员通常会在贫民区绑定一项帮助"经济或者文化上的弱势个体"创办企业的计划，后来它被称为小型企业总署8（a）计划 [Small Business Administration 8(a) program]。尼克松总统支持增加"黑人资本主义"，成立了小型企业总署，然后总署（SBA）于1973年公布了相关条例。条例定义的弱势群体不仅指非洲裔人，还包括拉美裔、亚洲裔和美洲原住民后裔。吉米·卡特签署了《公共建设工程法案》，它给"黑人、说西班牙语的人、东方人、印第安人、爱斯基摩人和阿留申人"等建立了少数族裔保留配额计划。在理论上，如果白种男性和女性能够证明他们已经因某种歧视而受损，或者除了家庭和商业投资外，他们的资本净值不超过25万美元，就均可参与其中。20世纪80年代，联邦官员规定弱势企业应该得到国防合同金额的5%、国家航空航天局合同金额的8%和交通运输合同金额的10%；很多州和市也制定了计划，当然，这造成了1989年的里士满案。小型企业总署认证的"社会和经济上的弱势"公司按理可以在计划中待9年，期间在总值少于500万美元的小型承包业务上不用竞标就可以与联邦政府签订合同。在其他大部分合同上，这些弱势公司得到了10%的红利或者价格折扣，这意味着如果弱势公司投标一项业务，而且少出的报价在其他公司的10%以内，那么该弱势公司将得到合同。

问题从一开始就存在，尤其是对适当公司的认证。为了确定谁处于弱势，得调查成千上万家工商企业，由于这本就是一项艰巨任务，小型企业总署官员在1978年假定该类别仅包含所有非洲裔、拉美裔和美洲原住民。自然，其他族裔找上门来了。布鲁克林区的哈西德派犹太人（Hasidic Jews）申请入选，他们不仅引证了其异域外貌，还引证了反犹主义。当政府拒绝那项请求时，又收到了来自亚太裔美国人的申请，该族裔涉及祖先来自10多个国家的人——从柬埔寨和关岛到萨摩亚和越南。20世纪80年代，总署共收到11份资格申请书，接受了原国籍在印度、汤加（Toga）、斯里兰卡、印度尼西亚的公民的申请，拒绝了原国籍在伊朗和阿富汗的公民的申请。因此，在缺乏政治指导和任何有关哪个群体应该受优待的基本原理的情况下，官员们就决定了哪个群体可以从保留配额获益。这个模糊标准的结果便是，包括日本和中国后裔个人所拥有的企业——这些人在美国经历过历史性歧视，但如今高居全国各族群生活水平的第二名和第四名，高于英裔和爱尔兰裔美国人——演出了一场关于"经济上的弱势"的标准闹剧。许多地方计划也不太合理。例如，在佛罗里达州戴德县（Dade Country），古巴裔可以申请保留配额，虽然他们几乎全是中产阶级，或者在菲德尔·卡斯特罗（Fidel Castro）独裁期间离开的专业人员。

许多受益人是新移民。事实上，移民在飙升。这是由于1965年移民法案规定，如果外国人拥有家庭关系或者专业技能，那么就可以加入美国。20世纪80年代，大约80%的移民来自拉丁美洲或者亚洲，而且20世纪90年代成了美国历史上移民最多的10年，每年都有100多万新来的人，远超1900—1910年的移民潮。移民法案正在改变国家的局面。到1995年，美国人口中大约25%是在国外出生的合法移民，他们大多是"有色人种"。当时的小型企业总署报告称，参与8（a）计划的6000家族裔公司中大约有47%的黑人、25%的拉美裔、21%的亚裔和6%的美洲原住民。那2500万人中有1600万不算公民——但是根据联邦、州及市的许多计划，他们持有少数族裔优待资格。而且一些移民拥有中等收入，许多是专业人员（工程师、电脑编程员、商人、教授），还有的教育程度和收入水平高于普通美国人。例如，在密歇根大学，管理层承认，很大比例的教员受聘于他们的平权运动计划，并且由州里纳税人资助，这群人生在国外：黑人近20%，拉美裔不止这个比例，还有一半的亚太裔教员。

于是，到了20世纪90年代中期，保留配额计划千疮百孔。正如早在1986年的威泰克丑闻所证实的，存在欺诈，此外也存在关于初衷的伦理问题。该计划应该帮助谁？起初是低收入的非裔美国人，但佛罗里达州棕榈滩的范朱尔家族（Fanjul family）证实，这已经发生了显著变化。

范朱尔已经创造了超过5亿美元的资产，这些资产大多基于对佛罗里达州南部17万英亩甘蔗良田的所有权。由于政府的食糖定额，美国每磅支付8美分，这高于世界食糖价格，每年给范朱尔家族带来了6500万美元的红利。为了保卫这个帝国，他们把数以十万计的美元捐给了两大政党，给了乔治·H. W. 布什、比尔·克林顿，以及佛罗里达州州长杰布·布什（Jeb Bush）。那是合法的，他们对戴德县保留配额计划的处理也合法。范朱尔两兄弟拥有迈阿密FAIC证券公司，当该县宣布将发行2亿美元债券用于升级和扩建迈阿密国际机场时，FAIC想要获得这个利润丰厚的证券包销合约，于是在申请书中说它是家"归拉美裔所有且控股95%的公司",这让它"有机会参与少数族裔拥有的公司才能获得的计划"。戴德县同意了。FAIC被授予了2亿美元中10%的经销权,这意味着它将盈利12万到15万美元。

1995年3月,《福布斯》杂志撰文揭露了范朱尔家族,直指"增加佛罗里达州范朱尔家族财富"的初衷和伦理问题,其他媒体称其为"食糖君主"(Sultans of Sugar)。该杂志还写道,该家族来自古巴,不是美国公民,而持有西班牙护照,这允许他们相当规模的国外资产免交遗产税。同时,因为该县计划规定的是"少数族裔",而非"经济上的弱势群体",所以纳税人补贴了这个富有的、有政治关系的外国家族。最终,范朱尔家族制造了过多负面新闻,不得不退出该计划。

在行府及其他部门调查该计划时,《福布斯》高呼这是"保留配额式猜字谜把戏"(The Set-Aside Charade)。他们发现,1981年非洲裔公司获得了根据8(a)计划所分配合同资金的三分之二左右,但到了20世纪90年代中期,他们仅得到三分之一,同时亚裔承包商获得了28%,拉美裔获得了26%;拿到那些合同的前25家公司中只有3家在非裔美国人名下。同样令人吃惊的是,政府认证的所有少数族裔公司中80%没有员工。这些公司有一位所有人,老板转包了所有工作。这意味着,截至1990年还在获利的公司大多不是新成立的小企业,而是大型企业,它们的所有者也不是弱势个体,而是富人。1994年,仅1%的参与8(a)计划的公司就获得了全部合同的25%,许多合同没经过竞争就被给出去了;批评者指责,企业似乎永不会从计划中"毕业",以便给新承包商留出空间。例如,华盛顿特区的一场官司揭示,1986—1990年间存在500多家认证公司,但该市的道路和下水道合同80%都被批给了4家公司。其中最大的公司归移民何塞·罗德里格斯（José Rodriguez）所有，而这4家公司中的另一家归他兄弟所有；这对富有的移民共获得了该市道路和下水道合同的三分之二左右。《坦帕论坛报》（Tampa Tribune）头版头条报道称，保留配额已经成为"少数族裔百万富翁的一条快车道"。

这个意外的结果可以引起白人与黑人相互疏远。"不足为奇，失利的美国人日益不满，"一位白人时事评论员写道，"美国人的体验依然与公平有关。"当俄亥俄州州长把大量合同授予归印度移民所拥有的企业时，黑人政客和组织愤怒地进行了抗议，这引起了反抗议和反感；迈阿密市的黑人与来自南美洲和古巴的新移民发生了大量种族事件。一位教授写道："授予合法移民福利是正当的政策，但把他们纳入平权运动计划却是历史的偶然，因为完全说不通。"

批评者指出，既然经济平权运动有缺陷，那么还需要它吗？拥护者指出，相比其他计划，比如小型企业总署的另一项针对所有小企业的保留配额计划，该保留配额计划促进了少数族裔企业的动态增长，也没太花纳税人的钱。小型企业总署的那个计划把合同分给了雇员多达1500名，且销售额高达2100万美元的公司——它们几乎全归白种男性所有。1994年，该计划给小型企业保留了差不多130亿美元的合同，是它留给"弱势"公司的两倍。小型企业总署的一位官员说："在削减少数族裔企业承包目标的5%时，保留小型企业目标的20%，我不知道这为何有效。"1995年3月，当玻璃天花板委员会（Glass Ceiling Commission）发布报告时，政客们无一呼吁结束小型企业保留配额。该委员会由两大政党组成，4年来一直在研究雇用惯例。它发现，只占劳动力总数43%的白种男性占据了财富1000强工业公司副总裁及以上高管职位的97%,而在财富2000强公司的高层中仅5%是女性,并且她们几乎全是白人。非洲裔、拉美裔和亚裔美国人各自拥有那些工作的0.5%。劳工部长罗伯特·莱克说:"企业高层的世界看起来仍然不像美国。"白人女性已经大规模闯入业务经理之类的中层管理队伍,大约占据这些职位的40%,但黑人依然远远低于那个水平,非洲裔女人和男人分别仅占5%和4%。该报告影响了平权运动之辩。"在刚好能够看到玻璃天花板之前,任何人都得先通过前门,"委员会写道,"事实是大量少数族裔和所有种族的妇女……都不在美国企业(Corporate America)的前门口。"①

玻璃天花板报告鼓舞了平权运动的支持者,但在最高法院春季开庭期及随后的裁定中,这种感情很快就消失了。因为彼时克林顿已经向法院做了两次任命。肯尼迪委任的大法官拜伦·怀特退休了,在长期搜寻之后,总统提名了露丝·巴德·金斯伯格。尼克松任命的大法官哈里·布莱克门也退休了;他曾代表了自由派民权的声音。克林顿不会让最高法院有机会左倾。他提名了斯

---

① 保留配额问题和罗德里格斯部见 Graham, *Civil Rights Era*, 151–54;*Collision Course*, Chapter 6, 罗德里格斯的文章 "Affirmative Action for Immigrants?" 以及 George La Noue and John Sullivan, "Deconstructing Affirmative Action Categories," 两篇文章均收录于 Skrentny, *Color Lines*;也见于 Skrentny, *Minority Rights Revolution*, Chapter 5; *Business Week*, 27 March 1995, 70–72 和 *NYT*, 25 June 1998;至于小型企业总署所受的攻击, 见 Bean, *Big Government and Affirmative Action; Forbes*, 13 March 1995, 78–86; *Tampa Tribune*;时事评论员部分见 9 April 1995;某教授是 Lawrence Fuchs, 载于 *WP*, 29 January 1995;没有任何政客呼吁一说见 *WP*, 5 April 1995;玻璃天花板部分引自 *NYT* 和 *WP*, 16 March 1995.

蒂芬·布雷耶（Stephen Breyer），此人和金斯伯格一起以压倒性优势获得了批准。

最高法院面临的问题令自由派很紧张。4月，最高法院维持了一项下级法院裁决，宣布基于种族的晋升是对阿拉巴马州伯明翰市白人消防员的不公。20世纪70年代的原初合意计划已经实现目标，即直到黑人副职人数与该地劳动力中黑人的百分比匹配以前，按1比1的比例提拔黑人和白人。虽然没有白人失业，但最高法院的行动如今传达了关于早期合意计划的一种负面看法，而且显然支持了巡回法院使用的强硬措辞，即该计划是"彻底的种族平衡"和"政府的歧视"。随后一个月，最高法院维持了马里兰大学专为非裔美国人设立奖学金的计划违反宪法的裁决，这个计划受到了克林顿行府的支持。许多院校都为不同种族或群体设有专项奖学金，但那是由私人资助的；而马里兰和其他许多大学使用了公款。最高法院拒绝受理此案，这给基于种族的奖学金全都带来了问题。

然后是"阿达兰德建筑公司诉佩纳案"，该案关系到联邦的"弱势企业"保留配额。科罗拉多斯普林斯市（Springs）的阿达兰德建筑公司归白种男性兰迪·佩希（Randy Pech）所有，在一项价值10万美元的圣胡安国家森林公园（San Juan National Forest）高速公路护栏项目上，他的报价比一家拉美裔公司低1700美元。但阿达兰德丢标了，因为总承包人通过分包给弱势企业冈萨雷斯建筑公司（Gonzales Construction Company）而获取了1万美元的额外津贴。而对于佩希及其律师而言，少数族裔和妇女所拥有的公司都是弱势企业这个假设是可疑的：这是说国会可以靠保留配额补偿某群体所受的歧视吗？还是说，它必须把特定的歧视受害者个人作为目标？此外，5家公司做了科罗拉多州的绝大部分护栏建设和维护工程，其中唯独阿达兰德归白种男性所有。其他4家公司归1名妇女和3名拉美裔所有，这意味着如果佩希不投标该项目，"弱势"公司就会内部竞争，这会使得保留配额计划可有可无。该计划援助弱势公司的唯一理由是，它们正在同一家白人公司竞争。佩希及其律师质疑有关优待违反了第14条修正案的平等保护条款，以图让法院重申1989年的里士满案，此案已经宣布，只有经得起"严格审查"，州及地方的保留配额计划才符合宪法，并且仅适用于个体歧视案件，而不适用于不受限制的群体优待。

两所下级联邦法院判阿达兰德败诉，但最高法院没有。虽然大法官们在保留配额上像国民一样持有分歧，但他们以5比4的票数裁决发出了一个信息：种族优待极少符合宪法，"天生就是可疑的，且可被推定为是无效的"。在替多数派撰写判词时，大法官桑德拉·戴·奥康纳提到，平等保护为的是"个人，而非群体"，而且联邦政府"只能在持有最令人信服的理由时才能根据人们的种族区别对待他们"。最高法院进而宣称，经联邦、州或地方政府强加的"一切种族分类"都"必须由重审法庭在严格审查之下加以分析。换言之，只有这种分类才是量身定制的，它们才符合宪法"。它重申了里士满案，还将严格审查扩大到了所有联邦保留配额计划，而且引起了对1980年富利洛夫案判决的质疑，该判决依据1977年《公共建设工程法案》维持了10%的保留配额。

但最高法院并没有彻底终止保留配额，而只是要求复审。就像大法官奥康纳所写的那样，新的联邦计划标准必须是针对少数族裔的"普遍、系统和顽固的歧视行为"。此外,最高法院也没有提及同样享有计划部分保护的妇女,没有宣布平权运动违反宪法。不过,奥康纳提到了国内种族歧视"令人不快的顽固性",还提到了"政府没有丧失行动资格"。她进而声称,"我们希望破除关于严格审查'雷声大雨点小'的误解"。其直接结果便是把案件发回下级法院,以裁定分包商保留配额能否经得起严格审查,有无充足的证据证明少数族裔已经被系统地排除在了特定市场之外,而不只是关于少数群体被歧视的模糊模式。

大法官斯卡利亚和托马斯两人赞同判决但有不同意见,他们应该会走得更远,也最有可能会裁定平权运动违反宪法。斯卡利亚写道,在"我们的宪法之下,不可能存在所谓的债权人或者债务人种族。我们在这里只是同一个种族。它叫美国人"。托马斯补充道:"政府倡导的基于良性偏见的种族歧视与由恶性偏见所激发的歧视一样有害。落实到每个实例,这就是种族歧视,就这么简单。"

那年春季开庭期,最高法院做了其他保守的裁决。除收缩平权运动之外,最高法院还驳回了重划选区的决定,这发生于佐治亚州黑人占大多数的选区;宣布弗吉尼亚大学违反了一个基督教团体的权利,因为该校不资助它的校园杂志,却资助非宗教团体;否决了一项关于学校附近严禁枪支的国会禁令;宣布一个学区关于学生参加药物检测的要求没有侵犯他们的民权;否决了堪萨斯城的学校种族融合计划。《华盛顿邮报》写道:"这是罗纳德·里根梦寐以求的最高法院";保守派司法研究所(Institute for Justice)的克林特·伯里克也表示同意:"这是几个世代中最好的一段时光。"

但他们都言过其实了。最高法院不曾否决保留配额；但也声明，政府需要"极具说服力的利益"，对此它没下任何定义。全国有色人种协进会的一位声称保留配额能够经得起严格审查的律师评论道："虽有艰难险阻，却无灭顶之灾"；一名行政官员说，这种情形符合复审全部平权运动计划之举："我们已经在过问最高法院关注的许多问题。"①

1个月后，比尔·克林顿终于就平权运动发表了全国讲话，此后5个月，他委托对有关计划进行研究，这时他的总统任期已经过去两年半。早些时候，总统曾经示意他曾做何感想，他告诉加利福尼亚州的民主党人听众，我们"不必放弃这些平权运动计划。……但是，我们真的要问问自己：它们都还有用吗？它们全都是公平的吗？有没有任何形式的逆向歧视"？

7月19日，总统在国家档案馆这个合适的场合做了重要演讲，期间回答了自己的问题。这是第一次有总统站在美国人民面前用整个演讲检查和解释平权运动。通过陈述"让我们的国家团结起来"的目标面临的挑战，克林顿斗志高昂地开场了。要实现团结，"我们就必须开诚布公地处理那些分裂我们的问题。今天，我要谈谈其中一个问题：平权运动"。他提到了奴隶制传统、种族隔离制度，以及为全体美国人打开机会之门的国家目标。他指出，仅宣布歧视为非法并不足以终结它，但是"把严厉惩罚对准那些没有实行某种强制的、完全武断的、有时无法完成的定额的雇主……这因有失公正而遭到了否定"。至于愤怒的白种男性，他

---

① 种族平衡一说载于 *NYT*, 18 April 1995; 阿达兰德案的背景、裁决和有关评价，见 *NYT*, 13 and 18 June 1995; 伯里克的话载于 *WP*, 2 July 1995.

指出平权运动不曾引发白人中产阶级的经济问题，但也没能解决少数族裔和妇女的经济和教育困境。不过，他补充道，行府的研究发现"平权运动仍然是拓宽经济和教育机会的一个有用工具"。 244

> 当平权运动被正确落实时，它是灵活的、公平的，也是有用的。……容我澄清平权运动绝不意味什么，以及我不会允许它变成什么。它不意味着——我也不赞成——关于任何种族或者性别的不合格者凌驾于合格者之上的不合理优待。它不意味着——我也不赞成——数值化定额。它不意味着——我也不赞成——对任何雇员或者学生的拒绝或者选拔完全基于种族或者性别，而不顾及考绩。……
>
> 现在，有些人说……甚至好的平权运动计划也不再被需要。……仅去年一年，联邦政府就收到了超出9万起基于种族、族裔或者性别的就业歧视投诉；其中逆向歧视不到3%。……现在的平权运动并不总是完美无瑕的，平权运动也不该永远继续下去。……我知道那一天将会到来，但证据显示，甚至是在呼唤，那一天尚未来临。这个国家结束歧视的工作没有结束。……我们应该重申平权运动的原则，修改有关做法。我们应该有句简洁的口号：改进它，但不结束它。

总统谈到了平权运动中的问题，包括保留配额里的欺诈、确保弱势公司只能一时而非永久受益。克林顿宣称："我们显然需要些许改革。"由于认可基于阶级的观念，他声称，如果小公司位于破落社区，那么它们全都应该得到政府优惠；不论种族，家庭中第一个上大学的成员都应该得到奖学金。为了使政府配合对

"阿达兰德案"的判决，克林顿签署了一项行政命令，指导联邦各部委复审平权运动计划，看看它们是否满足4项测试。如果平权计划导致了定额、逆向歧视和对不合格个体的优待，或者它在实现机会平等目标后还在继续给予优待，那么任何计划都必须被消除或者改革。

跟平权运动本身一样，对这场演讲的评价褒贬不一。自由派反响热烈。《纽约时报》宣告："克林顿先生采取了最积极的行动方式"，他承诺"改革将改善而不是削弱支持公平的活动"。演讲似乎对大众舆论也有所影响。一份Time-CNN民意测验发现，当时65%的人想要改进平权运动，仅24%想终结它。一些保守派有不同意见。参议员多尔说："这里的真正问题不是几乎每个美国人都反对的对不合格者的优待，而是给'资历较低者'相对于'资历较高者'的优待。"州长威尔逊补充道："他本该结束它。你没法改进它。"帕特里克·布坎南也表示："平权运动应与吉姆·克劳法一起入土。"

总统演讲后的一天，国会的共和党人发誓要立法消除优待。参议员格拉姆急忙提议了一个修订拨款法案，旨在禁止保留配额。参议院以61比36的票数粉碎了该修正案，有19名共和党人加入了占多数的民主党人。虽然投了赞成票，但鲍勃·多尔声称这个议题太重大，不好"逐个"击破；众议院议长金里奇指出，大老党应该先设计一个更全面的法案，一个同样会增加弱势群体或者个人经济机会的法案。

在同一天，加利福尼亚州采取了行动。"历史性表决中的加州大学董事会，"《洛杉矶时报》头版头条报道，"消灭平权运动。"

当然，这次有争议的表决多年来一直在酝酿中。1998年，州长乔治·德克梅吉恩（George Deukmejian）签署了一项建立平权运动的法案，它在社区大学的雇用目标是到 2005 年使全体教员"在文化上实现平衡，并且更能代表本州的多样性"；为了实现这个目标，全体新教员 30% 要是"少数族裔"。另外，许多自由派关注非洲裔长期低迷的大学毕业率。当黑人占到 1990 年美国大学入学新生的 10% 时，他们只获得了 6% 的学士学位。《新闻周刊》的罗伯特·J. 塞缪尔森写道："在教育方面，问题不是黑人上不了大学；问题是很多人留不下来。"在对此的部分回应中，加利福尼亚州议会议长威利·布朗（Willie Brown）携其他人于 1991 年发起了一项法案，它获得了州立法机构的批准。该法案强迫大学雇用少数族裔和妇女，按与高中毕业相同的比例招收少数族裔学生，此外，"教学和行政人员应该负责"在毕业率上实现种族平等。州长皮特·威尔逊否决了它，然后许多教员变得警觉起来。教授格林·卡斯德里特（Glynn Custred）说："真正让我们在意的事情是，州立法机构何时才会通过一项可能会授权录取和毕业定额的法案——与加利福尼亚州人口结构相同的比例。"美国学者协会（National Association of Scholars）加利福尼亚分会主席托马斯·伍德加入进来，他俩和其他一些人一起制定了《加利福尼亚民权动议》。在 1994 年中期选举之后的 1995 年全年，动议取得了支持，而且到 1996 年 2 月已经集齐以《第 209 号提案》形式把它添到当年 11 月的选票上所必需的 70 万个签名。加利福尼亚州将成为第一个对平权运动举行公民投票的州。

1995 年夏季成了平权运动的决定性时刻。阿达兰德案判决、克林顿的演讲和加利福尼亚州的辩论，导致了对该政策的全国性复审。我们"可能正在飞奔向自 20 世纪 60 年代以来美国种族关系最敏感的时刻",《新闻周刊》的乔·克莱恩(Joe Kline)写道,"在某些方面更加敏感,因为所知'权利'的减少看上去已成定局"。①

那些权利是什么,或者换句话说,谁"应当被"加州大学伯克利分校等名牌公立大学录取?舆论界对这个问题展开了全方位调查,类似巴基案的过程,又一次揭露了一些有趣的发现。

大学招生是优点、成绩和学习能力倾向测验分数(SAT scores)的结果,但没有大学只按优点招生,全都考察了补充因素,比如申请人的毕业高中、生源地、性别、种族、艺术才能,当然还有运动能力。还有其他优先招生因素:如果父母很富有,有钱支付学费和之后的捐款;如果他们有政治影响力,有"家族传承",其意思是申请人的父母曾就读于该校。这种优待惹恼了很多时事评论员。乔·克莱恩号召取消家族传承,他将其冠之以"给学业上处于弱势的校友子女的平权运动"之名,称这些学生拿走了"名牌大学全部招生计划的 12% 左右"。加州大学董事沃德·康纳利表示同意:"我想我们应该反其道而行之,对父母没有读过大学的学生网开一面。"虽然批评者一再强调平权运动"侮辱"了名校的非裔美国人,但少有人提及因为妈妈或者爸爸而进入大学的那些人的耻辱。正如加州大学一名本科生招生主管所言:"我从

---

① 克林顿到加利福尼亚州,见 NYT, 9 April, 其演讲及评论,见 NYT 和 WP, 20 July, 民意测验载于 Time, 31 July, 35, 全在 1995 年;LAT, 21 July; Newsweek, 14 August 1995, 51; 关于《第 209 号提案》的背景,参见 Raza, et al., Ups and Downs of Affirmative Action, 90–109; 卡斯德里特和乔·克莱恩的话载于 Newsweek, 13 February 1995, 36–37; 关于对《第 209 号提案》的论述,见 Peter Schrag, New Republic, 30 January 1995, 16–19 和 Chavez, Color Bind, Chapters 1 and 2.

未发现家族传承学生会觉得'哎，我真的不属于这里'，或者'我不应当被录取'。我见到的全是'天啦，我竟然到这里来了'。那才是最重要的。"

有些优待没有引起争议，尤其是在那些招收申请人比例较高的大型州立大学。例如，1994年在得州农工大学，因为校董事会的要求，招生工作人员撤销了对17名申请人的拒绝信；因为议会议员、校友和学校管理者的要求，招生工作人员又撤销了21封拒绝信。此外，那4群人担保了其他67名学生。该大学校长承认："没有这群人的要求，他们可能就进不来。在总计105人中，有6人甚至未达到最低入学标准。"第二年，在政客或董事会的要求下，被拒绝的学生超过20名被录取，该校长说他不反对给予"由我们大学的重要人物"所推荐的学生以特殊考虑。

谁应当被优先录用？当该问题重现时，一位新闻工作者称这种惯例为"给人脉广者的平权运动"。加州大学董事会的戴维·弗林（David Flinn）说："我严重关切一项政策，它鼓励一个来自破裂家庭的年轻亚裔学生……努力读完高中"，他"相比于非洲裔医生的儿子会受到区别对待……此人住在贝弗利山"。①

该问题之所以引起如此强烈的情感，原因之一是在大多数名牌大学，比如伯克利分校，入学标准自20世纪60年代中期以来已经骤然上升。在那个时候，平均绩点3.0的学生就可以进入伯克利分校伯特·霍尔法学院（Boalt Hall School of Law）。男人们入学登记，成为律师，结婚生子，然后他们希望自己的儿子乃至

---

① Beverly Hills，又译贝弗利希尔斯，加利福尼亚州西南部城镇，为高级住宅区。——译注

女儿也这样。但当时出现了婴儿潮，而20世纪80—90年代前期的经济却在衰退，这便意味着新生代的学生会觉得高等教育或者职业教育是维持丰厚收入的唯一途径。其结果便是，几乎所有知名高校的合格申请人都不可思议地激增。哈佛大学在1994年仅有1600个新生名额，却有1.8万人申请，比1990年增加了50%，增幅类似于其他常青藤盟校，另外职业学院也被踏破了门槛。哈佛大学医学院一个165人的班级收到了4000份申请；全国排名前20的颇受重视的专业课程，像得克萨斯大学法学院，每个座位约有8名申请人。

1994年，加州大学伯克利分校3500个新生名额收到了2.25万份申请，其中约有9000份高中成绩平均绩点4.0的全优生。谁应当被录取？

在过去20年里，该大学曾经决定创造一个最能反映联邦各州族裔多样性的学生群体，或者换言之，让加州大学看上去更像加利福尼亚州。于是，虽然州里高中毕业生前12.5%的人将进入该大学系统的8所分校之一，但并非全都会被第一志愿录取。这些大学中完全基于学分选拔的学生有40%—60%，而且近一半去了伯克利。因为特殊技能、音乐才能或者体育技能而被录取的通常不到5%，这些人可能未在学业上排进前12.5%。余下所有人占了很高比例，其评价既按学习成绩，又按补充因素。那一年伯克利接受了8400人（他们大多申请了很多别的知名高校）用以填补3500个新生名额。竞争是残酷的。种族分类显示，被录取的那些人中亚裔的学习能力倾向测验分数和平均绩点最高（1293人，3.95）；白人第二（1256人，3.86），然后是拉美裔（1032人，3.74），再然后是非洲裔（994人，3.43）。

学生的资质不存在问题。"有传言说在使校园多样化的过程中，我们降低了自己的标准，"本科生招生主管说，"事实恰好相反。"实际上，在过去10年间，除了各项指标全面提升外，伯克利的毕业率所反映出的成绩和考试分数也真的提升了。6年内，亚裔中88%的学生取得了学位，白人为84%，拉美裔64%，非洲裔59%；当然，有更高比例的黑人被大学体育运动代表队招募了。

关于多样性的政策改变了伯克利的面貌——这激怒了很多加利福尼亚州人。1984年，白人学生刚超过60%，亚裔有25%，黑人和拉美裔各占5%左右；但10年之后，白人仅占三分之一，亚裔近40%，拉美裔有14%，非洲裔则有6%。大量的拒绝信引发了全州的不满。董事沃德·康纳利说："我们有个制度，据此正在以4.0为线成批拒绝白人和亚裔孩子，然而以3.3为线大批录取黑人和奇卡诺人。"某教授补充道："你们找来了9000个平均绩点4.0的孩子竞争3500个名额"，但是"他们中每个遭到拒绝的人都相信，他们被拒绝是因为平权运动"。

《美国新闻与世界报道》宣称，加州大学的平权运动计划已经变成"所有楔子问题之母"，有关争论也不再止于种族界限；它已经变得融合了多种文化。华裔美国人校长①为计划做了辩护，然而日裔董事攻击它，非洲裔董事支持后者。白人学生对此问题有分歧，而经常反对它的却不是黑色或者棕色皮肤的学生，反倒是亚裔，有些亚裔说他们种族在州里受到了歧视，他们所取得的

---

① 当指田长霖（1935—2002）校长，他祖籍湖北黄陂，于1990—1997年出任加利福尼亚大学伯克利分校校长，是第一位担任美国著名大学校长职位的华人。——译注

成就没有靠优待,所以凭什么拉美裔和非洲裔美国人需要额外名额。伯克利分校学生会主席安德鲁·王(Andrew Wong)说:"我想说亚裔学生 70% 都把平权运动视为一种不公平对待他们的制度。我信英才教育,不信优待,但如果这制造了一个较少多样性的地方,好吧,那就是你们为此所付出的社会成本。"①

州长威尔逊表示赞同,他开始取消加利福尼亚州的平权运动计划。在 6 月签署一项行政命令之前,他宣称:"我们亏欠州民的是迁善改过、消除不公并恢复公平。"新命令废止了以往鼓励平权运动的命令,解散了那些专职建言州立机构基于种族或者性别进行雇用的委员会,还要求州交通部门把授予妇女和少数族裔所拥有公司合同的预留金额从 20% 减至 10%。它严禁就业歧视,宣布州的雇用"以考绩为基础"。"我们必须让努力工作、自力更生、个人的主动性和考绩——而非群体成员的——成为美国的成功之道。"但实际上,新命令并没有撼动先前通过或者依据法院判决的地方、州及联邦法律。许多人觉得这是他竞选总统的一个噱头,但评论者认为该命令将实现新式雇用和晋升。州长还要求州里其他不受他管辖的官员遵守新规范,其中就包括各公立大学。

7 月 20 日,加州大学董事会在旧金山分校会晤,考虑终止平权运动。尽管学生团体、全体分校校长和教工代表已经宣布他

---

① 克莱恩和康纳利的话载于 *Newsweek*, 13 February 1995, 36–37;本科生招生主管的话载于 *Newsweek*, 3 April, 34;关于得州农工大学的报道,载于 *Chronicle of Higher Education*, 13 June, 1997, 29ff;良好关系一说载于 *San Francisco Chronicle*, 16 March 1996;弗林的话载于 *LAT*, 16 June 1995;竞争部分见 Chavez, *Color Blind*, 60–62;SAT 分数、"真实情况恰恰相反"、康纳利和某教授及王的话载于 *NYT*, 4 June 1995;*U.S. News*, 5 June 1995, 30。

们支持该政策，但结果应该是毋庸置疑的。"平权运动死了，"几个月前康纳利宣称，"我们正在磋商埋葬的权利。"他和保守派盟友得到了足够多的票数，因为26名董事中有17人曾就职于共和党人政府，皮特·威尔逊任命过5人，其中就有康纳利。州长威尔逊3年来从不列席董事会会议，却主持了这次碰头会。代表全国所有广播电视网络的300余位媒体代表赶到了现场，有同等数量的警察维持秩序，有1000多名学生、100位当选官员赴会，陪同出席的还有教授及其他社会贤达，其中许多人请求在董事会发言致辞——杰西·杰克逊、威利·布朗、州参议员汤姆·海登（Tom Hayden），乃至伯克利分校1964年"自由言论运动"（Free Speech Movement）的发起人马里奥·萨维奥（Mario Savio）。州长威尔逊致开幕词。"种族因素已经在招生惯例中发挥主要作用。……甚至，有些不满足最低程度学业要求的学生仅仅根据种族就被录取了。"另外40余人发言过后，轮到了杰西·杰克逊。他宣称平权必须持续下去，因为"美国的人人平等承诺仍未兑现"，他把威尔逊比作阿肯色州的奥瓦尔·福伯斯和阿拉巴马州的乔治·华莱士，这两位前州长均没有通过平等权利测试。杰西直视威尔逊宣布："要站对队伍！""成败在此一举。"州长默不作声地瞪了回去。之后是其他发言，近12个小时后，董事会成员准备投票表决。一名抗议者尖叫道："你们是在投票赞成种族主义！"董事会进行了两轮表决。凭借15比10的票数，他们决定从1996年1月起消除雇用和承包优待，这引得听众嘘声一片。杰西·杰克逊和其他牧师开始高歌《我们要战胜一切》（We Shall Overcome）。由于担心骚乱，董事会离开人群去了一个戒备森严的房间，然后以14比10的票数赞成于1997年1月终止招生方面的平权政策。"这是历史性的一刻,"威尔逊说,"这是终止种族优待的开始。"

此事负面影响严重。《洛杉矶时报》问道:"董事会有越俎代庖行为吗?""可以肯定的是,董事会的决议……无视加州大学系统的每个重要组成部分……将重新挑起有关它们独立性和资格的问题。"在州众议院,威利·布朗威胁要裁减对加州大学系统的资助,同时另一位民主党人谴责董事会:"你们竟敢……伙同孤注一掷的总统候选人发动他那无法如期开始的竞选活动。"在华盛顿特区,克林顿行府称董事会的所作所为是"严重的错误",声明它将复审每年拨给该大学的25亿美元联邦科研经费,因为要想获得拿这笔钱的资格,公立机构就必须支持平权运动计划。圣克鲁兹分校(Santa Cruz)校长卡尔·皮斯特(Karl Pister)称表决很荒谬。董事会已经给出加州大学的官方"蓝图,它说的是'做点儿不一样的事吧——虽然我们不知道该做什么,但我们清楚必须得做点儿不一样的事'"。

皮斯特有一定道理,因为招生标准仍需小心对待。康纳利已经建议加州大学把招生比例——仅基于学业成绩的——提高至50%—70%,并且扩大帮助各族群变得合格的外展计划(outreach programs)。该解决方案强调,入学新生必须全都学业合格,而且禁止招生工作人员把"种族、宗教、性别、肤色、族裔或者原国籍因素作为录取标准"。值得注意的是,新补充标准照顾到了那些因为他们的经济状况、反社会型人格障碍影响,或者所在社区而"身处劣势",但是已展现了"足以克服入学障碍的特质和决心"的个人。对于这项条款,一位招生工作人员说他确定他可以找到办法对新规定"阳奉阴违",戴维斯分校校长也说,"教育匮乏"（educational deprivation）可以被当做一项补充性招生标准，以抵消较低成绩和学习能力倾向测验分数。

在全国，威尔逊靠5个百分点跻身总统选举，还在一次宴会上获得了他最成功的一次筹款，共计40万美元。一周后在国会山，参议员多尔和众议员卡纳迪提议立法废除联邦平权运动计划，即1995年《平等机会法案》（Equal Opportunity Act）。多尔说："我们的焦点应该是时刻保护个人权利，而不是凭借使用定额、保留配额、数值目标，以及其他优待来保护群体权利。"该法案将超越阿达兰德案，因为它在禁止保留配额、目标和时间表的同时还将停止联邦的承包、雇用和计划所用的优待。多尔和卡纳迪宣布将举行听证会，但评论者认为，在1996年大选前夕，国会将没有兴趣对有争议问题采取行动。

其他共和党人大多也没兴趣。科林·鲍威尔上将——声名卓著的参谋长联席会议前主席——在退役后时常被提名为总统候选人。他在1995年的畅销书《我的美国之路》（My American Journey）中承认他支持平等权利和平权运动。《新闻周刊》在当年夏季的一篇文章中提到，在卡特执政期间，鲍威尔曾经得益于美国陆军的计划，这使他晋升为上将；第二年夏季，鲍威尔上将公开反对《加利福尼亚民权动议》。大州的共和党州长们也在抵制终结平权运动的号召。宾夕法尼亚州州长汤姆·里奇（Tom Ridge）说："种族和性别歧视依然存续"；纽约州州长乔治·保陶基（George Pataki）说，他不打算改变平权运动。新泽西州的克里斯蒂娜·托德·惠特曼同意威斯康星州州长汤米·汤普森（Tommy Thompson）的观点，即攻击平权运动属于一个"会适得其反地引发分歧的问题"，希望该主题"不被列入议程"。威尔逊州长已经使他的总统竞选多少与白人对抗平权运动相挂钩，9月，他踏上了入主白宫的征程。①

平权运动像它对美国一样，又分裂了共和党。那年夏季，十几个州的政客——从东部的特拉华州到南部的得克萨斯州，再到西北部的华盛顿州——提交了终止平权运动的议案，但它们没有被投票表决，或者表决未获通过。一位评论员说，许多州议会反而除了开始"大力维护平权运动外，还试图修缮它，使它能被更加公平地运用"，不仅试图终止仅仅基于种族给予优待的计划，还试图扩大外展计划以帮助少数族裔准备升学或者就业。

当行府试图使计划匹配阿达兰德案时，克林顿的口号"改进它，但不要结束它"正在影响的不仅有各州，还有联邦政府。当政府宣布联邦合同流向少数族裔公司的不到10%时（只占那笔资金的3%左右），他们打算保留10%的红利或者价格优势供弱势公司使用；1995年10月，国防部宣布准备中止一项承包规则，该规则给少数族裔公司带去了大约10亿美元的业务。它始于1987年，以"两家法则"（rule of two）著称，意思是如果起码有两家合格的小型弱势企业表示有意投标，那么只有那些公司才可以竞争合同。那些受到影响的公司全都曾是少数族裔企业。1996年3月，行府宣布新的保留配额计划将"中止"两年，司法部也复审了小型企业总署8（a）计划，以看它是否遵照了严格审查。两个月后，行府宣布了新方针，它将于年底生效：唯有经"差距研究"（disparity study）找到可靠的歧视证据后，"种族

---

① 这个竞选指12月第三个星期一举行的总统选举，经"选举人"投票，获得270张及以上票数的候选人将当选总统，并于次年1月20日宣誓就职。——译注

意识的"保留配额才会被批准。现在,联邦机构被要求查明全国各地区约70个行业的少数族裔企业的有效性,看看过去是否存在歧视。为了杜绝欺诈,政府首次建立了认证程序,以确保争取8(a)合同的公司真正归少数族裔所有;1997年,小型企业总署宣布,它将准许另外3000家公司争夺那些合同。新公司大多归白人女性所有,这些人可以证明她们是"社会上的弱势人群",拥有小企业,资本净值不到25万美元,还能证明以前受过歧视。①

当克林顿行府仔细审查平权运动时,联邦法院在"霍普伍德诉得克萨斯大学案"(*Hopwood v. Texas*)中又缩减了该政策。谢丽尔·霍普伍德来自一个蓝领家庭,年龄29岁,已婚并且有个残疾孩子。在1992年申请得克萨斯大学法学院时,她的法学院入学考试(LAST)分数排在前17%。20世纪70年代,那所学院取消了歧视,此后建立了一项平权运动计划,此举让它成了培养少数族裔律师的主要机构。招生工作人员按得克萨斯大学指数(Texas Index)对所有申请进行排名,这主要根据成绩和LAST分数,而且申请表强调种族和族裔"可能是个决定录取与否的因素",这让它格外吸引黑人和墨西哥裔美国人。法学院每年招生约500人,并设法使新生中有7%的黑人和11%的墨西哥裔学生;

---

① 威尔逊部分载于 *LAT*, 2 June 和 *New Republic*, 26 June, 同为1995年;康纳利部分载于 *Newsweek*, 13 February 1995, 36; 董事会会议载于 *LAT*, *NYT*, *WP*, 2 July 1995; Chavez, *Color Bind*, 63–67;越徂代庖一问、民主党人和皮斯特的话,以及障碍一说载于 *LAT*, 22 July, 而校长的话在 *NYT*, 24 July, 同为1995年;多尔及国会行动载于 *Congressional Quarterly* (29 July 1995): 2279; Powell, *American Journey*, 592; *Newsweek*, 26 June 1995, 21; 州长们的抵制载于 *NYT*, 28 July 和 *WP*, 2 August, 同在1995年;两家法则见 *WP*, 22 October 1995, 行府的改变见 *NYT*, 9 March, 23 May 1996, and 15 August 1997.

黑人和拉美裔申请者只与他们的同族竞争。在那一年的得克萨斯大学指数中，白人基本录取分数是 199 分，拒收是 192 分，而少数族裔录取分数是 189 分。整个国家只有 88 名黑人和 52 名墨西哥裔美国人得了 199 分以上。霍普伍德的分数是 199 分，然而她的平均绩点受到了质疑，因为她念过很多社区大学，以 3.8 毕业于一所二流院校——加州大学萨克拉门托分校。霍普伍德被拒绝了。通过该州的《开放档案法案》（Open Records Act），她的律师发现，超过 30% 的白人申请者拥有的指数优于 20 多名被录取的黑人。霍普伍德和其他 3 人起诉了，断言校方否认了平等保护条款。由里根和布什任命的 3 名法官审判小组组成的美国联邦第 5 巡回上诉法院（Fifth U.S. Circuit Court of Appeals）一致裁定，法学院"没有提出令人信服的辩护，证明根据第 14 条修正案或者最高法院判例，允许它继续让一些种族凌驾于其他种族之上，即便这是有利于多样性的有益做法"。法学院在招生中"不得把种族作为一个因素"，这在密西西比、路易斯安那和得克萨斯等 3 个州法院的司法审查权限内推翻了巴基案判决，也使职业院校、研究生院和本科的招生标准悬而未决。"这是颗原子弹，"教务长马克·尤道夫（Mark Yudof）宣称，"既然你说种族不能被纳入考虑范围，那么法律又是什么？"

这是个合适的问题。得克萨斯大学和克林顿行府一起上诉了，强调"院校之间的巨大混乱和动荡"。7 月，最高法院拒绝受理霍普伍德案，大法官露丝·巴德·金斯伯格表示，此案如今是非实际的，因为该大学已经采取了更灵活的招生政策。巴基案允许把种族作为大学招生的一个因素，但最高法院此举让它处于悬而未决的状态，从而在未来 7 年困扰着招生工作人员——直至

2003 年出现起诉密歇根大学的系列案件。

期间，国家正准备 1996 年大选。总统的民意调查因为一个不太像嫌疑犯的人而有所提高——蒂莫西·麦克维（Timothy McVeigh）。1995 年，麦克维引爆放置的炸弹，摧毁了俄克拉荷马市的一座联邦大厦，168 名无辜的人丧生，这是直到 9·11 事件之前最严重的国内恐怖主义活动。克林顿前往现场，发表演讲谴责那些"传播仇恨"的人，像所有历经国家悲剧的总统一样，他的出现和强硬姿态引起支持率飙升：84% 的人认可他对灾难的处理。有点儿讽刺意味的是，他那攀升的人气还受到了纽特·金里奇的帮助。共和党不愿在财政预算上妥协，要求克林顿同意在 7 年内平衡预算，同意给富人减税，并且削减对社会计划的财政支持——其中甚至包括对老年人的医保计划。共和党把他们的预算发给克林顿，声称这是"自 1933 年以来最重大的内政决策"。他予以否决，作为回应，共和党人拒绝通过一项保障政府自身拨款的解决方案，这先后在 11 月和 12 月致使一些政府部门停摆。节假日期间，游客看见公园关闭了，国家博物馆大门紧锁，旅店、餐厅和许多别的生意也歇业了。停摆事件仍在继续，随着数天变成数周，大部分人开始把金里奇及其同僚视为激进分子。民众的压力与日俱增，3 周后，共和党被迫认可了克林顿的折中预算方案。在民意调查上，大老党国会议员正在遭受重创。

克林顿重新成为关键人选，而且对于任何人来说这都是一个寻求连任的绝佳时机。许多权威已经预测，选举期间的一大楔子议题将会是平权运动。保守派克林特·伯里克说："你的赌注可以押 1996 年会是平权运动迎来高潮的一年。"

在共和党大会的提名演讲中，多尔宣称美国宪法"依法授予平等保护权利。这不是种族主义暗语，它清楚地说明了要反对种族主义。……我执政的指路明灯将是，在这个国家，我们没有天生的等级次序，也没有种族偏袒的需要"。

多尔是在打一场硬战。克林顿的经济团队可以自夸，经济正在增长，失业率正在逐渐降低，国家预算基本平衡。这位共和党提名人加以反击，承诺所得税削减15%，资本利得税减半，此外他还说自己是名光荣的二战老兵，称克林顿是越南战争期间有"名誉问题"的逃避兵役者。由于仍然健在的二战老兵越来越少，加上许多人不关心上一代人的越南问题，这个方法没有激发多少支持。共和党的政治纲领支持"不含定额或者其他形式特惠待遇的平等权利"，支持《平等机会法案》和《第209号提案》。但获得提名后，多尔设法强化了政党中较为温和的一派，他选择了杰克·肯普（Jack Kemp）做竞选伙伴，然而肯普放弃了种族议题，并且告知加利福尼亚人，尽管政纲赞同加利福尼亚州的动议，"但我们不会拿楔子议题做文章"。温和路线大约持续了1个月。多尔意识到他无法缩小与克林顿之间两位数的差距，变得越来越绝望，先是从参议院离职，然后是在10月重新攻击平权运动并支持《第209号提案》。众议员查尔斯·卡纳迪说："在这个议题上，共和党领导层一直像飓风里的风向标一样天旋地转。"

克林顿方面，他采取了1992年就很奏效的方法——回避民权议题。在总统辩论中被步步紧逼时，他用了自己在1995年演讲中用过的同一手法，首先声明"我反对定额"，然后话锋一转，说"因为我相信依旧存在一些歧视，相信不是每个人都有机会证明他们是合格的，所以我赞成正确的平权运动。我已在尽力消除我认为平权运动中有失公平的计划,而且对其他计划的强化超过了我的前任们"。他以类似约翰逊和尼克松的话语补充道:"对于我而言,平权运动纯属画蛇添足";然后以一句话结束了他的评论:"我和鲍威尔将军意见一致。"

克林顿轻松取胜。第三党候选人 H. 罗斯·佩罗获得了8%的选票,总统获得了49%,拿下了50个州中的31个。出口民调①证明,选民看重的是和平、环境,以及已经创造了至少1000万份工作机会和接近最低失业记录的飞速发展的经济。不过,共和党仍然维持了在国会的控制权。②

1996年大选也展示了平权运动的消亡。保守派保罗·吉戈特(Paul Gigot)把加利福尼亚州的《第209号提案》描述为"1996年最重要的选举,包括总统大选在内"。在黄金州③,《第209号提案》的反对者打出广告,要么把纽特·金里奇或者戴维·杜克等不受欢迎的人物等同于民权动议拥趸,要么力荐名人,比如甘蒂丝·柏根(Candice Bergen)、艾伦·德杰尼勒斯(Ellen DeGeneres),甚至新泽西州的布鲁斯·斯普林斯汀(Bruce Springsteen)。提案的支持者虽也投放了广告,但角度不一样。

---

① 出口民调(exit polls),指私营调查机构在投票站出口处对刚刚走出投票站的选民进行的调查,通过直接询问选民投给谁来预估选举结果,通常与最后选举结果相差无几。——译注

② 霍普伍德案的背景资料载于 *Texas Monthly*, July 1994, 5ff 和 *Houston Chronicle*, 20 March 1996; 尤道夫的话载于 *Newsweek*, 1 April 1996, 54; 行府的上诉载于 *NYT*, 25 May 1996; 伯里克的辩解见 *NYT*, 20 November 1995; 肯普的话见 *LAT*, 28 September 1996; 卡纳迪的评论见 Chavez, *Color Blind*, 109; 总统辩论见 *NYT*, 17 October 1996.

③ Golden State,加利福尼亚州的别称。——译注

电台广告《卡莫诺娜的故事》(Camarena's story)讲的是一位丧夫的年轻母亲,据称一所公立社区大学不允许她上英语班,因为这个名额已被留给非裔美国人,另一个班被留给了墨西哥裔美国人。"这些计划根据的不是考绩,甚至不是需要,而是种族,"播音员宣称,"加尼斯·卡莫诺娜·英格拉哈姆(Janice Camerena Ingraham)是白人。她的亡夫是墨西哥裔美国人。"这时候卡莫诺娜的声音加入进来:"最近我们的公立学校问我孩子的种族。我说人类。"然后播音员接着说:"加尼斯现在是领导《第209号提案》活动的男男女女中的一员。《第209号提案》禁止歧视和优惠定额。"

这类广告消解了白人女性和少数族裔联合起来反对《第209号提案》的论证基础,而在11月,它以超过54%的选票轻易获得通过。虽然约有75%的非裔美国人和拉美裔外加大约60%的亚裔反对该提案,但66%的白种男性和58%的白人女性赞同。这是女权和民权组织的失败;少数族裔与妇女之间的联盟始于20世纪70年代,然而向来是脆弱和支离破碎的。自1994年选举以来,楔子议题一直恐吓着民主党人,却鼓舞了共和党人,但权威人士却夸大了其重要性,这导致加利福尼亚州人倾向克林顿而非多尔,支持率分别为51%和38%,同时加州人终止了州里的平权运动计划。

自由派团体提起诉讼要求停止实施《第209号提案》,而国会中的保守派也再次提出立法结束平权运动。众议院共和党人查尔斯·卡纳迪、肯塔基州的参议员米奇·麦康奈尔(Mitch McConnell),以及犹他州的参议员奥林·哈奇重新提议立法禁止联邦政府利用种族或者性别作为招聘和承包的因素,此提议又引起了激烈的争论。这次共和党的策略会议变成了温和派与保守派之间"事实上的互相叫嚣",而且类似之前的《平等机会法案》,这个提议也死在了委员会之手。第二年,众议院考虑用一项修正案禁止公立大学在招生中使用平权政策,然而55名共和党人投票反对,它失败了。在参议院,关于《联邦高速公路法案》(Federal Highway Bill)的修正案同样因15名共和党人支持民主党而败北,它本来会修订1977年的《公共建设工程法案》,并且终止保留配额计划。

在共和党争吵之际,克林顿行府就民权问题举行了公议,最终改革了平权运动。在第二次就职演说中,总统宣布:"种族分裂一直是美国的永恒诅咒。"1997年6月,他号召进行"一场空前的关于种族问题的伟大对话",并且委派杰出的非洲裔历史学家约翰·霍普·富兰克林(John Hope Franklin)领导一个委员会"研究种族问题"。该委员会和总统举行了镇民大会(town meetings),期间甚至讨论过平权运动的某些反对者,比如沃德·康纳利、阿比盖尔·瑟斯特罗姆(Abigail Thernstrom)。更值得注意的是,克林顿行府在翌年夏季宣告了对另一项平权运动的复审调查结果,还有保留配额计划的后续变化。为了"量身定制"保留配额计划,弱势企业不会再被给予全盘优待,而仅限于它们在代表性不足和没有得到公平市场份额的地区和行业。因此,保留配额在火车运输业会继续,但在少数种族现已获得成正比业务量的食品加工业会停止。新政策意味着,优待大约只适用于75%的行业。行府终止了一些计划,其中有一定数额的资金或者一定百分比的合同仅被留给少数族裔公司,这导致不久就消除或更改了17项计划。国防部结束了"两家法则";能源部削减了超过三分之二的保留配额；联邦公路管理局、美国宇航局、环境保护局和商务部也都缩减了自己的计划。行府还削减了仅仅旨在增加少数族裔教师、科学家和外交官数量的计划。但是此番削减有个例外。1998年5月，克林顿签署了一项行政命令，它修改了以前的命令，增加了"性取向"一条；第一次有总统授权禁止联邦文职工作中"基于性取向的歧视"。6月，克林顿表明，"这些改革延续着我的承诺，改进而非结束平权运动"，国会也通过立法批准了《弱势商业企业计划》（Disadvantaged Business Enterprise Program）中的保留配额。稍后，富兰克林的委员会发表了他们的研究结果，其中包括在改善少数族裔社会服务的时候延续平权运动和外展计划；总统也在呼吁，国家需要更多的"关于种族的对话"。

但是，国会议员对那种对话不再有兴致；他们正在迫使总统就性进行对话——他与莫尼卡·莱温斯基（Monica Lewinsky）的关系。

当比尔·克林顿为自己的政治生涯奋力一搏时，平权运动的消亡见诸国内好些地方。由于加州大学决议和霍普伍德案正在产生直接影响，最高法院已经拒绝受理一起针对加利福尼亚州《第209号提案》的起诉，这清楚表明平权运动政策的未来将交由选民或者董事会决定。1997年，伯克利分校的黑人、拉美裔和美洲原住民本科生百分比已经超过23%；但第二年，它骤然下跌至10%多一点儿，加州大学洛杉矶分校也同比从20%左右降到不足13%。伯克利和洛杉矶分校的法学院亲历了更显著的下滑，被录取的黑人数量降幅超过80%，同时拉美裔招生人数下降了一半。

在得克萨斯大学法学院，原本500名新生中会有75名非洲裔和拉美裔学生，如今只有30名，其中只有4名是黑人。墨西哥裔学生黛安娜·萨尔达尼亚（Diana Saldana）说："到达这里我们花了30年，但夷平我们已经取得的所有进步只花了他们24个小时。"

作为回应，得克萨斯州的拉美裔和黑人政客设法使一个法案获得了通过，随后州长乔治·布什签署，它确立了本科生招生的"前十"法则（Top Ten）。通过准许毕业考试排名前10%的高中生自动进入他们选择的州立大学，它废弃了成绩和学习能力倾向测验分数，并且把优点纳入决定性因素之中。结果喜忧参半。得克萨斯州各地乃至全国的高中教学质量差异悬殊；在最好的学校，一半毕业生都有资格进入那两所顶尖公立院校，然而在最差的学校，或许没有一个学生有条件或者准备好了通过新生课程所必需的工作量。到2000年，得州农工大学的学生人数猛增至4.6万名以上，得克萨斯大学也超过了5万名，这使得奥斯丁分校成了国内最大的校园，资源和预算变得紧张，也使得大学工作人员在大部分招生上没了发言权，因为这些问题仅由一个标准自动决断——年级排名。在奥斯丁分校，2000年黑人和拉美裔人数达到了在霍普伍德案之前的数量和百分比，但坐落在一个相对较小的城镇上的卡城校区属于例外。在霍普伍德案之前，得州农工大学的全体学生中有77%的白人，但在2002年，超过了80%。此外，读这两所大学的少数族裔的百分比远远低于得克萨斯州少数族裔所占的百分比（超过45%）。

其他州争先恐后地制定了各自的招生政策。马萨诸塞大学减少了种族和族裔在招生中的影响力；当面临诉讼威胁时，弗吉尼亚大学不再使用分数制度（point system），它效仿罗格斯大学对种族保持暧昧。加利福尼亚州通过了一项法律，如果排名前 4% 的高中毕业生满足资格要求，就准许他们就读于加州大学系统中的某所分校；由于董事会禁止招生中的平权政策，到 2000 年，少数族裔的百分比再次达到了前所未见的水平——但伯克利分校和洛杉矶分校例外。白人和亚裔主导了那里的新生班，而少数族裔则被重新安排到了系统的其他校区，尤其是尔湾分校（Irvine）和河滨分校（Riverside）。与学者曾经预计的一样，在最好的公立大学里，平权运动之争的真正赢家是亚裔美国人。在全国，1998 年他们占全体公民的 4% 左右，但构成了医科学生的 20% 左右；在伯克利，他们注册了入学新生名额的 40%。在华盛顿州，该州公民仅 6% 是亚裔美国人，但他们大约构成了华盛顿大学学生的 20%。①

在 1996 年《第 209 号提案》获得通过后，沃德·康纳利曾经预测反对优待的动议将拥有"堪比货运列车的"势头，但接下来一年得克萨斯州休斯敦市证明他错了。跟许多人口中有大量黑人的城市——亚特兰大、底特律、华盛顿特区——一样，20 世纪 80 年代中期，当少数族裔极少获得市政合同的时候，休斯敦成功地建立了保留配额。该《少数族裔、妇女和弱势企业计划》（Minority, Women, and Disadvantaged Business Enterprise Program）设立了自愿的目标，授予认证公司市政合同的 20% 左右；在

---

① 吉戈特的观点载自 *WSJ*, 12 April 1996; 卡莫诺娜的故事见 Chavez, *Color Blind*, 217; 叫嚷一说载于 *Congressional Quarterly* (8 November 1997): 2766; 新招生政策见 *NYT*, 16 March, 25 June, 1998; 少数族裔数量出自 *NYT*, 15 May 1997; 卡城校区的资料见 *Eagle*, 8 December 2002 和 *WP*, 20 June 1998; 萨尔达尼亚的话见 *Newsweek*, 12 May, 1997, 58.

1996年，它们获得了10亿美元拨款中的21%。在《第209号提案》获得通过后，一位白人承包商征集了强行投票表决禁止该计划所必需的2万个签名。市议会吸取了加利福尼亚州的经验，改写了动议之后，把它作为《A号提案》（Proposition A）放到选票上。黄金州的提案问选民是否想要禁止"特惠待遇"，休斯敦的提案则代之以市民是否想要禁止在承包和雇用中"给少数族裔和妇女的平权政策"。拥护平权运动的除了始终如一的民权组织者外，还有城市和企业领袖，其中包括广受爱戴、即将离任的市长鲍伯·兰尼尔（Bob Lanier）。他们的广告没用戴维·杜克等人的照片，但兰尼尔提醒选民，"在平权运动之前，盎格鲁男性承包商拿了95%—99%的业务"，而且"今天他们依然拿着80%。……请别让时光倒转，那时像我这样的家伙拿走了全部业务"。在选举日，选民以10个百分点的优势击败了《A号提案》，这是休斯敦市全民公投史上黑人出现比例最高的一次。

休斯敦的投票表决展现了用语上的教训。1996年11月，加利福尼亚州的出口民调曾经向选民提问，他们是否支持"旨在帮助妇女和少数族裔得到更好工作和教育的"平权运动计划。出人意料的是，54%的人答是，46%的人答否——几乎与对《第209号提案》的表决完全相反。通常，市民普遍支持民权；即使平权运动被定义为对有资格的妇女和少数族裔施以援手，大多数人也会支持，但他们反对优待，尤其是反对任何被称为定额的东西。莱斯大学（Rice University）政治学家鲍勃·斯坦（Bob Stein）说："说你支持民权，这是个容易的选择，但要说选择民权就会致使你禁止平权运动，这是个巨大的跳跃。"

休斯敦的"争论已经隐约浮现的基本真相是"，一名记者写道,"平权运动的未来可能主要取决于它得以架构起来的语言"。第二年,华盛顿州没有吸取这个教训。该州的《第200号动议》宣布,在雇用、承包和公立大学招生中,"不得基于种族、性别、肤色、族裔或者原国籍歧视,或是授予特惠待遇给任何个人或者团体"。可是,华盛顿州并非一般的试验场。该州人口中86%是白人。它的最大少数群体是占6%的亚裔,其中很多人甚至不符合州平权运动计划的条件,此计划还把优待覆盖到白人——退伍军人、残疾人和所有低收入人群。华盛顿州只有极少部分白人认为,他们受雇用的机会因为自己的种族而受到了损害:他们选举了一名黑人诺姆·赖斯(Norm Rice)担任西雅图市市长,并选出了全国首位华裔州长骆家辉(Gary Locke)。此外,该州的龙头企业——波音公司、微软公司、星巴克、西雅图时报公司——大多反对这份动议;同时反《第200号动议》活动(No!200 campaign)在广告上下足了功夫,其中有很多暗示该州计划的真正赢家不是少数族裔,而是受益于保留配额计划的白人妇女。"真是弥天大谎,"沃德·康纳利说,"你不可能在读了那个[动议]之后会说它将以某种方式对妇女不利。"当选举日临近时,投票显示出措辞和广告带有混淆。在《第200号动议》被宣读给公民时,大多数人表示赞同,而且由于58%的选民赞成,第二个禁止平权运动的州立动议在1998年11月选举日得以了通过。

康纳利打算让他的货运列车开进佛罗里达州,他尝试争取共和党人支持一项请愿活动,把无优待的公民复决制度添加到2000年的选票上。但在这个38%的人口是拉丁裔,且有位政党主席是古巴裔美国人的州,他拉不到多少支持。共和党州长杰布·布什说:"他想要战争,但我想恋爱。"也许吧,当他的哥哥乔治将代表共和党参选总统时，其实这位州长在 2000 年 11 月的选票上最不想看到的就是围绕着平权运动的死缠烂打（这会丢失少数族裔的投票）。不过，杰布·布什颁布了一项行政命令，砍掉了该州的保留配额计划，并且建立了他的"同一个佛罗里达"计划（One Florida plan），此计划担保，倘若大学预科课程结业了，排名前 20% 的高中毕业生将能进入该州 10 所州立大学中的一所。2000 年春，校董事批准了该计划，这使得佛罗里达成了抑制或者终止平权运动计划的第 4 个州。

20 世纪 90 年代接近尾声时，康纳利的列车日渐失去势头。华盛顿动议是对平权运动所进行的最后一次州级公民投票，杰布·布什的行政命令和"同一个佛罗里达"政策也在塔拉哈西（Tallahassee）引发了大规模的游行示威。十几个州所提出的削减或者终止平权运动的议案要么在苦苦挣扎，要么已被放弃；其原因之一是经济正以国家历史上最强劲、最持久的增长率飙升，从而创造出了 4 年的预算盈余和创纪录的低失业率。

随着工作机会充足和股票市场红火，公民对平权运动之争失去了兴趣。2000 年大选期间，这变得明显起来，得克萨斯州州长乔治·W. 布什、副总统小阿尔·戈尔，这两位总统候选人均回避了民权议题。那样做有充足的理由，因为民意调查显示选民最关心医疗保健话题，比如健康维护组织和老年人的处方药费用，另外还有校园暴力等议题，但他们最少关注移民、国防和平权运动。民意调查还显示，黑人和白人大多一致认为国内种族关系"普遍良好"，80% 以上的人对自己的社区持相同看法。而且当被问到"为了弥补过去的歧视，对于采取特殊举措帮助少数族裔取得进步的计划,你是赞同还是反对?"时,46%的白人赞同,44%的反对,这意味着民间缺乏政治原因组织活动支持或者反对平权运动,特别是在反对并未帮到鲍勃·多尔之后。

两位候选人皆意识到了这些意见。在加利福尼亚州竞选游说时,布什强调,"我支持没有定额、没有优待的精神",但同时也拒绝对《第209号提案》表态,这是《美国新闻与世界报道》所谓的"得州两步舞"。这位共和党人强调他支持一个新概念——"平权通道"(affirmative access),但在其漫长的竞选过程中,除了说它是一种"基于考绩"而向每个人开放通道的途径外,布什和他的竞选经理卡尔·罗夫(Karl Rove)都没有花时间对此加以说明。布什提出了和他父亲一样的议程,即"有同情心的保守主义";另外,克林顿性丑闻事件过后,他多次谈到家庭价值观、信任和"挽回白宫的尊严"。戈尔支持平权运动,但类似克林顿,通常避开该主题,除非是在黑人听众面前演讲,或者受到逼问。在10月最后一次总统候选人辩论上,有过这么一次。一名非裔美国人从听众席起身,然后问了一个简单的问题:两位候选人的平权运动立场是什么?布什说,他"反对定额",支持"平权通道",再次没做进一步说明。"我不知道平权通道是什么意思,"戈尔反击道,"但我知道平权运动是什么。我知道布什州长反对它,我也知道我赞成它。"当电视摄像头扫向一脸困惑的听众时,辩论转到了另一主题。

于是,这成了美国历史上最不同寻常的大选。戈尔获得了拉美裔选票的三分之二、黑人选票的90%以上,而且他在普选中获得了50多万张选票,但败在了总统选举人团。俄勒冈州、新墨西哥州和佛罗里达州计算的选票数极其接近。相关官员开始重算。俄勒冈州和新墨西哥州落入戈尔阵营,但佛罗里达的工作拖到了12月。在那里,绿党(Green Party)候选人拉尔夫·纳德(Ralph Nader)已经获得1.6%的选票,凭537张选票使该州倒向了布什。当重新计票一拖再拖之际,共和党提起诉讼要求停止计票,最高法院很快予以受理。通过5比4票的表决,5名受命于共和党的大法官叫停了重新计票工作,这把该州——与总统职位——给了共和党的乔治·W. 布什。①

当选总统提名了他的内阁,这是多样性时代的又一例证。他提名的14个职位中只有6位白种男性,余下的全给了非洲裔、拉美裔和5名妇女,其中包括国家的首位黑人国务卿科林·鲍威尔,首位黑人女性国家安全顾问康多莉扎·赖斯(Condoleezza Rice)。民权团队包括被提名为劳工部长的亚裔美国人赵小兰(Elaine Chao),以及被提名为联邦合同遵循项目办公室主任的老查尔斯·E. 詹姆斯(Charles E. James Sr.)。唯一在参议院批准中碰到麻烦的被提名人是司法部长人选约翰·阿什克罗夫特(John Ashcroft);民主党发现他与基督教右翼有瓜葛,但他经过听证会后得到了批准表决。总统提名了卡里·M. 多明格斯(Cari M. Dominguez)任平等就业机会委员会主席。身为联邦合同遵循项目办公室前主任和《玻璃天花板动议》负责人,她受到了参议院的一致认可。

2000年人口普查那年,多样性时代变得尤为明显。官方首次允许个人认定自己属于一个以上的种族,作为结果的国家快照

---

① 休斯敦市投票表决和兰尼尔的话见 *Nation*, 15 December 1997, 22; 关于投票表决、斯坦的话和基本事实这句,见 *Houston Chronicle* 和 *NYT*, 6 November 1997; 加利福尼亚州的出口民调见 Chavez, *Color Blind*, 237; 康纳利的话载于 *NYT*, 20 October 1998; 杰布·布什的话载于 *Time*, 2 August 1999, 58; 民意调查载于 *NYT*, 11 July 2000 和 *WP*, 15 November 1999; *U.S. News*, 19 July 1999.

比以往更有力地揭示出,种族无法再以黑人和白人为标准加以衡量,而要靠现存的肤色。1970年以来,异族夫妻以及他们的孩子增长惊人,这正在改变美国人的面孔。在加利福尼亚州,每7个婴儿中就有1个是混血儿。在上一代人中,异族通婚已经飙升。2000年,年龄25—34岁之间的人群中,有近50%本土出生的亚裔和40%的拉美裔已经与另一个种族的人结婚。虽然相比之下仍然较少,但黑人与白人通婚的数量自1960年以来增加了7倍;大约8%的黑人丈夫娶了白人妻子,其中包括大法官克拉伦斯·托马斯,此外还有拥有非洲人、印第安人、法国人和爱尔兰人血统的沃德·康纳利之类的知名人士。康纳利声称:"但是,有些记者称我为非裔美国人!这是何意?"为了混淆视听,全体拉美裔几乎一半都在人口普查表格上选了"白人"或者"其他"作为他们的种族,而在接下来的两年间,人口增长最快的这群人取代非裔美国人成了国家最大的少数族裔群体。

20世纪90年代后半期,时事评论员大多注意到了这个趋势。迈克尔·林德(Michael Lind)出版了《下一个美利坚民族》(*The Next American Nation*),称未来是"跨越种族界限的美国";法莱·奇德亚(Farai Chideya)写了《我们未来的肤色》(*The Color of Our Future*)。步入新世纪,乔治·扬西(George Yancey)想知道"谁是白人"。兰德尔·肯尼迪(Randall Kennedy)讨论了"克里奥尔化"①或者"棕色化"(browning)的美国,格雷戈里·罗德里格斯(Gregory Rodriguez)用了"美国杂种"(Mongrel America)这

---

① 克里奥尔人特指出生于美洲而双亲是西班牙人的白种人,克里奥尔化(creolization)指拉美化。——译注

个不讨人喜欢的短语，还有人用了"后族裔的美国"（post-ethnic America）这个说法。但不管用什么称谓，所有人都认同种族现在的意思比以前少，尤其是对于较年轻的一代而言。休斯敦的蒂姆·西斯内罗斯（Tim Cisneros）说："我女儿听嘻哈音乐，在亚裔工程师学会，又爱着一位黑人小伙。"有预测称美国的阴影会因为婚姻模式而继续晒黑，按利昂·温特（Leon Wynter）的说法，这是因为广告、娱乐界和电视里"兜售跨越种族界限的美国"而造成的。

在最好的情况下，这一切导致了种族混乱；而在最坏的情况下，这一切触及了平权运动不合理的一面。在就业方面，社会科学家内森·格莱泽问道："为什么讲西班牙语的人（Hispanicity）只包括来自阿根廷和西班牙的人，而非来自巴西或者葡萄牙的人？相比于整个欧洲和中东地区几乎只有'白人'，亚洲真有那么多种族，以至于每个国家都是由单一种族构成的吗？"而且为什么有些来自西班牙的人应该"受到特别对待，而来自意大利、波兰或者希腊的人却截然相反"？在大学招生方面，种族界限也越来越模糊。20世纪90年代中期，一名报道伯克利的记者写道："似乎每个人都有一个关于朋友的故事，此人是八分之一的切罗基族人，却作为印第安人被录取了；或者父母一方是墨西哥裔美国人而被录取了，而其他虽有类似社会经济背景，且成绩更好的却没有。"调查霍普伍德案的一名得克萨斯州记者预测："为了获得更多入学和奖学金的机会，一位失意的白人有一天可能会在他的法学院申请表上勾选'黑人/非裔美国人'复选框。如果欺诈者受到质疑，他完全可以回答，'请证明我不是黑人'。有关法律定义不存在，而创造一个又会招来憎恶，那会是吉姆·克劳时期通过的那种法律。"

　　跨越种族界限的美国的发展导致了一些关于平权运动的深层问题：什么是多样性，它如何被衡量？谁被定义为少数族裔？保护或者偏向谁？露丝·贝哈（Ruth Behar）教授说，大学管理人员"首先因为我的原国籍在古巴而把我归入拉美裔，然后又因为我的犹太人血统而撤销了这重身份，最后在他们授予我终身职位时又重新把我定为拉美裔"。一位学院院长补充道："我们把多样性等同于肤色。"当事实上存在多种形式的多样性时，"我们在玩些无聊的游戏"；当国家朝着跨越种族界限的方向发展时，有人怀疑种族是否仍然应该是优待的理由。温特提出，谁会认为像哈莉·贝瑞（Halle Berry）、詹妮弗·洛佩兹（Jennifer Lopez）、碧昂斯·诺尔斯（Beyonce Knowles）、玛丽亚·凯莉（Mariah Carey）、吉米·斯米茨（Jimmy Smits）或者泰格·伍兹（Tiger Woods）① 这样的人——或是他们的孩子——应该得到优待？②

　　2000年人口普查的结果引发了关于平权运动的深层问题，但是2000年大选的情形却意味着新总统不好当。布什没有迎来蜜月期，获得的公众支持欠佳，而且头8个月举步维艰——直至

---

　　① 这几个人是当红歌手或者电影人，都有"少数族裔"血统。——译注
　　② 康纳利部分载于 WP, 29 October 1996; Wynter, American Skin, 135; 肯尼迪和罗德里格斯部分载于 Atlantic Monthly, December 2002, 103ff and January–February 2003, 95ff; 格莱泽的话见 Public Interest, fall 2002, 21ff; 切罗基族人这句载于 NYT, 4 June 1995; "请证明我不是黑人"载于 Texas Monthly, July 1994, 92; 当里约热内卢州立大学（State University of Rio de Janeiro）在2003年建立其平权运动计划时，这成了现实：该计划建立以后，当宣称自己是"白人"的人提交申请后，其中有14%在参加入学考试时却改称自己是黑人或者混血儿，见 WP, Weekly ed., 23–29 June 2003, 17; 贝哈和学院院长的话出自 Lynch, Diversity Machine, 304.

9·11事件。跟俄克拉荷马市的爆炸事件一样，那场触目惊心的恐怖袭击提高了总统的支持率。它同样使布什的议程重心从国内事务转向了国际事务，并且导致了随后在阿富汗和伊拉克的战争和占领。除国土安全和减税外，国内议题统统让位于军事行动。

回到民权阵线，本届行府采取了温和路线。虽然司法部和劳工部长已经声明在赞同外展计划的同时会反对平权运动，但行府没有大幅削减平等就业机会委员会或者联邦合同遵循项目办公室的执行力度或者预算。20世纪90年代末，平等就业机会委员会仍在缩短结案的时间和推进仲裁调解的使用。行府支持为弱势商业企业授予联邦保留配额的计划，这颇令一些评论员意外。官方在阿达兰德诉米内塔案（*Adarand v. Mineta*）中提交了一份"法庭之友"简报，其中引证了"大量公私领域的歧视证据"，说明该计划属合法"量身定制"；最高法院对此表示同意，驳回此案，准许联邦继续保留配额。期间，总统提倡的"平权通道"从未实现，直到两年后讨论针对密歇根大学的诉讼时它才重新露面。新闻发言人阿里·弗莱舍（Ari Fleischer）试图把它解释为寻找"鼓励多样性的途径，而且所选择的途径不会依赖于有分化民众倾向的定额或者种族优待"。

联邦法院对平权运动仍有兴趣，它们继续削弱各种计划。由里根和布什所任命的3名法官组成的审判小组全体一致裁定，联邦通信委员会（Federal Communications Commission）用于增加广播电视行业中妇女和少数族裔就业机会和所有权的计划"根本经不住违宪审查"。新规定明确表示，公司雇用妇女和少数族裔的记录将不再作为决定是否延长广播公司营业执照的一个因素。佐治亚大学的招生政策在程序上多给了少数族裔0.5分，法院裁定这是"赤裸裸的种族平衡",是违反宪法的。到2002年,佐治亚州禁止了大学招生中的平权政策,然而其他州大多继续着各自的计划,这把一堆拼布床单式的招生惯例留给了国家——直至密歇根州案件发生。

《时代周刊》写道:"民权律师大多认同密歇根大学可能是平权运动的阿拉莫①,他们要在此地进行背水一战。"

2003年春季,密歇根大学安娜堡分校(Ann Arbor)成了全国辩论的焦点。3000多个组织提交了60多份简报支持该大学,其中有的简报出自110多位国会议员、70家财富500强公司,以及近30位武装部队前军事和文职官员。1991年海湾战争总司令、美国陆军上将诺曼·施瓦茨科普夫(Norman Schwarzkopf)甚至辩称,在陆军军官学校选拔少数族裔军官人选问题上,平权运动政策是强制性的。历史上仅有少数案件曾见过那么多"法院之友"简报,甚至比巴基案还多。参议员约翰·克里(John Kerry)、众议员迪克·格普哈特(Dick Gephardt)、佛蒙特州前州长霍华德·迪恩(Howard Dean)、北约盟军前最高司令韦斯利·克拉克(Wesley Clark)上将等竞选2004年党内总统提名的主要民主党人全都支持该大学。

布什总统站在了对立面,他要求法院宣布该招生制度违反宪法,支持平权通道和保障招生的州级百分比计划。他宣称支持"各种各样的多样性",但强调密歇根大学的招生政策"在根本上有

---

① 阿拉莫(Alamo),美国得克萨斯州圣安东尼奥附近一座由传教站扩建成的要塞,在1836年得克萨斯独立战争期间曾起到重要作用。——译注

缺陷……会造成分裂、不公，也不可能符合我们的宪法"。总统此举引来了口诛笔伐。迈克尔·金斯利（Michael Kinsley）写道，布什进入耶鲁大学"凭的不是他的学习能力倾向测验分数"，"或者他均为 C 的成绩"，而是"血统和关系"。布什的毕业成绩在大学班中近乎垫底，不过却被哈佛大学录取了，这证明他"也许是有史以来凭借平权运动而成功的最惊人事例"。《纽约每日新闻》（Newsday）一位专栏作家补充道："若要论虚伪，他简直才华横溢！"

唇枪舌剑之间，行府的两位著名非裔美国人科林·鲍威尔和康多莉扎·赖斯宣布，他们支持大学招生中的平权政策：布什行府跟国家一起陷入了分裂状态。①

两起案件均涉及逆向歧视。1995 年，高中应届毕业生詹妮弗·格拉茨（Jennifer Gratz）申请了密歇根大学。她的平均绩点为 3.76，考试分数也很好，还做过学生会干部、数学助教、献血活动组织者、拉拉队队长和返校日皇后。在申请过程中，她得知一些成绩不如她的少数族裔同学已经被录取，但她却被列为候补。据该大学说，格拉茨所在的评估小组有 400 多名具备类似学业资格的学生。大学会招收每个合格的少数族裔申请者，照此情况录取了 46 名少数族裔和 121 名白人，但格拉茨不在其列，她最后上了迪尔伯恩分校（Dearborn）。她坚称，"因为我的肤色，我受

---

① EEOC Combined Annual Reports Fiscal Years 1999–2001, AP article, 7 February 2003; 阿达兰德案见 WP, 11 August 2001; 弗莱舍的话见 White House Press Release, 15 January 2003; 对联邦通信委员会的裁定载于 NYT, 17 January 2001; 佐治亚大学的政策载于 WP, 4 December 2002; Time, 23 August 1999, 48; 密歇根州案件的背景载于 Chronicle of Higher Education, 28 February 2003; 金斯利的话载于 Time, 27 January 2003, 70; 虚伪这句载于 Newsday, 17 January 2003; 布什的成绩见 NYT, 18, 19 June 2000.

到了不公平对待",然后在1997年,她同另一位白人申请者帕特里克·哈马赫尔(Patrick Hamacher)起诉了该大学,此案即为格拉茨诉布林格案(*Gratz v. Bollinger*)。

芭芭拉·格鲁特尔(Barbara Grutter)是两个孩子的母亲,40多岁时申请了密歇根大学法学院,她的平均绩点为3.8,法学院入学考试161分,但在1997年被拒绝了。她说:"我们总是认真地教育自己的孩子,歧视是错的,是不道德和不合法的。……我现在教给他俩的究竟是陈词滥调还是真知灼见?"她控诉道,她被拒是因为法学院把种族作为选拔程序中"占支配地位的"因素,而且学院"缺乏令人信服的利益来证明他们可以在招生过程中利用种族的正当性"。此案即为格鲁特尔诉布林格案(*Grutter v. Bollinger*)。

双方均以巴基案为基础立案。作为华盛顿市的非营利性法律组织,个人权利研究中心(Center for Individual Rights)曾经替谢丽尔·霍普伍德打过官司,它对密歇根大学提起了这两桩法律诉讼。研究中心声称,大学所用的种族优待违反了第14条修正案的平等保护条款和1964年《民权法案》的第6条。密歇根大学宣称,巴基案判定多样性可以作为一种令人信服的政府利益;大学没有提及它有一段歧视历史,它的政策是为弥补过去。

每年约有2.5万人申请密歇根大学的5500余个新生名额。为了处理这么大规模的申请者,大学建立了一个满分150分的制度。录取的学生几乎全要达到100分,99—90分为录取或者候补,89—75分为候补或者延迟。总分中高中成绩的权值最重。每位黑人、拉美裔和美洲原住民申请者自动加20分,享受同等待遇的还有外州的少数族裔、全体运动员,以及那些来自"经济困难"

背景或者毕业于以少数族裔为主的高中的居民。因为少数族裔在标准化测试上考不过亚裔和白人,所以学习能力倾向测验分数不受重视,它最多可以累加到12分;密歇根州居民加10分;根据所在高中的水平加2—10分;父母传承加4分;艺术才能最多加5分;另外还有几分加给高中的大学预修课程或者荣誉课程,以及全体学生中未被充分代表的州内各地区。在同等条件下,20分意味着一位高中平均绩点3.0的少数族裔,其得分会自动追平4.0的白人申请者。换言之,比起学习能力倾向测验考满分1600分,身为少数族裔要多得8分。该大学几乎录取了每一位"合格的"少数族裔。如果平均绩点3.2,学习能力倾向测验是1000分,则白人学生会遭拒绝,黑人或者拉美裔学生会被录取,即便是那些成绩等级和测验得分更低的。

其结果是多样性——却也遭人唾弃。当黑人大约占全体学生的8%时,他们占州人口总数的14%,目前拉美裔学生是该州人口统计数据的两倍,亚裔学生超过10倍。在白人约占83%的一个州,少数族裔占了全体学生的25%左右。密歇根大学看起来不像密歇根州了。拥护多样性的密歇根大学前校长李·布林格(Lee Bollinger)宣称这样很好。他称:"课堂缺少不同种族成员的重要代表会产生一种贫乏的讨论。"许多人对这个观点持有异议,当一些少数族裔学生觉得受到孤立时,很少见到不同种族间的交往。"我选择读密歇根大学的原因之一是他们在多样性上自吹自擂的声誉,"一名黑人大二学生说,"但是……这座校园极端隔离。"许多小城镇的白人父母和底特律市郊区的工人阶级被激怒了,因为他们的孩子再也无法被安娜堡分校录取了。代表底特律那些地区的州参议员说,平权运动是"头号经济社会问题"。每个人都知晓一些人,"他们已经因为少数族裔优待而遭受损失"。各州1998—2002年间的民意调查发现,受访对象仅四分之一支持该校的招生政策,有二分之一至三分之二的表示反对,其余的没有明确表态。

密歇根大学法学院用了一个不一样的、更复杂的制度。它的350个名额每年大约有5000名申请者,还有个招生委员会查看每位申请者的平均绩点、法学院入学考试分数、本科成绩单、个人陈述和评估个人潜在贡献的推荐信。为了实现"种族和族裔多样性",这项政策包括了黑人、拉美裔和美洲原住民,"若缺少这一保证,这些人在我们的学生群体中就可能不会获得相当数量的代表"。招生工作人员已经证实,他们没有利用得分和数值目标来录取学生,然而强调,他们认为务必拥有"足够数量"或者"相当有代表性"的少数族裔学生,而不只是在课堂上感觉受到孤立的象征性人数。他们指出,虽然每个新生班级的少数族裔人数每年都会有所不同,但要是没了该政策,2000年秋季录取的那批学生中就会仅4%左右是少数族裔,而不是当前的14%。有调查显示,在律师资格考试的通过率上,种族之间不存在显著差异。

在格拉茨案和格鲁特尔案中,联邦第6巡回上诉法院支持了密歇根大学,准许其平权运动计划——与联邦第5巡回上诉法院在霍普伍德案判决中的裁定相矛盾。这促使最高法院摊牌。大法官桑德拉·戴·奥康纳受理此案是为了解决"在一个全国性重大问题"上的司法分歧,断定"多样性是不是这样一种令人信服的利益:它能够证明公立大学在招生选拔申请者中量身定制地使用种族因素是正当的"。

在格拉茨案中,首席大法官伦奎斯特替多数派撰写了判词。他提到,阿达兰德案判决确定了"种族分类……全都要接受严格审查",那意味着大学招生政策必须是"推进令人信服的政府利益的量身定制措施"。然后伦奎斯特提到了大法官鲍威尔对巴基案的意见,即"种族或者族裔背景可以被视为个别申请者档案的'附加项'",但是这种招生制度必须"足够灵活,以便根据每个申请者的特殊条件考察所有相关的多样性要素"。他指出,一个艺术才能"媲美莫奈或者毕加索"的申请者将"最多得到5分",然而"每个未被充分代表的少数族裔申请者……递交的申请却能自动得到20分"。此外,平均绩点和考试分数一样的申请者"要接受基于他们的种族或者族裔身份差异而导致的不同录取结果。只要拥有格拉茨的分数,州内州外的少数族裔申请者"就会被录取。最高法院以6比3票否决了该校的招生计划;它"不是为了实现……关乎多样性的迫切利益而量身定制的",又太像定额制,因此违宪。

在格鲁特尔案中,大法官奥康纳替多数派撰写了判词。她提到,大法官鲍威尔对巴基案的意见是关于公立和私立大学中"种族意识招生政策违宪分析的试金石",他批准使用种族因素的唯一理由是"实现学生群体的多样化"。奥康纳写道,"足够数量"不是"某个指定的百分比",也不是定额制,"那样会相当于彻底地平衡种族,种族平衡显然违反宪法"。她继续道,法学院对每位申请者的档案所使用的"高度个体化的全面审查"不是"基于种族或者族裔的机械、预定的多样性'附加额'(bonuses)",而且学院时常会以低于少数族裔申请者的成绩和考试分数录取白人学生,这证明其政策考虑了种族之外的其他多样性因素。在她看来,问题在于州的利益是否足以证明该招生政策对种族因素的使用是正当的。她宣布:"今天,我们认定法学院有实现学生群体多样化的迫切利益。"奥康纳总结道:

> 自大法官鲍威尔首次批准使用种族因素增进关于学生群体多样性的利益以来，已经过去25年了。……从那时起，成绩和考试分数高的少数族裔申请者数量确实增加了。我们希望，此后25年，对于促进现今所认同的利益，种族优待的使用将不再是必要的。

凭5比4票的一次表决，法院支持学院招生采取平权政策——另外，在推翻了霍普伍德案的同时，它还维持了阿达兰德案、里士满案、巴基案的原判。只有经得起严格审查，量身定制的平权运动政策才符合宪法，而在教育方面，它们仅仅属于实现学生群体多样化的众多因素之一。奥康纳提到，大量学术研究，外加由企业和军方提交的简报证明，来源于学生群体和劳动力多样化的好处"不是理论上的，而是真实的"，其中包括"履行保障国家安全天职的军事能力"。这份判决书撰写于9·11事件后的环境之中，当时美国军队在阿富汗和伊拉克展开了行动。

"这是多么美好的一天啊，"密歇根大学校长玛丽·苏·科尔曼（Mary Sue Coleman）大声喊道，"我们非常非常地激动，非常非常地高兴。"民权团体也是如此。稀奇的是，布什总统也对判决赞赏有加，说最高法院在校园多样性和平等保护条款之间保持了"谨慎的平衡"。保守派专栏作家米歇尔·麦尔金（Michelle Malkin）说该判决"在继续践踏第14条修正案的平等保护条款，只不过做得没那么明目张胆而已"。沃德·康纳利飞到这所学校，由原告相伴左右，他承诺会集齐把反对优待提案添到2004年11月密歇根州的选票上所必需的签名。他宣布，"我们的改革运动不会止步于密歇根州"，因为他的组织正考虑在亚利桑那州、科罗拉多州、密苏里州、俄勒冈州和犹他州也发起类似的动议。①

密歇根州案件翻过了另一个篇章——平权运动的消亡。20世纪90年代，疑难之处已见端倪。保留配额有太多欺诈，当时如潮水般的移民使初衷问题复杂化。种族概念本身正越变越模糊，这引发了严重问题，如果有人应该得到优待，那么是谁？至于保留配额，最高法院先是在里士满案中授权城市进行严格审查，然后又在阿达兰德案中授权了联邦。在第一项判决后，大约230个州和地方当局暂停了自己的计划，做了重新评估，到1995年约有100个维持计划。作为对阿达兰德案的回应，克林顿行府同样减少了联邦的计划，并且提高了参与标准。在校园里，基于种族分配得分的招生制度被废弃，各大高校也改进了程序，但不针对"基于阶级的"平权运动。社会科学家已经让人对这项招生制度产生怀疑，因为有调查显示，实际上从高中毕业的黑人和拉丁裔穷人没那么多；该制度最后会导致大学的少数族裔越来越少，而贫困白人越来越多。加利福尼亚、佛罗里达、佐治亚、密西西比、

---

① 格拉茨案的背景载于 *Time*, 10 November 1997, 52–54; 评价载于 AP article, 1 April 2003; 格鲁特尔案见 *NYT*, 11 May 1999 和 *New Yorker*, 18 December 2000, 46ff.; 密歇根大学150分的制度见 *Detroit Free Press*, 23 June 2003, *WP*, 5 December 1997, *Newsweek*, 29 December 1997, 76; 关于制度、布林格和州参议员的话，见 *Chronicle of Higher Education*, 30 October 1998; 各州民意调查，见 9 July 2003; 教育多样性的影响仍有争论，见 Holzer and Neumark, "Assessing Affirmative Action," *Journal of Economic Literature* (September 2000): 553–54, 559; 黑人大二学生的话载于 *WP*, 1 April 2003; 对律师资格考试的调查载于 *Time*, 23 August 1999, 48; 伦奎斯特和奥康纳的话出自他们的意见； 科尔曼的话见 CNN press release, 23 June, 麦尔金的评论载于 *Houston Chronicle*, 26 June, 康纳利的承诺见 *Chronicle of Higher Education*, 9 July, all 2003.

得克萨斯和华盛顿等州的选民、州长或者检察长叫停了他们州的全部或者部分计划，有些还建立了大学招生百分比计划。

但这不是国家、大部分州、大学招生，或者私营部门中平权运动的结束。1995 年上半年，一些共和党人曾经打算终止该政策，鲍勃·多尔在 1996 年也反对过。但该立场没有给多尔赢得几票，反而分裂了他的政党。由于公民没了兴趣，在选票上添加动议的尝试在更多州也大势已去。克林顿总统是正确的。在 1995 年发表的标志性演讲中，他用了一个简单的短语："改进它，而非结束它。"这句话挺受欢迎的。在密歇根州的判决之前，有民意调查发现，三分之二的美国人赞成"旨在增加黑人和少数族裔学生数量的计划"；同一群人中四分之三的反对"把特惠待遇给"少数族裔，而且那群人包括大量少数族裔受访对象。林登·约翰逊总统在 30 年前提倡的"施以援手"、尼克松总统所谓的"些微额外的起点"、大法官鲍威尔所说的"附加项"，以及大法官桑德拉·戴·奥康纳所说的"某种附加额"，这些已经成为对平权运动的定义。那类计划已经成为社会结构的一部分——而且大多数美国人认为那是公平的。①

---

① 保留配额计划的衰落见 *U.S. News*, 26 June 1995, 39; 至于为什么基于阶级的平权运动计划不会起作用，见 Thomas J. Kane, "Misconceptions in the Debate over Affirmative Action in College Admissions," Chapter 2 和 Jerome Karabel, "No Alternative," Chapter 3, Orfield, *Chilling Admissions*; 民意调查载于 *WP*, 24 June 和 *New Republic*, 3 February 14, 同为 2003 年。

结 语：追求公平

在美国参加第二次世界大战初期，仅一年之后，A. 菲利普·伦道夫就扬言他要发起向华盛顿进军的游行；在公平雇用惯例委员会的一场听证会上，《路易斯维尔信使日报》的自由派出版商马克·埃瑟里奇（Mark Ethridge）评论道："南方白人无法在逻辑上质疑如下声明，身为美国公民，黑人有权享有完全的民权和经济机会。"他继续道，但是北方人"必须认识到，现在世界上任何力量——甚至是同盟国和协约国在地球上的所有机械化部队——都无法逼迫南方白人民众放弃社会隔离原则"。

在 1942 年，这一观点被认为是现实的，隔离也被认为是公平的。两年后的一次民意调查问道："你是觉得黑人应该拥有和白人一样好的机会去找任何类型的工作，还是觉得白人应该在任何类型的工作上都拥有先机？"只有 44% 的人认为黑人应该拥有平等机会。

幸运的是，美国已经离那些传统假定数光年之遥——而且最明显的莫过于种族关系领域。经过民权和妇女解放运动，大多数公民开始接受关于公平的不同解释。在巴基案中，大法官鲍威尔写道："法治的一个根本假设是司法制度的价值以人人公平为基础。""人人"指的是每一位公民。

促成这一根本转变发生的原因，有各种揭露美国社会不平等的抗议,有政府通过民权法律、平等就业和平权运动条例等形式做出的回应,还有来自大部分大学、地方政府和企业的积极响应。

今天绝大多数公民都支持机会平等的理念,而且在国家步入新千年之时,联邦政府、大部分州、许多大学和私营部门都维持了各种平权运动计划。

自1964年《民权法案》第7条起,就业歧视已属违法,监视者是平等就业机会委员会。它的指导方针关系到所有雇主——公立、私营或者非营利型。1964年法案与雇员25人以上的雇主有关,1972年《平等就业机会法案》把员工数量降到了15人。自1991年《民权法案》起,由这类雇主造成的歧视和性骚扰的所有受害者都有权要求陪审团参与审判,如果胜诉,就可以得到惩罚性和补偿性损失赔偿,赔偿上限取决于公司规模。在20世纪90年代,该机构几乎每年都会收到约8万起投诉。例如,2002预算年度期间,平等就业机会委员会收到了8.4万多起投诉,这促使主席卡里·多明格斯解释称,投诉增加可能是因为经济放缓、婴儿潮一代老龄化和跨国劳动力。投诉通常指控歧视的原因是年龄、原国籍和宗教,9·11事件以后尤指伊斯兰教。上一年度,该机构为受害者争取的经济利益破了纪录,差不多有2.5亿美元。无疑,歧视和骚扰仍是美国职场中的老问题。

联邦合同遵循项目办公室负责监督拥有联邦合同价值5万美元以上的公司,其数量超过40万家,大约覆盖私营部门劳动力的40%。那些承包商必须递交平权运动计划,"承诺自己会竭尽全力"去"确保就业机会平等",另外许多州也有类似政策。如果承包商不遵守政策,联邦政府就可以不准他们拿合同,这很少发生;克林顿执政时期仅有5家公司遭禁止。

1998年通过弱势商业企业计划，国会立法规定了保留配额；许多城市现在也有自己的计划，联邦法院在阿达兰德诉米内塔案中给予了支持。

由税收支持的公立机构和大学必须制定平权运动政策，如果私营机构接受拨款或者补助等税源，它们也必须如此，而且密歇根州的案件裁定，它们可以把种族作为招生的众多因素之一。然而同时，大法官安东宁·斯卡利亚对格鲁特尔案的不同意见可能是正确的：有关判决不会使"争议和诉讼"休止。如一位律师所言："现在高等教育的主要风险是最高法院亮起的黄灯……可能会被误为绿灯。"

私营企业维持着许多自愿计划。实际上，在民权运动过程中，国内大部分企业都意识到，它们有责任培训和雇用非裔美国人，因此它们开始制定各自的计划。20世纪70年代，由于其他企业担心违反第7条之后会被诉讼，而且这10年间族群意识和妇女解放得到宣传，所以企业领导都不愿被贴上种族主义者或者性别主义者的标签。到里根的反弹期间，当时企业拥有了适当的平权运动计划，它们称计划很成功，也无意改变路线。20世纪90年代的多样性运动、移民扩大化和市场全球化巩固了企业对平权运动的支持。2003年，保洁公司是提交"法院之友"简报支持密歇根大学的30家大型企业之一。这家财富25强公司提到，每年75个国家的25亿人购买它的产品。"作为一家跨国公司，我们的成功是我们多样多才的人力资源的直接结果，"公司董事长强调，"我们开发新顾客见识和想法的能力……是多样性力量的最好证明。"美国第一银行（Bank One）发言人声明，简言之，"多样性是桩好生意"。格鲁特尔案判决之后，《商业周刊》宣告："美国企业大获全胜。"

但是平权运动对许多公民的影响微乎其微，甚至没有，其中包括那些没与政府签订合同的小公司雇主。这些企业的服务范围从理发到修剪草坪或者建造住宅，可以随意雇用和提拔任何人，不必符合任何有关其劳动力种族或者性别的标准——而且它们约占全美国公司总数的一半。此外，除非是联邦劳动力，男女同性恋者不受保护。1974年，同性恋者解放运动之初，一些国会议员提交了法案，打算把"性取向"一词添进1964年《民权法案》。虽然个别州这么做了，但联邦政府从未通过该修正案，这意味着不存在保护男女同性恋者免遭就业歧视的联邦法律。

但是一般来说，平权运动和平等机会惯例得到了大部分企业、大学和公共机构的遵循。1989年，批评者阿比盖尔·瑟斯特罗姆承认，平权运动已经变得"如此制度化"，以至于法院判决不会有多少影响。密歇根州的案件之后，那确实是大部分校园的写照。判决公布仅仅数周后，差不多50所公立和私立大学代表会晤商讨了"保卫种族意识招生政策未来免受法律质疑"的方法。某种形式的平权运动已经成为美国人生活方式的一部分，而且在那个意义上，也是在实现马丁·路德·金的梦想。①

平权运动已经成为一项为期40余年的国家政策，大约是一

---

① 埃瑟里奇的评论见 Ruchames, *Race, Jobs & Politics*, 29;"歧视和骚扰仍是美国职场中的老问题"见 AP article, 7 Feb 2003 及 EEOC combined annual report fiscal years 1999–2001, 4;劳工部、OFCCP 对第 11246 号行政命令的修订见 "Federal Laws Prohibiting Job Discrimination, Questions and Answers," eeoc.gov/facts/ganda.html;某律师的话和 50 位大学代表载于 *Chronicle of Higher Education*, 17 and 18 July, 2003;"占全美国公司总数的一半"载于 *WP*, 2 April 1995;保洁公司见"法院之友"简报 A-12;第一银行和"大获全胜"载于 *Business Week*, 27 January and 7 July 2003;瑟斯特罗姆的批评载于 *New Republic*, 31 July 1989, 17ff.

个人职业生涯的长度。它产生过什么影响?

批评者提出了很多指控,通常以逸事证据为基础。非裔美国人谢尔比·斯蒂尔(Shelby Steel)断言有关计划使"增加黑人代表人数的标准"降低了,它虽然提供"优惠福利,但绝不是发展",也无益于根治"黑人可能遭受的真真正正的歧视";事实上,黑人"一定会因它而得不偿失"。还有人断言平权运动"污蔑"了名校的非裔美国人。查尔斯·默里(Charles Murray)写道:"特惠待遇之恶"是说它"延续了劣等的印象"。

是非对错,不好妄断。衡量影响的一个比较好的办法是详细考察学术研究资料,因为学术界已经发表了大量研究成果。在最大规模、最完整、最新的一项研究中,经济学家哈里·霍尔泽(Harry Holzer)和戴维·诺伊马克(David Neumark)于2000年发表了"评平权运动"("Assessing Affirmative Action")一文。这篇综述提及200多项学术研究成果,其中包括威廉·鲍恩(William Bowen)和德里克·博克(Derek Bok)合著的题为《河流的形状》(*The Shape of the River*)的研究结果。它总结道,平权运动已经给妇女、少数族裔商人、学生和经济创造了切实利益。采取该政策的雇主的劳动力中妇女和少数族裔的数量已经增加了10%—15%,给少数族裔公司的联邦合同数量和金额也有大幅增长,这推进了黑人和棕色人种资本主义。女性在雇用上通常与男性的文凭和绩效相当,虽然黑人和拉美裔可能在受雇时没有同等文凭,但研究显示他们在工作上的表现与白人相比几乎毫不逊色。

相比两位民主党总统在20世纪60年代宣布平权运动开始之时,其结果是产生了一个非常不同的职场。虽然在1965年工会成员几乎无一例外全是白人，但30年后，它们约有15%的非裔美国人，大于他们在社会中12%的比例；1970—1990年间，黑人电工数量增加了3倍。城市计划也改变了公共部门。1970年，大约有2.4万名黑人警察；20年后，差不多有6.5万名。1980年，洛杉矶市警察部队中仅有2%是女性；2000年，这个比例差不多提高到了20%。1960年，消防部门中的黑人代表略高于2%，2000年上升到了12%左右。此外，专业人员和受过高等教育的少数族裔数量已经激增。1970年，20名黑人中有1位专业人员；20年后，12名中有1位。那些年间，非洲裔银行出纳员、经理和卫生官员的数量翻了两番。鲍恩和博克写道："那么多高学历黑人进入经理和专业人士队伍，这应算作非裔美国人在过去25年中最主要的成功事迹。"

1995年，《纽约时报》称其为"朝气蓬勃的黑人中产阶级"（The Greening of the Black Middle Class），但妇女取得了更骄人的成就。不让妇女进入大学和职业学校的定额已经被废除，这导致女性毕业生人数急剧增加。1960年，妇女获得了39%的学士学位和11%的博士学位，但到新千年，她们打破纪录，获得了57%的学士学位和一半左右的博士学位。1970—2000年间，女性律师、教授、医生及企业管理者的百分比从5%左右增加到了三分之一以上，而且许多一年级专业课程中女性占了一半以上。据《女士》1989年所说，其结果"是一次职场人口的深刻改变——乃至整个社会——这相当于本国历史上一次无与伦比的和平革命"。

但是这次革命对利润和白种男性有多少影响？即使真有，也不算很大，据一些经济学家所说："没有证据表明，这些成果的取得以公司竞争力或者公平的就业惯例为代价。看起来，少数族裔和妇女所增加的工作许多是获得更大份额新增就业岗位的结果，而不是顶替白种男性的结果。"

伴随着自愿的外展和招收计划，平权运动对大学校园中的学生群体已经造成了相当大的改变。1970—2000年间，年龄25岁以上、持有大学文凭的拉美裔百分比增加了1倍多。传统黑人大学除外，1960—1995年间，大学学生群体中黑人的入学率从不足2%上升为9%，而在2000年，年龄25—29岁、持有大学文凭的黑人百分比从刚过5%增至17%。更醒目的是过去30年间就读职业学校的黑人的增长率，法学院从1%增至7%以上，医学院从2%增至8%。

霍尔泽和诺伊马克的研究表明，在教育和就业两个领域，平权运动已经成功"推进了妇女和少数族裔就业、少数族裔大学入学率，以及少数族裔和妇女所拥有企业的政府合同"。鲍恩和博克还发现，名牌大学毕业的黑人取得了同等比例的高级学位，而且在社会活动中变得比他们的白人同学更积极。①

进步有目共睹，但没有人会认为政府计划解决了经济或者教育不平等。非裔美国人的人均收入仍然落后于其他美国族裔群体——亚裔、白人和拉美裔——而且白人专业人士的同比收入是黑人的两倍。在教育、就业和房屋所有权方面，拉美裔和黑人也

---

① Steele, *Content of Our Character*, Chapter 7; 默里的话见 Mills, *Debating Affirmative Action*, 207; 霍尔泽和诺伊马克的研究载于 *Journal of Economic Literature* (September 2000): 483–568; 黑人的成就见 Hartman, *Double Exposure*, 171; 鲍恩和博克的合作研究成果见 *Shape of the River*, 9–11; *NYT*, 18 June 1995; *Ms.*, September 1989, 92; Simms, *Economic Perspectives on Affirmative Action*, 6.

处于落后地位。2000年，全国城市联盟的主席说过："当你查看数据时，没错，我们已经取得了实质性的进展，但是在每个领域、每个关键指标上——毫无疑问——仍然存在巨大差距。"

不幸的是，舆论界夸大了平权运动的影响范围，尤其是对教育的影响。似乎少有新闻记者或者公民关心，如果一名学生刚达到美国大学体育总会（National Collegiate Athletic Association）所要求的最低学习能力倾向测验分数——根据高中平均绩点，可以低至820分——他可不可以被招进大学的热门体育项目，假设是密歇根大学，去打篮球、踢足球或者打冰球。与此相反，新闻记者使舆论界充斥着关于某个"成绩优秀的可怜受害者"的文章，此人无法进入像加州大学伯克利分校这样的名校。平权运动确实对申请最难进的大学（most selective colleges）的学生有影响——但不会影响绝大部分前往其所在州的州立大学的高中毕业生。对他们而言，平权运动无关痛痒。经济学家托马斯·凯恩（Thomas Kane）发现，名牌大学在1982—1992年间的政策已经导致给予黑人申请者"相当于高中平均绩点整整快加1分的优势"，或者"学习能力倾向测验加几百分"。但在"全体四年制大学生中80%的人上的都是较不难进的学校，似乎即使种族对录取有决定作用，其作用也微乎其微"。他报告称，这种模式"10年之后仍会大同小异"。

媒体不仅不提醒公民这个关键点，反而一直趋向于只关注竞争激烈的机构，它们在白人学生可以获得许多好大学录取时拒绝了其应有的重要性。回想最初在前言中提到的两个案例：虽然詹妮弗·格拉茨的共同原告帕特里克·哈马赫尔没有进入密歇根大学，但他被密歇根州立大学①录取了，并毕业于此；很多没有被伯克利录取的学生上了加州大学系统中其他非常不错的分校。那28所提交"法院之友"简报支持过密歇根大学的难进的私立大学总共才有1.5万名新生，其中仅1000名是黑人，相比于就读于前50所公立大学的白人和少数族裔学生的人数简直微不足道。事实上，不断增加的黑人或者拉美裔大学毕业生的人数真的不取决于他们被常青藤盟校录取的数量，同样也不取决于职业学校。芭芭拉·格鲁特尔被密歇根大学法学院拒绝后被韦恩州立大学法学院录取了。毕竟，一名大学毕业生在美国可以申请近160所医学院和170余所法学院②。

大部分教育工作者同意，与其说问题在于帮助少数族裔——特别是非裔美国人——进入好大学，不如说是先送他们到那里。1997年，得克萨斯大学校长说，他所在的州每年达到大学入学年龄的非裔美国人有3.6万，刚好三分之二念完了高中，只有6000人参加大学入学考试，而且只有1000人得分足以满足有竞争性大学的入学标准。非裔美国人罗纳德·弗格森（Ronald Ferguson）考察了种族混合郊区的3.4万名七至十一年级学生，发现白人平均B+，黑人C+，而且那些黑人孩子一半以上只和父母一方，或者不和父母在一起生活，同比白人孩子只有15%。多年来，杰西·杰克逊一直惋惜，监狱里18—25岁的黑人男性比

---

① 这是两所不同的院校，前者是位居美国前10位的综合性公立大学，被誉为"公立常青藤"之一；后者也是著名公立大学，但学术水平和声誉稍逊。——译注

② 美国大学的法学院和医学院不招收本科生，需获得学士学位或有同等学力方可报考。——译注

282 大学里多。这些令人沮丧的事实揭示出，如此多的大学录取并不取决于大学官员，而是取决于父母，取决于他们孩子上大学之前的那些年。社会如何解决这类问题，这超出了本书讨论的范围，但是朝向教育以及经济平等的长期、努力的推进必须采取持续的政策，不论是政府的、民间的还是自愿的，以建立个人责任、巩固家庭关系、提高公立学校水平，以及增加外展计划，这一切是少数族裔——和所有——孩子在美国获得机会的必要前提。如果国家有志担此重任，那么决策的关键不会是大学的招生办公室，而是投票站。

在教育差距仍是个问题的同时，平权运动的拥护者和批评者们夸大了种族之间的经济差距，特别是白人与黑人之间的差距。在提倡补救性社会计划时，自由派过分强调把较低收入当做歧视的证据；保守派突出贫民区的问题，声称犯罪和使用毒品的生活方式会使计划徒劳无功。如 1995 年非洲裔经济学家格伦·劳瑞（Glenn Loury）所报告的：" 有必要牢记的是，所谓'黑人底层阶级'是黑人总人口中相对较小的部分——3200 万人中或许有 300 万—500 万。" 不巧的是，这群人刚好存在和居住在全国各贫困地区和高媒体曝光度城市，他们在这里给作家提供了源源不断的警察系列电视剧和警察搭档好莱坞大片情节。但总的说来，劳瑞报告称，就业歧视不是 " 导致黑人—白人收入差距的主要因素 "，特惠待遇只对黑人跻身经济主流起到了辅助作用，此外大部分工作因为经济和企业扩张已经变得唾手可得。据劳瑞所说，因为教育和工作技能的改善，黑人工人的经济地位在过去 40 年间有了提升，" 而且这个转变已经造福于所有美国人。其结果就是，现在有一个庞大的黑人中产阶级 "。

既然如此，还需要平权运动吗？记得该计划始终被当做权宜之计，甚至它的忠实拥趸也这么看。卡特总统的助手约瑟夫·卡利法诺写道，给"少数族裔优待属于临时性救济，而非美国追求种族平等的长久之计，并且总有一天会消失"；1984年，《华盛顿邮报》发表社论称："暂时，补救性法规是必要的，但永久性种族优待制度是不正当的。"最高法院一向表示同意，雄辩的大法官哈里·布莱克门是主要代表。在撰写的一项意见中，他表达了自己的"最殷切期望，总有一天，'平权运动'计划将不再必要，而且真的只是过去的遗物"。他继续道，国家正在经历一段令人遗憾却又势在必行的"过渡性不平等"（transitional inequality）阶段，他希望"最多在10年内"，美国社会"一定要达到成熟阶段，至此沿着这条界限的行动将不再是必要的"。

布莱克门的上述愿望距离巴基案的出现不止10年，而且超过了一代人的时间。美国达到那个阶段了吗？如果没有，那么在新千年，谁应该享有平权运动的资格，谁应该受到偏爱？大多数人可能会同意，非裔美国人仍然应该被包括在内，但是一位黑人教授的孩子呢？劳瑞教授写道："为了我们这些人如今所享受的中产阶级生活的一切便利，认为基于种族的特惠待遇应该制度化，这在道德上是站不住脚的，也是对这位非裔美国人的羞辱——我儿子将因为他们的种族而学会视自己为……弱势群体，一想到这我就忍无可忍。"那过去享受过优待的其他人呢？移民从来不被包括在平权运动的初衷里，他们应该被包括在内吗？近30年来，白人女性已经成为大学毕业生的主体和白种男性在职业学校的主要竞争对手，她们应该被包括在内吗？亚裔的大学毕业率和人均收入均高于普通白人公民，他们应该吗？当步入跨越种族界限的美国时，2000年的人口普查显示一半的拉美裔甚至不认为自己是那个族裔的一分子，他们应该吗？前人口调查局局长肯尼斯·普鲁伊特（Kenneth Prewitt）说："由于分类制度越来越模棱两可，我们正打算把自身改造成一个不使用系列基于种族的公共政策的社会。那是21世纪的一个相当大的挑战。"①

确实是巨大挑战。平权运动是项国家政策，它关乎美国人看待种族、歧视历史、优待、考绩——以及他们自己的方式。这就是为什么它是美国的一个困境，为什么我们一定要知道它是如何制定的，还有20世纪60年代以来它的基本原理和定义发生的变化。

平权运动应该继续下去吗？如果应该，那么以何种形式？还是说，这40年要是没有这一政策，美国会更好？追求公平的目标实现了吗？

---

① 凯恩的发现见 Orfield, *Chilling Admissions*, Chapter 2; 在2003年，美国大学中仅有三分之一把种族纳入招生因素之一，见 *Chronicle of Higher Education*, 2 October 2003; 格鲁特尔未入密歇根大学而被韦恩州立大学录取，见 *NYT*, 23 February 2003 对3名原告的报道；得克萨斯大学校长的话载于 *NYT*, 13 May 1997; 弗格森的考察载于 *NYT*, 4 June 和 *Cleveland Plain Dealer*, 12 February, 同为2003年；劳瑞的报告载于 *WP Weekly Edition*, 23–29 October 1995, 亦见 *The Public Interest*, spring 1997, 41–43; Califano, *Governing America*, 235; *WP*, 9 March 1984; 普鲁伊特的话载于 *USA Today*, 13 March 2001; 至于其他问题，见 Graham, *Collision Course*, 168–72.

资料来源

平权运动是项公共政策，这意味着在政府发布大批公文的同时，新闻记者也会调查所有重要的诉讼案件或者各州的公投。此外，在电子时代，许多政府文件已经被公布在网上。以下是本书考察过的精选公文和书籍列表。

联邦政府的主要文件：

Civil Rights during the Johnson Administration, 1963–1969. Microfilm collection of primary documents, edited by Steven F. Lawson, Frederick, Md., University Publications of America, 1984.

Civil Rights during the Nixon Administration, 1969–1974. Microfilm collection of primary documents, edited by Hugh Davis Graham, Frederick, Md., University Publications of America, 1989.

Congressional Record, Hearings of the House and Senate.

Congressional Quarterly Service, *Revolution in Civil Rights* (Washington, D.C., third edition, n.d., probably 1967).

Department of Labor, Office of Federal Contract Compliance Programs. Documents, website: dol.gov/esa/ofccp.

Equal Employment Opportunity Commission. Documents,

history, website: eeoc.gov.

———. *EEOC Administrative History*, vol. 1 and 2, housed at Lyndon Baines Johnson Presidential Library.

———. *Legislative History of Titles VII and XI of Civil Rights Act of 1964* (Washington, D.C., Government Printing Office, 1965).

Glass Ceiling Commission, *Good for Business: Making Full Use of the Nation's Human Capital* (Washington, D.C., Government Printing Office, 1995).

Stephanopoulos, George, and Christopher Edley Jr., *Report to the President: Review of Federal Affirmative Action Programs* (Washington, D.C., Government Printing Office, 1995).

United States Commission on Civil Rights, *Federal Enforcement of Equal Employment Requirements* (Clearing House Publication 93, Washington, D.C., 1987).

United States Government, *To Secure These Rights: The Report of the President's Committee on Civil Rights* (Washington, D.C., 1947).

———. White House Press Office, press releases.

U. S. Government Printing Office, *Public Papers of the Presidents*.

———. *Federal Register*.

注释说明

总统声明、联邦条例和最高法院裁决通常大都不加注释，它们在历任总统的《公开文件》、《联邦公报》、《国会议事录》和公布的法庭文件中可以找到。署名和标题在注释中被缩写，在参考文献中则是全文引用。

总统图书馆的缩写：

LBJ：林登·贝恩斯·约翰逊，得克萨斯州，奥斯丁市

JC：吉米·卡特，佐治亚州，亚特兰大市

RR：罗纳德·里根，加利福尼亚州，西米谷市

GHWB：乔治·H. W. 布什，得克萨斯州，卡城

常被引用报刊的缩写：

HC：《休斯敦纪事报》

LAT：《洛杉矶时报》

NYT：《纽约时报》

U.S. News：《美国新闻与世界报道》

WP：《华盛顿邮报》

WSJ：《华尔街日报》

参考文献

有更多书籍被查阅，但因为许多辩论对历史记录帮助不大而不予列出。以下书籍多见于简短注释之中，有关文件和文章亦见于此。关于20世纪80—90年代间的文章的参考文献，见 A.M. Babkina, ed., *Affirmative Action: An Annotated Bibliography* (Commack, N.Y., 1998) 和 Joan Nordquist, *Affirmative Action: A Bibliography* (Santa Cruz, Calif., 1996).

Adams, Sherman. *First-Hand Report: The Story of the Eisenhower Administration* (New York, 1961).

Affirmative Action: The History of an Idea. BJW, Inc. Films for the Humanities & Sciences, 1996. Video.

Altschiller, Donald, ed. *Affirmative Action* (New York, 1991).

Amaker, Norman C. *Civil Rights and the Reagan Administration* (Washington, D.C., 1988).

Anderson, Jervis. *A. Philip Randolph: A Biographical Portrait* (New York, 1973).

Anderson, Terry H. *The Movement and The Sixties* (New York, 1995).

——. *The Sixties* (New York, 1999).

Ball, Howard. *The Bakke Case: Race, Education, and Affirmative Action* (Lawrence, Kans., 2000).

Bean, Jonathan J. *Big Government and Affirmative Action: The Scandalous*

History of the Small Business Administration (Lexington, Ky., 2001).

Belz, Herman. *Equality Transformed: A Quarter-Century of Affirmative Action* (New Brunswick, N.J., 1991).

Bennett Jr., Lerone. *Confrontation Black and White* (Chicago, 1965).

Berger, Raoul. *Government by Judiciary: The Transformation of the Fourteenth Amendment* (Cambridge, Mass., 1977).

Bergmann, Barbara. *In Defense of Affirmative Action* (New York, 1996).

Berman, William C. *From the Center to the Edge: The Politics and Policies of the Clinton Presidency* (Lanham, Md., 2001).

Blackwelder, Julia Kirk. *Now Hiring* (College Station, Tex., 1997).

Blumrosen, Alfred W. *Black Employment and the Law* (New Brunswick, N.J., 1971).

———. *Modern Law: The Law Transmission System and Equal Employment Opportunity* (Madison, Wis., 1993).

Bonilla-Silva, Eduardo. *White Supremacy and Racism in the Post-Civil Rights Era* (Boulder, Colo., 2001).

Bowen, William G. and Derek Bok. *The Shape of the River: Long-Term Consequences of Considering Race in College and University Admissions* (Princeton, N.J., 1998).

Brands, H. W. TR: *The Last Romantic* (New York, 1997).

Brink, William, and Louis Harris. *The Negro Revolution in America* (New York, 1964).

Brinkley, Douglas. *Rosa Parks* (New York, 2000).

Broussard, Albert S. *Black San Francisco: The Struggle for Racial Equality in the West, 1900–1954* (Lawrence, Kans., 1993).

Brown, Michael K., et al. *Whitewashing Race: The Myth of a Color-Blind Society* (Berkeley, Calif., 2003).

Burk, Robert Fredrick. *The Eisenhower Administration and Black Civil*

Rights (Knoxville, Tenn., 1984).

Burstein, Paul. *Discrimination, Jobs, and Politics: The Struggle for Equal Employment Opportunity in the United States since the New Deal* (Chicago, 1985).

——. ed. *Equal Employment Opportunity: Labor Market Discrimination and Public Policy* (New York, 1994).

Califano, Joseph. *The Triumph and Tragedy of Lyndon Johnson: The White House Years* (New York 1991).

——. *Governing America: An Insider's Report from the White House and the Cabinet* (New York, 1981).

Cannon, Lou. *President Reagan: The Role of a Lifetime* (New York, 2000 ed.).

Caplan, Lincoln. *Up Against the Law: Affirmative Action and the Supreme Court* (New York, 1997).

Carroll, Peter N. *It Seemed Like Nothing Happened: The Tragedy and Promise of America in the 1970s* (New York, 1982).

Carter, Stephen L. *Reflections of an Affirmative Action Baby* (New York, 1991).

Chavez, Lydia. *The Color Bind: California's Battle to End Affirmative Action* (Berkeley, Calif., 1998).

Chideya, Farai. *The Color of Our Future* (New York, 1999).

Chin, Gabriel, J., ed. *Affirmative Action and the Constitution*, volume 1, *Affirmative Action Before Constitutional Law, 1964–1977* (New York, 1998).

Cohen, William. *At Freedom's Edge: Black Mobility and the Southern White Quest for Racial Control, 1861–1915* (Baton Rouge, La., 1991).

Corson, John J. *Manpower for Victory: Total Mobilization for Total War* (New York, 1943).

Curry, George E., ed. *The Affirmative Action Debate* (Reading, Mass., 1996).

Dalfiume, Richard M. *Desegregation of the U.S. Armed Forces: Fighting on Two Fronts, 1939–1953* (Columbia, Mo., 1969).

Daniels, Roger. *Not Like Us: Immigrants and Minorities in America, 1890–1924* (Chicago, 1997).

Davies, Gareth. *From Opportunity to Entitlement: The Transformation and Decline of Great Society Liberalism* (Lawrence, Kans., 1996).

Davis, Flora. *Moving the Mountain: The Women's Movement in America since 1960* (New York, 1991).

Decker, Barbara Sinclair. *The Women's Movement: Political, Socioeconomic, and Psychological Issues* (New York, 1983 ed.).

D'Emilio, John, William B. Turner, and Urvashi Vaid, eds. *Creating Change: Sexuality, Public Policy, and Civil Rights* (New York, 2000).

Detlefsen, Robert R. *Civil Rights under Reagan* (San Francisco, Calif., 1991).

Devins, Neal, and Davidson M. Douglas, eds. *Redefining Equality* (New York, 1998).

Donovan, Robert J. *Conflict and Crisis: The Presidency of Harry S Truman, 1945–1948* (New York, 1977).

Drake, W. Avon, and Robert D. Holsworth. *Affirmative Action and the Stalled Quest for Black Progress* (Urbana, Ill., 1996).

Drew, Elizabeth. *On the Edge: The Clinton Presidency* (New York, 1994).

Dreyfuss, Joel, and Charles Lawrence III. *The Bakke Case: The Politics of Inequality* (New York, 1979).

Dulles, Foster Rhea. *The Civil Rights Commission: 1957–1965* (East Lansing, Mich., 1968).

Eastland, Terry. *Ending Affirmative Action: The Case for Colorblind Justice* (New York, 1996).

Edley, Christopher. *Not All Black and White: Affirmative Action, Race, and*

American Values (New York, 1996).

Edsall, Thomas Byrne, with Mary D. Edsall. *Chain Reaction: The Impact of Race, Rights, and Taxes on American Politics* (New York, 1991).

Ehrlichmann, John. *Witness to Power: The Nixon Years* (New York, 1982).

Eick, Gretchen Cassel. *Dissent in Wichita: The Civil Rights Movement in the Midwest, 1954–72* (Urbana, Ill., 2001).

Eisaguirre, Lynne. *Affirmative Action: A Reference Handbook* (Santa Barbara, Calif., 1999).

Ellis, Edward Robb. *A Nation in Torment: The Great American Depression, 1929–1939* (New York, 1970).

Epstein, Lee, and Thomas G. Walker. *Constitutional Law for a Changing America: Rights, Liberties, and Justice* (Washington, D.C., 1998).

Epstein, Richard A. *Forbidden Grounds: The Case Against Employment Discrimination Laws* (Cambridge, Mass., 1992).

Fass, Paula S. *Outside in: Minorities and the Transformation of American Education* (New York, 1989).

Ferrell, Robert H., ed. *Off the Record: The Private Papers of Harry S. Truman* (New York, 1980).

Fletcher, Arthur. *The Silent Sell-Out: Government Betrayal of Blacks to the Craft Unions* (New York, 1974).

Flynn, George Q. *Lewis B. Hershey, Mr. Selective Service* (Chapel Hill, N.C.,1985).

Foner, Eric. *The Story of American Freedom* (New York, 1998).

Foner, Jack, D. *Blacks and the Military in American History* (New York, 1974).

Franklin, John Hope, and Alfred A. Moss Jr. *From Slavery to Freedom: A History of African Americans* (New York, 2000).

Frederickson, Kari. *The Dixiecrat Revolt and the End of the Solid South,*

1932–1968 (Chapel Hill, N.C., 2001).

Freeman, Jo. *The Politics of Women's Liberation* (New York, 1975).

Fried, Charles. *Order and Law: Arguing the Reagan Revolution—A Firsthand Account* (New York, 1991).

Garfinkel, Herbert. *When Negroes March: The March on Washington Movement in the Organizational Politics for FEPC* (New York, 1969).

Glazer, Nathan. *Affirmative Discrimination* (New York, 1975).

——. *We Are All Multiculturalists Now* (Cambridge, Mass., 1997).

Goldman, Alan. *Justice and Reverse Discrimination* (Princeton, N.J., 1979).

Gould, William B. *Black Workers in White Unions: Job Discrimination in the United States* (Ithaca, N.Y., 1977).

Graglia, Lino A. *Disaster by Decree: The Supreme Court Decision on Race and the Schools* (Ithaca, N.Y., 1976).

Graham, Hugh Davis. *The Civil Rights Era: Origins and Development of National Policy, 1960–1972* (New York, 1990).

——. *Collision Course: The Strange Convergence of Affirmative Action and Immigration Policy in America* (New York, 2002).

Greenawalt, Kent. *Discrimination and Reverse Discrimination* (New York, 1983).

Greenberg, Stanley. *Middle Class Dreams: The Politics and Power of the New American Majority* (New York, 1995).

Greene, Kathanne W. *Affirmative Action and Principles of Justice* (New York, 1989).

Grofman, Bernard, ed. *Legacies of the 1964 Civil Rights Act* (Charlottesville, Va., 2000).

Gross, Barry R., ed. *Reverse Discrimination* (New York, 1977).

——. *Discrimination in Reverse: Is Turnabout Fair Play?* (New York, 1978).

Hamby, Alonzo L. *Man of the People: A Life of Harry S Truman* (New York, 1995).

Hammerman, Herbert. *A Decade of New Opportunity: Affirmative Action in the 1970s* (Washington, D.C., 1984).

Hareven, Tamara. *Eleanor Roosevelt: An American Conscience* (Chicago, 1968).

Harrington, Michael. *The Other America: Poverty in the United States* (New York, 1962).

Harrison, Cynthia. *On Account of Sex: The Politics of Women's Issues, 1945–1968* (Berkeley, Calif., 1988).

Hartman, Chester, ed. *Double Exposure: Poverty and Race in America* (Armonk, N.Y., 1997).

Hernandez, Aileen C. *EEOC and the Women's Movement, 1965–1975* (Rutgers University Law School, 1975).

Herrnson, Paul S., and Dilys M. Hill. *The Clinton Presidency: The First Term, 1992–96* (New York, 1999).

Herrnstein, Richard, and Charles Murray. *The Bell Curve: Intelligence and Class Structure in American Life* (New York, 1994).

Hill, Herbert, and James E. Jones Jr., eds. *Race in America: The Struggle for Equality* (Madison, Wis., 1993).

Hoff, Joan. *Nixon Reconsidered* (New York, 1994).

Hohenberg, John. *Reelecting Bill Clinton: Why America Chose a "New" Democrat* (New York, 1997).

Hole, Judith, and Ellen Levine. *Rebirth of Feminism* (New York, 1971).

Hollinger David. *Postethnic America: Beyond Multiculturalism* (New York, 1995).

Hunter, James David. *Culture Wars* (New York, 1991).

Johnson, Haynes. *Divided We Fall: Gambling with History in the Nineties*

(New York, 1994).

Kahlenberg, Richard D. *The Remedy: Class, Race, and Affirmative Action* (New York, 1996).

Kantrowitz, Stephen David. *Ben Tillman and the Reconstruction of White Supremacy* (Chapel Hill, N.C., 2000).

Kaufman, Jonathan. *Broken Alliance: The Turbulent Times Between Blacks and Jews in America* (New York, 1988).

Kennedy, David M. *Freedom from Fear: The American People in Depression and War, 1929–1945* (New York, 1999).

Kesselman, Louis C. *The Social Politics of FEPC: A Study in Reform Pressure Movements* (Chapel Hill, N.C., 1948).

Kirby, John B. *Black Americans in the Roosevelt Era* (Knoxville, Tenn., 1980).

Klinker, Philip A., and Rogers M. Smith. *The Unsteady March: The Rise and Decline of Racial Equality in America* (Chicago, 1999).

Kluger, Richard. *Simple Justice: The History of Brown v. Board of Education and Black America's Struggle for Equality* (New York, 1975).

Kotlowski, Dean J. *Nixon's Civil Rights: Politics, Principle, and Policy* (Cambridge, Mass., 2001).

Kryder, Daniel. *Divided Arsenal: Race and the American State During World War II* (New York, 2000).

Laham, Nicholas. *The Reagan Presidency and the Politics of Race: In Pursuit of Colorblind Justice and Limited Government* (Westport, Conn., 1998).

Lash, Joseph P. *Eleanor and Franklin* (New York, 1971).

Lee, Ulysses. *The Employment of Negro Troops* (Washington, D.C., 1994 ed.).

Leiter, Samuel, and William M. Leiter. *Affirmative Action in Antidiscrimination Law and Policy: An Overview and Synthesis* (Ithaca, N.Y., 2002).

Lemann, Nicholas. *The Big Test: The Secret History of the American Meritocracy* (New York, 1999).

Lewis, David L. *King: A Biography* (Urbana, Ill., 1978).

Lieberman, Robert C. *Shifting the Color Line: Race and the American Welfare State* (Cambridge, Mass., 1998).

Lind, Michael. *The Next American Nation* (New York, 1995).

Linden-Ward, Blanche, and Carol Hurd Green. *American Women in the 1960s: Changing the Future* (New York, 1993).

Litwack, Leon F. *Trouble in Mind: Black Southerners in the Age of Jim Crow* (New York, 1998).

Loury, Glenn C. *One by One from the Inside Out: Essays and Reviews on Race and Responsibility in America* (New York, 1995).

Lynch, Frederick R. *Invisible Victims: White Males and the Crisis of Affirmative Action* (Westport, Conn., 1989).

——. *The Diversity Machine: The Drive to Change the "White Male Workplace"* (New York, 1997).

MacGregor, Morris J. *Integrating the Armed Forces, 1940–1965* (Washington, D.C., 1985).

Marable, Manning. *Beyond Black and White: Transforming African-American Politics* (London, 1995).

McCoy, Donald R., and Richard T. Ruetten. *Quest and Response: Minority Rights and the Truman Administration* (Lawrence, Kans., 1973).

McWhirter, Darien A. *The End of Affirmative Action: Where Do We Go from Here?* (New York, 1996).

Meier, August, and Elliott Rudwick. *CORE: A Study in the Civil Rights Movement, 1942–1968* (New York, 1973).

Mershon, Sherie, and Steven Schlossman. *Foxholes & Color Lines: Desegregating the U.S. Armed Forces* (Baltimore, Md., 1998).

Mills, Nicolaus, ed. *Debating Affirmative Action: Race, Gender, Ethnicity, and the Politics of Inclusion* (New York, 1994).

Moen, Ole O. *Race, Color, and Partial Blindness: Affirmative Action under the Law* (Oslo, 2001).

Moreno, Paul D. *From Direct Action to Affirmative Action: Fair Employment Law and Policy in America, 1933–1972* (Baton Rouge, La., 1997).

Morgan, Richard E. *Disabling America: The "Rights Industry" in Our Time* (New York, 1984).

Morrow, E. Frederic. *Way Down South Up North* (Philadelphia, Penn., 1973).

Myrdal, Gunnar. *An American Dilemma: The Negro Problem and Modern Democracy* (New York, 1944).

Nalty, Bernard C. *Strength for the Fight: A History of Black Americans in the Military* (New York, 1986).

Nathan, Richard P. *Jobs and Civil Rights, The Role of the Federal Government in Promoting Equal Opportunity in Employment and Training* (Washington, D.C., 1969).

Nixon, Richard M. *RN: The Memoirs of Richard Nixon* (New York, 1978).

Norgren, Paul H., et al. *Employing the Negro in American Industry: A Study of Management Practices* (New York, 1959).

Northrup, Herbert R. *Organized Labor and the Negro* (New York, 1944).

O'Brien, Gail Williams. *The Color of the Law: Race, Violence, and Justice in the Post-World War II South* (Chapel Hill, N.C., 1999).

O'Reilly, Kenneth. *Nixon's Piano: Presidents and Racial Politics from Washington to Clinton* (New York, 1995).

Orfield, Gary, and Edward Miller, eds. *Chilling Admissions: The Affirmative Action Crisis and the Search for Alternatives* (Cambridge, Mass., 2000).

Orfield, Gary, and Michael Kulanda, eds. *Diversity Challenged: Evidence on the Impact of Affirmative Action* (Cambridge, Mass., 2001).

Perman, Michael. *Struggle for Mastery: Disfranchisement in the South, 1888–1908* (Chapel Hill, N.C., 2001).

Pfeffer, Paula F. *A. Philip Randolph, Pioneer of the Civil Rights Movement* (Baton Rouge, La., 1990).

Polenberg, Richard, ed. *America at War: The Home Front, 1941–1945* (Englewood Cliffs, N.J., 1968).

——. *War and Society: The United States, 1941–1945* (Philadelphia, 1972).

Powell, Colin, with Joseph E. Persico. *My American Journey* (New York, 1996 ed.).

Raza, M. Ali, A. Janell Anderson, and Harry Glynn Custred Jr. *The Ups and Downs of Affirmative Action Preferences* (Westport, Conn., 1999).

Reed, Merl E. *Seedtime for the Modern Civil Rights Movement: The President's Committee on Fair Employment Practice, 1941–1946* (Baton Rouge, La., 1991).

Renshon, Stanley A. *High Hopes: The Clinton Presidency and the Politics of Ambition* (New York, 1996).

Reskin, Barbara F. *The Realities of Affirmative Action in Employment* (Washington, D.C., 1998).

Roberts, Paul Craig, and Lawrence M. Stratton. *The New Color Line: How Quotas and Privilege Destroy Democracy* (Washington, D.C., 1995).

Rosen, Ruth. *The World Split Open: How the Modern Women's Liberation Movement Changed America* (New York, 2000).

Rosenfeld, Michel. *Affirmative Action and Justice: A Philosophical and Constitutional Inquiry* (New Haven, Conn., 1991).

Rubio, Philip F. *A History of Affirmative Action, 1619–2000* (Jackson, Miss., 2001).

Ruchames, Louis. *Race, Jobs & Politics: The Story of FEPC* (New York, 1953).

Safire, William. *Before the Fall: An Inside View of the Pre-Watergate White*

House (New York, 1975).

Savage, David G. *Turning Right: The Making of the Rehnquist Supreme Court* (New York, 1992).

Schaller, Michael. *Reckoning with Reagan: America and Its President in the 1980s* (New York, 1992).

Schuck, Peter H. *Diversity in America: Keeping Government at a Safe Distance* (Cambridge, Mass., 2003).

Schuman, Howard, and Charlotte Steeh, Lawrence Bobo, Maria Krysan, *Racial Attitudes in America: Trends and Interpretations* (Cambridge, Mass., 1997).

Schwartz, Bernard. *Behind Bakke: Affirmative Action and the Supreme Court* (New York, 1988).

Sherwood, Robert. *Roosevelt and Hopkins, an Intimate History* (New York, 1948).

Silberman, Charles E. *Crisis in Black and White* (New York, 1964).

Simms, Margaret C., ed. *Economic Perspectives on Affirmative Action* (Washington, D.C., 1995).

Sitkoff, Harvard. *A New Deal for Blacks: The Emergence of Civil Rights as a National Issue* (New York, 1978).

Skrentny, John David. *The Ironies of Affirmative Action: Politics, Culture, and Justice in America* (Chicago, 1996).

——. ed. *Color Lines: Affirmative Action, Immigration, and Civil Rights Options for America* (Chicago, 2001).

——. *The Minority Rights Revolution* (Cambridge, Mass., 2002).

Sniderman, Paul M., and Thomas Piazza. *The Scar of Race* (Cambridge, Mass., 1993).

Sobel, Lester A., ed. *Quotas and Affirmative Action* (New York, 1980).

Sovern, Michael I. *Legal Restraints on Racial Discrimination in Employment*

(New York, 1966).

Spann, Girardeau. *The Law of Affirmative Action: Twenty-Five Years of Supreme Court Decisions on Race and Remedies* (New York, 2000).

Squires, Gregory D. *Affirmative Action: A Guide for the Perplexed* (East Lansing, Mich., 1977).

Steele, Shelby. *The Content of Our Character* (New York, 1990).

Sugrue, Thomas J. *The Origins of the Urban Crisis: Race and Inequality in Postwar Detroit* (Princeton, N.J., 1996).

Sykes, Charles J. *A Nation of Victims: The Decay of the American Character* (New York, 1992).

Tuch, Steven A., and Jack K. Martin, eds. *Racial Attitudes in the 1990s* (Westport, Conn., 1997).

Tucker, Ronnie Bernard. *Affirmative Action, the Supreme Court, and Political Power in the Old Confederacy* (Lanham, Md., 2000).

Urofsky, Melvin I. *Affirmative Action on Trial: Sex Discrimination in Johnson v. Santa Clara* (Lawrence, Kans., 1997).

Wallace, Phylliss A., ed. *Equal Employment Opportunity and the AT & T Case* (Cambridge, Mass., 1976).

Walton, Jr. Hanes, ed. *Black Politics and Black Political Behavior: A Linkage Analysis* (Westport, Conn., 1994).

Wandersee, Winifred D. *On the Move: American Women in the 1970s* (Boston, 1988).

Warren, Earl. *The Memoirs of Earl Warren* (New York, 1977).

Weaver, Robert C. *Negro Labor: A National Problem* (New York, 1946).

Weiss, Robert J. *"We Want Jobs" A History of Affirmative Action* (New York, 1997).

Whalen, Charles, and Barbara Whalen. *The Longest Debate: A Legislative History of the 1964 Civil Rights Act* (New York, 1985 ed.).

White, Walter. *How Far the Promised Land?* (New York, 1955).

———. *A Man Called White* (New York, 1948).

Wicker, Tom. *Tragic Failure: Racial Integration in America* (New York, 1996).

Wickham, DeWayne. *Bill Clinton and Black America* (New York, 2002).

Wilkinson III, J. Harvie. *From Brown to Bakke: The Supreme Court and School Integration: 1954–1978* (New York, 1979).

Williamson, Joel. *A Rage for Order: Black/White Relations in the American South since Emancipation* (New York, 1986).

Wolters, Raymond. *Negroes and the Great Depression: The Problem of Economic Recovery* (Westport, Conn., 1970).

———. *Right Turn: William Bradford Reynolds, the Reagan Administration, and Black Civil Rights* (New Brunswick, N.J., 1996).

Wood, Peter. *Diversity: The Invention of a Concept* (San Francisco, Calif., 2003).

Woodward, C. Vann. *The Strange Career of Jim Crow* (New York, 1974 ed.).

Wynter, Leon E. *American Skin: Pop Culture, Big Business, and the End of White America* (New York, 2002).

Yancey, George. *Who Is White? Latinos, Asians, and the New Black/Nonblack Divide* (Boulder, Colo., 2003).

Yates, Steven. *Civil Wrongs: What Went Wrong with Affirmative Action* (San Francisco, Calif., 1994).

Young Jr., Whitney M. *To Be Equal* (New York, 1964).

Zelman, Patricia G. *Women, Work, and National Policy: The Kennedy-Johnson Years* (Ann Arbor, Mich., 1982).

索 引

Abram, Morris 莫里斯·艾布拉姆 167, 177, 183
Abzug, Bella 贝拉·阿布朱格 132
Adarand Constructors v. Pena 阿达兰德建筑公司诉佩纳案 233, 241, 244, 246, 251, 266, 270, 271, 272, 276
"affirmative access" "平权通道" 263, 266
affirmative action 平权运动
    early appearance of 的早期出现 15
    first congressional vote 首次国会投票表决 124
    genesis of 的起源 46–48
    origins of term 术语的来源 60–61
Age Discrimination in Employment Act 《禁止就业年龄歧视法案》 141
Agriculture Department 农业部 83
Albright, Madeleine 马德琳·奥尔布赖特 222
Alexander, Clifford, Jr. 小克利福德·亚历山大 93, 120
Alexander, Lamar 拉马尔·亚历山大 234
American Bar Association 美国律师协会 154
American Civil Liberties Union 美国民权同盟 130, 199, 204
American Jewish Committee 美国犹太人委员会 94, 143
Americans with Disabilities Act (1990) 《美国残疾人法案》（1990）212, 227
Americans with Disabilities Act (1991) 《美国残疾人法案》（1991）213

Anderson, Marian 玛丽安·安德森 16

"angry white men" "愤怒的白种男性" 228–30, 232, 233, 234, 243

Anti-Defamation League of B'nai B'rith 布内·布里茨反诽谤同盟 156

Ashcroft, John 约翰·阿什克罗夫特 264

Asian Americans 亚裔美国人
 cabinet appointments 内阁任命 263
 higher education 高等教育 150, 151, 152, 229, 237, 248, 249, 259–60, 268, 269
 interracial marriages 异族通婚 264
 Order No. 4 第4号令 125
 Proposition 议题 209, 257
 set-asides programs 保留配额计划 236, 237, 238, 240

Atwater, Lee 李·阿特沃特 198, 199

Bailey, Robert 罗伯特·贝利 36

Bakke case 巴基案 150–55, 157, 196–97, 233, 254, 271, 275, 283

Bales v. General Motors 贝尔斯诉通用汽车案 150

Bell, Eleanor Holmes 埃莉诺·霍姆斯·贝尔 169

Bell, Griffin 格里芬·贝尔 148, 155

Bennet, William 威廉·贝内特 207

Bennett, Lerone, Jr. 小莱罗内·本内特 24, 58, 85

Bennett, William 威廉·本内特 233

Bentsen, Lloyd 劳埃德·本特森 198, 222

Berry, Mary Francis 玛丽·弗兰西斯·贝里 177

Bethune, Mary McLeod 玛莉·麦克里欧德·贝颂 16, 17

Bilbo, Theodore 西奥多·比尔博 29, 34, 35–36

Birmingham, Alabama 阿拉巴马州伯明翰市 69–70

black power 黑人权力 98, 107, 111

Blackmun, Harry 哈里·布莱克门 114, 154, 195, 204, 240, 283

Bloody Sunday 血色星期天 84
B'nai B'rith Anti-Defamation League 布内・布里茨反诽谤同盟 153, 165
Bob Jones University 鲍勃・琼斯大学 174, 175, 186
Bok, Derek 德里克・博克 278, 279, 280
Bolick, Clint 克林特・伯里克 225, 243, 255
Bollinger, Lee C. 李・C. 布林格 x, 269
Bork, Robert 罗伯特・博克 194, 196–97
Bowen, William 威廉・鲍恩 278, 279, 280
Bratton et al v. City of Detroit 布拉顿等人诉底特律市案 179–80
Brennan, Peter J. 彼得・J. 布伦南 138, 140
Brennan, William 威廉・布伦南 156, 191–92, 195, 207
Breyer, Stephen 斯蒂芬・布雷耶 240
Brock, William 威廉・布洛克 188
Brooke, Edward 爱德华・布鲁克 91
Brotherhood of Sleeping Car Porters 卧车列车员兄弟会 17, 19
Brown, Henry 亨利・布朗 4
Brown, Jesse 杰西・布朗 222
Brown, Ron 罗恩・布朗 222
Brown, William H., III 威廉・H. 布朗三世 136
Brown, Willie 威利・布朗 245, 250
Brown v. Board of Education 布朗诉教育委员会案 51–53
Browner, Carol 卡罗尔・布朗纳 222
Buchanan, Patrick 帕特里克・布坎南 213–14, 218, 245
Bunzel, John 约翰・邦泽尔 177
Burger, Warren 沃伦・伯格 113, 128–29, 154, 157, 193
Bush, George H. W. 乔治・H. W. 布什 183, 198–200, 205–9, 209–15, 217, 218, 238
Bush, George W. 乔治・W. 布什 232, 259, 262–64, 266, 272
Bush, Jeb 杰布・布什 238, 261–62

Califano, Joseph, Jr. 小约瑟夫·卡利法诺 147, 148, 282–83
Canady, Charles 查尔斯·卡纳迪 232, 251, 255, 257
Cannon, Lou 卢·坎农 163, 175
capital punishment 死刑 218
Carlson, Margaret 玛格丽特·卡尔森 228
Carmichael, Stokely 斯托克利·卡迈克尔 111
Carson, Johnny 约翰尼·卡森 198
Carswell, G. Harold G. 哈罗德·卡斯韦尔 114
Carter, Jimmy 吉米·卡特 146–48, 154, 157–58, 163, 164–65, 168–69, 174, 185–86, 236
Carver, George Washington 乔治·华盛顿·卡佛 98
Casellas, Gilbert 吉尔伯特·卡塞利亚斯 225–26
Castillo, Raul 劳尔·卡斯蒂略 172
Cavasos, Lauren 劳伦·卡瓦索斯 200
census (2000) 人口普查（2000）264, 265
Center for Individual Rights 个人权利研究中心 268
Chao, Elaine 赵小兰 263
Chavez, Cesar 西泽·查韦斯 112
Chavez, Dennis 丹尼斯·查韦斯 35, 36
Churchill, Winston 温斯顿·丘吉尔 20
Cisneros, Henry 亨利·西斯内罗斯 222
City of Richmond v. J. A. Croson 里士满市诉J. A. 克罗松案 201–2, 242, 271, 272
Civil Rights Act (1963) 《民权法案》（1963）71
Civil Rights Act (1964) 《民权法案》（1964）
　foundation of 的基础 47
　gender discrimination 性别歧视 100–103, 133
　implementation 履行 94–100

legal implications 法理意义 90, 276

passage of 的通过 74–75, 75–83

Philadelphia Plan 费城计划 109, 115, 117–18, 121, 122

preferential treatment 特惠待遇 97, 184–85

proposed amendments 修正议案 166, 209, 224, 277–78

proposed repeal 废止议案 232–33

Supreme Court cases 最高法院案例 127–29, 191–92, 193–96, 202, 203, 268

Civil Rights Act (1990) 《民权法案》(1990) 205, 206–7

Civil Rights Act (1991) 《民权法案》(1991) 209–13, 227, 235, 276

Civil Rights Commission 民权委员会 57, 83

Civil Rights Division of Justice Department 司法部民权司 57

Civil Rights Restoration Act 《公民权利恢复法案》 192

Civil Service Commission 文官委员会 92, 134

Civilian Conservation Corps 民间资源保护队 13, 15

Clarenbach, Kathryn 凯瑟琳·克拉伦巴赫 102

Clark, Ramsey 拉姆齐·克拉克 99, 103

Clinton, William Jefferson 威廉·杰斐逊·克林顿

on affirmative action 谈平权运动 243, 250–51, 272–73

elections 选举 214–15, 217–19, 238, 254–58

gays in the military 军队中的同性恋者 223–25

nominations and appointments 提名与任命 221–23, 225–26, 240

Coleman, Mary Sue 玛丽·苏·科尔曼 271–72

Commission on Civil Rights 民权委员会 40

Commission on the Status of Women 妇女地位委员会 66

Committee for Affirmative Action in Universities 大学平权运动委员会 145

Committee on Academic Nondiscrimination and Integrity 学术非歧视和学术诚信委员会 143

"compassionate conservatism" "有同情心的保守主义" 263

Congress of Racial Equality (CORE) 种族平等大会（CORE） 58, 73, 76

Connerly, Ward 沃德·康纳利 233, 246, 248–49, 249–50, 257, 260, 261, 264, 272

Connor, Eugene "Bull" "公牛"尤金·康纳 69–70

"Contract with America" "与美国有约" 231

Coolidge, Calvin 卡尔文·柯立芝 9

Cooper, Joseph 约瑟夫·库伯 188

Croson, J. A. J. A. 克罗松 201–2

Custred, Glynn 格林·卡斯德里特 245–46

Dalfiume, Richard 理查德·达尔菲姆 32

Danforth, John C. 约翰·C. 丹福思 210, 211–12

Davis, John P. 约翰·P. 戴维斯 16

Dawkins v. Nabisco 道金斯诉纳贝斯克公司案 150

Defense Department 国防部 224, 252, 258

Department of Health, Education, and Welfare 卫生、教育和福利部 142–43

Department of Labor 劳工部 92, 118

Destro, Robert 罗伯特·德斯特罗 177

Deukmejian, George 乔治·德克梅吉恩 245

Dewey, Thomas E. 托马斯·E. 杜威 40, 42, 43

Diddley, Bo 布·迪德利 54

Dirksen, Everett 埃弗雷特·德克森 80, 121–22

disabilities, persons with 残疾,有……的人 193, 212, 213, 226, 227

Disadvantaged Business Enterprise Program 弱势商业企业计划 258, 266, 276

Dixiecrats 南部各州的民主党党员 42

Dole, Bob 鲍勃·多尔

    on affirmative action 谈平权运动 188, 233, 235, 245, 255

    Civil Rights Act (1991) 《民权法案》(1991) 212

    elections 选举 146, 255, 257, 262, 272

    Equal Opportunity Act 《平等机会法案》251

as Senate Majority Leader 作为参议院多数党领袖 232
Dole, Elizabeth 伊丽莎白·多尔 188, 200
Dominguez, Cari M. 卡里·M. 多明格斯 264, 276
Donovan, Raymond J. 雷蒙德·J. 多诺万 162, 169, 172, 176
Drug Enforcement Agency 缉毒署 119
Drummond, Bryan 布莱恩·德拉蒙德 228
Du Bois, W. E. B. W. E. B. 杜波依斯 6, 7
Dukakis, Michael 迈克尔·杜卡斯基 198, 199
Duke, David 戴维·杜克 206, 213–14, 229, 256, 260

Early, Stephen 史蒂芬·厄尔利 18
Eastwood, Mary 玛丽·伊斯特伍德 102
education 教育 29–30, 51, 53–54, 71, 77, 83, 85, 90–91, 96–97
    See also higher education 亦可见于高等教育
Ehrlichman, John 约翰·埃利希曼 114, 120
8(a) program of SBA 小型企业总署的8（a）计划 236–37, 238–39, 252–53
Eisenhower, Dwight D. 德怀特·D. 艾森豪威尔 33, 41, 43, 50–51, 53–54, 59
Elders, M. Joycelyn M. 乔伊斯林·埃尔德斯 222
Ellison, Ralph 拉尔夫·埃里森 14, 18
Environmental Protection Agency 环境保护局 119, 162, 226, 258
Equal Employment Opportunity Act (1972) 《平等就业机会法案》（1972）134, 141, 276
Equal Employment Opportunity Commission (EEOC) 平等就业机会委员会（EEOC）
    class-action lawsuits 集体诉讼 215
    Clinton administration 克林顿行府 225–26
    enforcement 执行 108, 140–41, 167–69, 177, 276
    establishment 确立 74
    executive order (11246) 第11246号行政命令 92–93

gender discrimination 性别歧视 101, 132–33,147, 184
leadership 领导阶层 208, 264
limitations 局限性 97
minority reports 少数派报告 99, 181
powers 权力 96, 103
preferential treatment 特惠待遇 97
proposals to eliminate 提议取消 233
racial composition 种族结构 160
scope 范围 134–35, 276
sexual harassment 性骚扰 213
Equal Opportunity Act (1995) 《平等机会法案》（1995）251, 255, 257
Equal Pay Act (1963) 《同酬法案》（1963）68–69, 81, 142
Equal Rights Amendment (ERA) 《平等权利修正案》（ERA）132, 133, 140, 142
Ervin, Sam 萨姆·欧文 122, 132, 135, 140
Espy, Mike 迈克·埃斯皮 222
Ethridge, Mark 马克·埃瑟里奇 275

Fahy Committee 费伊委员会 42, 44
Fair Employment Practices Commissions 公平就业实践委员会 54–55
Fair Employment Practices Committee (FEPC) 公平就业实践委员会（FEPC）22, 24–25, 35–36, 38, 46, 50
Falwell, Jerry 杰里·福尔韦尔 171
Family Assistance Plan 家庭援助计划 119
Family Reinforcement Act 《家庭增援法案》231
Fanjul family 范朱尔家族 238
Farmer, James 詹姆斯·法默 77–78, 94
Farrakhan, Louis 路易斯·法拉堪 182
Faubus, Orval 奥瓦尔·福伯斯 53, 250
Federal Communications Commission 联邦通信委员会 266

federal contracts 联邦合同

　　See also set-asides programs 也见于保留配额计划

　　Clinton administration 克林顿行府 252–53

　　court cases 法院判例 200–202

　　Equal Opportunity Act (1995) 《平等机会法案》（1995）251

　　Kennedy administration 肯尼迪行府 63–66, 72

　　Nixon administration 尼克松行府 125–27

　　OFCC and 联邦合同遵循办公室 108, 115

　　problems with set-asides 关于保留配额的问题 236–40

　　Reagan administration 里根行府 172

　　Title VII 第7条 79

Federal Trade Commission (FTC) 联邦贸易委员会（FTC）181

Ferarro, Geraldine 杰罗丁・费拉罗 182

Ferguson, Ronald 罗纳德・弗格森 281

Firefighters Local Union #1784 v. Stotts 第1784号消防员地方工会诉斯托茨案 179, 180–81,184

Fitzwater, Marlin 马林・菲茨沃特 213

Fleeson, Doris 多丽丝・弗利森 67

Fleischer, Ari 阿里・弗莱舍 266

Flemming, Arthur S. 阿瑟・S. 弗莱明 176

Fletcher, Arthur 阿瑟・弗莱彻 116–17, 121, 138

Flinn, David 戴维・弗林 247

Ford, Gerald 杰拉尔德・福特 123, 145–46

Ford,Henry 亨利・福特 12

Foreman, Clark 克拉克・福尔曼 11–12

Fortas, Abe 阿贝・福塔斯 60, 113

Frankfurter, Felix 费利克斯・法兰克福特 131

Franklin, Dorothy 多萝西・富兰克林 55

Franklin, John Hope 约翰・霍普・富兰克林 257

Freedmen's Bureau Act 《自由民局法》75
"freedom budget" "自由预算" 86
Friedan, Betty 贝蒂·弗里丹 66–67, 101–2
Fullilove v. Klutznick 富利洛夫诉克卢茨尼克案 157, 242

Gallegos, Tony 托尼·加列戈斯 225
Gary, J. Vaughan J. 沃恩·加里 80
Gay Task Force 同性恋特遣队 142
gays 同性恋 112, 130, 142, 176, 218, 223–25, 227, 231, 258, 277–78
Gephardt, Richard 理查德·格普哈特 198, 235, 267
Gibbons, John J. 约翰·J. 吉本斯 127
Gingrich, Newt 纽特·金里奇 221, 231, 232, 245, 254–55, 256
Ginsburg, Douglas H. 道格拉斯·H. 金斯伯格 197
Ginsburg, Ruth Bader 露丝·巴德·金斯伯格 131, 240, 254
Glass Ceiling Act (1991) 《玻璃天花板法案》(1991) 212
Glass Ceiling Commission (1991) 玻璃天花板委员会 (1991) 235, 240
Glazer, Nathan 内森·格莱泽 143, 149, 185, 265
goals and time tables 目标和时间表
  Bush (G. H. W.) administration 老布什行府 198, 208, 210, 215
  Carter administration 卡特行府 147, 148, 149, 158
  Clinton administration 克林顿行府 235, 239–40, 245, 251
  election 2000 2000年大选 260
  Johnson administration 约翰逊行府 103, 105, 106, 109
  Kennedy administration 肯尼迪行府 64
  Nixon administration 尼克松行府 117–27, 129, 132, 134, 135, 139, 141, 143, 144
  Reagan administration 里根行府 166, 172, 173, 175–76, 178, 185, 186, 187, 188, 191, 215
  Roosevelt administration 罗斯福行府 13, 33

Goldberg, Arthur 阿瑟·戈德堡 60, 68
Goldwater, Barry 巴里·戈德华特 78, 80, 118, 171
Goodling, Bill 比尔·古德林 232–33
Gore, Al, Jr. 小阿尔·戈尔 198, 217, 234, 262
Government Contract Committee 政府合同委员会 50
government contracts 政府合同
    See federal contracts 见联邦合同
Graham, Hugh Davis 休·戴维斯·格雷厄姆 118
Gramm, Phil 菲尔·格拉姆 234, 245
Granger, Lester 莱斯特·格兰杰 20, 42
Gratz, Jennifer 詹妮弗·格拉茨 ix, 267–68, 281
Gratz v. Bollinger 格拉茨诉布林格案 268, 270
Gray, C. Boyden C. 博伊登·格雷 211, 213, 214
Gray, Gordon 戈登·格雷 45
Great Society programs "伟大社会"计划 85, 89, 108, 115
Green, Edith 伊迪丝·格林 68, 81
Greenberg, Stanley 斯坦利·格林伯格 206, 223
Greensboro 4 格林斯博罗四人组 57–58
Griffiths, Martha 玛莎·格里菲思 81, 101, 132
Griggs v. Duke Power Co. 格瑞格斯诉杜克电力公司案 127, 203–4, 205, 210, 212
Grove City College 格洛夫城市学院 193
Grutter, Barbara 芭芭拉·格鲁特尔 ix, 268, 281
Grutter v. Bollinger 格鲁特尔诉布林格案 268, 270, 271, 277
Guinier, Lani 拉妮·吉尼尔 222–23

Haldeman, H. R. H. R. 霍尔德曼 135
Hamacher, Patrick 帕特里克·哈马赫尔 268, 281
Harding, Warren G. 沃伦·G. 哈丁 9

Harlan, John Marshall 约翰·马歇尔·哈伦 4
Harlem, New York 纽约市哈莱姆区 41
Harrington, Michael 迈克尔·哈林顿 54
Harris, Patricia 帕特里夏·哈里斯 147, 148
Hart, B. Sam B. 山姆·哈特 176
Hastie, William H. 威廉·H. 黑斯蒂 28, 32, 35
Hatch, Orrin 奥林·哈奇 166–67, 170, 209, 232, 257
Hawkins, Augustus 奥古斯都·霍金斯 205
Hayden, Tom 汤姆·海登 250
Haynesworth, Clement 克莱门特·海恩斯沃思 113–14, 120
Hernandez, Aileen 艾琳·赫尔南德斯 100, 102
higher education 高等教育
 See also education 也见于教育
 admissions practices 招生惯例 150–55, 246–51, 253–54, 258–60, 262, 266–67, 267–72, 276–77, 279–82
 Bush administration 老布什行府 213
 employment practices 雇佣惯例 142–45, 229–30, 245–46, 276–77
 legacies in colleges 高校遗产 246, 267, 269
 political correctness 政治正确 219, 230
 scholarship programs 奖学金项目 213, 226, 241, 244, 265
 segregated private schools 实行种族隔离的私立学校 174, 175, 176
 separate-but-equal doctrine 隔离但平等原则 50
Hill, Anita 安妮塔·希尔 208–9
Hill, Herbert 赫伯特·希尔 63, 93, 138
Hill, T. Arnold T. 阿诺德·希尔 10, 17–18
Hill-Burton Act 《希尔—波顿法案》 62
Hinckley, John 约翰·辛克利 163
Hispanics 西班牙裔
 activism 行动主义 112, 130

in cabinet positions 内阁职位中 200, 222
　　college admissions 大学招生 150, 151, 152, 248, 253, 258–59, 268, 269, 272, 280
　　college faculty 高校院系 229, 230, 236, 237
　　at the EEOC 在平等就业机会委员会 160
　　elections 选举 263
　　federal employment 联邦就业 165
　　immigration 移民 237, 239
　　Order No. 4 第4号令 125
　　prevalence of discrimination 歧视盛行 141, 178, 183, 240
　　Proposition 提案 209, 255–56
　　racial lines 种族界限 265, 283
　　set-aside programs 保留配额计划 200, 238, 241
Hodgson, James 詹姆斯·霍奇森 133, 139
Holsey, Albon 阿尔邦·霍尔赛 6
Holzer, Harry 哈里·霍尔泽 278, 280
homosexuals 同性恋者 112, 130, 142, 176, 218, 223–25, 227, 231, 258, 277–78
Hooks, Benjamin 本杰明·胡克斯 156, 170, 187, 192, 204–5
Hoover, Herbert 赫伯特·胡佛 9, 12, 14
Hopkins, Harry 哈里·霍普金斯 14, 15, 17
Hopwood, Cheryl 谢丽尔·霍普伍德 233, 253–54, 268
Hopwood v. Texas 霍普伍德诉得克萨斯大学案 253, 258–59, 265, 270, 271
Horton, William "Willie" 威廉·霍顿，"威利" 199, 214
Hose, Sam 山姆·侯斯 7
housing discrimination 住房歧视 26, 85
Houston, Charles 查尔斯·休斯敦 11
Hudnut, William 威廉·赫德纳特 186
Humphrey, Hubert H. 休伯特·H.汉弗莱 42, 78–79, 80, 107, 184–85
Hyde, Henry 亨利·海德 211, 232–33

Ickes, Harold L. 哈罗德·L. 伊克斯 11–13, 16, 17, 46
immigrants 移民 200, 214, 221, 229, 232, 237, 239, 272, 283
Indianapolis, Indiana 印第安纳州印第安纳波利斯市 185
Ingraham, Janice Camerena 加尼斯·卡莫诺娜·英格拉哈姆 256
Internal Revenue Service (IRS) 国税局（IRS）174
interracial couples 异族婚姻 29, 30, 35–36, 38–39, 50, 264
Interstate Commerce Commission 州际商务委员会 64

Jackson, Jesse 杰西·杰克逊 ix, 34, 164, 182, 185, 198, 208, 218, 235, 250, 281–82
James, Charles E., Sr. 老查尔斯·E. 詹姆斯 263
Japanese Americans' internment 日裔美国人收容所 25–26, 38–39
Jewish community 犹太社区 143, 153, 183
Johnson, Claudia Taylor (Lady Bird) 克劳迪娅·泰勒·约翰逊（小鸟夫人）102
Johnson, Louis 路易斯·约翰逊 44–45
Johnson, Lyndon B. 林登·B. 约翰逊
  on affirmative action 谈平权运动 109, 115, 273
  Civil Rights Act 《民权法案》39, 74, 82
  elections 选举 57, 206
  enforcement issues 执行问题 96, 97
  executive order (1965) 行政命令（1965）129
  federal employment 联邦就业 80
  gender discrimination 性别歧视 102–3
  Howard University speech 霍华德大学演讲 118–19, 128
  National Youth Administration 全国青年总署 15
  PCEEO leadership 总统的平等就业机会委员会领导层 60, 61–62, 64, 65
  Philadelphia Plan 费城计划 157

social programs advocacy 提倡社会计划 84–85, 87–90, 91, 92–94, 103–7, 107–8

Voting Rights Act 《投票权法案》83

Johnson, Paul 保罗·约翰逊 194–96, 202

Johnson v. Santa Clara County Transportation Agency 约翰逊诉圣克拉拉县交通运输机构案 194, 202, 204, 208

Jordan, Vernon 弗农·乔丹 146, 170

Joyce, Diane 戴安·乔伊斯 194–96

jury trials 陪审团审案 209–10, 212, 276

Justice Department 司法部

on affirmative action 谈平权运动 184, 186, 188, 192

affirmative action reports 平权运动报告 181

Civil Rights Act of 1991 1991年《民权法案》210

enforcement 执行 96, 103, 160, 173

policing efforts 警务工作 226

on SBA 8(a) program 小型企业总署8（a）计划 252

sex discrimination case 性别歧视案件 133

Kemp, Jack 杰克·肯普 255

Kennedy, Anthony M. 安东尼·M. 肯尼迪 197

Kennedy, Edward 爱德华·肯尼迪 87, 120, 204–5, 211, 212

Kennedy, John F. 约翰·F. 肯尼迪 59–66, 66–69, 70–72, 77, 80, 84–85, 96, 108, 220

Kennedy, Robert 罗伯特·肯尼迪 59–60, 70, 107

Kerner, Otto 奥托·克纳 99

Kerner Commission 克纳委员会 134

Kerner Report 克纳调查报告 99, 114

Kilson, Martin 马丁·吉尔森 167

King, Martin Luther 马丁·路德·金

Assassination 暗杀 107
　　Birmingham demonstration 伯明翰示威游行 69, 70
　　on Brown decision 布朗案判决 59
　　Dream 梦想 x, 278
　　"Freedom Budget" "自由预算" 86–87
　　Kennedys and 肯尼迪家族 59–60
　　March on Washington 华盛顿游行 73–74
　　Reagan quoting 里根的援引 185, 189
　　Rosa Parks 罗莎·帕克斯 52
Kirkpatrick, Jeane 珍妮·柯克帕特里克 163
Kissinger, Henry 亨利·基辛格 140
Kotlowski, Dean 迪安·科特沃夫斯基 118
Kristol, Irving 欧文·克里斯托尔 144
Ku Klux Klan 3K党 9, 34, 38–39

Labor Department 劳工部 105, 115, 123, 133, 139, 141
Lanier, Bob 鲍伯·兰尼尔 260
League to Maintain White Supremacy 维持白人至上联盟 25
Lee, Robert Edward (Roberto Eduardo Leon) 罗伯特·爱德华·李（罗伯特·爱德华·莱昂）149
Leeper, Mary M. 玛丽·M. 利珀 144
Lewis, John 约翰·刘易斯 73–74, 84
Lieberman, Joseph 约瑟夫·利伯曼 234
Lilienthal, David E. 戴维·E. 利连索尔 17
literacy 读写能力 30, 51
Litwack, Leon 莱昂·利特瓦克 4
Local 93 of the International Association of Firefighters v. City of Cleveland 国际消防员协会第93号地方工会诉克利夫兰市案 190–91
Local 28 v. Equal Employment Opportunity Commission 第28号地方工会诉平

等就业机会委员会案 191
Loury, Glenn 格伦·劳瑞 282, 283
Lujan, Manuel 曼纽尔·卢汉 200
Lynch, Frederick 弗雷德里克·林奇 228–29
lynchings 私刑 6–10, 16, 38, 40

Macy, John 约翰·梅西 68
March on Washington 向华盛顿进军 73–74
Mariotta, John 约翰·马里奥特 201
Marshall, Burke 伯克·马歇尔 70
Marshall, George 乔治·马歇尔 37, 85
Marshall, Thurgood 瑟古德·马歇尔 35, 91, 154, 157, 202, 207
Marshall Plan 马歇尔计划 85–87, 107–8, 167
Martin v. Wilks 马丁诉威尔克斯案 203
McCain, James T. 詹姆斯·T. 麦凯恩 59
McConnell, Mitch 米奇·麦康奈尔 257
McGovern, George 乔治·麦戈文 138, 139, 140
McNamara, Patrick 帕特里克·麦克纳马拉 68
Meany, George 乔治·米尼 114, 120, 138
media 媒体 17, 280–81
Meese, Edwin, III 埃德温·米斯三世 183, 184, 185, 187, 188, 189, 201
Merit 考绩
    Bush (G. H. W.) administration 老布什行府 208, 216
    Carter administration 卡特行府 148, 160
    Clinton administration 克林顿行府 244
    Equal Pay Act (1963) 《同酬法案》（1963）68
    higher education 高等教育 149, 246, 249, 256, 259
    Johnson administration 约翰逊行府 88, 90, 99, 103
    Kennedy administration 肯尼迪行府 76

military services 兵役 45, 47
　　Nixon administration 尼克松行府 139
　　Reagan administration 里根行府 169, 216
　　Title VII 第7条 79
　　2000 presidential election 2000年总统大选 263
　　women's employment 妇女就业 68
Meritor Savings Bank v. Vinson 美驰储蓄银行诉文森案 193–94
Metro of Washington, D.C. 华盛顿特区地铁 129–30, 142
Mexican American Legal Defense and Educational Fund 墨西哥裔美国人法律辩护和教育基金 172
Michaelis, John H. 约翰·H. 米凯利斯 45
Michel, Robert 罗伯特·米歇尔 188, 210
middle class, black 黑人中产阶级 150, 154, 282, 283
military 军队
　　desegregation 种族隔离 39, 40, 44, 47
　　draft registration 草案登记 161
　　gays in 在……中的同性恋者 224–25, 231
　　segregation 种族隔离 8, 18, 27–29, 29–34, 56
　　selective service 义务兵役制 1–2, 16, 17, 28, 41, 119
　　taxation without representation 无代表权的征税 23
　　Universal Military Training 普遍军训 39, 41
Miller, Dorie 多利·米勒 31
Minority, Women, and Disadvantaged Business Enterprise Program 少数族裔、妇女和弱势企业计划 260
miscegenation 种族通婚 29, 30, 35–36, 38–39, 50, 264
Mitchell, John 约翰·米切尔 113, 114, 121
Mitchell, Parren 帕伦·米切尔 184
Model Cities Act 《示范城市法案》 92
Mondale, Walter 沃尔特·蒙代尔 182–83

Montgomery Improvement Association 蒙哥马利进步协会 52

Moore, Jerry, Jr. 小杰里·摩尔 129–30

Morrow, E. Frederic E. 弗雷德里克·莫罗 51

Moynihan, Daniel Patrick 丹尼尔·帕特里克·莫伊尼汉 87–88, 219

Moynihan Report 莫伊尼汉报告 87–88

Murray, Pauli 泡利·默里 102

Myrdal, Gunnar 贡纳尔·墨达尔 87

National Association for the Advancement of Colored People (NAACP) 全国有色人种协进会（NAACP）

    advocacy efforts 宣传工作 29, 63, 150

    Bush (G. H. W.) administration 老布什行府 198

    injunctions against 禁令 52

    March on Washington 华盛顿游行 73

    Nixon administration 尼克松行府 124, 126

    Reagan administration 里根行府 164, 170, 172, 183

    Supreme Court cases 最高法院案例 51, 154, 156

    Truman administration 杜鲁门行府 40

    unions and 工会 120

National Association of Manufacturers 全国制造商协会 187

National Conference of Christians and Jews 全国基督教和犹太教大会 159

National Council of Churches 全国基督教协进会 154

National Labor Relations Act 《国家劳资关系法案》15

National Organization for Women (NOW) 全国妇女组织 102, 132, 172

National Urban League 全国城市联盟 56

National Women's Political Caucus 全国妇女政治党团会议 156

National Youth Administration 全国青年总署 15

Native Americans 美洲原住民 15, 25, 112, 125, 150, 151, 203, 229, 236, 237, 258, 268, 269–70

Neas, Ralph G. 拉尔夫·G. 尼斯 186, 187, 189, 210
Neumark, David 戴维·诺伊马克 278, 280
New Deal 新政 10–16, 21, 46
New Orleans plan 新奥尔良计划 178–79
Newport News Shipbuilding Company 纽波特纽斯造船公司 98
Nixon, Richard 理查德·尼克松
 affirmative action policies 平权运动政策 137–40, 273
 on discrimination 关于歧视 59
 on EEOC 关于平等就业机会委员会 134–35
 Eisenhower and 艾森豪威尔 50, 51
 gender discrimination 性别歧视 132–33
 Philadelphia Plan 费城计划 118–19, 120, 121–22, 125–26, 157
 social programs advocacy 提倡社会计划 236
 terms 条款 107, 109, 111, 145
Nofzinger, Lyn 林恩·诺夫辛格 201
North American Free Trade Agreement (NAFTA) 《北美自由贸易协定》（NAFTA）231
Norton, Eleanor Holmes 埃莉诺·霍姆斯·诺顿 147, 159, 169, 171
Nunn, Sam 山姆·纳恩 217, 225

Occupational Safety and Health Administration (OSHA) 职业安全与卫生管理局（OSHA）119
O'Connell, James 詹姆斯·奥康奈尔 67
O'Connor, Sandra Day 桑德拉·戴·奥康纳 ix, 171–72, 190, 202, 203, 241, 242, 270, 271, 273
Office of Economic Opportunity 经济机会办公室 139
Office of Federal Contract Compliance (OFCC) 联邦合同遵循办公室（OFCC）92, 104, 108, 145, 147, 169
Office of Federal Contract Compliance Programs (OFCCP) 联邦合同遵循项目

办公室（OFCCP） 147, 159, 177, 215, 263, 276
Office of Management and Budget 管理和预算办公室 119
Office of Minority Business Enterprise 少数族裔工商企业办公室 119
Older Workers Protection Benefits Act 《老员工利益保护法案》227
O'Leary, Hazel 黑兹尔·奥利里 222
Open Housing Act 《开放住房法案》92

Parks, Rosa 罗莎·帕克斯 6, 52
Pataki, George 乔治·保陶基 252
Patrick, Deval 戴沃·帕特里克 225, 232
Patterson, Brenda 布伦达·帕特森 203
Patterson v. McLean Credit Union 帕特森诉麦克莱恩信用卡联盟案 203, 204
Pech, Randy 兰迪·佩希 241
Peck, Jimmy 吉米·佩克 23
Pena, Federico 费德里科·佩纳 222
Pendleton, Clarence, Jr. 小克拉伦斯·彭德尔顿 176, 177, 183–84
Perkins, Francis 弗朗西丝·珀金斯 14
Perot, H. Ross H. 罗斯·佩罗 214–15, 217, 218, 256
Personal Responsibility Act 《个人责任法案》231
Peterson, Frank 弗兰克·彼得森 47
Philadelphia Plan 费城计划 105, 109, 115, 117, 118–25, 126, 127, 138, 139
Pierce, Samuel, Jr. 小塞缪尔·皮尔斯 162, 174
Pister, Karl 卡尔·皮斯特 251
Plessy v. Ferguson 普莱西诉弗格森市案 3–4, 47
political correctness (PC) 政治正确（PC） 219, 230
Potomac Institute 波托马克学社 159
Pottinger, J. Stanley J. 斯坦利·波廷杰 144
Powell, Colin 科林·鲍威尔 47, 49, 225, 251–52, 256, 263, 267
Powell, Lewis 刘易斯·鲍威尔 114, 154, 155, 190, 196, 220, 270, 271, 273, 275

Pregnancy Discrimination Act 《怀孕歧视法案》147

President's Commission on the Status of Women 总统的妇女地位委员会 67

President's Committee on Equal Employment Opportunity (PCEEO) 总统的平等就业机会委员会（PCEEO）60, 61–62, 64–65

Prewitt, Kenneth 肯尼斯·普鲁伊特 283

Price, Margaret 玛格丽特·普莱斯 67

Professional and Administrative Career Examination (PACE) 行政人员录用考试（PACE）165, 169, 211–12

Proposition 提案 209, 255, 256–57, 258, 260, 263

Proposition A 《A号提案》260

Public Works Act (1977) 《公共建设工程法案》（1977）147, 200, 202, 236, 242, 257

Public Works Administration 市政工程署 12, 46

Quarles v. Philip Morris 夸尔斯诉飞利浦·莫里斯公司案 128

Quayle, Dan 丹·奎尔 198, 218

Quotas 定额制

  Bush (G. H. W.) administration 老布什行府 205, 206, 210–11, 213, 216

  Bush (G. W.) administration 小布什行府 262

  Carter administration 卡特行府 147–48

  Civil Rights Act debate 《民权法案》辩论 78

  Clinton administration 克林顿行府 218, 223, 229, 232, 235, 244, 256

  court cases 法院案件 126, 180, 192, 203, 270

  debate on 关于……的辩论 94

  Kennedy administration 肯尼迪行府 77

  Nixon administration 尼克松行府 122, 135–36, 139

  public opposition to 公众反对 120, 261

  Reagan administration 里根行府 165–66, 176, 184, 188, 189, 216

"race norming" "种族评分法" 211–12

Rainbow Coalition 彩虹联盟 182, 218

Ramirez, Blandina Cardenas 布兰迪娜·卡德纳斯·拉米雷斯 177

Randolph, A. Philip A. 菲利普·伦道夫 1–2, 17–23, 41, 42, 44, 73, 74, 86, 275

Rauh, Joseph 约瑟夫·劳 134

Reagan, Ronald 罗纳德·里根 82, 146, 161–64, 164–79, 180–92, 192–97, 206, 215, 235

Reed, Stanley 斯坦利·里德 35

Regan, Donald 唐纳德·里甘 162, 188

Regents of the University of California v. Allan Bakke 加州大学董事会诉艾伦·巴基案 150–55, 157, 196–97, 233, 254, 271, 275, 283

Rehabilitation Act 《康复法案》141

Rehnquist, William 威廉·伦奎斯特 114, 154, 193, 194, 270

Reich, Robert 罗伯特·莱克 222, 240

Reno, Janet 珍妮特·雷诺 222

reverse discrimination 逆向歧视
 advocates for 倡导 99
 court cases 法院判例 152–55, 156, 196, 226–27, 233, 244
 debate on 关于……的辩论 76
 measuring 衡量 230
 Meese on 米斯谈逆向歧视 187
 opposition to 反对 229
 Reagan administration 里根行府 172
 Sandler on 桑德勒谈逆向歧视 144

Revised Order 4 第4号令修订版 133–34

Reynolds, William Bradford 威廉·布拉德福·雷诺兹
 on affirmative action 谈平权运动 172, 173, 175, 179, 180, 181, 184
 appointment 任命 169
 on civil rights movement 谈民权运动 188–89

　　　　promotion blocked 晋升受阻 186

　　　　on set-asides 谈保留配额 186–87

　　　　Supreme Court nominations 最高法院提名 197, 208

Rice, Condoleezza 康多莉扎·赖斯 263, 267

Richmond case 里士满案 201–2, 242, 271, 272

Ridge, Tom 汤姆·里奇 252

Robertson, A. Willis A. 威利斯·罗伯逊 75

Rockefeller, Nelson 纳尔逊·洛克菲勒 146

Rodino, Peter 彼得·罗迪诺 77–78

Rodriguez, Alex 艾力士·罗德里格斯 225

Rodriguez, Jose 何塞·罗德里格斯 239

Roe v. Wade 罗诉韦德案 142, 197, 208

Roosevelt, Eleanor 埃莉诺·罗斯福 15–16, 17, 21, 67

Roosevelt, Franklin D. 富兰克林·D. 罗斯福 1, 5–6, 10, 11, 17–24, 46–47, 51

Roosevelt, Franklin D., Jr. 小富兰克林·D. 罗斯福 90, 93

Rove, Karl 卡尔·罗夫 263

Royall, Kenneth 肯尼斯·罗亚尔 45

Roybal, Edward 爱德华·罗伊鲍尔 130

"rule of two" "两家法则" 252, 258

Runyon v. McCrary 鲁尼恩诉麦克拉里案 149–50, 203, 204

Russell, Richard 理查德·罗素 41, 75

Saltzman, Murray 默里·萨尔茨曼 177

Sandler, Bernice 波尼斯·桑德勒 144

Satcher, David 戴维·萨彻 222

Savio, Mario 马里奥·萨维奥 250

Scalia, Antonin 安东宁·斯卡利亚 193, 195–96, 242, 277

Schlafly, Phyllis 菲利斯·施拉夫利 171

Schultz, George 乔治·舒尔茨 188

Schwarzkopf, Norman 诺曼·施瓦茨科普夫 267
Scott, Ann 安·斯科特 144
selective service 义务兵役制 1–2, 16, 28–29, 41, 119
Selma, Alabama 阿拉巴马州塞尔玛市 84
Sengstacke, John 约翰·森斯塔克 42
seniority system 资历制度 180–81
separate-but-equal doctrine 隔离但平等原则 4, 32, 50, 187
set-asides programs 保留配额计划
 beneficiaries 受益者 237
 Bush administration 老布什行府 213
 Clinton administration 克林顿行府 244–45, 252, 257–58
 Equal Opportunity Act (1995) 《平等机会法案》（1995）251
 fraud 欺诈 272
 opposition to 反对 200–202, 235, 236–40
 Proposition A 《A号提案》260
 Supreme Court rulings 最高法院裁定 233, 241–43, 266, 276
sexual harassment 性骚扰 170, 208–9, 209–10, 212, 213, 216, 276
sexual orientation 性取向 112, 130, 142, 176, 218, 223–25, 227, 231, 258, 277–78
Shalala, Donna 唐娜·沙拉拉 222
Shenefield, John 约翰·希尼菲尔德 165
Shong, Ellen M. 埃伦·M.熊 169
Shulman, Stephen 斯蒂芬·舒尔曼 93
Shultz, George 乔治·舒尔茨 116–17, 118, 120, 121, 122, 124, 127
Sickles, Carlton 卡尔顿·西克尔斯 130
Simon, Paul 保罗·西蒙 198
Sitkoff, Harvard 哈佛·西特科夫 8
Skrentny, John David 约翰·戴维·斯克伦特尼 97, 140
Small Business Administration (SBA) 小型企业总署（SBA）119, 236–37,

238–39, 252–53

Smith, Howard K. 霍华德·K. 史密斯 81, 82

Smith, Lonnie 朗尼·史密斯 35

Smith, William French 威廉·弗伦奇·史密斯 162, 168–69

Smith v. Allwright 史密斯诉奥尔赖特案 35

Snipes, Macio 马乔·斯奈普斯 34

Souter, David 戴维·苏特 207

Southern Christian Leadership Conference (SCLC) 南方基督教领袖会议（SCLC）52, 69, 73

Sowell, Thomas 托马斯·索维尔 x, 149

Staats, Elmer 埃尔默·斯塔茨 109, 121

Steel, Shelby 谢尔比·斯蒂尔 278

Stephenson, James 詹姆斯·史蒂芬森 34

Stevens, John Paul 约翰·保罗·史蒂文斯 203

Stewart, Potter 波特·斯图尔特 150, 171

Stimson, Henry L. 亨利·L. 史汀生 17, 21, 28, 32

Stockman, Davis 戴维斯·斯托克曼 162

Stokes, Carl 卡尔·斯多克斯 91, 104

Stotts, Carl 卡尔·斯托茨 180

See also *Firefighters Local Union #178 v. Stotts* 也见于第1784号消防员地方工会诉斯托茨案

Sullivan, Louis 路易斯·沙利文 200

Supreme Court 最高法院

See also specific cases 也见于具体案例

affirmative action 平权运动 283

backlash against affirmative action 针对平权运动的反弹 200, 201–5

employment 雇用、就业 127–29, 149–50, 190

higher education 高等教育 254, 258–59

Local 93 of the International Association of Firefighters v. City of Cleveland

国际消防员协会第93号地方工会诉克利夫兰市案 190–91
Local 28 v. Equal Employment Opportunity Commission 第28号地方工会诉平等就业机会委员会案 191
nominations and appointments 提名和任命 113–14, 124, 193, 207–8, 215, 240
public school desegregation 公立学校种族隔离 51–53
set-aside programs 保留配额计划 233, 240–43, 266
on statistical evidence 关于统计证据 185
2000 presidential election 2000年总统大选 263
United States v. Paradise 美国诉天堂案 191
Sylvester, Edward C., Jr. 小爱德华·C. 西尔维斯特 104

Take Back Our Streets Act 《收回我们的街道法案》231
Taxman, Sharon 莎伦·塔克斯曼 226–27
Taylor, Hobart, Jr. 小霍巴特·泰勒 60–61
Taylor, Ruth Carol 露丝·卡萝尔·泰勒 55
Teamsters v. United States 卡车司机工会诉美国案 150, 180
Thernstrom, Abigail 阿比盖尔·瑟斯特罗姆 257, 278
Thirteenth Amendment 第13条修正案 23
Thomas, Clarence 克拉伦斯·托马斯 169, 178, 184, 208–9, 242, 264
Thompson, Tommy 汤米·汤普森 252
Thornburgh, Richard 理查德·索恩伯格 200, 205
Thurmond, J. Strom J. 斯特罗姆·瑟蒙德 42, 82
Till, Emmett 埃米特·齐尔 50, 57
Tillman, Ben 本·蒂尔曼 6–7
Timetables 时间表
　　See goals and time tables 见于目标和时间表
To Be Equal (Young) 《走向平等》（惠特尼·扬）85
To Secure These Rights 《保障这些权利》38–39

Transracial America 超越种族界限的美国 264–65, 283

Truman, Harry S. 哈里·S. 杜鲁门 34–35, 36, 38–39, 39–46, 47, 51, 56, 62, 108, 134

Truman, Margaret 玛格丽特·杜鲁门 43

Tubman, Harriet 哈丽雅特·塔布曼 14

Turner, Nat 奈特·特纳 14

Underwood, Patricia 帕特里夏·安德伍德 228

Unemployment Relief Act (1933) 《失业救济法案》（1933）11

unions 工会 11, 26, 104, 111, 115–16, 120–22, 133, 138, 172, 179, 187, 231, 279

United Nations (UN) 联合国（UN）37, 59

United States v. Montgomery Board of Education 美国诉蒙哥马利教育委员会案 126

United States v. Paradise 美国诉天堂案 191

"universal human rights" "普遍人权" 37

Universal Military Training 普遍军训 39, 41

University of Michigan 密歇根大学 ix–x, 254, 267–72, 277, 278

University of Texas Law School 得克萨斯大学法学院 233

Urban League 城市联盟 73

Vance, Mary Ann 玛丽·安·万斯 205

Vietnam War 越南战争 137

Vinson, Mechelle 米歇尔·文森 193–94

voting rights 投票权 2, 4–5, 16, 34, 35, 40, 57, 176

Voting Rights Act (1965) 《投票权法案》（1965）83–84, 108, 114, 173–74, 222

Wagner Act 《瓦格纳法案》15

Walker, Robert 罗伯特·沃克 166

Walker, Tracy 特雷西·沃克 228
Wallace, George 乔治·华莱士 70, 80, 107, 113, 250
Wallace, Henry A. 亨利·A. 华莱士 40, 41, 42
Wards Cove Packing Co. v. Atonio 沃兹包装公司诉安托尼奥案 203, 204, 205, 210, 212
Warren, Earl 厄尔·沃伦 40, 42, 51, 113
Washington, Booker T. 布克·T. 华盛顿 5–6
Washington, Jesse 杰西·华盛顿 7
Washington, Walter E. 沃尔特·E. 华盛顿 142
"Washington Plan" "华盛顿计划" 129–30
Watkins v. Local No. 2369 沃特金斯诉第2369号地方工会案 150
Watts riots 瓦茨暴乱 91
Weaver, Robert C. 罗伯特·C. 韦弗 11–12, 13, 91
Webb, Marilyn Salzman 玛丽莲·萨尔兹曼·韦伯 131
Weber, Brian 布莱恩·韦伯 155–56, 196
Weber case 韦伯案 157, 173, 180, 195
Webster, Milton 米尔顿·韦伯斯特 19, 22
Wedtech scandal 威泰克丑闻 201, 238
Weeks v. Southern Bell Telephone and Telegraph 威克斯诉南方贝尔电话电报公司案 133
Weiner, Hyman R. 海曼·R. 维纳 126
Weiner v. Cuyahoga Community College 维纳诉凯霍加社区大学案 126
Weissberg, Robert 罗伯特·韦斯伯格 230
White, Byron 拜伦·怀特 181, 203–4
White, Walter 沃尔特·怀特 10, 16, 17–18, 20, 21, 24, 35, 37, 40
Whitman, Christine Todd 克里斯蒂娜·托德·惠特曼 221, 252
Wilkins, Roger 罗杰·威尔金斯 230
Wilkins, Roy 罗伊·威尔金斯 16, 21
Wilkinson, J. Harvie J. 哈维·威尔金森 201–2

Will, George 乔治·威尔 202

Williams, Aubrey 奥布里·威廉姆斯 14, 15

Wilson, Pete 皮特·威尔逊 206, 234–35, 245, 249, 250, 252

Wilson, Woodrow 伍德罗·威尔逊 8

Wirtz, Willard 维拉德·沃茨 63

"within-group score conversion" "群内分数转换" 211–12

Women 妇女

 affirmative action's effect on 平权运动对……的影响 159, 279, 283

 Clinton administration 克林顿行府 218, 223, 231

 elections 选举 234, 261

 Johnson administration 约翰逊行府 100–103, 104–5

 Kennedy administration 肯尼迪行府 66–69, 108

 Nixon administration 尼克松行府 112–13, 130–33, 136–37, 140, 141, 142–45

 as a "protected class" 作为"受保护的阶级" 213

 Reagan administration 里根行府 163, 170–71, 184

 reverse discrimination 逆向歧视 206

 Revised Order 4 第4号令修订版 133–34

 Roosevelt administration 罗斯福行府 27, 46

 SBA 8(a) program 小型企业总署8（a）计划 253

 sexual harassment 性骚扰 170, 208–9, 209–10, 212, 213, 216, 276

 Supreme Court decisions 最高法院判决 150, 193–94, 204, 266

Women's Equity Action League (WEAL) 妇女公平行动联盟（WEAL） 131–32, 172–73

Women's Strike For Equality 要求妇女的平等大罢工 130–31

Wong, Andrew 安德鲁·王 249

Wood, Thomas 托马斯·伍德 233, 246

Woodard, Isaac 艾萨克·伍达德 34, 38

Works Progress Administration (WPA) 公共事业振兴署（WPA） 14–15, 46

Wright, Richard 理查德·赖特 14
Wygant, Wendy 温蒂·威甘特 190

Young, Andrew 安德鲁·扬 148
Young, Colman 科尔曼·扬 179, 180
Young, Whitney 惠特尼·扬 85–86
Yudof, Mark 马克·尤道夫 254

Zabkowicz, Carol 卡萝尔·扎布科维奇 205

图书在版编目（CIP）数据

美国平权运动史 /（美）特里·H.安德森（Terry H. Anderson）著；启蒙编译所译. —上海：上海社会科学院出版社，2016
书名原文：The Pursuit of Fairness: A History of Affirmative Action
ISBN 978-7-5520-0957-6

I. ①美… II. ①特… ②启… III. ①民权运动－历史－美国 IV. ①D771.25

中国版本图书馆 CIP 数据核字（2016）第 210057 号

上海市版权局著作权合同登记号：图字09-2016-611

启蒙文库系启蒙编译所旗下品牌
本书译文版权为启蒙编译所拥有

美国平权运动史

著　者：〔美〕特里·H.安德森
译　者：启蒙编译所
责任编辑：唐云松
出 版 人：缪宏才
出版发行：上海社会科学院出版社
　　　　　上海顺昌路 622 号　　邮编 200025
　　　　　电话总机 021-63315900　销售热线 021-53063735
　　　　　http://www.sassp.org.cn　E-mail: sassp@sass.org.cn
印　　刷：上海新文印刷厂
开　　本：890×1240 毫米　1/32 开
印　　张：13.75
插　　页：7
字　　数：300千字
版　　次：2017年1月第1版　2017年1月第1次印刷

ISBN 978-7-5520-0957-6/D·393　　　定价：54.00 元

版权所有　翻印必究

Copyright © 2004 by Terry H. Anderson

The Pursuit of Fairness: A History of Affirmative Action was originally published in English in 2004. This translation is published by arrangement with Oxford University Press. Wuhan Enlightenment Translation & Compilation Co., Ltd is solely responsible for this translation from the original work and Oxford University Press shall have no liability for any errors, omissions or inaccuracies or ambiguities in such translation or for any losses caused by reliance thereon.

《美国平权运动史》版权为牛津大学出版社拥有，本书中文简体字版权由牛津大学出版社授予启蒙编译所。本书译文版权为启蒙编译所拥有，译文责任由启蒙编译所承担，牛津大学出版社不承担任何译文责任。本书内容观点与出版者无关。

读者联谊表

姓名：　　　　大约年龄：　　　　性别：　　　　宗教或政治信仰：
学历：　　　　专业：　　　　职业：　　　　所在市或县：
通信地址：　　　　　　　　　　　　　　　　　　邮编：
联系方式：邮箱_____QQ_____手机_____
所购书名：_____在网店还是实体店购买：_____
本书内容：满意　一般　不满意　本书美观：满意　一般　不满意
本书文本有哪些差错：
装帧、设计与纸张的改进之处：
建议我们出版哪类书籍：
平时购书途径：实体店　　　网店　　　其他（请具体写明）
每年大约购书金额：　　　藏书量：　　　本书定价：贵　不贵
您对纸质图书和电子图书区别与前景的认识：
是否愿意从事编校或翻译工作：　　　愿意专职还是兼职：
是否愿意与启蒙编译所交流：　　　是否愿意撰写书评：

此表平邮至启蒙编译所，即可享受六八折免邮费购买背页所列书籍。最好发电邮索取读者联谊表的电子文档，填写后发电邮给我们，优惠更多。

本表内容均可另页填写。本表信息不作其他用途。

地址：上海顺昌路622号出版社转齐蒙老师收（邮编200025）
电子邮箱：qmbys@qq.com

启蒙编译所简介

启蒙编译所是一家从事人文学术翻译、编校与策划的专业出版服务机构，前身是由著名学术编辑、资深出版人创办的彼岸学术出版工作室。拥有一支功底扎实、作风严谨、训练有素的翻译与编校队伍。出品了许多高水准的学术文化读物，打造了启蒙文库、企业家文库等品牌，受到读者好评。启蒙编译所与北京、上海、台北及欧美一流出版社和版权机构建立了长期、深度的合作关系。

启蒙编译所期待各界读者的批评指导意见；期待诸位以各种方式在翻译、编校等方面支持我们的工作；期待有志于学术翻译与编辑工作的年轻人加入我们的事业。

联系邮箱：qmbys@qq.com

豆瓣小站：https://site.douban.com/246051/